Schöningh

EinFach Deutsch

Unterrichtsmodell

Literatur seit 1945

Traditionen und Tendenzen

Erarbeitet von
Josef Schnell und Eva Schnell

Herausgegeben von
Johannes Diekhans

Baustein 3: Literatur und Gesellschaft (S. 91–129 im Modell)

3.1	Von der Neuen Sachlichkeit zur gesellschaftskritischen Literatur nach 1945		
3.2	E. Kästner: Fabian; W. Genazino: Ein Regenschirm für diesen Tag – Das richtige Leben im falschen suchen	E. Kästner: Fabian W. Genazino: Ein Regenschirm für diesen Tag	Textarbeit Schreibauftrag Arbeitsblatt 17–18
3.3	Leben im Schatten von Wirtschafts-krisen – H. Fallada: Kleiner Mann, was nun?	H. Fallada: Kleiner Mann, was nun? Romankritiken: K.-D. Krohn; J. C. Thöming; R. Möhrmann; W. Genazino	Textarbeit Arbeitsblatt 19–20
3.4	U. Widmer: Top Dogs	U. Widmer: Top Dogs	Textarbeit Schreibauftrag Szenisches Spiel Arbeitsblatt 21–22
3.5	F. Dürrenmatt: Der Besuch der alten Dame – Gesellschaftssatire auf dem Theater	F. Dürrenmatt: Der Besuch der alten Dame	Textarbeit Schreibauftrag Szenisches Spiel Arbeitsblatt 23–24
3.6	V. Braun: Unvollendete Geschichte	V. Braun: Unvollendete Geschichte J. R. Becher: Entlastung	Textarbeit Arbeitsblatt 25–26

Baustein 4: Identitätsgeschichten (S. 130–183 im Modell)

4.1	Zum Identitätsbegriff	Goethe: Wilhelm Meisters Lehrjahre R. Hitzler/A. Honer: Bastelexistenz D. E. Polkinghorne: Narrative Glättung	Textarbeit Arbeitsblatt 27
4.2	U. Johnson: Mutmassungen über Jakob	U. Johnson: Mutmassungen über Jakob	Textarbeit Tafelskizze Arbeitsblatt 28–29
4.3	M. Frisch: Homo faber	M. Frisch: Homo faber	Textarbeit Tafelskizze Schreibauftrag Arbeitsblatt 30
4.4	M. Walser: Ein fliehendes Pferd	M. Walser: Ein fliehendes Pferd E. Goffman: Wir alle spielen Theater	Textarbeit Schreibauftrag Arbeitsblatt 31
4.5	P. Handke: Der kurze Brief zum langen Abschied	P. Handke: Der kurze Brief zum langen Abschied	Textarbeit Arbeitsblatt 32
4.6	D. Dörrie; M. Fleißer; I. Keun	D. Dörrie: Los Angeles M. Fleißer: Briefe aus dem gewöhnlichen Leben I. Keun: Das kunstseidene Mädchen Rousseau: Bekenntnisse	Textarbeit Schreibauftrag Tafelskizze Arbeitsblatt 33–35
4.7	J. Hermann: Rote Korallen; Sommerhaus, später	J. Hermann: Rote Korallen; Sommerhaus, später	Textarbeit Schreibauftrag Arbeitsblatt 36
4.8	T. Dückers: Der längste Tag des Jahres	T. Dückers: Der längste Tag des Jahres	Textarbeit Schreibauftrag Arbeitsblatt 37–38

Bildnachweis

S. 9: Foto: Brigida Gonzalez – **S. 35 li., 84, 89, 118, 179:** picture-alliance/dpa – **S. 35 re., 120:** akg-images – **S. 36 li.:** Archiv für Kunst und Geschichte; **re.:** ullstein bild – **S. 37:** © ullstein-Fritz Eschen – **S. 41 li., 81, 83:** © dpa – **S. 41 re., 175:** dpa, Frankfurt – **S. 42 li.:** dpa, Frankfurt (Elsner) – **S. 42 re., 173:** dpa, Fotoreport – **S. 43 li.:** © Verlag Suhrkamp, Frankfurt am Main 1968, re.: Verlag Luchterhand – **S. 79:** © Steidl Verlag, Göttingen – **S. 117:** Keystone – **S. 123:** ullstein/ddp – **S. 126, 171:** Isolde Ohlbaum – **S. 128:** Roger Mehlis – **S. 169:** picture-alliance/Sven Simon – **S. 176, 182:** picture-alliance/ZB – **S. 177:** ullstein bild-Friedrich – **S. 181:** OSTKREUZ/Ute Mahler

www.schoeningh-schulbuch.de
Schöningh Verlag, Jühenplatz 1–3, 33098 Paderborn

Druck 5 4 3 2 / Jahr 2013 12 11 10
Die letzte Zahl bezeichnet das Jahr dieses Druckes.

Umschlaggestaltung: Jennifer Kirchhof
Druck und Bindung: Media-Print Informationstechnologie GmbH, Paderborn

ISBN 978-3-14-022386-7

Literatur seit 1945

Baustein 1: Drei Zäsuren – 1945, 1968, 1989 (S. 14–46 im Modell)

1.1	Überlegungen zur Epochengliederung		
1.2	1945: Nach dem Kulturbruch – Innere Emigration und Exil	W. v. Molo: Offener Brief an Th. Mann F. Thieß: Die innere Emigration Th. Mann: Warum ich nicht nach Deutschland zurückgehe M. Kaléko: Inventar O. M. Graf: Jäher Schrecken	Textarbeit Tafelskizze Schreibauftrag Arbeitsblatt 1
1.3	Der Neubeginn nach 1945: Kahlschlag und Trümmerliteratur	W. Borchert: Das ist unser Manifest W. Schnurre: An die Harfner W. Weyrauch: Kahlschlag H. Böll: Bekenntnis zur Trümmerliteratur	Textarbeit Tafelskizze Arbeitsblatt 2
1.4	1968: Debatten über die Funktion von Literatur zwischen politischem Engagement und Autonomie	P. Handke: Ich bin ein Bewohner des Elfenbeinturms H. M. Enzensberger: Gemeinplätze, die Neueste Literatur betreffend D. Wellershoff: Fiktion und Praxis	Textarbeit Arbeitsblatt 3
1.5	Gedichte über die Funktion der Literatur	H. M. Enzensberger: Windgriff E. Fried: Kunst um der Kunst willen G. Kunert: So soll es sein W. Biermann: Und als wir ans Ufer kamen	Textarbeit Arbeitsblatt 4
1.6	Das Prinzip des Dokumentarischen	Bottroper Protokolle. Aufgezeichnet von E. Runge M. Wander: „Guten Morgen, du Schöne"	Textarbeit Schreibauftrag Arbeitsblatt 5
1.7	1989: Literatur in der Medienkonkurrenz	H. Winkels: Leselust und Bildermacht	Textarbeit Arbeitsblatt 6
1.8	Postmoderne und Literatur	F. Illies: Generation Golf M. Baßler: Der deutsche Pop-Roman H.-J. Ortheil: Postmoderne in der deutschen Literatur	Textarbeit Arbeitsblatt 7

Baustein 2: Der „lange Schatten der Vergangenheit" (S. 47–90 im Modell)

2.1	Einführung		
2.2	H. Böll: Wanderer, kommst du nach Spa...	H. Böll: Wanderer, kommst du nach Spa... H. Göring: Thermopylenrede	Textarbeit Arbeitsblatt 8
2.3	G. Grass: Katz und Maus	G. Grass: Katz und Maus A. Assmann: Tätergedächtnis G. Grass: Beim Häuten der Zwiebel	Textarbeit Schreibauftrag Arbeitsblatt 9–11
2.4	U. Timm: Am Beispiel meines Bruders	U. Timm: Am Beispiel meines Bruders	Textarbeit Arbeitsblatt 12
2.5	J. Becker: Bronsteins Kinder	J. Becker: Bronsteins Kinder A. Assmann: Trauma W. Bohleber: Trauma, Trauer und Geschichte	Textarbeit Tafelskizze Arbeitsblatt 13–15
2.6	H.-U. Treichel: Der Verlorene	H.-U. Treichel: Der Verlorene	Textarbeit Tafelskizze Arbeitsblatt 16

Vorwort

Der vorliegende Band ist Teil einer Reihe, die Lehrerinnen und Lehrern erprobte und an den Bedürfnissen der Schulpraxis orientierte Unterrichtsmodelle zu ausgewählten Ganzschriften und weiteren relevanten Themen des Faches Deutsch bietet.
Im Mittelpunkt der Modelle stehen Bausteine, die jeweils thematische Schwerpunkte mit entsprechenden Untergliederungen beinhalten.
In übersichtlich gestalteter Form erhält der Benutzer/die Benutzerin zunächst einen Überblick zu den im Modell ausführlich behandelten Bausteinen.

Es folgen:

- Vorüberlegungen zum Einsatz der Materialien im Unterricht
- Hinweise zur Konzeption des Modells
- ausführliche Darstellung der einzelnen Bausteine
- Zusatzmaterialien

Ein besonderes Merkmal der Unterrichtsmodelle ist die Praxisorientierung. Enthalten sind kopierfähige Arbeitsblätter, Vorschläge für Klassen- und Kursarbeiten, Tafelbilder, konkrete Arbeitsaufträge, Projektvorschläge. Handlungsorientierte Methoden sind in gleicher Weise berücksichtigt wie eher traditionelle Verfahren der Texterschließung und -bearbeitung.
Das Bausteinprinzip ermöglicht es dabei den Benutzern, Unterrichtsreihen in unterschiedlicher Weise und mit unterschiedlichen thematischen Akzentuierungen zu konzipieren. Auf diese Weise erleichtern die Modelle die Unterrichtsvorbereitung und tragen zu einer Entlastung der Benutzer bei.

Arbeitsfrage

Einzelarbeit

Partnerarbeit

Gruppenarbeit

Unterrichtsgespräch

Schreibauftrag

szenisches Spiel, Rollenspiel

Mal- und Zeichenauftrag

Bastelauftrag

Projekt, offene Aufgabe

Inhaltsverzeichnis

Was die literarische Moderne als Epoche zusammenhält, ist nicht zuletzt das Bewusstsein ihrer eigenen Geschichtlichkeit. [...] Sie definiert sich durch den Traditionsbruch und bezieht sich damit immer auf die Tradition, sie erhebt unentwegt Innovationsansprüche und stellt deshalb unablässig Vergangenheit her, sie verpflichtet sich ganz auf das Neue und schlägt damit permanent ins Veralten um.

Ernst Osterkamp: Die Literatur und das Leben. In: Denkbilder und Schaustücke. Das Literaturmuseum der Moderne. Marbacher Katalog. Marbach 2006, S. 24

Literaturmuseum der Moderne, Marbach

Vorüberlegungen zum Einsatz der Materialien im Unterricht

„Ebenso wichtig wie die Beschäftigung mit den Beständen der Tradition ist für den Literaturunterricht die Hinführung der Schülerinnen und Schüler zum literarischen Leben der Gegenwart." (Kammler 1998, S. 186) ‚Gegenwartsliteratur' wurde lange Zeit als Sammelbegriff für die Literatur nach 1945 verwendet, dadurch konnte man dem Anspruch der Bildungspläne und dem eigenen gerecht werden, wenn man sich im Deutschunterricht mit Texten der Nachkriegszeit beschäftigte. So wie für die literaturgeschichtlichen Epochen bis zum Expressionismus – bis dahin reicht(e) etwa die Epocheneinteilung – hat sich auch für die Literatur nach 1945 ein Schulkanon herausgebildet, der ungefähr bis in die 70er-Jahre reicht und durch aktuelle Texte erweitert wird, häufig durch ‚spektakuläre' wie „Das Parfum" oder „Der Vorleser". Außerdem findet man in Fachzeitschriften häufig Anregungen für die Einbeziehung von Gegenwartsliteratur, ohne dass damit Ansprüche im Hinblick auf eine Kanonisierung erhoben werden; vielmehr sollen der Mut und die Bereitschaft unterstützt werden, aktuelle Texte zu lesen, denn nur so können jugendliche Leserinnen und Leser dazu angeregt werden, ein Interesse an der Gegenwartsliteratur zu entwickeln.
Dieses Unterrichtsmodell, das die Literatur seit 1945 zum Gegenstand hat, befasst sich einerseits mit den Beständen der Tradition – bezogen auf die Zeit nach 45 – und mit Literatur der aktuellen Gegenwart; an einigen Stellen wird der Zeitraum der Tradition auf die Weimarer Republik erweitert und damit auf lange Zeit vergessene, zumindest stark vernachlässigte Traditionsbestände, die sehr dazu geeignet sind, spätere Entwicklungen besser zu verstehen.

Drei leitende Gesichtspunkte für die Präsentation der Texte und Materialien seien genannt:

- Erläuterungen zur Herkunft von Texten und Themen,
- Darlegung von Zusammenhängen, in denen Texte gelesen werden können,
- Anregungen für die Auswahl von Texten und mögliche Verknüpfungen.

Da umfangreiche Texte im Rahmen eines solchen Unterrichtsmodells nicht in Gänze dargestellt werden können, sind die Ausführungen in vielen Fällen als Ergänzung, aber auch als Anregung für die Planung einer Unterrichtsreihe zu einem Roman oder Drama zu verstehen; in Teilen eignen sich die Materialien auch für eigene Unterrichtsreihen, das gilt nicht nur für den ersten Baustein. Ein wichtiges Auswahlkriterium war die Lesbarkeit/‚Machbarkeit' der Texte im Deutschunterricht hinsichtlich des Umfangs und des Schwierigkeitsgrades. Man sollte bei der Unterrichtsplanung die Möglichkeit in Betracht ziehen, gelegentlich nur Textauszüge heranzuziehen, um ein als Ganzes gelesenes Werk im Kontext zu präsentieren und dadurch andere Zugänge zu ermöglichen. Diese Unterrichtsmaterialien wollen und können keine Literaturgeschichte ersetzen. Im Unterschied zur Präsentation von Einzeltexten bietet ein solches Modell aber den Vorteil, dass geschichtliche und literarische Zusammenhänge erarbeitet und sichtbar gemacht werden können.
Das übergeordnete Ziel besteht darin, Interesse an der Literatur zu wecken, zu stärken und zu fördern, sodass die Schülerinnen und Schüler in der Lage sind – wenn möglich mit Leselust und Leseeifer –, auch die aktuelle Literatur zu lesen. Dazu ist es sicher hilfreich, wenn man durch gezielte thematische Fragestellungen Zugänge eröffnet und auf Vollständigkeit bei der Interpretation verzichtet; die Bausteine zwei bis vier bieten dazu Anregungen. Die Materialien können auch dazu genutzt werden, die Schülerinnen und Schüler an der Auswahl von Texten zu beteiligen, sie also aktiv in die Planung einzubeziehen.

Eine wesentliche Grundlage zur Entwicklung literarischer Kompetenz im Deutschunterricht ist die Fähigkeit, literarische Texte zu situieren, das heißt, sie im Zusammenhang ihrer Entstehung und ersten Veröffentlichung/Rezeption zu lesen und in Verbindung mit anderen, vergleichbaren Texten: Unterschiede verdeutlichen das Eigentümliche eines Textes. Nicht zu unterschätzen ist ein anderer Gesichtspunkt: Oft führt die Re-Lektüre eines ‚älteren' Textes zu neuen, überraschenden Erkenntnissen und Erfahrungen. Voraussetzung dafür ist die Bereitschaft, vertraute Rezeptions- und Interpretationswege zu verlassen.

Die Zusatzmaterialien sind gedacht als Informationsquellen für das literarische Leben, den Literaturbetrieb; es bietet sich an, dazu Rechercheaufgaben zu stellen.
Für die Lyrik nach 1945 verweisen wir auf das in derselben Reihe „EinFach Deutsch" erschienene Unterrichtsmodell „Lyrik nach 1945", erarbeitet von Norbert Schläbitz.

Zur Konzeption des Unterrichtsmodells

Dieses Unterrichtsmodell ist keine Literaturgeschichte und folgt nicht deren Konzept, also weder einer rein chronologischen Gliederung noch einer Untergliederung nach literarischen Gattungen; für die Literaturgeschichte der Literatur nach 1945 hat sich eine Einteilung in Dezennien eingebürgert, die Literatur der DDR bis 1989 wird gesondert dargestellt. Diesem für eine Literaturgeschichte plausiblen Vorgehen folgen wir nicht. Das Unterrichtsmodell soll Orientierung ermöglichen, dazu gehört ein Ordnungsprinzip, das aber nicht nur dem zeitlichen Ablauf folgt, sondern darauf abzielt, die Chronologie mit einer inhaltlich-thematischen Gliederung zu verknüpfen. Dadurch wird das Augenmerk auf Kontextzusammenhänge gelenkt und die Unterrichtsplanung wird insofern unterstützt, als Ansätze zur Verknüpfung von Texten für eine Unterrichtsreihe aufgezeigt werden. Literatur entsteht nicht nur in Bezug auf andere Literatur, sondern auch in bestimmten historischen Situationen, deshalb ist die Situierung in der Zeit nötig; dazu dient der erste Baustein, der anhand von drei Zäsuren (Einschnitten) die Zeit von 1945 bis zur Gegenwart charakterisiert. Zur Markierung dienen die Jahre 1945, 1968 und 1989, nicht aber bestimmte literarische Texte. Es handelt sich um drei historisch und bewusstseinsgeschichtlich wichtige Jahre, deren Bedeutung für die Literatur sich besonders in der Reflexion über ihre Funktion zeigt. Es ist seit Langem klar, dass man Literaturgeschichte eigentlich nicht entlang einer ‚Höhenkammlinie' schreiben kann, als ob es sich um eine Abfolge von jeweils herausragenden Stimmen handelte, sondern es handelt sich um viele Stimmen, die sich nicht durch ein gemeinsames Literaturkonzept verknüpfen lassen, sodass auch hier eine Auswahl getroffen werden muss. 1945 steht für das Kriegsende, das Ende des Nationalsozialismus, des Zivilisationsbruchs; 1968 steht für die ‚Studentenrevolte', aber auch für eine gesellschaftliche Veränderung/Modernisierung; 1989 steht nicht nur für die deutsche Wiedervereinigung, sondern auch für eine tief greifende weltgeschichtliche Veränderung, die durch die Stichworte Globalisierung, Ende des Kalten Krieges sowie durch ‚Postmoderne' bezeichnet werden kann. Die den Zäsuren zugeordneten Diskurse in diesem Unterrichtsmodell gelten der Literatur: der Situation nach 1945 – dem Neubeginn (‚Kahlschlag') und der Emigration; dem von einigen postulierten Ende der Literatur beziehungsweise ihrem Verhältnis zur Wirklichkeit – das betrifft das Jahr 1968; der Bedeutung der ‚Postmoderne' – das bezieht sich auf das Jahr 1989.

In der Literatur geht es nicht allein um ihre Funktion, sondern vor allem darum, Geschichten zu erzählen, es geht um Themen. Drei Themenkomplexe werden in den folgenden drei Bausteinen vorgestellt. Nichts hat die Literatur nach 1945 mehr beschäftigt als der Nationalsozialismus, der 2. Weltkrieg und der Holocaust. Der „lange Schatten der Vergangenheit" (A. Assmann) fällt noch in jede Gegenwart. Inzwischen kann man auch die Geschichte dieses Erinnerns erzählen und dabei erkennen, wie es sich verändert hat und weiter verändert. Eine deutliche Vorstellung gewinnt man, wenn man zwischen dem Täter- und dem Opfergedächtnis unterscheidet. Das bezieht sich nicht allein auf den Holocaust und zielt nicht auf eine Relativierung, sondern befragt literarische Texte im Hinblick auf die Perspektive des Erinnerns. Eine historische Differenzierung ist unerlässlich, denn Gedächtnis und Erinnerung verändern sich.

Seit der Gründung der Bundesrepublik gab es eine gewichtige gesellschaftskritische Literatur, die sich auf die jeweils aktuelle Gegenwart bezog – Wolfgang Koeppen war ein scharfer, kritischer Beobachter der Adenauer-Zeit, aber auch Heinrich Böll. Unter der Überschrift „Literatur und Gesellschaft" wird im 3. Baustein Literatur vorgestellt, die die Gesellschaft

zum Thema macht: Gefragt wird, welche Möglichkeiten die Literatur hat, die Wirklichkeit darzustellen. In der Weimarer Republik hatte sich eine gesellschaftskritische Literatur entwickelt, auf die ebenfalls Bezug genommen wird, um eine Tradition ins Bewusstsein zu rücken und um Vergleichsmöglichkeiten zu schaffen. Neben dem Was spielt das Wie eine ganz entscheidende Rolle: Je komplexer das Bild der Wirklichkeit ist, umso mehr stellt sich die Frage nach den Möglichkeiten ihrer Darstellung.
Die Frage nach der Identität ist eine Menschheitsfrage und seit jeher Thema der Literatur. Bezogen auf den Zeitraum, um den es in diesem Unterrichtsmodell geht, wird bewusst gemacht, dass sich die Vorstellungen von Identität, die Identitätskonzepte insofern von denjenigen früherer Zeiten unterscheiden, als die Idee eines Identitätskerns immer mehr infrage gestellt wird: Das ist das Thema einer spannenden Geschichte von Identitätsgeschichten, der der vierte Baustein nachgeht. Ein besonderes Augenmerk gilt dabei dem, was man als den Genderdiskurs bezeichnet, das heißt in Bezug auf die präsentierte Literatur: der weiblichen Identität. Die Einbeziehung von Literatur aus der Weimarer Republik ist auch in diesem Zusammenhang sehr aufschlussreich, denn die dort geführte Diskussion wurde erst verhältnismäßig spät in der Nachkriegszeit wieder aufgenommen und die Texte fanden noch später Beachtung.

Der **1. Baustein** stellt eine Gliederung der Literatur nach 1945 vor, die auf drei Zäsuren basiert und den Funktionswandel der Literatur unter Bezugnahme auf historische Veränderungen beschreibt, damit jedoch keine Epochengliederung intendiert. Als Einschnitte werden die symbolisch zu verstehenden Jahreszahlen 1945, 1968 und 1989 zugrunde gelegt. In diesem Rahmen geht es zuerst um die Situation der Literatur in der Nachkriegszeit, die Auseinandersetzung zwischen ‚innerer Emigration' und Exil und die Frage des Neuanfangs; um 1968 wird eine Debatte über die Funktion der Literatur geführt mit den Polen Autonomie oder engagierte Literatur; 1989 wird unter dem Aspekt einer sich verschärfenden und zur weiteren Ausdifferenzierung führenden Medienkonkurrenz gesehen; Pop-Literatur und Postmoderne benennen zwei die Diskussion bestimmende Stichworte.

Der **2. Baustein** befasst sich im historischen Längsschnitt mit der Darstellung von Folgen und Auswirkungen der Zeit des Nationalsozialismus in der Literatur. Die Grundlage bilden Ergebnisse der Gedächtnisforschung; es wird zwischen Täter- und Opfergedächtnis unterschieden. Zur Sprache kommen erzählende Texte von Heinrich Böll, Günter Grass, Uwe Timm, Jurek Becker und Hans-Ulrich Treichel.

Das Verhältnis von Literatur und Gesellschaft ist Gegenstand des **3. Bausteins**. Hier wird der Horizont ausgeweitet, indem Texte aus der Weimarer Republik einbezogen werden, die thematisch mit Texten aus der Gegenwart verknüpft sind. Es wird also auf eine Tradition zurückgegriffen, die in der Zeit des Nationalsozialismus abgeschnitten war und erst in den 60er-Jahren neu entdeckt wurde. Präsentiert werden erzählende und dramatische Texte von Erich Kästner, Wilhelm Genazino, Hans Fallada, Urs Widmer, Friedrich Dürrenmatt und Volker Braun.

Im **4. Baustein** geht es um Identitätsgeschichten; zu Beginn wird der Identitätsbegriff erläutert. Eine besondere Rolle kommt dem Genderdiskurs zu, der am Thema weiblicher Identität in der Literatur vorgestellt wird; auch in diesem Zusammenhang erweist sich der Rückgriff auf die Literatur der Weimarer Republik als ergiebig und aufschlussreich. An einem Beispiel wird das Genre des in der Gegenwart wieder wichtig gewordenen Familienromans vorgestellt. Texte von Uwe Johnson, Max Frisch, Martin Walser, Peter Handke, Irmgard Keun, Marieluise Fleißer, Doris Dörrie, Judith Hermann und Tanja Dückers bilden die Grundlage der Überlegungen und Ausführungen.

Die thematischen Bausteine des Unterrichtsmodells

Baustein 1

Drei Zäsuren – 1945, 1968, 1989

1.1 Überlegungen zur Epochengliederung

Für die deutsche Literatur nach 45 verfügen wir nicht über Epochen- oder Stilbegriffe wie für die Literatur des 19. Jahrhunderts, doch wir sind auf Orientierungshilfen angewiesen und versuchen, das jeweils Neue, Charakteristische zu erfassen. In Literaturgeschichten hat sich eine Dekadengliederung eingebürgert (so in: Schnell 1993; Barner 1994), die natürlich nicht schematisch verstanden werden darf. Es geht aber nicht nur um Gedächtnisstützen, um Merkhilfen, sondern um die Frage, wie man das literarische Feld dieses mehr als 60 Jahre umfassenden Zeitraums verstehen kann, was bedeutet, Struktur und Funktion der Literatur in ihrem Wandel zu begreifen. Unbrauchbar ist ein teleologisches Konzept, das jeweils von einem Endpunkt ausgeht und der vorausliegenden Literatur einen vorbereitenden, vorgängigen Charakter zuschreibt und die auf den Ziel- oder Höhepunkt folgende als epigonal wertet. Versucht man überdies, der Gleichzeitigkeit von Ungleichzeitigem Rechnung zu tragen, verliert man leicht den Überblick. Auch das dialektische Schema hat ausgedient, denn Literaturgeschichtsschreibung ist wie jede Geschichtsschreibung auch eine Konstruktion, das dialektische Muster vereinfacht und verkürzt die Wahrnehmung. Dieses Unterrichtsmodell will und kann keine Literaturgeschichte ersetzen, sondern Zugänge zur Literatur nach 1945 aufzeigen durch Orientierungshilfen und Anregungen: Zur Orientierung wird der Blick auf die Frage nach der Funktion und dem Funktionswandel der Literatur gerichtet (Baustein 1); durch thematisch konzipierte Längsschnitte werden Kontinuität und Veränderung sichtbar (Bausteine 2 bis 4). Gleichzeitig werden dadurch Anregungen zur Verknüpfung verschiedener Texte zu einer Unterrichtsreihe gegeben. Der Frage nach der Funktion wird anhand von drei historischen Zäsuren nachgegangen, die mit den Jahreszahlen 1945, 1968 und 1989 bezeichnet werden, womit schon gesagt ist, dass es sich um symbolisch gemeinte Daten, um Markierungen handelt, denn ein Funktionswandel lässt sich nicht wirklich exakt datieren. (Die Jahre 1848 und 1900 haben eine ähnliche Funktion zur Beschreibung literarischer Entwicklungen.) Die drei Jahreszahlen verbindet, dass sie für die reale Geschichte und für die Bewusstseinsgeschichte von großer Bedeutung waren und sind, das gilt für die Autorinnen und Autoren wie für die Leserinnen und Leser. Für die beiden ersten Daten lässt sich eine ausgiebige und substanzielle Diskussion über die Funktion von Literatur gut belegen; für das Jahr 1989 ist das nur bedingt möglich, indem man bedenkt, wie durch die politischen Veränderungen gesellschaftliche und kulturelle Entwicklungen ausgelöst bzw. beschleunigt wurden, deren Tragweite möglicherweise heute noch gar nicht wirklich vollständig erfasst werden kann. ‚Postmoderne' wird dazu als Hilfsbegriff verwendet. Versteht man darunter keine Epochenbezeichnung (und das ist nicht gemeint), sondern eine Denkweise, erweist sich ein solches Konzept als hilfreich zur Erfassung des literarischen Feldes.

1945, 1968 und 1989 sind zunächst einmal wichtige historische Daten. So entstand gleich nach Kriegsende eine Debatte um ‚innere Emigration' und Exil, die eng verknüpft war mit der Frage, wie die ‚neue' Literatur beschaffen sein müsste; die Kahlschlag-Metapher wurde geprägt, auch gegen die Rede von der Stunde Null. Es entstand die sogenannte Trümmerliteratur, aber es gab auch schon eine experimentelle Literatur. Im Jahre 1959 erschienen drei auch formal innovative Romane (G. Grass: Die Blechtrommel, U. Johnson: Mutmassungen über Jakob, H. Böll: Billard um halbzehn), die für den Einzug der (zweiten) Moderne in die deutsche Literatur stehen. Inhaltlich spielt die deutsche Vergangenheit in dieser Literatur eine zentrale Rolle. Das Jahr des Kriegsendes wird zur Bezeichnung einer Zäsur verwendet, einbezogen wird die Entwicklung der Literatur in der darauf folgenden Zeit. Gerade die so intensiv und kontrovers diskutierte Zäsur 1945 erweist die Notwendigkeit, zurückzublicken, und zwar besonders auf die Literatur der Weimarer Republik, von der die Nachkriegszeit merkwürdig abgeschnitten erscheint. Der Kulturbruch der Nazibarbarei hatte nämlich auch Auswirkungen auf die vor der Nazizeit geschriebene Literatur, sie wurde wenig oder gar nicht rezipiert, geriet in Vergessenheit und wurde erst in den 60er- und 70er-Jahren wieder ‚entdeckt': Autorinnen und Autoren wie Marieluise Fleißer, Irmgard Keun, aber auch Joseph Roth, Siegfried Kracauer, Walter Benjamin, Hans Fallada und Erich Kästner (ausgenommen seine Kinderbücher) wurden erst spät wieder gelesen. Das heißt also, dass durch den Nationalsozialismus nicht nur die Exilliteratur unterdrückt war, sondern auch ein großer Teil der Literatur der Weimarer Republik. Unabhängig davon, ob die Literatur nach 45 explizit daran anknüpfte oder nicht, soll dort, wo es möglich ist, auch die Rückbindung an die Zeit vor 1933 sichtbar gemacht werden.

Das Jahr 1968 ist zur Chiffre geworden, die Funktion der Literatur wurde kontrovers diskutiert (auch schon vor dem Jahr 1968): der vermeintliche Tod der Literatur; die dokumentarische Literatur und die Literatur der Arbeitswelt; aber auch die später sogenannte ‚Neue Subjektivität' hat hier ihren Ursprung. Das Spektrum reichte von Engagement bis zum ‚Elfenbeinturm' (P. Handke); außerdem fand ein Generationswechsel statt, Autoren der vorher dominierenden Gruppe 47 beherrschten nicht mehr die Literatur, waren gleichwohl weiterhin sehr präsent. Die Vermischung von U- und E-Literatur wurde diskutiert und propagiert, die dezidiert feministische Literatur spielte eine wichtige Rolle, der Literaturbegriff wurde erweitert (Wallraffs ‚Reportagen' seien genannt, das dokumentarische Theater eines Peter Weiss und anderer). Diese (unvollständige) Aufzählung zeigt, dass es nicht um die Ereignisgeschichte der 68er, sondern um ein symbolisches Datum geht. „68 gehört zu den Schlüsseljahren in der Geschichte der westlichen Nachkriegsdemokratien. Speziell für die Bundesrepublik hat 68 den Charakter einer Zäsur, die in ihren traumatischen Folgen bis heute nachwirkt. Dieses Jahr spaltet wie kein anderes die Republik. Es fungiert als eine Art Wasserscheide für die Geschichte der Bundesrepublik – egal, ob man es optimistisch als ‚soziokulturelle Nachgründung der Republik' (Wolfgang Kraushaar) ansieht oder pessimistisch als deren einzige ‚tiefe Zäsur' (Peter Graf Kielmansegg) (von Lucke 2008, S. 7). Es versteht sich, dass hier nicht behauptet wird, die Literatur jener Zeit sei das Werk der 68er-Generation; der Generationsbegriff verleitet zu einer falschen Homogenisierung und Personalisierung.

Dass das Jahr 1989 historisch, politisch und gesellschaftlich außerordentlich bedeutsam ist, muss nicht weiter begründet werden. Doch inwiefern ist es auch bedeutsam für die Entwicklung der Literatur? Unmittelbar spürbar ist es für die DDR-Literatur, für ihre Autorinnen und Autoren, aber man kann die Bedeutung nicht nur als unmittelbare Auswirkung des Endes der deutschen Teilung und des Endes des Kalten Krieges erfassen. Hier wird noch deutlicher als bei den beiden anderen Jahreszahlen, dass keine Kausalzusammenhänge behauptet werden dürfen, sondern dass es um Veränderungen des literarischen (kulturellen) Feldes geht, die mit einem geschichtlich bedeutsamen Jahr verknüpft, aber nicht (nur) in ihm angesiedelt sind. So unvorhersehbar die politischen Veränderungen waren (oder schienen), Veränderungen im Denken, im Bewusstsein hatten schon vorher begonnen. Für die kulturelle, literarische Szene der 90er-Jahre seien genannt: das Aufkommen der Pop-Literatur; die

Verschärfung der Medienkonkurrenz; das Lancieren neuer, kurzlebiger Labels (‚Fräuleinwunder') und Hypes und natürlich vor allem das Phänomen der Postmoderne mit dem ‚Ende der großen Erzählungen' (F. Lyotard). Das Jahr 1989 entlastet von der Fixierung auf eine (bestimmte) Zweiteilung der Welt, doch es bedeutet nicht das Ende der Ideologien; es steht für eine neue Offenheit, vielleicht auch für eine neue „Unübersichtlichkeit" (J. Habermas) und, in Bezug auf den Identitätsdiskurs, für das Bewusstsein einer Vielfalt von Optionen.
Es ist nicht sinnvoll, diesen ersten Baustein einer Unterrichtsreihe zugrunde zu legen; er soll der Ergänzung und Vertiefung dienen, aber auch der Orientierung. Die Arbeitsblätter sind jedoch so konzipiert, dass man sie als Einstieg für Unterrichtsreihen verwenden kann.

1.2 1945: Nach dem Kulturbruch – Innere Emigration und Exil (von Molo, Thieß, Mann, Kaléko, Graf)

Die Literatur nach dem Zivilisationsbruch, also nach dem Nationalsozialismus, dem Holocaust, dem Weltkrieg, begann nicht an einem ‚Nullpunkt', ohne Zweifel bildet aber das Jahr 1945 eine deutliche Zäsur: Zunächst manifestierte sich die neue Situation in der Debatte zwischen Autoren des Exils und der sogenannten inneren Emigration, in diesem Baustein dokumentiert durch Äußerungen von Walter von Molo und Frank Thieß auf der einen und Thomas Mann sowie durch Gedichte von M. Kaléko und O. M. Graf auf der anderen Seite. Im zweiten Abschnitt geht es um eine neue Standortbestimmung der Literatur durch die Begriffe „Trümmerliteratur" und „Kahlschlag" – als Gegenbegriffe zur „Kalligrafie".

Zur Situation der Literatur in den Besatzungszonen

Die Entwicklung verlief schon sehr bald unterschiedlich in der sowjetischen Zone und in den drei Westzonen, deutlich erkennbar nach dem Ersten Deutschen Schriftstellerkongress 1947 in Berlin. Der weitaus größte Teil der Exilschriftsteller, die nach Deutschland zurückkehrten, ging in die SBZ, die spätere DDR: Genannt seien Anna Seghers (1900–1983), Arnold Zweig (1887–1968), Johannes R. Becher (1891–1958), Bertolt Brecht (1898–1956), Friedrich Wolf (1888–1953), Theodor Plievier (1892–1955), Stephan Hermlin (1915–1997), Stefan Heym (1913–2001). 1945 wurde auf Anregung Johannes R. Bechers, des expressionistischen Dichters und späteren ersten Kulturministers der DDR, der „Kulturbund zur demokratischen Erneuerung Deutschlands" in der sowjetischen Zone gegründet, um „über die Grenzen der Besatzungszonen hinweg eine gemeinsame Institution unterschiedlicher Fraktionen zu schaffen, die sich einig wussten im Ziel, zur ‚Vernichtung der Naziideologie auf allen Lebens- und Wissensgebieten' ebenso beizutragen wie zur ‚Zusammenarbeit mit allen demokratisch eingestellten weltanschaulichen, religiösen und kirchlichen Bewegungen und Gruppen'" (Schnell 1996, S. 83). Doch die Entwicklung verlief im Osten und im Westen bekanntlich sehr unterschiedlich, der ‚Kulturbund' wurde im Westen 1947 durch die amerikanische Militärregierung verboten. Die Entwicklung der Literatur in der DDR führte zu einer Verengung auf den offiziell geforderten ‚sozialistischen Realismus'.
In der Bundesrepublik dominierten in den 50er-Jahren die ‚inneren Emigranten' (das zeigt sich beispielsweise in den Lektürelisten der Lehrpläne), erst gegen Ende des Jahrzehnts, mit dem Erscheinen von Günter Grass' „Blechtrommel", trat eine ‚neue' Generation deutlich sichtbar in Erscheinung und löste heftige Debatten aus. Nur im Rückblick, im Rezeptionsgedächtnis besteht der Eindruck, die Autorinnen und Autoren der Gruppe 47 seien von Anfang an bestimmend gewesen.

Die „Große Kontroverse" (J. F. G. Grosser) (Arbeitsblatt 1, S. 35 ff.)

- *Lesen und untersuchen Sie die Texte im Hinblick darauf, welche Vorstellung von Exil/Emigration sie vermitteln.*
- *Zu W. v. Molo: Welche Aussagen macht er über die Deutschen? Wovon spricht er nicht?*
- *Zu F. Thieß: Wie begründet er, dass ein deutscher Schriftsteller nicht emigrieren konnte? Wie definiert er die ‚innere Emigration'?*
- *Verfassen Sie aus der Perspektive eines Emigranten (M. Kaléko, O. M. Graf, Th. Mann) einen Antwortbrief an F. Thieß.*
- *Zu Th. Mann: Stellen Sie die Gründe zusammen, weshalb er nicht nach Deutschland zurückgehen will.*
- *Welche Kritik an Deutschland enthält sein Brief?*
- *Die heftigsten Reaktionen löste er mit den Aussagen über die in Deutschland zwischen 1933 und 1945 gedruckten Bücher (Z. 51–68) aus. Nehmen Sie Stellung und diskutieren Sie, nachdem Sie sich ein Bild davon gemacht haben, welche Bücher gemeint sind (Hilfe: H. A./E. Frenzel: Daten deutscher Dichtung. Bd. 2. München 1999).*

Die Kontroverse um die Rückkehr Thomas Manns war in Wirklichkeit eine Auseinandersetzung über den Standort der Literatur nach dem Kulturbruch. Auf der einen Seite standen Schriftsteller, die in Deutschland geblieben waren und sich auf unterschiedliche Weise mit dem System arrangiert hatten (das reichte von offener Zustimmung über gelegentliche Loyalitätsbekundungen bis zur später sogenannten ‚inneren' Emigration), auf der anderen Seite standen Autoren, die gezwungenermaßen emigriert waren und die nun nicht bereit waren, einen Schlussstrich zu ziehen; ihr prominentester Vertreter war Thomas Mann, der im amerikanischen Exil lebte. Er hatte die NSDAP schon in den letzten Jahren der Weimarer Republik bekämpft; von einer Vortragsreise 1933 kehrte er nicht nach München zurück, sondern lebte nach Stationen in Südfrankreich bis 1938 in Küsnacht in der Schweiz; 1936 wurde ihm die deutsche Staatsbürgerschaft aberkannt, 1938 emigrierte er in die USA. Von 1940 bis 1945 hatte er sich in monatlich von BBC London gesendeten Radiobotschaften an die Deutschen gewandt. Unmittelbar nach Kriegsende gab es eine öffentliche Debatte um seine Rückkehr. Ausgelöst wurde sie durch einen offenen Brief des Schriftstellers Walter von Molo an Thomas Mann (13.8.1945); Walter von Molo (1880–1958) prägte gemeinsam mit Frank Thieß (1890–1977) den Begriff ‚innere Emigration'. Von Molo forderte Th. Mann auf, nach Deutschland zurückzukehren, man bedürfe seiner Hilfe. Th. Mann, der von dem Brief unangenehm berührt war, tat sich schwer mit einer Antwort, die schließlich unter der Überschrift „Warum ich nicht nach Deutschland zurückgehe" (verfasst am 17.9.1945, erschienen am 12.10.1945) ebenfalls als offener Brief gedruckt wurde. In der Zwischenzeit hatte sich der Schriftsteller Frank Thieß mit einem Zeitungsartikel „Die innere Emigration" in die Diskussion eingeschaltet (18.8.1945). Nach Th. Manns Absage verfasste F. Thieß einen Text „Abschied von Th. Mann", in dem er ihm die „Zugehörigkeit zum deutschen Schrifttum" absprach (Volker Bohn 1995, S. 88; dieser Text findet sich nicht in dem Buch von Grosser). Unter dem Titel „Die Große Kontroverse" wurden die Dokumente zu dieser Debatte später veröffentlicht (Grosser 1963).
Es gibt verschiedene Möglichkeiten, sich im Unterricht mit dieser Kontroverse zu beschäftigen: Im Zusammenhang mit Bölls Erzählung „Wanderer, kommst du nach Spa …", mit Grass' „Katz und Maus", Lyrik des Exils, Lyrik der 50er-Jahre. Je nach Kontext kann es erforderlich sein, den Schülern eine Vorstellung von den Zeitverhältnissen zu vermitteln (Kriegsfolgen, Konfrontation mit der Schuldfrage, Besatzungsstatut).

Die Positionen der ‚inneren' Emigranten und der Exilautoren lassen sich im Tafelbild gegenüberstellen:

Innere Emigranten	Exilautoren
W. v. Molo: • die meisten Deutschen konnten nicht emigrieren, weil sie nirgendwo einen Platz gefunden hätten **F. Thieß:** • die Exilschriftsteller haben „aus den Logen und Parterreplätzen des Auslands der deutschen Tragödie zugeschaut" • er zählt sich zu den ‚inneren Emigranten', Exil als ‚innerer Raum'	**Th. Mann:** • Emigration: Wanderleben von Land zu Land; Passsorgen; Hoteldasein; Herzasthma des Exils; Entwurzelung; nervöse Schrecken der Heimatlosigkeit **M. Kaléko:** • Exil = Entbehrung des Elementaren; Ausgesetztsein; Nihilismus, d. h. allem Lebensnotwendigen beraubt sein **O. M. Graf:** • Exil = grausige Stille; allgegenwärtige Angst; Leere; totale Entfremdung

W. v. Molo beruft sich im Hinblick auf die Möglichkeiten der Emigration darauf, dass es für die vielen Deutschen einfach keinen Platz in der Welt gegeben hätte, doch er geht dabei von einer falschen Voraussetzung aus, denn es war ja gar nicht die Absicht der Deutschen, zu emigrieren, sondern sie haben sich auf unterschiedliche Weise zustimmend zum NS-Regime verhalten (aktiv oder passiv). F. Thieß erhebt den unverschämten und ungeheuerlichen Vorwurf, die deutschen Emigranten hätten „aus den Logen- und Parterreplätzen des Auslands der deutschen Tragödie zugeschaut": die Emigranten als Voyeure, die es sich bequem gemacht haben – das war in jener Nachkriegszeit eine Vorstellung, die verbreitet war in Deutschland und sich lange Zeit gehalten hat. Es ist deshalb nötig, sich mit der Exilsituation zu beschäftigen, das kann durch die Gedichte und durch Th. Manns Aussagen geschehen. Th. Mann wird konkret, indem er vom Wanderleben von Land zu Land spricht, von den Passsorgen, vom Hoteldasein, vom Herzasthma des Exils, von Entwurzelung, den nervösen Schrecken der Heimatlosigkeit. Das existenzielle Elend wird in O. M. Grafs Gedicht noch eindringlicher in der Abfolge der Gefühle Angst – Ekel – Leere, im Gegensatz von Außenwelt und Innenwelt, in der grausigen Stille. M. Kaléko drückt es in ihrer unpathetischen, kargen Sprache (ohne Verben) aus als Zustände des Mangels, der Entbehrung, der Nichtbefriedigung elementarer Bedürfnisse (weitere Texte in: W. Emmerich/S. Heil (Hg.): Lyrik des Exils. Stuttgart 1997).

W. v. Molo spricht aus einer Haltung der Bescheidenheit, fast demütig, aber eben auch Mitleid heischend („die von Gram durchfurchten Gesichter"); es gibt das unsagbare Leid, die vielen haben nicht mitgemacht, sie lebten in einem „Konzentrationslager": die Mitläufer oder auch Täter werden zu Opfern, eigentlich eine Beleidigung derjenigen, die in den Lagern waren und dort ermordet wurden. Es wird behauptet, die Täter seien Kranke gewesen: Man kann verstehen, dass Th. Mann unangenehm berührt war von einer solchen Darstellung, die von Selbstmitleid bestimmt ist und keinerlei Bezug auf die Realität des NS-Regimes erkennen lässt, die nicht einmal andeutungsweise erkennen lässt, dass der Adressat des Briefes ein sehr viel klareres Bild von der Wirklichkeit haben könnte – es gibt keinen Hinweis auf Schuld, Scham, Reue, stattdessen ein einziger Versuch, die Realität nicht wahrzunehmen.

Man könnte das Verschweigen der Schande wohlwollend als Ausdruck von Scham interpretieren; dagegen wählt F. Thieß eine aggressive Sprache: Täter werden zu Opfern; die eigentliche Emigration fand im Innern statt, das war Widerstand, während die anderen Emigranten eigentlich feige waren; der passiven Beteiligung wird eine Art geistiger Entwicklung zugeordnet. Die eigentlichen Adressaten dieses Artikels sind die Deutschen, die emotional gegen die Emigranten aufgebracht werden; psychologisch gedeutet, könnte man sagen, dass Thieß mit aller Macht versucht, die Realität zu verdrängen.
Gottfried Benn hat in seiner 1950 erschienenen Schrift „Doppelleben" ebenfalls vorgeführt, wie man die Wirklichkeit umdeuten und verdrängen kann; er, der anfangs mit den Nazis paktiert hat, aber sehr bald sehen musste, dass ihm das nicht nur nichts einbrachte, sondern ihn bis zum Schreib- bzw. Veröffentlichungsverbot in die Isolation führte, wählte schließlich – mit seinen eigenen Worten – die „Armee als aristokratische Form der Emigration", eine Formulierung, mit der er auch nach 1945 seine Blindheit zum Ausdruck brachte. Das ist ein weiterer Beleg, wie Schriftsteller, die auf die eine oder andere Weise involviert waren, sich durch die Verwendung der Begriffe Emigration und Widerstand freisprechen wollten. Es kann und soll bei der Beschäftigung mit diesem Teil der Literaturgeschichte nicht darum gehen, dass Nachgeborene urteilen und verurteilen; doch es ist äußerst wichtig, dass gesehen wird, wie in solch kritischen, problematischen Zeiten mit der Realität, der eigenen Biografie umgegangen wird und wie davon die Geschichte der Literatur im Nachkriegsdeutschland noch lange Zeit bestimmt war.
Thomas Manns Gründe: Man kann die 12 Jahre nicht einfach wegwischen, man kann nicht so tun, als sei nichts gewesen, was impliziert: Man muss die Verantwortung dafür übernehmen – für die „Schandgeschichten"; Deutschland erscheint ihm als verlorenes, verwilderndes, wildfremd gewordenes, beängstigendes Land.
Warum sollten die zwischen 1933 und 1945 gedruckten Bücher eingestampft werden? Diese Bücher hatten den Segen des Regimes, damit wurden sie zu Komplizen, damit haben sie auch teil an der Schande – man durfte unter solchen Umständen nicht ‚Kultur' machen. Ein hartes Urteil; man könnte Brechts Gedicht „An die Nachgeborenen" hinzuziehen, um den Gedankengang Th. Manns verständlicher zu machen. Was lässt sich dagegen vorbringen? Es war möglich, ‚unpolitische' Bücher zu schreiben, sie konnten den Lesern eine Hilfe sein; vordergründig unpolitische Bücher konnten getarnte politische Botschaften übermitteln; Th. Mann ist zu rigoros, wenn er voraussetzt, dass es nur die Wahl zwischen Anpassung und Widerstand gab; gerade die Literatur verfügt über subtile Möglichkeiten des Subversiven. Verständlich ist Manns Haltung wegen seiner persönlichen Erfahrungen und derjenigen anderer Exilanten, die es noch sehr viel härter getroffen hat; später hat er diese Position abgeschwächt.

1.3 Der Neubeginn nach 1945 – Kahlschlag und Trümmerliteratur (Borchert, Schnurre, Böll, Weyrauch)

Die vier Textauszüge auf dem **Arbeitsblatt 2**, S. 38ff., sind exemplarisch für die Literatur der „Jungen Generation" nach 1945. Diese Autoren hatten den Krieg als Soldaten an der Front und dessen Ende als Kriegsgefangene oder als Heimkehrer in das zerstörte Deutschland erlebt und machten diese Erfahrungen zu ihrem Thema. In dem sich nach dem Krieg wieder entwickelnden Literaturbetrieb besetzten die Autoren der inneren Emigration, die während der Zeit des NS-Regimes in Deutschland geblieben waren, weil ihre unpolitischen Texte nirgendwo aneckten, die vordersten Plätze. Die – jüngeren – Kriegsheimkehrer sahen sich im besiegten und besetzten Deutschland, das sich als Staat erst etablieren musste, an einem Nullpunkt, damit war auch die Chance für einen voraussetzungslosen Neubeginn gegeben. In den beiden ersten Texten des Arbeitsblatts (Borchert und Schnurre) kommen die Begriffe Trümmer und Kahlschlag nicht vor, Letzterer existierte noch nicht. Auffällig an diesen vier

Texten ist die starke Erregung, am stärksten in dem hochexpressiven Text von Wolfgang Borchert. Das Pathos dieser Texte steht in einer gewissen Spannung zu der in ihnen ausgedrückten Forderung nach Lakonie und Nüchternheit. Nach dem Ende des Krieges breitete sich keineswegs das besänftigende Gefühl der Erleichterung aus – zu bedrängend und präsent war die Erinnerung an die Strapazen, die Leiden, die Angst des Krieges. Dies kann der Grund dafür sein, dass in den ersten Nachkriegsjahren weder die Judenverfolgung noch die Verstrickung der Deutschen in den Faschismus thematisiert wurden. Man empfand sich als Opfer der nationalsozialistischen Politik.

Neubeginn der Literatur: Wolfgang Borchert, Wolfdietrich Schnurre, Heinrich Böll, Wolfgang Weyrauch (Arbeitsblatt 2, S. 38 ff.)

- *Welches Zeitbewusstsein, welches Lebensgefühl artikuliert sich in diesen Texten?*

Die Ergebnisse können im Tafelbild festgehalten werden:

Lebensgefühl/Zeitbewusstsein

Borchert:	Gefühl äußerer und innerer Dissonanz; die Situation: Hunger, Elend **und** Freiheit; eigene Einstellung: Nihilismus **und** Liebe zu Deutschland; Selbstgefühl: das Ich ist erbärmlich **und** groß; Sprache: schnoddrig **und** empfindsam; Musik: sentimentale Erinnerung an das die Angst übertönende Soldatengegröhl **und** Liebe zum Jazz
Schnurre:	Bedürfnis nach aufklärender Literatur, Aversion gegen falsche „Propheten“, gegen faschistische Denkmuster
Weyrauch:	Geschichte und Gegenwart: ein undurchschaubares Dickicht; die Menschen: taub und blind, ohne Sprache und Begrifflichkeit
Böll:	Präsenz des Krieges in den Trümmern; drohende Vereinnahmung durch obrigkeitliche Verwaltung

- *Welche Art von Literatur lehnen diese vier Autoren ab?*

An der Tafel könnte stehen:

Abgelehnte Literatur:

Borchert:	Dichter „mit guter Grammatik“
Schnurre:	Reime, Verse, Lieder, Harfenklang, Gesäusel
Weyrauch:	Literatur für Kunstfreunde Poesie, Schönheit der Sprache eitle, selbstbezogene, zeitenthobene Schriftsteller

Hinter diesen Andeutungen verbirgt sich eine Polemik gegen die Schriftsteller der inneren Emigration, die nach dem Krieg als Repräsentanten des besseren Deutschland galten. Bis in die Sechzigerjahre gehörten die Texte dieser Autoren (u. a. Bergengruen, Britting, Carossa, Le Fort, Wiechert) zum unverzichtbaren Fundus der Lesebücher und waren die Pflichtlektüren für das Abitur. Deutlich wird eine starke Abneigung der jungen Autoren gegen jede Art von Rhetorik und Metaphorik, gegen jeden sprachlichen Schmuck, gegen sprachliche Artistik, gegen eskapistische oder überzeitliche Themen.

■ *Was soll eine moderne Literatur leisten, wie soll sie beschaffen sein?*

Alle vier Autoren fordern eine engagierte Literatur, die Aufklärung leistet. Der Leser soll dazu befähigt werden, sich von faschistischen Denkmustern, z. B. traditioneller Heldenverehrung, zu distanzieren (Borcherts Anspielung auf die Pädagogen). Dieser Anspruch liegt auch Schnurres Gedicht zugrunde, das vor der Verführung durch verblendete Propheten warnt. Die Kahlschlag-Metapher, eine Wortschöpfung Weyrauchs, ist ein Synonym für Aufklärung: Literatur und Geschichtsschreibung sollen im „Dickicht" der noch nicht durchschauten Zusammenhänge für Überblick und Klarheit sorgen und Orientierung ermöglichen. Dem entspricht auch die Metapher des Röntgens und die Entscheidung für die Wahrheit gegen die Schönheit – auch dies ist ein Seitenhieb gegen die innere Emigration. Das Ziel ihrer eigenen – modernen – Literatur ist die „Verminderung des Bösen im Menschen", konkret: die Überwindung von Intoleranz und Ausbeutung. Auch in Bölls Bekenntnis zur Trümmerliteratur findet sich dieser aufklärerische Impuls in dem Hinweis auf die skeptische, scharfäugige Leserschaft und auf das unbestechliche Auge des Schriftstellers, der in der Lage sein muss, den Anfängen zu wehren und autoritäre Tendenzen zu erkennen, ehe diese den Menschen beherrschen. Im Tafelanschrieb werden die Hauptpunkte festgehalten:

Erwartungen an die Literatur

Moderne Literatur:	zeitbezogen, thematisiert die Probleme der Gegenwart: Not und Elend, engagiert, realistisch
Sprache:	karg, lakonisch, nüchtern, genau
Ziel:	Aufklärung und Orientierung Verminderung des Bösen im Menschen Auslichten des Dickichts: Warnung vor Irrationalismen und vor Verführung durch Parolen Sensibilisierung gegenüber heraufziehenden autoritären Tendenzen

„‚Einfachwerden' – so lautet der programmatische Anspruch aller Neuanfänge der Nachkriegsprosa und des Genres Kurzgeschichte zumal. Einfachwerden, um innezuhalten, Atem zu holen, sich zu besinnen nach allem, was war" (Schnell 1993, S. 98). Mit ihrem realistischen Programm bezogen die ‚Kahlschlägler' Position gegen die schöngeistige, konventionelle Unterhaltungs- und Erbauungsliteratur, die Ablenkung, Trost und auch Rechtfertigung anbot, aber auch Lebenssinn, Tiefgang, das Höhere, überzeitliche klassische Schönheit – diese Literatur titulierten die jungen Autoren mit dem von Gustav René Hocke geprägten Schmähwort „Kalligrafie". Das literarische Programm der Nüchternheit wurde in den eigenen Texten allerdings nur selten verwirklicht. Auch hier herrscht viel Pathos, was sich aus „der Übergewalt und der abgründigen Sinnlosigkeit des Krieges [...] gegenüber den Versuchen ihrer erzählerischen Verarbeitung" erklärt (Schnell 1993, S. 99). Die Phase der Trümmerliteratur war nur kurz – Bölls Bekenntnis dazu war bereits sein Abschied von diesem Programm, bevor er die Missstände der Restaurationsepoche thematisierte. In seinem Bild der Verwaltungshochhäuser präludiert Böll hier bereits die Kritik der 68er an den autoritären und „faschistoiden" Strukturen der BRD.

- *Worin besteht der Unterschied zwischen „Kahlschlagliteratur" und „Trümmerliteratur"?*

Die Ergebnisse lassen sich in folgender Weise zusammenfassen: Beide Begriffe werden oft synonym verwendet für die Literatur der allerersten Nachkriegszeit. Der Begriff Kahlschlag ist programmatisch; er betont den absoluten, unbelasteten Neuanfang (Paradigma: Günter Eich: Inventur) und die aufklärerische Zielsetzung. Der Begriff Trümmerliteratur bezieht sich auf die Thematik, den damit verbundenen Realismus und die Lakonie der Sprache. Anfangs drückte auch der Begriff der Trümmerliteratur die Entschlossenheit zum Neuanfang aus: „‚Fort mit dem Schutt! Sonst gelingt kein Aufbau!', forderte Kurt Hiller 1947; und seine Gedichtauswahl von 1948 nennt sich ‚Trost in Trümmern'" (Barner 1994, S. 77). Aber Böll geht in seinem Bekenntnis zur Trümmerliteratur darüber hinaus. Es ist „ausdrücklich [...] gegen den Ruf nach ‚alten Zeiten', gegen die Entführung in die Idylle gerichtet" (Barner 1994, S. 77).
Ein großer Teil der für die Neuorientierung der Literatur maßgeblichen Autorinnen und Autoren gehörte zur Gruppe 47 (vgl. **Zusatzmaterial 2**, S. 187 f.).

1.4 1968: Debatten über die Funktion von Literatur zwischen politischem Engagement und Autonomie (Handke, Enzensberger, Wellershoff)

Zweifellos haben die Ereignisse der Jahre 1968/69 auch für die Existenz der Literatur den tiefgreifendsten Umbruch seit 1945 gebracht. Mit gutem Recht hat man vom schmerzhaften, gewaltsamen ‚Nachholen' einer nach 1945 ausgebliebenen, die Erfahrungen von Nationalsozialismus und Krieg spät umsetzenden Revolte gesprochen" (Barner 1994, S. 341). Gewiss ist es richtig, das Datum ‚1968' ganz besonders auch in Bezug auf die Literatur als „Hilfskonstruktion" (Schnell 1993, S. 388) anzusehen, besser noch als Chiffre, zumal es sich um einen längeren Zeitraum handelt und nicht bloß um ein bestimmtes Jahr. „Es war der Prozess einer weltweiten Revolution, ein Aufbegehren in den westlichen Industrienationen, die sich gegen verkrustete Sozialstrukturen und historisch überfällige Hierarchien richtete, der Prozess einer antiautoritären Revolte, die gegen sowjetischen Imperialismus wie gegen den Krieg der Amerikaner antrat, gegen Feudalregimes in der Dritten Welt wie gegen eine sich verschärfende Repression im Innern in Form der Notstandsgesetze" (Schnell, S. 388). Es handelte sich um ein globales Geschehen, aber die Situation war dennoch unterschiedlich in den verschiedenen Ländern. Für Deutschland gilt, dass die Verhältnisse, wie sie sich in der Nachkriegszeit entwickelt hatten, eine maßgebliche Rolle für die Revolte spielten, nicht zuletzt der Umgang mit dem Nationalsozialismus; Stichworte der Debatten waren Restauration, Verdrängung der Nazivergangenheit. Heinrich Böll, Günter Grass, Peter Weiss, Martin Walser, Hans Magnus Enzensberger verstanden sich lange vor 1968 als engagierte Intellektuelle, für die „Literatur und Politik, gesellschaftliche Erfahrung und ästhetische Verarbeitung untrennbar zusammengehörten" (Schnell, S. 319). Doch die Politisierung der Autoren verstärkte sich in den 60er-Jahren, sie mischten sich in die öffentlichen Debatten vernehmbar ein, sowohl durch Aufrufe und Diskussionsbeiträge wie durch ihre literarische Produktion. Auslöser war der von vielen gespürte Handlungs- und Veränderungsbedarf in

vielen Bereichen der Gesellschaft, der Bildung und Politik. Signalwirkung hatte auch der von Georg Picht 1964 ausgerufene Bildungsnotstand. „Was die 68er mit ihren Forderungen und Aktionen an gesellschaftlichem Wandel auslösten, ist kaum zu überschätzen: Die Bildungseinrichtungen, die Politik und nach und nach so gut wie alle gesellschaftlichen Institutionen und Milieus wurden innerhalb weniger Jahre von einem Geist des Wandels, der Traditionskritik und der Demokratisierung erfasst [...]." (Schneider 2008, S. 57) Doch es gab auch bald eine Reihe von Desillusionierungen: „Die erste und vielleicht folgenreichste Desillusionierung der 68er betraf das Scheitern ihres Dogmas einer universellen Rationalität, das Scheitern des politischen und technologischen Fortschrittsglaubens [...]. Die Konsequenz dieses Scheiterns [...] war die Ablösung der politischen Gestaltungseuphorie durch Aufklärungsskepsis und pragmatisches Handeln sowie die Ablösung des pädagogischen Optimismus durch eine erneuerte anthropologische Skepsis." (Schneider, S. 57)
Für die Literatur manifestierte sich die problematische Situation in einer „Krise des Literaturbegriffs" (Barner 1994, S. 341): Es gab eine sehr heftig geführte Debatte über die Funktion der Literatur, Legitimationsprobleme beschäftigten Autorinnen und Autoren, aber auch die Germanistik und die Literaturdidaktik. Den – im Rückblick – spektakulären Auftakt der Debatte über die Funktion der Literatur machte Hans Magnus Enzensberger mit einem Essay im „Kursbuch" 1968: „Gemeinplätze, die Neueste Literatur betreffend." Dort verkündete er zwar nicht den Tod der Literatur, aber er machte deutlich, dass die Literatur wie die gesamte Kultur bürgerlich waren und dass die Literatur die Gesellschaft nicht verändern kann. Er bescheinigte der Literatur „politische Harmlosigkeit".
Die einen setzten darauf, mit dokumentarischer Literatur, politischen Gedichten oder kritischen Reportagen aufzuklären und das Bewusstsein für gesellschaftliche Probleme zu schärfen, die anderen verteidigten nachdrücklich und provokativ die Autonomie der Literatur, indem sie – wie Peter Handke – die Metapher vom Elfenbeinturm verwendeten. Auch Rolf Dieter Brinkmann glaubte nicht daran, dass die Gesellschaft mithilfe der Literatur zu verändern sei; er suchte die Befreiung von traditionellen, konventionellen Formen der Literatur, um „die Abrichtung, die auch in den literarischen Gattungen und Formen enthalten ist, zu durchschlagen, zu unterlaufen", und setzte sich ein „für den persönlichen Ausdruck und das Vorzeigen des Persönlichen"; „der Ausgangspunkt des Schreibens ist das Subjekt, Kopf und Körper zusammen" (Nachwort zur Anthologie „Acid. Neue amerikanische Szene". Frankfurt o. J., S. 385 u. 390). Für die 70er-Jahre fand man das Label „Neue Subjektivität": „Was diese Poeten, ungeachtet ihrer individuellen Spielfarben, verwandt erscheinen lässt, ist die meist recht unzimperlich selbstbewusste Herauskehrung eines Ich von ziemlich gleicher Herkunft (klein- bis mittelbürgerlicher), ähnlichem sozialen Status (literarisches Wanderarbeitertum) und vergleichbarem politischen Werdegang [...]. Fast bei allen in Frage stehenden Autoren datiert die Geburtsstunde des neuen Ich-Gefühls mit Zerfall der Studentenbewegung." So charakterisierte Peter Rühmkorf die Lyrik der neuen Subjektivität (Hage 1980, S. 7).

Die Funktion der Literatur: P. Handke, H. M. Enzensberger, D. Wellershoff (Arbeitsblatt 3, S. 40 f.)

- *Stellen Sie zusammen, was die Literatur jeweils leisten soll.*
- *Überlegen Sie, auf welche Weise, mit welchen Mitteln die Literatur die angeführten Ziele erreichen könnte; suchen Sie Beispiele.*
- *Überlegen Sie, welche der drei Positionen Ihnen am meisten zusagt, und diskutieren Sie darüber im Plenum.*

Die drei Positionen lassen sich in einer Tabelle darstellen:

Was soll die Literatur leisten?

Peter Handke

- Selbsterkenntnis
- kritischer Blick auf Wirklichkeit
- Erkenntnis der Wirklichkeit
- neue Möglichkeiten zu sehen, zu sprechen, zu denken, zu existieren
- Zerbrechen aller endgültig scheinenden Weltbilder

Problem/Fragen:
Ziel/Wirkung der Kritik?

H. M. Enzensberger

- Man kann in der Gegenwart nicht sagen, welche gesellschaftliche Funktion die Literatur hat.
- Literaturkritik ist dementsprechend eigentlich nicht möglich.
- Dennoch gibt es Literatur, die gelingen oder scheitern kann.

Problem/Fragen:
Was könnte das Risiko der Nutzlosigkeit für Autorinnen/Autoren bedeuten? Welche Auswege sind denkbar?

Dieter Wellershoff

- Literatur als Spielfeld für fiktives Handeln
- Grenzüberschreitung (praktische Erfahrung, Lebensroutinen)
- irritieren, Sicherheit der Vorurteile des Gewohnten stören
- Eröffnung neuer Erfahrungsmöglichkeiten

Problem/Fragen:
Einschätzung der Rolle der Fantasie?

Handke und Wellershoff liegen nahe beieinander, Enzensberger kann der Literatur keine gesellschaftsverändernde Wirkung zugestehen. Politisch ist sie ohnmächtig, damit wird der engagierten Literatur die Legitimationsgrundlage entzogen, doch damit ist nichts Definitives über die Literatur ausgesagt. Die Gedichte (**Arbeitsblatt 4**, S. 41 f.) zeigen indirekte Wirkungsmöglichkeiten auf. Beispiele für eine auf Veränderung im Sinne Handkes und Wellershoffs zielende Literatur enthält der gesamte literarische Kanon; bedacht werden muss, dass sich die Wirkungsmöglichkeiten in Abhängigkeit von der Zeitsituation verändern. Die Beispiele können also auch aus den in den Bausteinen 2 bis 4 präsentierten Werken genommen werden.

1.5 Gedichte über die Funktion der Literatur (Enzensberger, Fried, Kunert, Biermann)

Es handelt sich um Gedichte von Autoren aus der Bundesrepublik und aus der DDR; zwar schreiben sie unter verschiedenen Produktionsbedingungen, doch alle verbindet der Gedanke, dass sie die Literatur nicht ideologisch, politisch vereinnahmen lassen wollen. Auch die indirekten Mitteilungsformen, die vom Leser Nachdenken fordern, stellen eine Gemeinsamkeit dar.

Politische Lyrik (H. M. Enzensberger, E. Fried, G. Kunert, W. Biermann) (Arbeitsblatt 4, S. 41 f.)

- *Welche Möglichkeiten der Dichtung werden bei Enzensberger, Fried und Kunert angedeutet? (Hinweis: G. Kunert lebte in der DDR.)*
- *Auf welche Weise kommen in W. Biermanns Gedicht die politischen Verhältnisse zur Sprache? (Biermann wurde 1976 nach einem Konzert in Köln aus der DDR ausgebürgert.)*

Hans Magnus Enzensberger: Windgriff

Der Sprecher wünscht, Wörter zu finden, die „wie Pappelsamen" (der Vergleich wird zweimal wiederholt) fliegen und weit tragen, zu Boden fallen, Wurzeln bilden, schließlich zu einer hohen Pappel aufwachsen. Entscheidend ist das Moment des Zufalls, der Kontingenz, sodass es keine Sicherheit in Bezug auf die Wirkung des Gedichts gibt. Es wird also nicht der Wunsch nach einem Denkmal für die eigene Person zum Ausdruck gebracht, sondern die Vorstellung, Teil oder Anstoß für ein Weiterwirken zu sein. Es geht um die Vorstellung der Literatur als einer Kette der Anregung, Diskussion, Weitergabe von etwas Lebendigem. Im Vordergrund steht also das kommunikative Moment der Literatur und Kunst. Hoffnung und Zweifel halten sich die Waage: Die Hoffnung steckt in der Bildlichkeit (federleichter Same/die Erde lockern/schmaler Schatten), die Skepsis eher in den expliziten unanschaulichen Sprachelementen (zweimal „manche", „später vielleicht", „vielleicht auch nicht").

Günter Kunert: So soll es sein

Auch dieser Text enthält den Traum von einem Gedicht, das eine Wirkung über den Tag hinaus hat. Viermal werden die Eigenschaften des Gedichts wiederholt: „zwecklos und sinnvoll" soll es sein: Eine Kunst, die einen Zweck hat, stellt sich in den Dienst – einer Ideologie, einer Idee, eines Staates. Die Literatur soll zweckfrei sein, doch gerade dadurch ist sie nicht sinnlos, sondern sinnvoll. Im Bild der entstehenden und verfallenen Palastbauten drückt sich die Vergänglichkeit der Paläste, der Attribute der Macht, aus. Vom Werk des Dichters heißt es, dass es auftauche, also überdauern werde. Es ist „unziemlich", darin schwingt die Bedeutung von ‚ungehörig', ‚unangepasst', ‚aufsässig' mit. Die erste Definition des Gedichts, „zur Unterdrückung nicht brauchbar", bedarf keiner Erläuterung – die Kunst darf nicht im Dienst des Staates stehen. Was aber bedeutet das nachgefügte „von Unterdrückung nicht widerlegbar"? Hier überlagern sich mehrere Bedeutungen: die Resistenz einer sich entziehenden Kunst gegenüber staatlichen Forderungen, ihre Überlegenheit gegen die Dummheit der Unterdrücker und die absolute Fremdheit beider Bereiche – Kunst ist nicht kompatibel mit autoritären Systemen. Der staatliche Zensor muss da aufgeben, wo der Leser anfängt, nachzudenken.

Erich Fried: Kunst um der Kunst willen

Das Gedicht ist ebenfalls ein Plädoyer für das Recht des Künstlers auf Widerstand gegen die Vereinnahmung für politische Ziele oder Wahrheiten. Es spielt mit den Aussagen l'art pour l'art und Elfenbeinturm, indem es sie auf die Engstirnigkeit von linken Aktivisten anwendet. Die Pointe des Gedichts, „Revolution um der Revolution willen", ein umfunktioniertes l'art pour l'art, macht auf die Engstirnigkeit und Orientierungslosigkeit eines solchen Dogmatismus aufmerksam. Der Leser kann seine eigenen Schlüsse ziehen und überlegen, wie eine zum Selbstzweck gewordene Revolutionslust sich äußert und welche Folgen sie hat. Es ist keine Werbung für Ästhetizismus, sondern für die Respektierung der Freiheitsrechte des Künstlers.

Wolf Biermann: Und als wir ans Ufer kamen

Dieses Lied ist kein Gedicht über Gedichte, aber ein politisches Gedicht im Ton der Natur- und Stimmungslyrik. Unverkennbar ist der Heine-Ton; die Melancholie, die Unbestimmtheit, das nicht eindeutige Gefühl erinnern an das melancholische Abendgedicht „Wir saßen am Fischerhause". Die erste Strophe bleibt im Bereich der poetischen Schilderung einer Bootsfahrt zu zweit, sie evoziert Fantasiebilder. In der zweiten Strophe ist die Fantasie in Gestalt der Träume auf die Realität bezogen als Frage nach der konkreten Zukunft. Das Bild des

Himmels, der sich im Wasser spiegelt, die Verkehrung von Schwimmen und Fliegen, ist lesbar als Verbindung von Ferne und Nähe, Utopie und Realität, als kurzer Moment des Glücks. Diese Verbindung zerreißt in der zweiten Strophe; explizit in der Wortfügung vom „zerrissenen Land". Man ist geneigt, dies als Klage gegen die deutsche Teilung in einen freien und einen unfreien Teil zu verstehen, als Ausdruck des Wunsches, in Freiheit zu leben. Wiederholt wird am Ende nicht der Wunsch „weg sein", sondern der, „am liebsten hier" zu bleiben. Dem Sozialismus als Idee der Gerechtigkeit fehlt die Freiheit, im freien Westen herrscht Ungerechtigkeit. Jede Entscheidung reißt die nicht heilende Wunde auf. Es ist kein theoretisierendes Gedicht, sondern das bewusste Spiel mit dem Sound des Liebeslyrikers und des politischen Dichters Heinrich Heine, der neben satirischen Gedichten auch über sein Heimweh nach Deutschland schreibt und in „Deutschland. Ein Wintermärchen" über seine Desillusionierung angesichts der deutschen Zustände.
Diesen Song trug Wolf Biermann u.a. auf dem legendären Konzert in Köln (13.11.1976) vor, das zu seiner Ausbürgerung aus der DDR führte. Im Anschluss daran unterschrieben zahlreiche Schriftsteller der DDR eine Protestschrift gegen ihren Staat. Daraufhin wurden sie vor die Alternative Ausreisen oder Anpassung gestellt. Viele entschlossen sich für die Übersiedlung in den Westen.

1.6 Das Prinzip des Dokumentarischen (Runge, Wander)

In der dokumentarischen Literatur kam die Skepsis gegenüber traditionellen literarischen Darstellungsformen zum Ausdruck: Authentische Materialien sollten die Wirklichkeit unverstellt wiedergeben, wenngleich es nicht ohne ein Arrangement des Materials ging, was die innere Widersprüchlichkeit des Verfahrens zeigte, aber dennoch zu sehr eindrucksvollen Theaterstücken führte, etwa Peter Weiss' Stück „Die Ermittlung" (1965), im Anschluss an den Frankfurter Auschwitzprozess. Ein anderes Beispiel waren die „Bottroper Protokolle" (1968), aufgezeichnet von Erika Runge, und Günter Wallraffs Reportagen aus der Arbeitswelt.

Der „Bitterfelder Weg" in der DDR:

Die Literatur sollte nach dem Willen der Partei und nach der sozialistischen Doktrin nicht autonom sein, sondern sich in den Dienst des Aufbaus des Sozialismus stellen. Dass eine solche Forderung höchst umstritten war, zeigen wiederkehrende Debatten, die oft mit der Maßregelung von Autorinnen und Autoren endeten, die ihr Schreiben nicht losgelöst von der ästhetischen Entwicklung der Moderne sehen wollten und konnten. Das Moderne verfiel dem ‚Formalismusverdikt': Den sog. Formalisten, die die moderne Ästhetik eines Proust, Kafka oder Joyce nicht einfach ignorieren wollten, wurde vorgeworfen, dass sie leugneten, dass die entscheidende Bedeutung der Kunst im Inhaltlichen liege. Dementsprechend war der sozialistische Realismus, die verbindliche Kunstdoktrin, am Realismus des 19. Jahrhunderts orientiert: „Realistische Kunst war zu entwickeln ‚durch Anknüpfen an die großen Meister der Klassik'." (Emmerich 1996, S. 121) Im April 1959 fand die „Bitterfelder Konferenz" statt, an der viele Schriftstellerinnen und Schriftsteller und noch mehr schreibende Arbeiter und Volkskorrespondenten teilnahmen. Die Autoren sollten in die Betriebe gehen, die Arbeiter sollten zur Feder greifen, um die Kämpfe und Fortschritte im Produktionsprozess zu dokumentieren: „Von zwei Seiten her sollte die sozialistische Kulturrevolution im literarischen Bereich angegangen werden: Zum ersten sollten die Schriftsteller, die Kopfarbeiter, in die Betriebe gehen, mit Brigaden zusammenarbeiten und die Arbeitsbedingungen an Ort und Stelle studieren. Und zum zweiten sollten die ‚Kumpel', die Handarbeiter, ‚zur Feder greifen', um dadurch einerseits die alltäglichen Kämpfe und Fortschritte im Produktionsbereich zu dokumentieren und sich andererseits durch die eigene Schreibtätigkeit, die litera-

rische Produktivität zu den ‚Höhen der Kultur' emporzuarbeiten" (Emmerich, S. 129). Während die Schriftsteller überwiegend zurückhaltend blieben, bildeten sich Hunderte von „Zirkeln schreibender Arbeiter". Durch Brigitte Reimanns (1933–1973) Buch „Ankunft im Alltag" (1961) wurde der Begriff ‚Ankunftsliteratur' geprägt: „Es erzählt von drei Abiturienten, zwei Männern und einer Frau, die vor ihrem Studium ein Jahr praktischer Arbeit absolvieren und, konfrontiert mit einem ihnen bisher fremden Praxisfeld, neue Konflikte durchzustehen und Entscheidungen zu treffen haben. Neben dem Liebeskonflikt [...] geht es vor allem um die alltägliche Bewährung in der gesellschaftlichen Arbeit, [...] um die pragmatische Einrichtung im ‚realen Sozialismus'. Es ist typisch für die Ankunftsliteratur, dass dieses Sicheinrichten durchweg gelingt [...]". (Emmerich, S. 145)
Seit der Mitte der Siebzigerjahre entwickelte sich in der DDR eine starke Tendenz zu dokumentarischer Literatur. Sarah Kirsch hatte unter dem Titel „Die Pantherfrau" (1973) „5 unfrisierte Erzählungen aus dem Kassetten-Recorder" veröffentlicht, in denen fünf Frauen unterschiedlicher sozialer Herkunft aus ihrem Leben berichten; 1975 erschien der von der Österreicherin Maxie Wander herausgegebene Band „Guten Morgen, du Schöne. Frauen in der DDR. Protokolle."

Literatur und Arbeitswelt in der Bundesrepublik:

„Wer für die Zeit von 1945 bis 1960 in der BRD eine Literatur ausfindig zu machen sucht, die das Problem ‚Arbeitswelt' thematisiert, wird sich enttäuscht sehen." (Schnell 1986, S. 217) Das änderte sich, als 1961 die Dortmunder Gruppe 61 gegründet wurde, die ihr Programm folgendermaßen beschrieb: „Literarisch-künstlerische Auseinandersetzung mit der industriellen Arbeitswelt der Gegenwart und ihrer sozialen Probleme. Geistige Auseinandersetzung mit dem technischen Zeitalter. Verbindung mit der sozialen Dichtung anderer Völker. Kritische Beschäftigung mit der früheren Arbeiterdichtung und ihrer Geschichte." (Schnell 1986, S. 218) Die Gruppe hatte „ein neorealistisches Programm, das sich keineswegs der klassenkämpferischen Literatur der Weimarer Zeit verpflichtet fühlte" (Schnell, S. 219). Der wichtigste Autor war Max von der Grün (1926–2005), der selbst als Hauer untertage gearbeitet hatte und darüber in dem Roman „Irrlicht und Feuer" (1963) schrieb. Die Gruppe existierte noch bis 1972, 1969 entstand aber schon als Nachfolger der „Werkkreis Literatur der Arbeitswelt", dem es vor allem um die Förderung einer Literatur *von* Arbeitern ging. Eine der wichtigsten literarischen Formen war die Reportage. Die stärkste öffentliche Wirkung hatte der verdeckt recherchierende Günter Wallraff (geb. 1942) mit seinen „Unerwünschten Reportagen" (1969). Mit der Intention, Öffentlichkeit herzustellen, „hat sich Wallraff immer wieder auf die Wirklichkeit der Arbeitswelt konzentriert, deren Unterdrückungsmechanismen, deren systembedingte Brutalität und Destruktivität, deren Ausbeutungs- und Herrschaftsformen" (Schnell, S. 227).

Erika Runge: Bottroper Protokolle; Maxie Wander: „Guten Morgen, du Schöne" (Arbeitsblatt 5, S. 43 f.)

- *Welches Bild macht sich der Leser aufgrund des Textauszugs von den Personen?*
- *Erarbeiten Sie ein ‚Protokoll'; planen Sie die einzelnen Arbeitsschritte: Thematische Vorbereitung durch Erstellen eines geeigneten Fragenkatalogs, Auswahl der Interviewpartner, Vorbereitungsgespräch über den Ablauf.*

Die von Erika Runge 1968 herausgegebenen „Bottroper Protokolle", die vor dem Hintergrund einer Zechenstilllegung entstanden sind, hatten eine starke Wirkung. Sie waren wohl auch das Vorbild für die von Maxie Wander, einer in der DDR lebenden Österreicherin, 1978

herausgegebenen „Protokolle" von „Frauen in der DDR". „Kaum ein anderes Buch sagt heute noch so viel aus über die (gewesene) DDR wie Maxie Wanders Protokollband, kaum ein anderes machte damals so viel Mut wie dieses, weil in ihm Frauen, Menschen zu Wort kamen, die Anpassung verweigerten und mit dem Anspruch auf Selbstbestimmung im Alltag Ernst machten." (Emmerich, S. 290) Diese Protokolle erzählen in unliterarischer Form ganze Lebensgeschichten und geben Auskunft darüber, wie die befragten Personen sich und ihr Leben sehen und verstehen. Das wesentliche Anliegen war, ‚durchschnittliche' Personen sich öffentlich (teilanonymisiert) äußern zu lassen, von denen überdies in der fiktionalen Literatur kaum die Rede war, so jedenfalls hat es Martin Walser (er schrieb ein Vorwort) in Bezug auf die „Bottroper Protokolle" gesehen: das Dokumentarische als Element der Demokratisierung und Emanzipation. Sowohl Erika Runge wie Maxie Wander haben das mit dem Tonband aufgezeichnete Material anschließend bearbeitet, ohne dass der Leser erfährt, wie diese Bearbeitung beschaffen ist. Zwei Textauszüge sollen einen Eindruck von den Protokollen vermitteln und zu einem eigenen Versuch anregen.
Der Leser hat nur den der Putzfrau Maria B. zugeschriebenen Text, er weiß nichts über die Fragen, die ihr gestellt wurden, und über die Bearbeitung durch die Herausgeberin. Es fällt auf, dass es sich um mündliche Rede handelt, umgangssprachliche Elemente sind deutlich sichtbar (z. B. häufige Verknüpfung der Aussagen durch die Konjunktion ‚und'; Floskeln wie ‚also', ‚ja', ‚du liebe Zeit'; ‚haste' für hast du; falscher Kasusgebrauch (Dialekt)). Die Reihenfolge des Erzählens richtet sich nicht nach der Chronologie, sondern sie ist vom emotionalen Gehalt bestimmt, wie überhaupt die Schilderung Lücken aufweist: Es geht nicht um eine möglichst genaue Darstellung des Ablaufs, sondern um die subjektive Rolle und die Bedeutung des Erzählten. Frau B. erzählt eine Episode, in der sie eine öffentliche Rolle gespielt und dadurch Mut, Zivilcourage bewiesen und Anerkennung gefunden hat (durch den Kollegen ihres Sohnes, durch die Bekannte). Sie ist stolz auf sich und die Leser sehen sie dementsprechend positiv. Diese Passage steht fast am Ende, es ist eine Art Höhepunkt. Das deutet auch auf die intendierte Absicht: Den Lesern/Leserinnen soll Mut gemacht werden, sich öffentlich zu äußern, sich zu engagieren.
Zu den von Maxie Wander herausgegebenen Protokollen, in denen es in erster Linie um die Geschlechterbeziehungen im Beruf und privat sowie um weibliches Selbstverständnis geht, hat Christa Wolf ein Vorwort verfasst, in dem sie u. a. auf die Methode eingeht. „Und an diesen Texten *ist* gearbeitet worden. Niemand soll meinen, hier werde ihm eine mechanische Abschrift vorgesetzt, Material, Rohstoff. Maxie Wander hat ausgewählt, gekürzt, zusammengefasst, umgestellt, hinzugeschrieben, Akzente gesetzt, komponiert, geordnet – niemals aber verfälscht." (Wander 1978, S. 11 f.) Über das Protokoll, aus dem der Textauszug stammt, schreibt sie: „Herausragend der Monolog einer Sechzehnjährigen. Hier wird auf neun Seiten ein sehr junger Mensch zwischen das Verlangen nach Selbstverwirklichung und die Gefahr der Entfremdung gestellt. Dieses Mädchen soll die Trauer über den Großvater vergessen, der, ein Ärgernis für die Mutter, sich umbrachte; es soll sich auf die Seite des ordentlichen ‚Onkel Hans' schlagen, mit dem Übereinstimmungsglück, die neue Schrankwand und der neue Fernseher in die tadellose Wohnung Einzug halten. Die Mutter, erpicht, dass sich alles ‚schickt', sieht zu, dass die Tochter ‚vernünftig' wird. Die hat zwar noch ihre ‚schwachen Momente', aber ‚man passt sich unwillkürlich an'. Nein, keine Probleme. Was Glück ist? ‚Als ich von meiner Mutti das Tonbandgerät bekommen habe.' Fast ein Kind noch, doch schon beinah gezähmt." (Wander, S. 12) Am Text werden Widersprüche erkennbar, die zeigen, dass es mit der Anpassung vielleicht klappt, dass aber dabei vieles auf der Strecke bleibt: Einerseits die liebevolle Erinnerung an den Großvater, andererseits das Einverständnis mit dem Vorgehen der Mutter. Die Anpassung ist der Preis, den sie für die Anerkennung durch die Mutter zahlen muss. Die Schülerinnen und Schüler werden die Widersprüche erkennen; Gabi ist eine Person, die sie emotional anspricht und interessiert.
Für die eigenen Interviewversuche ist wichtig, dass es den Interviewern gelingt, das Vertrauen der Interviewten zu gewinnen, damit sie bereit sind, sich offen zu äußern. Die Interviews

sollten eher mit Fremden gemacht werden, die Themen sollten unverfänglich sein. Es sollte vorab geklärt werden, wie mit den aufgezeichneten Interviews verfahren wird, ob die Interviewten den aufgezeichneten und redigierten Text noch einmal korrigieren dürfen.

1.7 1989: Literatur in der Medienkonkurrenz (Winkels)

Wofür steht das Jahr 1989 und wofür steht es nicht? Es steht nicht für eine fundamental *neue* Literatur, sondern bezeichnet, ähnlich wie die beiden anderen Jahre 1945 und 1968, zunächst Veränderungen der Politik, der Gesellschaft, für die es kulturelle Korrelate gibt; die Veränderungen müssen jedoch als Prozess gesehen werden, der sich über einen längeren Zeitraum erstreckt und für den man keinen genauen Beginn angeben kann. Herausragend ist die politische Bedeutung jenes Jahres, das einen tief greifenden Wandel der Weltkonstellation bewirkt hat mit dem Fall der Berliner Mauer, dem Ende der deutschen Teilung sowie dem Ende des Kalten Krieges und der Blöcke. So überraschend und unvorhersehbar diese Ereignisse waren, lassen sich ihnen dennoch Entwicklungen zuordnen, die schon früher begannen, die nun beschleunigt wurden und die man mit dem Schlagwort „Globalisierung" – freilich nicht sehr trennscharf – bezeichnet. Kulturell und mental kann man diesen Wandel positiv als Freiheitsgewinn wahrnehmen, und das ist zweifellos politisch ein bedeutender Gewinn; darüber hinaus als Beschleunigung des technischen Fortschritts, als Offenheit und Beweglichkeit, als bunte Vielfalt, als Erweiterung des Raums der Möglichkeiten. Man muss nicht alte kulturkritische Muster aufgreifen, um zu sehen, dass der Wandel auch bedrohlich erscheinen kann, was im Begriff der „Risikogesellschaft" (Beck) zum Ausdruck kommt und in der „Erlebnisgesellschaft" (G. Schulze), was als Bedrohung der individuellen Entfaltungsmöglichkeiten mit dem Begriff des „flexiblen Menschen" (R. Sennett) beschrieben wird. Ökonomisch und sozial herrscht ein deutlich verschärfter Konkurrenzkampf, eine Situation, für die J. Habermas den Begriff der „neuen Unübersichtlichkeit" geprägt hat. Diese wenigen Stichwörter mögen genügen, um anzudeuten, dass das Jahr 1989 hier auch als symbolisches Datum gemeint ist.

Die Literatur befindet sich in der Medienkonkurrenz, und das hat auch Rückwirkungen auf die literarische Produktion und die Produzenten, deren Bewusstsein durch die Bedingungen der globalisierten Welt geprägt ist, wie sie oben skizziert worden sind.

Übereinstimmend gehen die Analysen der Gegenwartsliteratur davon aus, dass der Literatur nicht mehr die Rolle eines Leitmediums zukommt, wie das für das sogenannte Bildungsbürgertum der Fall war, das es ebenfalls nicht mehr gibt. „Nicht die deutsche Gegenwartsliteratur also war in der Krise, sondern die Literatur hatte ihre Rolle als Leitmedium eingebüßt", so schreibt Wieland Freund im Hinblick auf die 90er-Jahre (Freund/Freund 2001, S. 12f.). Klaus-Michael Bogdal hat die Veränderung der Stellung der Literatur seit den 60er-Jahren folgendermaßen beschrieben:

„1. Die bildungsbürgerliche ‚Mitte' und mit ihr die traditionelle Bildungselite verlieren schrittweise ihre kulturelle Hegemonie.

2. Die von ihr vertretenen kulturellen Werte und ästhetischen Standards gelten immer weniger als universalisierbar und damit auch als gesamtgesellschaftlich repräsentativ.

3. Die Differenzierung der traditionellen Klassen und Schichten führt zur Herausbildung neuer ‚Milieus', die nicht nur durch Macht, Einkommen und Bildung, sondern vor allem durch ihren ‚Lebensstil' geprägt sind.

4. Ob das Lesen zum Lebensstil gehört, darüber entscheiden heute nicht mehr der Bildungsgrad, finanzielle Ressourcen oder ein kultureller Kanon. Maßgebend sind die Interessen, Bedürfnisse, Werte und Gewohnheiten des jeweiligen Milieus." (Bogdal 2004, S. 86) – Zur heutigen Situation findet man im Zusatzmaterial Informationen (**Zusatzmaterial 5**, S, 190).
Weiter heißt es bei Bogdal: „Literatur wird in wachsendem Maße innerhalb eines Milieus

rezipiert, wenn sie sich in den jeweiligen Lebensstil einfügen lässt. [...] Eine staats-, gesellschafts- und selbstkritische literarische Öffentlichkeit, wie sie sich in den Fünfzigern und Sechzigern institutionalisiert hatte, hat den medialen Veränderungen der Siebziger und Achtziger nicht standgehalten. An die Stelle der literarischen Öffentlichkeit ist ein literarischer Raum getreten, den ich mit einer Klimaanlage verglichen habe: ein funktional ausgerichtetes und unterschiedlich temperiertes System von ‚Gängen', das die verschiedenen Milieus mit den erwünschten ästhetischen Sinnangeboten beliefert und bestimmte Milieus vollständig anderen Medien überlässt." (Bogdal, S. 86) Ergänzen lässt sich das durch Beobachtungen, die der Dozent und Autor Hermann Kinder an Studierenden der Germanistik gemacht hat: Sie bevorzugen „generationsgleiche Literatur", Schreibweisen müssen „dem hedonistischen Verlangen nach Positivität genügen", gesucht wird das „historisch oder regional Exotische", das „Mythische und menschlich Exorbitante" (Kinder 1995, S. 201).

Der Deutschunterricht, der angesichts der beschriebenen Veränderungen an einer Literatur, die nicht bloße Unterhaltung ist, festhalten will und muss, darf die veränderten Rahmenbedingungen nicht außer Acht lassen; indem er sie reflektiert und thematisiert, kann er sie nicht aufheben, doch er muss sich ihnen auch nicht bloß anpassen und unterwerfen. Die Literatur ist immer noch *ein*, aber keinesfalls mehr *das* Selbstverständigungsmedium.

Hubert Winkels: Leselust und Bildermacht (Arbeitsblatt 6, S. 45)

Seinem Essay „Verdienst und Vergehen der Gegenwartsliteratur" hat Jochen Hörisch das folgende Gedicht von Robert Gernhardt vorangestellt:

Sonette find ich so was von beschissen,
so eng, rigide, irgendwie nicht gut;
es macht mich ehrlich richtig krank zu wissen,
dass wer Sonette schreibt. Dass wer den Mut

hat, heute noch so'n dumpfen Scheiß zu bauen;
allein der Fakt, dass so ein Typ das tut,
kann mir in echt den ganzen Tag versauen.
Ich hab da eine Sperre. Und die Wut

Darüber, dass so'n abgefuckter Kacker
Mich mittels seiner Wichserein blockiert,
schafft in mir Aggressionen auf den Macker.

Ich tick nicht, was das Arschloch motiviert.
Ich tick es echt nicht. Und wills echt nicht wissen:
Ich find Sonette unheimlich beschissen.

Aus: Wörtersee, Frankfurt/Main: Zweitausendeins, 1981 © Robert Gernhardt, durch Agentur Schlück. Alle Rechte vorbehalten

Hörisch kommentiert: „Bedürfte es der Indizien dafür, dass die deutschsprachige Gegenwartsliteratur krisengeschüttelt ist: in diesem Gedicht, das Robert Gernhardt 1979 im *Zeit-Magazin* und also im Organ für die gebildeten (Restbe-)Stände erstmals publizierte, läge ein solches aussagestarkes Indiz vor. Bedürfte es eines Beweises dafür, dass die deutsche Gegenwartsliteratur im Hinblick auf formale, handwerkliche, inhaltliche, poetologische, sprachlich-stilistische und zeitdiagnostische Qualitäten bemerkenswerte Stärken aufweist: in diesem formvollendeten Sonett wäre er unüberseh- und unüberhörbar gegeben. Robert Gernhardts in jeder Weise souveräne Zeilen stehen unter dem barocken Titel *Materialien zu einer Kritik der bekanntesten Gedichtform italienischen Ursprungs*, und sie machen paradigmatisch auf die Paradoxie aufmerksam, die die Literatur der Gegenwart prägt: sie weist Werke von hoher und höchster Qualität auf, und sie hat dennoch im Vergleich mit der Literatur anderer Epochen einen eklatanten Kursverlust erlitten. Begründet ist [...] der Kursverlust der qualitativ beeindruckenden Gegenwartsliteratur primär durch das im neuen Mediensystem für alle offenbar werdende Ende der Gutenberg-Galaxis und sekundär durch eine Literaturkritik, die nur noch ‚Bahnhof' versteht." (Hörisch 1995, S. 30f.) Ehe eine Diskussion der These von H. Winkels möglich ist, muss der Text genau verstanden werden, dazu benötigen die Schülerinnen und Schüler die Hilfe der Lehrkraft.

- *Stellen Sie zusammen, wie H. Winkels die Situation und die Bedeutung des Lesens beschreibt.*
- *Welche Gründe führt er für die Veränderung der Rolle des Lesens an?*
- *Welche Rolle weist er der Literatur unter den Bedingungen der Medienkonkurrenz zu?*

Es ist davon auszugehen, dass es den Schülern gelingen kann, die Merkmale der Literatur im bürgerlichen und im elektronischen Zeitalter tabellarisch zusammenzustellen, doch es wird ihnen schwerfallen, zu verstehen, was Winkels eigentlich meint. Es geht also vorwiegend um die Klärung des Textverständnisses. Wenn Miller (in Schillers „Kabale und Liebe") seine Frau und seine Tochter beschimpft, weil sie Romane lesen, tut er es, weil er darin die Abkehr von der Religion, von Gott und von der patriarchalischen Ordnung und also Sittenverderbnis sieht. Tatsächlich verbirgt sich aber dahinter – und das meint Winkels – das Lesen als Instrument der bürgerlichen Bildung und Emanzipation.
Die Hauptgedanken Winkels' lassen sich in einer Tabelle festhalten:

Literatur im bürgerlichen Zeitalter	Literatur im elektronischen Zeitalter
• einsames Lesen als Versenkung in ein imaginäres Reich, Verschmelzung von fremder und eigener Intimität (Identifikation) • Formung empfindsamer und selbstbewusster Individuen • Herzensbildung des einsamen Lesers als Modell der Bildung überhaupt • unersetzliche Erinnerungsfunktion der Literatur/Literatur als Archiv der Weltkonstitution (Weltbildfunktion)	• Leser ohne Kommunikationspartner • Verlust der symbolischen Hoheitsfunktion [Weltbildfunktion] der Literatur • mediale Nachrangigkeit der Literatur • Distanz zur Mediengesellschaft als Vorteil: – subtile Strategien der Verwirrung – Aufbrechen aktueller Codes – Lösung der Trancen des Publikums – Aufzeigen der Werkzeuge/Techniken der Welterzeugung in den anderen Medien (Suggestionsmedien) – Sabotage (Riss im verkabelten Gehäuse der Welt, Bildstörung, Tonausfall, blinder Fleck im Weltsichtprogramm)

Über Empfindsamkeit, Individualisierung und Säkularisierung entwickelt sich das bürgerliche Selbstbewusstsein gegenüber dem Adel: „So wurden in dieser sich festigenden Allianz zwischen den Schriftstellern und ihrer neuen Leserschaft bürgerliche Lebensart und bürgerliche Werte wie Redlichkeit, Einfachheit, Sittsamkeit und Empfindsamkeit, ursprünglich ein Kontraststil, mit dem sich das Bürgertum von der Frivolität und Verschwendungssucht des Adels abgrenzte, allmählich zur herrschenden Lebensauffassung der Zeit." (Wellershoff 2001, S. 18) Winkels beschreibt eine Situation des 18. Jahrhunderts, die sich im Laufe des 19. Jahrhunderts schon verändert hatte; diesen Weg stellt er jedoch nicht dar, sondern stellt dem idealtypisch gezeichneten Leser die heutige Situation gegenüber, in der die Literatur ihre

„symbolische Hoheitsfunktion" verloren hat, ihre einzigartige Rolle für die Welterfassung und Weltdeutung. Sie ist ein Medium neben anderen geworden. Ihre in der Gegenwart legitimierende Funktion sieht Winkels darin, dass sie kritische Distanz zu anderen Medien (z. B. dem Film) hält und diese kritisch begleitet, etwa die Fragwürdigkeit ihrer Welt-Bilder sichtbar macht. Das muss man sich nicht als direkte, explizite Kritik vorstellen, sondern eher so, dass die Literatur (eine, die nicht nur auf Unterhaltung angelegt ist) nicht suggestiv, sondern kritisch (auch: selbstkritisch, selbstreferentiell) vorgeht, indem sie ‚stört': Eigentlich handelt es sich also um ein Plädoyer für die Literatur, deren Nachrangigkeit sich als Möglichkeit zur Überlegenheit erweist. Man kann sich das Gemeinte mit Brechts Verfremdungsbegriff verdeutlichen, denn Verfremdung soll die Illusion stören, die Einfühlung, um dadurch Erkenntnis möglich zu machen. Deutlich werden sollte in der Diskussion, dass es sich hier um *eine mögliche* Funktion von Literatur handelt, die auch in Verbindung mit der ‚Postmoderne' zu sehen ist.

1.8 Postmoderne und Literatur (Illies, Baßler, Ortheil)

Man könnte es ein Gespenst nennen, das umgeht nicht nur in Europa, sondern in der westlichen Welt – die Postmoderne: Die einen verdammen sie als Modephilosophie, andere sehen in ihr einen Schlüssel zum Verständnis der modernen Welt; wahrscheinlich trifft beides zu. Die Literatur zum Thema ist unüberschaubar, eine eindeutige, klare Definition gibt es nicht, doch das spiegelt nur den Charakter des Phänomens – den „durch die Werke der Postmoderne vermittelten Eindruck der Bodenlosigkeit des Prozesses der Bedeutungsbildung" (Grabes 2004, S. 130).
Es handelt sich nicht um eine theoretische Schule, sondern um eine Denkrichtung, als deren Basis Nietzsches Aussage „Gott ist tot!" angesehen werden kann, wenn man sie so versteht, dass es kein einheitliches Weltbild mehr gibt. Der amerikanische Philosoph Richard Rorty spricht von einer „Kultur ohne Zentrum" und beruft sich auf die Polemik von Jacques Derrida gegen die Vorstellung „eines feststehenden Zentrums, das der Reichweite des Spiels entzogen ist" (Rorty 1993, S. 8) – weder gebe es ein Zentrum der Kultur noch ein solches des eigenen Ichs. Stattdessen solle das Ich als narrativer Schwerpunkt verstanden werden: Es ändere sich, sobald es eine andere Geschichte darüber erzählt, wer es selbst sei, denn mit der Änderung solcher Geschichten ändere sich auch der eigene Schwerpunkt, die moralische Identität (Rorty, S. 9). Was postmodern ist, lässt sich – das ist *ein* Aspekt – am Identitätskonzept ermitteln, bei dem man nicht mehr von einem Identitätskern spricht; ein frühes literarisches Beispiel dafür ist der Protagonist Meursault in Albert Camus Erzählung „Der Fremde". Rorty hält sich an Romanciers als Gewährsleute, denn ihnen sei die Erkenntnis zu verdanken, „dass das aufschlussreichste Moment der neueren Geschichte des Abendlands in seiner gesteigerten Fähigkeit, Vielfalt zu dulden", liege (Rorty, S. 101); er fährt fort: „Anders aufgefasst, handelt es sich dabei um eine gesteigerte Fähigkeit, scheinbare Widersprüchlichkeit nicht als etwas Verwerfliches, Uneigentliches oder Böses zu behandeln, sondern als Merkmal der Unzulänglichkeit unserer gängigen Erklärungs- und Bedeutungsvokabulare" (Rorty, S. 101 f.). Die Voraussetzung dafür sieht er in den pluralistischen bürgerlichen Demokratien, „in denen die Politik nicht ethischen Forderungen nach großartigen Handlungen entspricht, sondern mitfühlenden Forderungen nach der Linderung von Leid" (S. 102); dass er damit nicht die Realität beschreibt, ist ihm wohl klar. F. Lyotard, einer derjenigen, die den Postmoderne-Begriff aufgebracht haben, spricht – metaphorisch – vom Ende der großen Erzählungen und meint damit geschlossene Weltbilder. Um Postmoderne als Phänomen der Literatur zu verstehen, sollte man sich die philosophischen Grundlagen bewusst machen, dann kann man zumindest auch sagen, *wogegen* sich postmodernes Denken richtet, nämlich gegen geschlossene Welt- und Menschenbilder (gegen Essentialismus), gegen dichotomisches

Denken, gegen die Vorstellung von der *einen* Wahrheit. Das hat auch Folgen für das Lesen und Verstehen von Texten, für den Umgang mit ihnen: „Der postmodernen epistemologischen Situation dürfte vielmehr auch ein literarischer Unterricht zunehmend hilflos gegenüberstehen, der auf die Literatur als Medium der Weltorientierung und auf Interpretation als Welterfassung setzt. Dem nämlich entspricht eine Modellierung des Leseprozesses nach Vorgabe des Oberflächen-Tiefen-Modells. Danach hat der Text als Oberfläche eine hinter ihm liegende Botschaft, ein ‚eigentlich Gemeintes', das herauszuinterpretieren sei" (Förster 1998, S. 228). Nun gehe es um solche Texte, die ein Lesen befördern, „das den ‚Kurzschluss auf die allzu frühe, vom Werk schon gemeinte Bedeutung' verunmöglicht", wie Adorno einmal formulierte, ein Lesen nämlich, das sich auf die sprachliche Konstitution des Textes zu konzentrieren hat, auf seine ästhetisch-rhetorische Machart, seine Textur als ebenso unabdingbare wie folgenreiche Voraussetzung des Bedeutungsaufbaus selber." (Förster, S. 229)
Die Postmoderne findet ihren Niederschlag in literarischen Formen und Gestaltungsweisen und sie bewirkt ein gegenüber der klassischen Hermeneutik verändertes Lesen. Es gibt keine exakte Definition postmoderner Literatur; entscheidend sind die oben skizzierten Denk- und Bewusstseinsvoraussetzungen und ihre Entsprechungen, wie sie die Begriffe Ambivalenz, Ambiguität, Offenheit, Vieldeutigkeit zum Ausdruck bringen; ferner Grenzüberschreitungen in sprachlicher, stilistischer, gattungstheoretischer und medialer Hinsicht; dazu gehören auch die Auflösung des Konzepts der *einen* Bedeutung (was man auch als Tiefenstruktur bezeichnete), die Betonung des Mediums, der Sprache/des Sprechens in seiner materiellen, sinnlichen Qualität, die Montage und Collage, die Intertextualität, die Ironie. Was das veränderte Lesen betrifft, zeigt die Praxis der produktiven Hermeneutik, wie durch Veränderungen in der Literatur und neue Fragestellungen in der Literaturwissenschaft auch der Deutschunterricht verändert wurde.

Florian Illies: Generation Golf; Moritz Baßler: Der deutsche Pop-Roman; Hanns-Josef Ortheil: Postmoderne in der deutschen Literatur (Arbeitsblatt 7, S. 46)

- *Lesen Sie den Text von F. Illies und notieren Sie Ihre Eindrücke.*
- *Überprüfen Sie Ihre Gedanken nach der Lektüre von M. Baßlers Definition der Pop-Literatur.*
- *Was verbindet, was trennt Postmoderne und Pop-Literatur?*

Florian Illies hat die Generationsbezeichnung wohl ‚erfunden': Wie ernst ist es ihm mit dem von ihm abgehandelten Thema? Eine kultur- und konsumkritische Lesart liegt nahe, doch wird das zum Ausdruck kommende Lifestyle-Denken nicht durch die Art, wie die erörterte Frage mit Bedeutung aufgeladen wird, konterkariert? Allein die Sprache kann darüber Auskunft geben: *Gründungs*automobil ist eine komische Neubildung, in Analogie zum ‚Gründungsdokument', zum ‚Gründungsmythos', zu dem sich Illies' Begriff ironisch verhält; die Marke frisst sich ins Bewusstsein ein, die Verschmelzung zwischen ‚uns und der Produktpalette von Volkswagen' – eine aufgeladene, hochgestochene Begrifflichkeit für einen banalen Sachverhalt, zumal der Golf nur der ‚kleinste gemeinsame Nenner' ist. Absurde Logik bestimmt die Fortsetzung des Textes, wie über die ignoranten Frauen geschrieben wird. Doch was ist das Ziel oder der Gegenstand der Ironie? Eine wichtigtuerische Sprache? Oder läuft die Ironie bloß ins Leere? Liest man den Text mit Baßlers Definition, wird man das Spielerische stärker betonen und den Gesichtspunkt der medialen Vorgeformtheit der Sprache. Das Spielmoment verbindet die Pop-Literatur mit der Postmoderne, wie Ortheil sie beschreibt. Die ‚Stichworte der Postmoderne' könnten eine abschließende Diskussion eröffnen. Eine solche Diskussion kann auch nach der Lektüre von Handkes „Der kurze Brief zum langen Abschied" oder nach Judith Hermanns Erzählungen geführt werden.

Stichworte der Postmoderne

- Kultur ohne Zentrum
- Unbestimmtheit
- Ich als narrativer Schwerpunkt
- Grenzüberschreitungen
- Ambivalenz und Ambiguität
- Ende der großen Erzählungen
- Dezentriertheit
- Lesen statt Interpretieren
- Intertextualität
- Offenheit
- Beachtung der Materialität der Zeichen
- neue Erklärungsvokabulare
- Aufhebung der Kluft zwischen Eliten- und Massenkultur

Notizen

„Die Große Kontroverse" – Lyrik des Exils

Unmittelbar nach Kriegsende wurde an Schriftsteller, die von den Nazis ins Exil getrieben worden waren, appelliert, nach Deutschland zurückzukehren. Dabei ging es auch um den in die USA emigrierten Nobelpreisträger Thomas Mann. Walter von Molo (1880–1958), der sich der ‚inneren Emigration' zurechnete, schrieb einen offenen Brief; Frank Thieß (1890–1977), von dem (so nimmt man an) der Begriff ‚innere Emigration' geprägt wurde, griff in die Diskussion ein, noch ehe Th. Mann sich geäußert hatte. Der Schriftsteller J. F. G. Grosser veröffentlichte 1963 Dokumente der Diskussion unter dem Titel „Die Große Kontroverse. Ein Briefwechsel um Deutschland".

Walter von Molo: Offener Brief an Thomas Mann (13.8.1945) [Auszüge]

Mit aller, aber wahrhaft aller Zurückhaltung, die uns nach den furchtbaren zwölf Jahren auferlegt ist, möchte ich dennoch heute bereits und in aller Öffentlichkeit ein paar Worte zu Ihnen sprechen: Bitte, kommen Sie bald, sehen Sie in die von Gram durchfurchten Gesichter, sehen Sie das unsagbare Leid in den Augen der vielen, die nicht die Glorifizierung unserer Schattenseiten mitgemacht haben, die nicht die Heimat verlassen konnten, weil es sich hier um viele Millionen Menschen handelte, für die kein anderer Platz auf der Erde gewesen wäre als daheim, in dem allmählich gewordenen großen Konzentrationslager, in dem es bald nur mehr Bewachende und Bewachte verschiedener Grade gab. [...] Das deutsche Volk hat – ungeachtet recht zahlreicher und lebhafter Aufforderungen von der Frühe bis in die Nacht – vor dem Kriege und im Kriege nicht gehasst, und es hasst nicht, es ist dazu nicht fähig, weil es wahrhaft seine Großen und seine Meister, die die Welt liebt und verehrt, verdiente und noch immer verdient, denn – ich spreche in voller Verantwortung es aus – Ihr Volk, das nunmehr seit einem Dritteljahrhundert hungert und leidet, hat im innersten Kern nichts gemein mit den Missetaten und Verbrechen, den schmachvollen Gräueln und Lügen, den furchtbaren Verirrungen Kranker, die daher wohl so viel von ihrer Gesundheit und Vollkommenheit posaunten. [...]

Aus: J. F. G. Grosser (Hg.): Die Große Kontroverse. Ein Briefwechsel um Deutschland. Hamburg/Gent/Paris 1963, S. 19f.

Frank Thieß: Die innere Emigration (18.8.1945) [Auszüge]

Walter von Molos offener Brief an Thomas Mann enthält eine wiederholte Aufforderung an diesen, nach Deutschland zu kommen [...]. Nach Ebermayers[1] Bericht soll Thomas Mann ihn aufgefordert haben, Deutschland zu verlassen, weil die Emigration als der einzige klare Ausdruck einer Nazi-Gegnerschaft angesehen werden könne. Ebermayer antwortete: „Als deutscher Schriftsteller bedürfe er des deutschen Raums, der deutschen Erde und des Widerhalls deutscher Menschen, Mächte, die letztlich kein Terror angreifen könne [...]." Das war richtig, denn die Welt, auf die wir innerdeutschen Emigranten uns stützten, war ein innerer Raum, dessen Eroberung Hitler trotz aller Bemühung nicht gelungen ist. [...] Auch ich bin oft gefragt worden, warum ich nicht emigriert sei, und konnte immer nur dasselbe antworten: Falls es mir gelänge, diese schauerliche Epoche (über deren Dauer wir uns freilich alle getäuscht hatten) lebendig zu überstehen, würde ich dadurch derart viel für meine geistige und menschliche Entwicklung gewonnen haben, dass ich reicher an Wissen und Erleben daraus hervorging, als wenn ich aus den Logen und Parterreplätzen des Auslands der deutschen Tragödie zuschaute. Es ist nun einmal zweierlei, ob ich den Brand meines Hauses selbst erlebe oder ihn in der Wochenschau sehe, ob ich selber hungere oder vom Hunger in den Zeitungen lese, ob ich den Bombenhagel auf deutsche Städte lebend überstehe oder mir davon berichten lasse, ob ich den beispiellosen Absturz eines verirrten Volkes unmittelbar an hundert Einzelfällen feststellen oder nur als historische Tatsache registrieren kann. [...]

Aus: J. F. G. Grosser, a.a.O. S. 22ff.

1 Erich Ebermayer (1900–1970), Schriftsteller, hatte 1934 mit Th. Mann in der Schweiz gesprochen – so Thieß.

Thomas Mann: Warum ich nicht nach Deutschland zurückgehe (28.9.1945) [Auszüge]

Lieber Herr von Molo!
Ich habe Ihnen zu danken für einen sehr freundlichen Geburtstagsgruß, dazu für den offenen Brief an mich, den Sie der deutschen Presse übergeben haben und der auszugsweise auch in die amerikanische gelangt ist. Darin kommt noch stärker und dringlicher als in dem privaten Schreiben der Wunsch, ja die verpflichtende Forderung zum Ausdruck, ich möchte nach Deutschland zurückkehren und wieder dort leben: „zu Rat und Tat". [...] Nun muss es mich ja freuen, dass Deutschland mich wiederhaben will – nicht nur meine Bücher, sondern mich selbst als Mensch und Person. Aber etwas Beunruhigendes, Bedrückendes haben diese Appelle doch auch für mich, und etwas Unlogisches, sogar Ungerechtes, nicht Wohlüberlegtes spricht mich daraus an. [...] Sind diese zwölf Jahre und ihre Ereignisse denn von der Tafel zu wischen und kann man tun, als seien sie nicht gewesen? [...] Schwer genug war [...] das Wanderleben von Land zu Land, die Passsorgen, das Hoteldasein, während die Ohren klangen von den Schandgeschichten, die täglich aus dem verlorenen, verwildernden, wildfremd gewordenen Lande herüberdrangen. Das haben Sie alle, die Sie dem „charismatischen Führer" (entsetzlich, entsetzlich, die betrunkene Bildung!) Treue schworen und unter Goebbels Kultur betrieben, nicht durchgemacht. Ich vergesse nicht, dass Sie später viel Schlimmeres durchgemacht haben, dem ich entging; aber das haben Sie nicht gekannt: das Herzasthma des Exils, die Entwurzelung, die nervösen Schrecken der Heimatlosigkeit. [...]

Dass alles kam, wie es gekommen ist, ist nicht meine Veranstaltung. Wie ganz und gar nicht ist es das! Es ist ein Ergebnis des Charakters und Schicksals des deutschen Volkes [...]. Ja, Deutschland ist mir in all diesen Jahren doch recht fremd geworden. Es ist, das müssen Sie zugeben, ein beängstigendes Land. Ich gestehe, dass ich mich vor den deutschen Trümmern fürchte – den steinernen und den menschlichen. [...]

Wie sollte ich unempfindlich sein gegen die Briefergüsse voll lange verschwiegener Anhänglichkeit, die jetzt aus Deutschland zu mir kommen. [...] Auch Bücher sind es wohl einmal, die kommen. Soll ich bekennen, dass ich sie nicht gern gesehen und bald weggestellt habe? Es mag Aberglaube sein, aber in meinen Augen sind Bücher, die von 1933 bis 1945 in Deutschland überhaupt gedruckt werden konnten, weniger als wertlos und nicht gut in die Hand zu nehmen. Ein Geruch von Blut und Schande haftet ihnen an; sie sollten alle eingestampft werden. Es war nicht erlaubt, es war unmöglich, ‚Kultur' zu machen in Deutschland, während rings um einen herum das geschah, wovon wir wissen. Es hieß die Verkommenheit beschönigen, das Verbrechen schmücken. [...]

Man höre doch auf, vom Ende der deutschen Geschichte zu reden! Deutschland ist nicht identisch mit der kurzen und finsteren geschichtlichen Episode, die Hitlers Namen trägt. [...] Es ist im Begriffe, eine neue Gestalt anzunehmen, in einen neuen Lebenszustand überzugehen, der vielleicht nach den ersten Schmerzen der Wandlung und des Überganges mehr Glück und echte Würde verspricht, den eigensten Anlagen und Bedürfnissen der Nation günstiger sein mag als der alte. [...] Weltökonomie, die Bedeutungsminderung politischer Grenzen, eine gewisse Entpolitisierung des Staatenlebens überhaupt, das Erwachen der Menschheit zum Bewusstsein ihrer praktischen Einheit, ihr erstes Ins-Auge-Fassen des Weltstaates – wie sollte all dieser über die bürgerliche Demokratie weit hinausgehende *soziale Humanismus*, um den das große Ringen geht, dem deutschen Wesen fremd und zuwider sein? [...]

In: Thomas Mann: Gesammelte Werke in dreizehn Bänden. Band XII. Reden und Aufsätze 4.

Mascha Kaléko (1907 – 1975): Inventar

1
Haus ohne Dach
Kind ohne Bett
Tisch ohne Brot
Stern ohne Licht

2
Fluss ohne Steg
Berg ohne Seil
Fuß ohne Schuh
Flucht ohne Ziel

3
Dach ohne Haus
Stadt ohne Freund
Mund ohne Wort
Wald ohne Duft

4
Brot ohne Tisch
Bett ohne Kind
Wort ohne Mund
Ziel ohne Flucht

In: Mascha Kaléko: In meinen Träumen läutet es Sturm.

Oskar Maria Graf (1884 – 1967): Jäher Schrecken

Ich hör' auf einmal keine Uhr mehr schlagen,
urplötzlich ist es grausig still.
Am Himmel bleicht der letzte Stern dahin,
und vor den Fenstern fängt es an zu tagen.

Es springt die Angst aus allen Gegenständen.
Sie wird zum Ekel, fad und unerträglich,
und eine kahle, grenzenlose Leere
grinst mir entgegen aus den Zimmerwänden.

Wer kann da wieder durch die Straßen gehen,
als ob ihm nichts geschehen wäre?
Es riecht nach Moder, und gespenstisch flimmert's,
wenn Menschen lächeln, Sonne scheint und Winde wehen ...

Aus: Lyrik des Exils. Hrsg. W. Emmerich/S. Heil. 1997 Reclam Verlag, Stuttgart.

- *Lesen und untersuchen Sie die Texte im Hinblick darauf, welche Vorstellung von Exil/Emigration sie vermitteln.*
- *Zu W. v. Molo: Welche Aussagen macht er über die Deutschen? Wovon spricht er nicht?*
- *Zu F. Thieß: Wie begründet er, dass ein deutscher Schriftsteller nicht emigrieren konnte? Wie definiert er die ‚innere Emigration'?*
- *Verfassen Sie aus der Perspektive eines Emigranten (M. Kaléko, O. M. Graf, Th. Mann) einen Antwortbrief an F. Thieß.*
- *Zu Th. Mann: Stellen Sie die Gründe zusammen, weshalb er nicht nach Deutschland zurückgehen will.*
- *Welche Kritik an Deutschland enthält sein Brief?*
- *Die heftigsten Reaktionen löste er mit den Aussagen über die in Deutschland zwischen 1933 und 1945 gedruckten Bücher (Z. 51 – 63) aus. Nehmen Sie Stellung und diskutieren Sie, nachdem Sie sich ein Bild davon gemacht haben, welche Bücher gemeint sind (Hilfe: H. A./E. Frenzel: Daten deutscher Dichtung. Bd. 2. München 1999).*

Kahlschlag und Trümmerliteratur

Wolfgang Borchert: Das ist unser Manifest

Helm ab Helm ab: – Wir haben verloren!
Die Kompanien sind auseinandergelaufen. Die Kompanien, Bataillone, Armeen. Die großen Armeen. Nur die Heere der Toten, die stehn noch. [...] Die Kanonen aber liegen wie erfrorene Urtiere mit steifem Gebein. Lila vor Stahl und überrumpelter Wut. Und die Helme, die rosten. Nehmt die verrosteten Helme ab: Wir haben verloren.
In unseren Kochgeschirren holen magere Kinder jetzt Milch. Magere Milch. Die Kinder sind lila vor Frost. Und die Milch ist lila vor Armut.
Wir werden nie mehr antreten auf einen Pfiff hin und Jawohl sagen auf ein Gebrüll. Die Kanonen und die Feldwebel brüllen nicht mehr. Wir werden weinen, scheißen und singen, wann wir wollen. Aber das Lied von den brausenden Panzern und das Lied vom Edelweiß werden wir nie mehr singen. [...] Jetzt ist unser Gesang der Jazz. [...] Und manchmal noch das alte sentimentale Soldatengegröhl, mit dem man die Not überschrie und den Müttern absagte. [...] Männlicher Männergesang – hat keiner das Schluchzen der Herzen gehört?
Wir brauchen keine wohltemperierten Klaviere mehr. Wir sind selbst zu viel Dissonanz. [...] Wir brauchen kein Stillleben mehr. Unser Leben ist laut.
Wir brauchen keine Dichter mit guter Grammatik. Zu guter Grammatik fehlt uns Geduld. Wir brauchen die mit dem heiser geschluchzten Gefühl. Die zu Baum Baum und zu Weib Weib sagen und Ja sagen und Nein sagen: laut und deutlich und dreifach und ohne Konjunktiv. [...]
Wovon unser Herz rast? Von der Flucht. Denn wir sind der Schlacht und den Schlünden erst gestern entkommen in heilloser Flucht. [...] davon rast unser Herz noch. – und noch von der Angst. Dann versuche zu sein über den lilanen Abgründen. Denn der Morgen, der hinter den Grasdeichen und Teerdächern aufsteht, kommt nur aus dir selbst. Und hinter allem? Hinter allem, was du Gott, Strom und Stern, Nacht, Spiegel oder Kosmos und Hilde oder Evelyn nennst – hinter allem stehst immer du selbst. Eisig einsam. Erbärmlich. Groß. [...]
Und wir prahlen uns schnodderig über unser empfindliches deutsches Rilke-Herz rüber. [...] Denn der Krieg hat uns nicht hart gemacht, glaubt doch das nicht, und nicht roh und nicht leicht. Denn wir tragen viele weltschwere wächserne Tote auf unseren mageren Schultern. [...]
Und wir wollen unsern Müttern versprechen: Mütter, dafür sind die Toten nicht tot: Für das marmorne Kriegerdenkmal. [...] Nein, dafür sind die Toten nicht tot: Dass die Überlebenden weiter in ihren guten Stuben leben und immer wieder neue und dieselben guten Stuben mit Rekrutenfotos und Hindenburgporträts. Nein, dafür nicht. [...] Dass dieselben Studienräte ihre Kinder nun benäseln, die schon die Väter so brav für den Krieg präparierten. [...]
Denn wir sind Neinsager. Aber wir sagen nicht Nein aus Verzweiflung. Unser Nein ist Protest. Und wir haben keine Ruhe beim Küssen, wir Nihilisten. Denn wir müssen in das Nichts hinein wieder ein Ja bauen. [...] Denn wir lieben diese gigantische Wüste, die Deutschland heißt. [...] (1947)

Aus: Wolfgang Borchert: Das Gesamtwerk. Herausgegeben von Michael Töteberg unter Mitarbeit von Irmgard Schindler.

Wolfdietrich Schnurre: An die Harfner

Reimende Lügner
Feiglinge ihr ...
ihr lagt geblendet
vor der Allmacht des Grauens
ihr hobt die Hände
zur Wehmutter Nacht
einsam einsam
und reimt noch
und harft auf zerbrochener Leier
und säuselt

wer seid ihr
Hirten
pensionierte Propheten
spreizfüßige Pfaffen
zerschlagt eure Lieder
verbrennt eure Verse
sagt nackt
was ihr müsst. (1948)

In: Reinhart Herzog und Reinhart Koselleck (Hrsg): Epochenschwelle und Epochenbewusstsein (Poetik und Hermeneutik XII) München 1987, S. 47

Wolfgang Weyrauch: Kahlschlag

[...] die gegenwärtige deutsche Prosa befindet sich in einem verschlungenen und finsteren Dickicht; dies gilt nicht nur für die Geschichte, einer Stellvertreterin der großen Prosa. [...]
Die Schriftsteller dienen, wo immer sie schreiben, der Verminderung des Bösen im Menschen. Die Schriftsteller filtrieren, und sei es in einem Nebensatz, durch ihre Individualität, durch ihre Leidenschaft, durch ihren Gedanken, durch ihre Furcht und Furchtlosig-

Schö

Betreff:

keit. [...] Wer bloß für Kunstfreunde spielt, zeichnet und schreibt und dergleichen tut, der muss sich sehr bald Missverständnissen ausgesetzt sehen und den Sinn seines Daseins völlig verdreht finden. [...] die Literaturen der andern können uns erst dann achten, wenn wir uns mit ihnen auseinandersetzen, wenn wir vor den Kopien, die sich zeigen, warnen, und wenn wir versuchen, eine Literatur, in diesem Zusammenhang also eine Prosa, zu gründen und zu entwickeln, welche die unsre ist. Eine deutsche Literatur, die nimmt – aber auch gibt! Und immerhin, sie gibt schon etwas.

Was aber gibt sie? Sie gibt einen Kahlschlag in unserm Dickicht! [Sie versucht], unsre blinden Augen sehend, unsre tauben Ohren hörend und unsre schreienden Münder artikuliert zu machen. [...] Die Kahlschlägler fangen in Sprache, Substanz und Konzeption von vorn an. [Dies exemplifiziert er an dem Gedicht „Inventur" von Günter Eich] [...]

Die Männer des Kahlschlags [...] schreiben die Fibel der neuen deutschen Prosa. [Angemessen ist allein] die Methode der Bestandsaufnahme. Die Intention der Wahrheit. Beides um den Preis der Poesie. Wo der Anfang der Existenz ist, ist auch der Anfang der Literatur. Wenn der Wind durchs Haus geht, muss man sich danach erkundigen, warum es so ist. Die Schönheit ist ein gutes Ding. Aber Schönheit ohne Wahrheit ist böse. Wahrheit ohne Schönheit ist besser. [...]

Die Schriftsteller des Kahlschlags [...] fixieren die Wirklichkeit. Da sie es wegen der Wahrheit tun, fotografieren sie nicht. Sie röntgen. Ihre Genauigkeit ist chirurgisch. [...] Sie sind auf dem Weg, funktionell zu schreiben. [...]

Sie beginnen die Auseinandersetzungen des Geists. Die Auseinandersetzungen des Geists mit seinen Widersachern, der Intoleranz, der Erbarmungslosigkeit, der Ausbeutung, der Isolierung des Menschen vom Menschen können auch – es sei den Usurpatoren zugerufen – von Schriftstellern, wenn sie sich nur der Gefallsucht, der Eremitage, der Menschenverachtung entäußern, bestritten werden. (1949)

Aus: Wolfgang Weyrauch: Mit dem Kopf durch die Wand.

Heinrich Böll: Bekenntnis zur Trümmerliteratur

Die ersten schriftstellerischen Versuche unserer Generation nach 1945 hat man als Trümmerliteratur bezeichnet, man hat sie damit abzutun versucht. Wir haben uns gegen diese Bezeichnung nicht gewehrt, weil sie zu Recht bestand: tatsächlich, die Menschen, von denen wir schrieben, lebten in Trümmern, sie kamen aus dem Kriege, Männer und Frauen im gleichen Maße verletzt, auch Kinder. Wir schrieben also vom Krieg, von der Heimkehr und dem, was wir im Krieg gesehen hatten und bei der Heimkehr vorfanden: von Trümmern; das ergab drei Schlagworte, die der jungen Literatur angehängt wurden: Kriegs-, Heimkehrer- und Trümmerliteratur. [...]

Wer Augen hat zu sehen, für den werden die Dinge durchsichtig – und es müsste ihm möglich werden, sie zu durchschauen, und man kann versuchen, sie mittels der Sprache zu durchschauen, in sie hineinzusehen. Das Auge des Schriftstellers sollte menschlich und unbestechlich sein. [...] Unsere Augen sehen täglich viel: sie sehen den Bäcker, der das Brot backt und sie sehen das Mädchen in der Fabrik – und unsere Augen sehen die Friedhöfe; und unsere Augen sehen Trümmer: die Städte sind zerstört, die Städte sind Friedhöfe, und um sie herum sehen unsere Augen Gebäude entstehen, die uns an Kulissen erinnern, Gebäude, in denen keine Menschen wohnen, sondern Menschen verwaltet werden, verwaltet als Versicherte, als Staatsbürger, Bürger einer Stadt, als solche, die Geld einzahlen oder Geld entleihen – es gibt unzählige Gründe, um derentwillen ein Mensch verwaltet werden kann. Es ist unsere Aufgabe, daran zu erinnern, dass der Mensch nicht nur existiert, um verwaltet zu werden – und dass die Zerstörungen in unserer Welt nicht nur äußerer Art sind und nicht so geringfügiger Natur, dass man sich anmaßen kann, sie in wenigen Jahren zu heilen. (1952)

Aus: „Werke. Kölner Ausgabe, Band 6" von Heinrich Böll. Herausgegeben von Árpád Bernáth in Zusammenarbeit mit Annamária Gyurácz

- *Welches Zeitbewusstsein, welches Lebensgefühl äußert sich in diesen Texten?*
- *Welche Art von Literatur lehnen diese vier Autoren ab?*
- *Was soll eine moderne Literatur leisten, wie soll sie beschaffen sein?*
- *Worin besteht der Unterschied zwischen „Kahlschlagliteratur" und „Trümmerliteratur"?*

Die Funktion der Literatur

Peter Handke: Ich bin ein Bewohner des Elfenbeinturms

So bin ich eigentlich nie von den offiziellen Erziehern *erzogen* worden, sondern habe mich immer von der Literatur verändern lassen. Von ihr bin ich durchschaut worden, von ihr habe ich mich ertappt gefühlt, von ihr sind mir Sachverhalte gezeigt worden, deren ich nicht bewußt war oder in unbedachter Weise bewußt war. Die Wirklichkeit der Literatur hat mich aufmerksam und kritisch für die wirkliche Wirklichkeit gemacht. Sie hat mich aufgeklärt über mich selber und über das, was um mich vorging. Seit ich erkannt habe, worum es mir, als Leser wie auch als Autor, in der Literatur geht, bin ich auch gegenüber der Literatur, die ja wohl zur Wirklichkeit gehört, aufmerksam und kritisch geworden. Ich erwarte von einem literarischen Werk eine Neuigkeit für mich, etwas, das mich, wenn auch geringfügig, ändert, etwas, das mir eine noch nicht gedachte, noch nicht bewußte *Möglichkeit* der Wirklichkeit bewußt macht, eine neue Möglichkeit zu sehen, zu sprechen, zu denken, zu existieren. Seitdem ich erkannt habe, daß ich selber mich durch die Literatur habe ändern können, daß mich die Literatur zu einem andern gemacht hat, erwarte ich immer wieder von der Literatur eine neue Möglichkeit, mich zu ändern, weil ich mich nicht schon für endgültig halte. Ich erwarte von der Literatur ein Zerbrechen aller endgültig scheinenden Weltbilder. Und weil ich erkannt habe, daß ich selber mich durch die Literatur ändern konnte, daß ich durch die Literatur erst bewußter *leben* konnte, bin ich auch überzeugt, durch meine Literatur andere ändern zu können. [...] (1966)

Textauszug aus: Peter Handke: Ich bin ein Bewohner des Elfenbeinturms © Suhrkamp Verlag Frankfurt am Main 1972. Aus lizenzrechtlichen Gründen nicht in reformierter Schreibung.

Hans Magnus Enzensberger: Gemeinplätze, die Neueste Literatur betreffend

Ich fasse zusammen: Eine revolutionäre Literatur existiert nicht, es wäre denn in einem völlig phrasenhaften Sinn des Wortes. Das hat objektive Gründe, die aus der Welt zu schaffen nicht in der Macht von Schriftstellern liegt. Für literarische Kunstwerke läßt sich eine wesentliche gesellschaftliche Funktion in unserer Lage nicht angeben. Daraus folgt, daß sich auch keine brauchbaren Kriterien zu ihrer Beurteilung finden lassen. Mithin ist eine Literaturkritik, die mehr als Geschmacksurteile ausstoßen und den Markt regulieren könnte, nicht möglich.
Diese Feststellungen nehmen sich lapidar aus. Um so dringender gebe ich zu bedenken, daß ein pauschales Urteil über die aktuelle literarische Produktion sich auf sie nicht stützen kann. Logisch gesehen stellt uns der Satz, eine triftige soziale Funktion lasse sich ihr nicht zuschreiben, keine neuen Gewißheiten zur Verfügung. Er negiert, daß es solche Gewißheiten gibt. Wenn er zutrifft, so zeigt er auf ein Risiko, das fortan zum Schreiben von Gedichten, Erzählungen und Dramen gehört: das Risiko, daß solche Arbeiten von vornherein, unabhängig von ihrem Scheitern und Gelingen, nutz- und aussichtslos sind. Wer Literatur als Kunst macht, ist damit nicht widerlegt, er kann aber auch nicht mehr gerechtfertig werden.

Aus: Hans Magnus Enzensberger, Gemeinplätze, die Neueste Literatur betreffend. In: Hans Magnus Enzensberger, Kursbuch 11–15 1968, © Suhrkamp Verlag Frankfurt am Main 2008. Aus lizenzrechtlichen Gründen nicht in reformierter Schreibung.

Dieter Wellershoff: Fiktion und Praxis

Literatur ist in meinem Verständnis eine Simulationstechnik [...]. Sie ist ein der Lebenspraxis beigeordneter Simulationsraum, Spielfeld für ein fiktives Handeln, in dem man als Autor und als Leser die Grenzen seiner praktischen Erfahrungen und Routinen überschreitet, ohne ein wirkliches Risiko dabei einzugehen. Der Leser des Abenteuerromans lässt sich auf die waghalsigsten Unternehmungen ein, weil er weiß, dass er nicht dabei umkommen wird. [...] Aber Abenteuer- und Reiseroman sind bloß extensive Überschreitungen der Lebenspraxis und bleiben in ihrer Sichtweise meist konventionell, sie bringen neuen Stoff in gewohnten Kategorien, während die eigentliche Literatur, gleichgültig, ob sie nun ein fremdartiges oder alltägliches Material verarbeitet, vor allem die gewohnten Schemata der Erfahrung angreift und verändert. Sie versucht den Leser zu irritieren, ihm die Sicherheit seiner Vorurteile und gewohnten Handlungsweisen zu nehmen, sie macht ihm das scheinbar Bekannte unvertraut, das Eindeutige vieldeutig, das Unbewusste bewusst und öffnet ihm neue Erfahrungsmöglichkeiten, die vielleicht verwirrend und erschreckend sind, aber auch die Enge und Abstraktheit der Routine durchbrechen, auf die er in seiner alltäglichen Praxis angewiesen bleibt.

Aus: Dieter Wellershoff: Werke 4. Essays, Aufsätze, Marginalien von Dieter Wellershoff. Herausgegeben von Keith Bullivant und Manfred Durzak © 1997 by Verlag Kiepenheuer & Witsch GmbH & Co. KG. Köln

- *Stellen Sie zusammen, was die Literatur jeweils leisten soll.*
- *Auf welche Weise, mit welchen Mitteln könnte die Literatur die angeführten Ziele erreichen?*
- *Welche der drei Positionen sagt Ihnen am meisten zu? Diskutieren Sie.*

BS 1

Politische Lyrik: Hans Magnus Enzensberger, Erich Fried, Günter Kunert, Wolf Biermann

Hans Magnus Enzensberger: Windgriff

Manche Wörter
leicht
Wie Pappelsamen

Steigen
Vom Wind gedreht
Sinken

Schwer zu fangen
Tragen weit
Wie Pappelsamen

Manche Wörter
Lockern die Erde
Später vielleicht

Werfen sie einen Schatten
Einen schmalen Schatten ab
Vielleicht auch nicht

(1964)

Erich Fried: Kunst um der Kunst willen

1. Recht auf Irrtum

Kunst
um der Kunst willen
ist ein Irrtum
den man
gegen die Irrtümer
in deren Namen
er angegriffen wird
immer wieder
verteidigen muss
um der Freiheit willen
und um der Wahrheit willen
und um der Kunst willen

2. Der linke Elfenbeinturm

Kunst
um der Kunst willen
wird am schärfsten
von dem
verurteilt
der die Revolution
um der Revolution willen
will

(1981)

Günter Kunert: So soll es sein

Zwecklos und sinnvoll
soll es sein
zwecklos und sinnvoll
soll es auftauchen aus dem Schlamm
daraus die Ziegel der großen Paläste
entstehen um wieder zu Schlamm zu verfallen
eines sehr schönen Tages

zwecklos und sinnvoll
soll es sein
was für ein unziemliches Werk
wäre das
zur Unterdrückung nicht brauchbar
von Unterdrückung nicht widerlegbar
zwecklos also sinnvoll also

wie das Gedicht. (1974)

Aus: Günter Kunert: Gedichte. Stuttgart (Reclam) 1987

Wolf Biermann: Und als wir ans Ufer kamen

Und als wir ans Ufer kamen
Und saßen noch lang im Kahn
Da war es, dass wir den Himmel
Am schönsten im Wasser sahn
Und durch den Birnbaum flogen
Paar Fischlein. Das Flugzeug schwamm
Quer durch den See und zerschellte
Sachte am Weidenstamm
– am Weidenstammm

Was wird bloß aus unsern Träumen
In diesem zerrissnen Land
Die Wunden wollen nicht zugehn
Unter dem Dreckverband
Und was wird mit unsern Freunden
Und was noch aus dir, aus mir –
Ich möchte am liebsten weg sein
Und bleibe am liebsten hier
– am liebsten hier (1976)

Aus: Walter Hinck (Hrsg.): Gedichte und Interpretationen 6: Gegenwart. Stuttgart (Reclam) 1982

- *Zu Enzensberger, Fried, Kunert: Welche Möglichkeiten der Dichtung werden hier angedeutet? (Hinweis: Günter Kunert lebte in der DDR.)*
- *Auf welche Weise kommen die politischen Verhältnisse in W. Biermanns Gedicht zur Sprache? (Wolf Biermann wurde 1976 nach einem Konzert in Köln aus der DDR ausgebürgert.)*

Bottroper Protokolle. Aufgezeichnet von Erika Runge [1968]

In den „Bottroper Protokollen“ hat Erika Runge Aussagen von Personen gesammelt; den Hintergrund bildet eine Zechenstilllegung. Die „Putzfrau Maria B.“ ist 1910 in Ostpreußen geboren; der Text ihrer Erzählung aus ihrem Leben umfasst 17 Seiten. Außer ihr kommen zu Wort ein Betriebsratsvorsitzender, ein Pfarrer, eine Hausfrau, ein Rektor, ein Verkäufer, ein Beat-Sänger und eine kaufmännische Angestellte. Wegen unregelmäßiger Lohnzahlungen versammelt sich eine größere Zahl von Frauen 1948 bei Schichtwechsel am Werkstor.

Und hinter mir war eine, eine Frau, also die war SPD, wußt ich ganz genau, und die hat mirn Schubs gegeben, und da war ich mittendrin durch das Tor, ja? Und von der andern Seite haben die Kumpel das gesehen, die kamen und haben das Tor losgemacht. Du liebe Zeit, da hab ich gedacht: was jetzt? Ja, jetzt mussten wir doch sagen, was wir wollten, warum wir hier sind! Meine Söhne hatten Mittagsschicht, und wie gesagt, man ist hier ja so bekannt, wenn man jahrelang wohnt. Und wie ich dann nun gesprochen habe, ich hab unser Anliegen vorgebracht, so gut ich konnte – ich weiß auch nicht, wo ichs hergenommen habe, aber auf einmal wars da. Und dann hat mein Junge dahinten in der Menge gestanden, und dann hat ihm einer angestoßen und gesagt: „Du, die Olle is in Ordnung!“ Ich hatte unter anderm nämlich gesagt: „Wir haben nen Betriebsrat, und wenn der nicht fähig ist, diesen Posten auszufüllen, dann gibt es noch Frauen, die auch gerne arbeiten möchten, dann soll er den Platz freimachen, und dann wird ne Frau den vertreten. Ich glaube, dass dann manches anders wäre.“ Also, etwa in dieser Form. Und der hat ihn angestoßen: „Du, die Olle is in Ordnung!“ Na, mein Sohn hat sich geschämt, hat aber nicht gesagt, daß es seine Mutter ist. Du liebe Zeit, da hab ich gedacht: was jetzt? Ja, jetzt mußten wir doch sagen, was wir wollten! Ja, und in meiner Aufregung war ich nachher dermaßen durch, daß ich mir immer wieder gesagt hab: Mensch, haste auch nichts Verkehrtes gesagt, haste auch nicht irgend etwas Anstößiges so, wissen Sie, in so nem groben Ton gesagt, ja? Dann hab ich eine Bekannte gefragt: „Ich weiß gar nicht, wie ich da auf den Tisch raufgekommen bin!“ Da sagt sie zu mir: „Das eine kann ich Ihnen sagen, wenn ich hätt stenographieren können, das hätt ich alles mit zu Papier gebracht!“

Aus: Erika Runge: Bottroper Protokolle. © Suhrkamp Verlag Frankfurt am Main 1968. Aus lizenzrechtlichen Gründen nicht in reformierter Schreibung.

Maxie Wander: „Guten Morgen, du Schöne“ [1978]

Die in der DDR lebende Österreicherin M. Wander hat 17 Frauen zwischen 16 und 74 Jahren zu ihrer Lage befragt. Die 16-jährige Schülerin Gabi A. lebt zusammen mit ihrer geschiedenen Mutter. Gabi beschäftigt sich in ihrem Text mit ihrem Großvater, der sich das Leben genommen hat.

Rauskommen tun wir nie. [...] Meistens leg ich mich aufs Bett, dann hab ich Radio an oder Tonbandgerät. Musik hab ich alle gern, je nachdem, wie ich aufgelegt bin, am liebsten zu Hause, ist mir viel lieber, als auf Achse zu sein. Tanzen geh ich nur zu Schulfesten. Lesen tu ich nicht gern. Nur im Urlaub hab ich was gelesen, ein dickes und ein dünnes Buch. Ist ja keiner da, der einen richtig anstößt und sagt: Das ist schlau, das könnste machen.

Wie Großvater noch da war, der hat mir viele Geschichten erzählt. Da hat Mutti sich immer geärgert, weil das nichts Vernünftiges war, was man im Leben brauchen kann. Sie hat immer gesagt, Großvater macht mir die Gabi verrückt. Er hat sich wirklich verrückte Sachen ausgedacht, was wir zusammen erleben werden, wenn wir mal verreisen, Sachen, die gibt's gar nicht. Der Großvater hat viel Zeit für mich gehabt. Und er hat auch immer Überraschungen gehabt. Hat mir einen schönen Apfel hingelegt und ein Kopftuch rumgebunden. Oder Tiere aus Tannenzapfen und Kernen und allem Zeugs. Eine Schallplatte hat er mir gekauft. Aber nicht, weil gerade was los

war, Weihnachten oder Ostern. Mein Opa hat einfach so geschenkt, weil's ihm Spaß gemacht hat. Er hat immer so getan, als wär ich noch ein Kind. Meine Mutti hat das furchtbar gefunden. [...] War nicht richtig, dass die Mutti ihn rausgeschmissen hat. Es war nicht ihre Schuld, dass er so viel getrunken hat, ich seh's ein, aber er hat ja nichts mehr gehabt außer uns. Ach, heute schmerzt mir das Herz wieder. Ich weiß nicht, ich hab das öfter, aber der Arzt sagt, ist alles seelisch. Zuerst war's für mich auch eine Erleichterung, wie mein Opa weg war. Er hat richtig verlottert ausgesehen. Wenn sie in der Klasse gesagt haben, deinen Großvater hab ich gestern wieder betrunken gesehn, da hab ich mich so geschämt. [...]
[Gegen Ende sagt Gabi:] Besonderen Wunsch hab ich sonst keinen. Ich bin eigentlich einverstanden mit allem. So wie jetzt möchte ich weiterleben. Ob ich die Welt verändern will? Nein, das kann ich ja gar nicht. Warum soll ich das wollen, was ich nicht kann? Man passt sich unwillkürlich an. [...] Nein, ich habe keine Probleme. Soweit ich mich erinnern kann, war ich immer glücklich, nur Opa hat mich bedrückt.

Aus: Maxie Wander: „Guten Morgen, du Schöne". Frauen in der DDR. Protokolle. Darmstadt/Neuwied: Luchterhand 1978, S. 130f.

- *Welches Bild macht sich der Leser von den Personen aufgrund des Textauszugs?*
- *Erarbeiten Sie ein eigenes ‚Protokoll'; planen Sie die einzelnen Arbeitsschritte: Thematische Vorbereitung durch Erstellen eines geeigneten Fragenkatalogs, Auswahl der Interviewpartner, Vorbereitungsgespräch über den Ablauf.*

Hubert Winkels: Leselust und Bildermacht

Einleitung [Auszüge]

Der Leser ist einsam. Seitdem die Dichtung zur gedruckten Literatur wurde, bilden aufgeschlagenes Buch und gesenkter Kopf ein privilegiertes Paar. Zu Beginn des bürgerlichen Zeitalters war die Romanlektüre Kanzelpredigern wie aufklärerischen Pädagogen gleichermaßen suspekt. Die melancholisch träumende Frau über Richardsons „Pamela" ist ein Inbild der Versenkung in ein imaginäres Reich, wo fremde und eigene Intimität verschmelzen. Die schöne Literatur formte empfindsame Seelen und selbstbewußte Individuen auf dem Weg der Verinnerlichung. Die literarische „Außensteuerung" durch die Rhetorik geriet in Verruf. Die Versenkung in den Roman wurde zum Muster einer Lektürepraxis, die lange über das Buchzeitalter hinaus ihre Faszination behalten, ihre Breitenwirksamkeit aber fast vollständig eingebüßt hat. Der empfindsam Gebildete, der sich vor hundert Jahren der Schrift ästhetisch und intellektuell hingab, konnte sich der Verallgemeinerbarkeit seiner beim stillen Lesen gewonnenen individuellen Erfahrungen gewiß sein. Darin liegt keine Paradoxie, es entsprach ganz einfach der Gebrauchsanweisung des Mediums Buch und dem Erziehungsprogramm Verinnerlichung. Die Herzensbildung des „einsamen" Lesers war das Modell der Bildung überhaupt.

Heute ist der Leser anders einsam, einsam auch im tragischen Sinn des Wortes: Er ist im Stich gelassen. [...] Er wird, wenn er das Buch zuschlägt, vielleicht noch eine Weile den Aufenthalt an einem fremden Ort nachklingen spüren, doch mitteilen wird er dies kaum noch können. Nicht daß er zum Ausdruck unfähig wäre, nur findet er in der Regel keinen interessierten Teilhaber seiner Erfahrungen mehr. [...]

Will Literatur sich nicht als Bibliothekskunst selbst musealisieren und zum Kleinod für eine Handvoll historischer Schriftgelehrter schrumpfen; will sie sich auch ohne populistisches „Leichter-lesen"-Styling als Ferment der allgemeinen Kommunikation erhalten, so muß sie eine paradoxe Strategie einschlagen: Sie muß sich dem Verlust ihrer symbolischen Hoheitsfunktion stellen, und sie muß ihre mediale Nachrangigkeit einbekennen. Aus dieser Distanz zur Mediengesellschaft kann sie dann so etwas wie die Rolle eines unbeobachteten Beobachters entwickeln. Eingedenk ihrer Geschichte, ihres historischen Gewichts und einer unersetzlichen Erinnerungsfunktion kann sie ihren gegenwärtigen parasitären Status für subtile Strategien der Verwirrung und Verwandlung nutzen. Sie wird sich nicht länger auf ihre selbsterzeugten Codes verlassen, auf Mythen, Narrationen, Diskurse oder Menschenbilder; dafür wird sie jüngere und aktuelle Codes aufbrechen: Mythen, die der Spielfilm zeugt, Diskurse, die der Talkmanie entspringen, Bilder aus dem elektronischen Pantheon der Prominenz. Dabei wird sie nicht entlarven, sondern neu konstellieren, nicht zerstören, sondern entstellen. Sie wird die Imaginationen der Fernsehkultur öffnen und die Netzwerk-Universalität unterlaufen. Sie wird die Trancen des Publikums lösen, ohne ihm gleich mit neuen Träumen zu kommen. Wie intensiv auch immer sie erzählt, sie wird zugleich von den Werkzeugen und Techniken der Welterzeugung erzählen, ihren eigenen und den anderen. Sie wird Abstand wahren. Dazu muß sie auf der Höhe ihrer eigenen Geschichte und der konkurrierenden Medien sein. Sie kann es, weil sie historisch disfunktional geworden ist; weil sie als historisch gewordenes Archiv der Weltkonstitution eine Distanzierungsspannung in sich trägt, die den unmittelbar operierenden Suggestionsmedien abgeht. Zudem ist niemand mehr vor ihr auf der Hut. Literatur hat nicht ihre einzige, aber eine aktuell einzigartige Chance darin, Riß zu sein im verkabelten Gehäuse der Welt, Bildstörung und Tonausfall, die taube Nuß im großen Einvernehmen, der blinde Fleck im großen Weltsichtprogramm. Am Anfang also Sabotage.

Aus: Hubert Winkels: Leselust und Bildermacht. Literatur, Fernsehen und Neue Medien. S. 10f., 21f. Aus lizeznzrechtlichen Gründen nicht in reformierter Schreibung.

- *Stellen Sie zusammen, wie H. Winkels die Situation und die Bedeutung des Lesens beschreibt.*
- *Welche Gründe führt er für die Veränderung der Rolle des Lesens an?*
- *Welche Rolle weist er der Literatur unter den Bedingungen der Medienkonkurrenz zu?*

Florian Illies: Generation Golf; Moritz Baßler: Der deutsche Pop-Roman; Hanns-Josef Ortheil: Postmoderne in der deutschen Literatur

F. Illies: Generation Golf

Der dunkelblaue Golf als Cabrio ist das Gründungsautomobil der Generation Golf. [...] 1999 dann kam es zur endgültigen Verschmelzung zwischen uns und der Produktpalette von Volkswagen: Zum 25. Geburtstag wurde das Sondermodell „Golf Generation" aufgelegt. [...] Der Golf also als kleinster gemeinsamer Nenner. Es gibt eigentlich nur zwei Frauen, die das nicht begriffen haben. Lilly Wittgenstein, spätere Schaumburg-Lippe, und Gabriela Wischeropp. Lilly Wittgenstein schrieb, lange bevor sie durch die *Bunte* als Partynudel unserer Generation bekannt wurde, Unverständliches über Autos in der Abizeitung des Internats Wald. Da die Zeitung jedoch *Abikalypse* hieß, ein Name, der in der nicht kurzen Liste alberner Abizeitungstitel für alle Zeiten einen der vordersten Plätze einnehmen wird, muss man ihr wahrscheinlich nachsehen, dass sie dort behauptete: „Der Citroën AX ist das Auto der neuen Generation." Unbegreiflicher hingegen ist, dass eine Redakteurin der Zeitschrift *Psychologie heute* noch im Jahre 1999 behaupten konnte, dass die Fahrer von „Opel Astra, VW Golf und Ford Escort dem kleinbürgerlichen Milieu angehören". [...] [D]ass die Redaktion die Escort- und Astra-Spießer mit uns Golf-Modernisten in einen Topf wirft, zeigt, dass der Auflagenrückgang wegen fundamentaler Weltfremdheit gerechtfertigt ist.

Aus: Florian Illies: Generation Golf.

M. Baßler: Der deutsche Pop-Roman

„Die neuen Archivisten, besser bekannt als Pop-Literaten – dank ihnen kann deutsche Literatur seit einigen Jahren wieder richtig Spaß machen! Als ob sie die Versäumnisse einer Nachkriegsliteratur, die sich an anderen Problemen abgearbeitet hatte, nachholen wollten, archivieren ihre Bücher in geradezu positivistischer Weise Gegenwartskultur, mit einer Intensität, einer Sammelwut, wie sie im Medium Literatur in den Jahrzehnten zuvor unbekannt war. Der literarische Thesaurus [...] wird dabei radikal auf die Waren- und Medienwelt des 21. Jahrhunderts hin geöffnet. [...] Im Gegensatz zu einer Literatur der ersten Worte, [...] operiert der neue Archivismus – implizit oder explizit – mit der Prämisse, dass die Kultur der Gegenwart und somit unsere Sprache – und damit die Sprache jeder möglichen Literatur – immer schon medial und diskursiv vorgeformt ist. Daraus ergibt sich die Notwendigkeit einer Literatur der zweiten Worte, die im Material einer Sprache des immer schon Gesagten arbeitet. [...]

Aus: M. Baßler: Der deutsche Pop-Roman. München: Beck 2002, S. 184f.

H.-J. Ortheil: Postmoderne in der deutschen Literatur

„Offenheit, Unbestimmtheit, Dezentrierung – diese Momente sind die zentralen der frühen postmodernen Konzeption [...]. Sie verlangen vom Leser andere Lesarten als die traditionellen der geschlossenen, affirmierenden Interpretation. Mag sein, dass der Spiel-Begriff diese neuen Lesarten nur vage trifft und darüber hinaus noch zu harmlos erscheint. Sicher aber ist, dass diese postmoderne Literatur den Leser in besonderer Weise beansprucht und in ihre Sprache einbezieht. Sie setzt nicht auf Einfühlung, Nachvollziehen, Entziffern, nicht auf die Nachkomposition dessen, was der Autor errichtet hat, sondern darauf, den durch den Text eröffneten Raum eigenmächtig zu besetzen, ihn zu verändern, zu erweitern, seine Unbestimmtheit mit eigenen Vorstellungen zu füllen. [...] Die Achtzigerjahre wurden zu einem Jahrzehnt dieses postmodernen Gestus, der so gar nichts gemein hat mit flotter Unverbindlichkeit und Effekthascherei. Es ist der Gestus von Generationen, die den Zusammenbruch von Weltbildern erlebt und die Suche nach einer – gegenüber dem Modernismus – erweiterten Formensprache, einer neuen ‚Fülle' von Konkretionen gestaltet haben."

Aus: Hanns-Josef Ortheil: Postmoderne in der deutschen Literatur. In: U. Wittstock (Hg.): Roman oder Leben. Leipzig: Reclam 1994, S. 203; 210

- *Lesen Sie den Text von F. Illies und notieren Sie Ihre Eindrücke.*
- *Überprüfen Sie Ihre Gedanken nach der Lektüre von M. Baßlers Definition der Pop-Literatur.*
- *Was verbindet, was trennt Postmoderne und Pop-Literatur?*

Baustein 2

Der „lange Schatten der Vergangenheit"

2.1 Einführung

„Wir leben im Schatten einer Vergangenheit, die in vielfältiger Form in die Gegenwart weiter hineinwirkt und die Nachgeborenen mit emotionaler Dissonanz und moralischem Dilemma heimsucht." (Assmann 2006, S. 159) Das ist eine Feststellung, die in gleicher oder ähnlicher Form wohl in keiner anderen Zeit seit dem 18. Jahrhundert getroffen werden konnte oder musste. Die deutschsprachige Literatur seit 1945 ist zu einem großen Teil explizit oder implizit auf die Zeit des Nationalsozialismus, des Zweiten Weltkrieges, des Holocaust bezogen, auf einen Zeitraum von zwölf Jahren, der als Zivilisationsbruch in die Geschichte eingegangen ist.
Hier geht es um die Spiegelung dieser Zeit in der Literatur, von den Anfängen – manche sprachen von der Stunde Null, um, vielleicht unbewusst, den sogenannten Neuanfang von der Vergangenheit abzutrennen – bis zur Gegenwart. Wenn man feststellt, dass jene Zeit von 1933 bis 1945 zur Historie geworden ist, ist das ein ‚normaler' Vorgang, sofern das Drei-Generationen-Gedächtnis den existenziellen Horizont für das persönliche Gedächtnis bildet; das Historischwerden ist ein Faktum im Prozess des Erinnerns. Aber wir wissen auch, dass die Schrecken der Vergangenheit durch das Historischwerden ihre Wirkung und Wirksamkeit nicht verlieren und auch nicht verlieren sollen. Jede Generation muss sich ihr Verhältnis zur Geschichte neu erarbeiten. Für die schulische Beschäftigung mit jenem Zeitraum ist es besonders wichtig, dass man mitbedenkt, dass die Jugendlichen ein anderes Verhältnis zur Geschichte haben als die Lehrerinnen und Lehrer, die ihrerseits ja auch verschiedenen Generationen angehören; die Lese- und Vermittlungssituation ist durch transgenerationelle Erfahrungen geprägt. Es gab in der Geschichte der Literatur bzw. in der Geschichte der Nachwirkung der Zeit 1933–1945 bestimmte Zäsuren: z. B. Rolf Hochhuths Theaterstück „Der Stellvertreter" (1963); oder historische Ereignisse wie den Eichmann-Prozess in Jerusalem (1961) oder den Frankfurter Auschwitz-Prozess (1963–65) mit der jeweiligen Resonanz in Texten, in der Literatur (Peter Weiss' Stück „Die Ermittlung", 1965); Hannah Arendts kontrovers aufgenommenes Buch „Eichmann in Jerusalem", auf Deutsch zuerst 1964 erschienen; die Ausstrahlung des vierteiligen amerikanischen Holocaust-Films 1979 im deutschen Fernsehen; die ‚Abrechnung' der Söhne mit den Täter-Vätern in den 68er-Jahren; Günter Grass' Novelle „Im Krebsgang" (2002) über den Untergang der ‚Gustloff'; die Wehrmachtsausstellung (1995ff.); Jörg Friedrichs „Der Brand" über den Bombenkrieg (2002) usw. Die in diesem ersten Baustein vorgestellten Texte haben bereits ihre Rezeptionsgeschichte, auf die jeweils Bezug genommen wird. Doch im Hinblick auf die jetzige Generation jugendlicher Leser soll deren eigene Rezeption Vorrang haben. Aleida Assmann konstatiert mit anderen Historikern, dass wir uns in einem posttraumatischen Zeitalter befinden, in dem man sich beim Erinnern zuschaut und also auf Erkenntnisse und Einsichten der Gedächtnisforschung zurückgreifen kann, die uns in die Lage versetzen, Texte mitunter neu/anders zu lesen, als es bisher geschehen ist. Wichtige Aufschlüsse hat die Traumaforschung gebracht sowie die Unterscheidung von Täter- und Opfergedächtnis. Ein Kernpunkt lautet: „Dissoziation und nicht Verdrängung ist der entscheidende Mechanismus, mit dem die traumatische Erinnerung vom Bewusstsein ferngehalten wird und der auch für die traumatische Amnesie

verantwortlich ist.“ (Bohleber 2001, S. 135) Und die andere wichtige Grundvoraussetzung auch für die Literaturrezeption: „Kollektive Traumatisierungen, Krieg und Gewalt erzeugen besondere Generationskonflikte und Identifizierungsprobleme in der Aufeinanderfolge der Generationen“ (Bohleber, S. 144). Damit ist ein Problemhorizont umrissen, der sowohl für die Texte und ihre Entstehung wie für die Rezeption relevant ist, und zwar als Rahmenbedingung, nicht als das eigentliche Erkenntnisziel.
Zweifellos sind affektive Lernziele nicht minder wichtig als kognitive, das gilt in besonderem Maße für die hier vorzustellende Literatur. Während man von Schülergenerationen der unmittelbaren Nachkriegszeit oft die Klage hören konnte, Nationalsozialismus, Weltkrieg, NS-Verbrechen seien im Unterricht ausgespart worden, hört man heute eher vom Überdruss der Jugendlichen an diesen Themen, gleichzeitig aber von erheblichen Wissenslücken und daraus entstehenden Wertungen und Umwertungen mancher Facetten der NS-Zeit. Das Terrain ist schwierig, Vorurteile begegnen einem auf Schritt und Tritt. Ein moralisierender Zugang der Betroffenheit verbietet sich, aber auch ein sachlich-emotionsloses Vorgehen führt nicht zum Ziel einer empathischen Aufklärung.
Eine wichtige Einsicht wird durch die in diesem Baustein präsentierten Texte bewusst: Die Unterscheidung von Tätern und Opfern ist höchst ambivalent. Das ist eine auf den ersten Blick beunruhigende Einsicht, weil sie den Eindruck vermitteln kann, dass eine – unzulässige – Relativierung stattfände. Das Anstößige soll den Unterschied nicht zum Verschwinden bringen, sondern zu der Erkenntnis führen, dass die Literatur die Welt, die Menschen nicht in einem dichotomischen Gut-Böse-Schema darstellt, und zwar nicht, weil sie leugnet, dass es Böse und Gute gibt, sondern weil sie die Bösen (meistens) nicht zu ihren Hauptgestalten macht. Die hier in unterschiedlichen Zusammenhängen/Zeiten sichtbar werdende Ambivalenz stellt eine besondere Herausforderung für den Umgang mit diesen Texten dar, denn Relativierung wäre die falsche Schlussfolgerung.
Ein solches Unterrichtsmodell kann nur eine sehr kleine Auswahl von Texten enthalten, die nicht repräsentativ sein kann; dazu ist der literarische Fundus viel zu umfangreich, überdies beschränkt sich die deutschsprachige Literatur nicht auf ein Land. Die Textauswahl beansprucht jedoch exemplarisch zu sein in einem eingeschränkten Sinn, insofern die Täter- und die Opferperspektive zur Geltung kommen sollen; wie bereits dargelegt, handelt es sich bei dieser Unterscheidung um einen ersten Zugang. Die Täter-Seite repräsentieren: Heinrich Böll: Wanderer, kommst du nach Spa ... [1950]; Günter Grass: Katz und Maus [1961]; Uwe Timm: Am Beispiel meines Bruders [2003]; für die Opfer-Seite stehen Jurek Becker: Bronsteins Kinder [1986]; Hans-Ulrich Treichel: Der Verlorene [1998].

2.2 Heinrich Böll: Wanderer, kommst du nach Spa...

Thematik: Diese Kurzgeschichte, entstanden Ende 1949 und veröffentlicht 1950, spielt im Krieg und ist literarisch der Trümmerliteratur zuzurechnen. In den frühen Nachkriegsjahren hatte der Wiederaufbau eingesetzt, doch der Krieg war noch präsent in den Trümmern und den ausgebrannten Ruinen der bombardierten Städte, in der Wohnungsnot, in den Suchdienstplakaten, im Warten und Hoffen auf vermisste Angehörige, beim Eintreffen von – oft kranken, ausgemergelten – Spätheimkehrern und besonders schmerzlich im Anblick der zahllosen Kriegsversehrten. Trotz aller Anstrengungen, nach vorn zu schauen und das Grauen zu vergessen, dominierten die Kriegserinnerungen noch das Bewusstsein. Diese Kurzgeschichte von Heinrich Böll, in ihrer stringenten Komposition und ihrer nüchternen, unpathetischen und eindringlichen Sprache ein Paradigma moderner, an der amerikanischen short story geschulten Prosakunst, gelangte schon in den Fünfzigerjahren in die Lesebücher. Dies ist vor allem ihrer Thematik zu verdanken: der Verbindung von Pädagogik und Tod. – Zur Ergänzung ist es sinnvoll, auf die Situation der Literatur nach 1945 einzugehen (Baustein 1).

Handlung und Leserlenkung: Der Ich-Erzähler, ein schwer verwundeter junger Soldat, wird auf einer Bahre durch die Flure eines Gymnasiums getragen, dessen Zeichensaal zu einem Notoperationssaal umfunktioniert wurde. Er weiß zunächst nicht, wo er ist, bis er erfährt, dass die brennende Stadt, durch die er gefahren wurde, seine Heimatstadt ist. Dann enthüllt es sich ihm schrittweise, dass er sich in der Schule befindet, die er noch vor Kurzem als Schüler besucht hat. Gewissheit darüber erhält er erst durch einen Schriftzug an der Tafel des Zeichensaals, in dem er seine eigene Handschrift erkennt: „Wanderer, kommst du nach Spa...", als Vorlage für eine Kunstschriftübung. Dieses antike Epigramm musste in sieben verschiedenen Kunstschriftversionen aufgeschrieben werden, eine Aufgabe zur Einübung von Disziplin und zur Verinnerlichung der Botschaft dieses klassischen Textes. Der junge Mann erinnert sich an die quälende Langeweile bei dieser Aufgabe, das „verzweifelte Leben" als Schüler (Böll 1980, S. 79, S. 82). Dann wird er ausgewickelt und sieht das ganze Ausmaß seiner Kriegsverletzung: Ihm fehlen beide Arme und ein Bein. Einige Andeutungen im Text, vor allem das angedeutete Zitat, ein häufig verwendetes Epitaph auf Soldatengräbern, legen nahe, dass er im Sterben liegt.
Diese Ich-Erzählung ist eine Art innerer Monolog, jedoch ohne die für diese Erzählform typischen Stilmerkmale (z. B. Syntax, Ellipsen). Die Gedanken des Jungen, der wahrscheinlich als Flakhelfer eingezogen war, kreisen nicht um das Geschehen an der Front oder bei der Flak – daran hat er keine Erinnerung –, vielmehr beschäftigt ihn die Frage, wo er sich befindet. Es ist das Gebäude eines humanistischen Gymnasiums, das erkennt er an den dort ausgestellten Objekten, doch er weiß zunächst nicht, ob er in seiner alten Schule oder in einem der beiden anderen humanistischen Gymnasien der Stadt ist; denn beim Anblick des Gefallenendenkmals keimt ihm die Vermutung, dass alle drei Schulen mit den gleichen Dekorationen ausgestattet sind, die sie von irgendeiner Zentrale beziehen. Seine Wahrnehmungen beim Transport über die Stockwerke und Flure bestimmen den Aufbau der Geschichte und lenken das Interesse des Lesers auf die Reihe der typischen Bildungsrequisiten, an denen er vorbeigetragen wird und die er mit einem zugleich naiven und prüfenden Blick wahrnimmt. Dadurch wird dem Leser die Rolle eines kritischen Betrachters zugespielt, der mehr erkennt als der Ich-Erzähler, den – vordergründig – nur die Frage nach dem Wo umtreibt; tatsächlich aber wird dadurch die Frage nach dem Sinn der Kurzgeschichte, zunächst noch verdeckt, vorbereitet. Der Leser ist aufgefordert, sie zu stellen. In ihrer ganzen Tragweite wird sie erst in dem Moment fassbar, als die furchtbare Verstümmelung erkannt wird. Da der Leser zunächst noch nichts davon weiß, kann er sich auf das Inventar dieses humanistischen Gymnasiums, den ganzen dort ausgestellten „Bildungsplunder" (Schwab-Felisch) konzentrieren. Die politische Anklage muss vom Leser gegen die Übergewalt des Schlusses behauptet werden, der so makaber, so obsessiv ist, dass er noch heute überschießende Gefühle von Mitleid und Entsetzen auslöst. Das letzte Wort des jungen Soldaten – er bittet um Milch – zeigt ihn als verlassenes, hilfloses Kind und lässt die Trauer und Empörung des Autors über diesen ‚Kindesmissbrauch' erkennen. Die einzige menschliche Person seiner Schulzeit begegnete dem Jungen in der Person des Hausmeisters, der Milch verkaufte und in dessen Stübchen die Schüler heimlich eine Zigarette rauchen konnten (S. 80).
Eigentlich ist es ‚unrealistisch' und wenig wahrscheinlich, dass ein so schwer Verwundeter die Umgebung so genau schildert, wie es der namenlose junge Soldat tut. In der Wahl der Perspektive kommt das Bestreben des Autors zum Ausdruck, die Situation des Soldaten möglichst authentisch zu vermitteln und dadurch den Leser unmittelbar anzusprechen. Doch es geht neben der emotionalen Wirkung auch um eine aufklärerische, politische Wirkungsabsicht, nämlich um die Entlarvung der ‚humanistischen' Bildung, die im Verlauf der Geschichte durch verschiedene politische Systeme instrumentalisiert wurde: Das wird augenfällig an den Bildungsrequisiten und ganz besonders an dem Titel-Zitat. Der Leser ist aufgefordert, die Diskrepanz zwischen den humanistischen Bildungssymbolen und der furchtbaren Wirklichkeit des Jungen wahrzunehmen und zu deuten. Der Transport durch das Gebäude wird zum Gang durch die Geschichte.

Von zentraler Bedeutung ist der Ort des Geschehens, eine Schule. Die Kunstschriftaufgabe war keine Marotte eines einzelnen Pädagogen, sondern gehörte zu einem Unterrichtsstoff, dem seit der Bismarckzeit und dann noch einmal verstärkt in der NS-Zeit eine besondere pädagogische Bedeutung beigemessen wurde: Es ist die Schlacht bei den Thermopylen, ein heute nicht mehr vermittelter Lehrstoff.

Wanderer, kommst du nach Sparta – ein geschichtsträchtiges Zitat

Das berühmte Zitat lautet in der Übersetzung Schillers (in seiner Elegie „Der Spaziergang", Z. 96 ff.): „Wanderer, kommst du nach Sparta, verkündige dorten, du habest/Uns hier liegen gesehn, wie das Gesetz es befahl." Es ist die Inschrift auf einem Gedenkstein für die in der Schlacht bei den Thermopylen (480 v. Chr.) gefallenen 300 Spartaner (Genaueres auf **Arbeitsblatt 8**, S. 78). Das Epigramm stammt von dem griechischen Lyriker Simonides (557/56–468/67 v. Chr.). Es ist ein Stück politischer Lyrik, das formal vom Herkömmlichen abweicht: Hier erfolgt die Totenehrung als Appell an die Lebenden, den ruhmvollen Tod der Spartaner zu verkünden, da es keine Überlebenden gab. Bereits in der griechischen und römischen Antike wurde es als Exempel in politischen Reden verwendet. Die Schlacht gehört in den Kontext der Perserkriege (492–448 v. Chr.), in denen es dem attischen Seebund gelang, die Perser zu besiegen. Der Sieg über die Perser gilt als Beginn des Siegeszugs der abendländischen Kultur. Das Eigentümliche ist, dass mit diesem berühmten Epigramm die Verlierer einer Schlacht gefeiert werden. Auf die Niederlage bei den Thermopylen folgten die siegreichen Schlachten bei Salamis und Plataiai.
Der im Titel anzitierte Vers und der damit verbundene Geschichtsmythos war den Lesern der Fünfzigerjahre noch so aus ihrem Schulunterricht vertraut, dass der Autor auf das vollständige Zitat verzichten konnte. So konnte auch Hermann Göring sie als historisches Exemplum in seiner berüchtigten „Thermopylenrede" am 30. Januar 1943 verwenden (**Arbeitsblatt 8**, S. 78). Diese Rede wird von mehreren Autoren der ersten Nachkriegszeit erwähnt, von Wolfgang Borchert, Günter Grass, Peter Bamm, Gerd Gaiser und Theodor Plievier. Letzterer berichtet von der ohnmächtigen Empörung der Soldaten, die den Eindruck hatten, ihre eigene Totenrede zu hören. Das historische Ereignis und das Epigramm gehörten zum Fundus von Geschichtsmythen, denen besonderer Wert für die Persönlichkeitsentwicklung der Schüler beigemessen wurde, nämlich der Förderung bedingungsloser Staats- und Gesetzestreue. An humanistischen Gymnasien konnte diese Schlacht bis zu fünf Mal im Unterricht vorkommen: Im Geschichtsunterricht der Unter- und dann noch einmal der Oberstufe, in Latein, Griechisch und Deutsch; wie Bölls Kurzgeschichte zeigt, bot sich auch der Kunstunterricht dazu an. Nach dem Ende des Dritten Reichs verschwand dieser Stoff nach und nach aus den Lehrplänen.
Der griechische Geschichtsschreiber Herodot setzte die Perser mit den Nicht-Griechen, den Barbaren, gleich. „Griechentum ist mit politischer Freiheit, Gesetz, Recht, Ordnung im weitesten Sinne verbunden, denen auf der Seite der ‚Barbaren' die despotische Monarchie, Willkür, Unterdrückung und potenzielle Unordnung entgegengesetzt sind" (Albertz 2006, S. 30). Dieses dichotomische Deutungsmuster erhielt sich bis weit ins zwanzigste Jahrhundert, wobei die Perser nach dem jeweiligen Feindbild modelliert wurden: während der Türkenkriege als Türken, bei Montesquieu und später bei Hegel als Inbegriff des orientalischen Despotismus, in der Französischen Revolution als die Feinde der Demokratie, in der ersten Hälfte des 20. Jahrhunderts als Bolschewiken, im Dritten Reich als brutale Untermenschen, im Kalten Krieg als nicht zur Individualität gelangte gesichtslose Massen. Es ist ein einfaches Freund-Feind-Denkmuster, das auch heute noch verwendet wird, man denke an das Angstbild eines Kampfes der Kulturen.

In den letzten Jahren erschienen mehrere Untersuchungen über Anlass, Inhalt und Wirkung der Göring'schen „Thermopylenrede" (Gehrke 2003), über die Deutungsgeschichte des Epigramms (Albertz 2006) und über die Mythisierung und ideologische Überhöhung des „Spartanischen" (Thommen 2004), die einen schärferen Blick auf die Bewandtnis des im Titel anzitierten Epigramms ermöglichen. Indem Heinrich Böll diesen klassischen Schulstoff ins Zentrum rückt, attackiert er die politische Naivität des Bildungsbürgertums, das in seinem begeisterten Glauben an die ewigen Werte der griechischen Antike auch fragwürdige Inhalte kanonisierte, sodass die Nazis über diesen Kanal mühelos ihre Ideologie einschleusen konnten.

Die Schulrequisiten

Es tauchen 16 Requisiten im Text auf, die der Protagonist mit wohlwollendem Blick anschaut, weil sie ihm aus seiner Schulzeit vertraut sind (S. 75, 76, 80). Auch den Kriegslärm draußen und die Rauchschwaden nimmt er als Filmkulisse wahr („der feierlich vorbeiziehende schwarze Qualm", S. 74), so wie er wohl auch den Flakeinsatz als Abenteuer erlebt hat („die gute, die gemütliche, dunkle, raue, sanfte, beruhigende Artillerie", S. 78), die sich für ihn so „anständig" anhört, „so richtig nach Krieg in den Bilderbüchern" (S. 78). Nur bei der Erinnerung an die Kunstschriftübung anhand des Wanderer-Zitats reagiert er mit negativen Gefühlen, auch weil er vom Lehrer getadelt wurde, da er die Schrift zu groß gewählt hatte.

- *Tragen Sie Informationen über die Gegenstände zusammen (Geschichtsbücher, Kunstbände, Lexika, Internet).*
- *Ordnen Sie diese Requisiten unter dem Aspekt der damit ausgedrückten „Botschaft".*

Schulrequisiten und ihre Bedeutung

Grundausstattung	Kaiserreich	Drittes Reich: Neuanschaffungen
Dornauszieher (Schönheit, Anmut)	Medea (Kindermörderin, offenbar deplatziert)	Hitler in der „Ahnengalerie" (H. als Krönung der preußisch-deutschen Geschichte)
Parthenonfries (Polis, Demokratie)	Togo-Plakat (Kolonialismus)	der Alte Fritz (Vorbild eines großen Königs, Konnotation Militarismus)
Hoplit (Fußsoldat, Phalanxkämpfer)	Porträtreihe (Kontinuität der deutschen Geschichte)	Rassegesichter (Aufwertung der nordischen Rasse, Rassismus)
Cicero (Redner und Philosoph)	Kriegerdenkmal „Wanderer ..." (Sparta: wehrhafter Staat; Gesetzestreue)	Nietzsche (von den Nazis vereinnahmter Philosoph des auf Hitler bezogenen „Übermenschen"; Nazi-Lesart: Antisemitismus)
Marc Aurel (Philosoph, Stoiker, Humanismus)		
„Wanderer ..." (Sparta)		**Ideologisch verwendbar:** Hoplit (faszinierende Figur eines antiken Kämpfers, soldatische Solidarität, Inbegriff des Frontsoldaten) Cäsar (Machtpolitik, imperialer Kaiser) „Wanderer- ..."-Inschrift auf Soldatengräbern; Symbol für Treue und Gehorsam; Ehrversprechen auch für die Namenlosen
die Spur des abgehängten Kreuzes		

Als Tafelbild lässt sich festhalten:

Funktion der Dekorationsstücke

- scheinbar beziehungslose Ansammlung – deutlich wird: Die Gegenstände sind ein Spiegel der Ideologiegeschichte.
- Beeinflussung der Jugendlichen durch Bilder
- Vereinnahmung der humanistischen Inhalte als Türöffner für ideologische Botschaften
- Sich-Einschleichen in traditionelle Wertsysteme (Schönheit, Freiheit, Hochkultur); Umdeutung, Akzentveränderungen
- „Wanderer"-Zitat: Verherrlichung des soldatischen Gehorsams bis in den Tod

Diese Bildergalerie bereitet auf das Zitat vor, das erst durch die Konfrontation mit Verstümmelung und Tod in seiner ganzen Bedeutung lesbar wird. – Der Junge bewundert an den Requisiten durchgängig ihre Ästhetik (dreimal „wunderbar“), die Farbenpracht, den Glanz; selbst das Kriegerdenkmal sieht er zunächst unkritisch: Sein Name wird darauf stehen, man wird ihn bewundern. Diese kindliche Naivität weicht einem Anflug von Skepsis, als ihm der Gedanke kommt, dass alles sinnlos sein könnte („Aber ich wußte noch nicht wofür“, S. 78) und dass das Kriegerdenkmal Konfektionsware „aus irgendeiner Zentrale“ (S. 79) sein könnte. Der junge Soldat bleibt Opfer der Ideologie und Objekt der Erziehung. Der Leser hat die Deutungs- und Entschlüsselungsaufgabe zu übernehmen.

Das historische Ereignis und seine Instrumentalisierung in der NS-Propaganda (Arbeitsblatt 8, S. 78)

In der Arbeitsfrage steckt leicht abgeändert die Lasswell-Formel, ein hilfreicher methodischer Ansatz zur Interpretation von politischen Reden. Diese lautet: Wer sagt was in welchem Kanal zu wem mit welchem Effekt? Effekt wurde ersetzt durch Absicht; wichtig sind Vermutungen über die Wirkung dieser Rede.

- *Interpretieren Sie die Rede Görings. Gesichtspunkte: Sprecher, Adressat, Inhalt, Situation, Absicht, rhetorische Mittel.*

Redeanalyse

Sprecher: Chef der deutschen Wehrmacht

Adressaten: alle Soldaten an allen Frontteilen und die gesamte deutsche Bevölkerung

Situation: in sich widersprüchlich: Der Sprecher versucht, eine Jubiläumsfestrede zu nutzen, um die deutsche Bevölkerung offiziell auf die definitive Niederlage in Stalingrad einzustimmen.

Inhalt: Die deutschen Truppen haben es geschafft, die russischen Truppen am Vormarsch nach Westen zu hindern, indem sie sich opfern. Die deutschen Soldaten bei Stalingrad verhalten sich wie einst die Spartaner in der Schlacht bei den Thermopylen. Sie verteidigen den nordischen Menschen gegen die Überzahl der Angreifer aus dem asiatischen

Osten. Es ist eine Niederlage, aber sie ist von welthistorischer Bedeutung. Ihr Durchhalten im aussichtslosen Kampf muss besonders gewürdigt werden.

Absicht: Verhindern von Unruhe in der Bevölkerung; Verwandlung von Schmerz, Angst und Trauer in Stolz und Zuversicht; Durchhalteappell; Festigung der Haltung: „Du bist nichts, dein Volk ist alles."; Sinn des Beispiels: die Katastrophe als Grundlage für den Endsieg

Rhetorische Mittel: Er stellt die zehn Jahre der NS-Herrschaft in einen welthistorischen Rahmen; Stilisierung des Krieges als Kampf der Rassen; Verschleiern der Realität durch Ausmalen des verharmlosten historischen Beispiels (Pfeile, die den Himmel verdunkeln); Verschweigen von Leiden und von Verbrechen; Pathos; Wiederholungen (Opfer, Kampf, heroischer Kampf, Held, tapfer, für andere, Gesetz)

Dieser Mythos hatte in verschiedenen Epochen der Geschichte Konjunktur. In der Französischen Revolution wurde er stilisiert zum Beispiel von Mut und Geschlossenheit eines Bürgerheers, in den Freiheitskriegen für den Mut von Freiheitskämpfern, im Kaiserreich als Beispiel für Vaterlandsliebe, Gehorsam und Pflichterfüllung, im Dritten Reich für die Bereitschaft, das eigene Leben für eine ‚höhere Sache' zu opfern. – Im Militär wurde das Zitat in Zeremonien der Totenehrung verwendet. Nach dem Zweiten Weltkrieg konnte man nichts mehr mit diesem Exempel anfangen und es wurde ad acta gelegt. In der heutigen Geschichtsschreibung ist es wieder von rezeptionsgeschichtlichem Interesse: zur Dekonstruktion von Denkmustern, die in Theorie und Praxis z.T. unbewusst wirksam sind.
Am Tag nach dieser Ansprache kapitulierte Feldmarschall Paulus mit den Resten der 6. Armee. Außer sich vor Wut rief Hitler aus: „Was heißt das: ‚Leben'? Das Leben, Volk; der Einzelne muss ja sterben. Was über den einzelnen Leben bleibt, ist ja das Volk" (Gehrke 2006, S. 15). Am 3. Februar erschien die Rede im „Völkischen Beobachter" in überarbeiteter Form; das Propagandaministerium hatte einige Passagen umformuliert. Görings Rechnung, die Katastrophe von Stalingrad durch die Beschwörung von Heroismus im Dienst des Abendlandes psychologisch aufzufangen, ging nicht auf. Die erhoffte Wirkung blieb aus, es kam sogar an einigen Orten zu Unruhen, bei denen die Gestapo – angeblich auf Weisung – nicht eingriff. Natürlich wurden diese nicht in der Zeitung oder im Rundfunk gemeldet. Am 18. Februar versuchte Goebbels, durch seine Sportpalast-Rede („Wollt ihr den totalen Krieg?") den Willen zum Durchhalten auf andere Weise zu aktivieren. Am gleichen Tag verbreitete „Die weiße Rose" ihr letztes Flugblatt. Heute weiß man, was damals niemand wissen konnte: Görings Rede wurde im Propagandaministerium als Fehlgriff empfunden. In Goebbels Tagebuch findet sich der Eintrag: „Göring hat etwas zu nassforsch, zum Teil sogar zynisch gesprochen und hat sich dabei vor allem bei den Frauen sehr viel Sympathien verscherzt. [...] Man empfindet das als eine Bestätigung dafür, dass das kleine Volk im Krieg nur Kanonenfutter darstelle" (zitiert bei Gehrke, S. 28).

2.3 Günter Grass: Katz und Maus

Die Bedeutung der Novelle im Rahmen der Erinnerungsliteratur

Ein Blick auf die Literatur nach 1945 zeigt, dass die Erinnerung an das eigene politische Versagen der Deutschen erst mit Verzögerung einsetzte. Einen entscheidenden Schritt tat Günter Grass mit der ‚Danziger Trilogie': „Die Blechtrommel", „Katz und Maus", „Hundejahre". In den darin entworfenen Figuren verarbeitet der Autor eigene Erfahrungen, aus denen er auch in autobiografischen Äußerungen kein Hehl gemacht hat: „Wie nur sehr wenige Schriftsteller seiner Generation besteht Günter Grass bis heute darauf, dass sein jugendliches Mitläufertum eine Grundvoraussetzung seines Lebens, seiner Existenz bleibt" (Vormweg 1986, S. 25). An Alfred Anderschs Roman „Sansibar oder der letzte Grund" (1957) kritisierte Grass, dass hier der faschistische Bereich durchgängig als „die Anderen" bezeichnet wird, „eine Entscheidung, die ich als – inhuman empfunden habe. Ich gehe davon aus, dass ein Schriftsteller von Buch zu Buch die Summe seiner Figuren ist, inklusive aller SS-Männer [...], er muss in sie hinein können, er kann sich nicht von ihnen distanzieren und sie einfach angewidert ‚die Anderen' nennen." Damit schreibt er „bewusst gegen eine Tendenz der Nachkriegsliteratur an, [...] die sich ortlos verstand, zeitlos" (Vormweg, S. 22). Scham und Schuld werden bei Grass zum Schreibmotor, der die Erzählperspektive bestimmt.

Thema, Handlung und Erzählstruktur

Der Titel „Katz und Maus" benennt das zentrale Thema dieser Novelle, das Verhältnis von Jäger und Gejagtem, von Täter und Opfer und der daraus erwachsenden Schuldlast. Es ist eine Adoleszenz- und eine ambivalente Beziehungsgeschichte zwischen zwei Jungen, in der Bewunderung in Verrat umschlägt. Die Zeit der Handlung umfasst die fünf Jahre von 1939 bis 1944. Am Anfang ist der Protagonist Joachim Mahlke vierzehn, am Ende neunzehn Jahre alt, der Erzähler Heini Pilenz ist um ein Jahr jünger. Es geht um die Entwicklung und Identitätssuche eines eigenwilligen Außenseiters unter schwierigen Bedingungen. Die schulische Erziehung steht im Zeichen der NS-Ideologie, die den Jungen nur die Rolle des Kriegshelden als Ziel ihrer Träume und Sehnsüchte anbietet. Verstärkt wird dies durch familiäre Faktoren. – Die Handlung entwickelt sich stringent aus einem plötzlichen Impuls: Pilenz setzt eine junge Katze auf den Adamsapfel, die „Maus", des schlafenden Mahlke an und weckt in diesem dadurch das Bewusstsein eines körperlichen Defekts. Wie gebannt schaut der jüngere auf das sekundäre Geschlechtsmerkmal des älteren und früher entwickelten Klassenkameraden – dies markiert seinen Eintritt in die Pubertät. Diesen Makel versucht Mahlke zu kompensieren, zunächst indem er davon ablenkt (er hängt immer wieder neue Gegenstände um seinen Hals), dann durch besondere Leistungen, durch die er sich einen besonderen Rang in der Gruppe verschafft. Treffpunkt und Abenteuerspielplatz der Jungen ist das Wrack eines polnischen Minensuchboots, das die Jungen schwimmend erreichen können. Nachdem er einmal schwimmen gelernt hat, übertrifft Mahlke alle anderen im Tauchen und findet dadurch den Zugang zu der Funkerkabine, die er als sein Refugium einrichtet. Das gibt ihm die Aura des Unnahbaren, Geheimnisvollen und Überlegenen. – Der Beginn der eigentlichen Handlung ist der Auftritt eines ehemaligen Schülers, dem das Ritterkreuz verliehen wurde, in der Aula seines Gymnasiums. Nun hat Mahlkes zunächst nur verworrenes Suchen eine Richtung und ein Ziel: den Erwerb des Ritterkreuzes. Als einige Monate später ein weiterer Ritterkreuzträger an seiner Schule eine Rede hält und sogar am Sportunterricht teilnimmt, entwendet er den Orden – ein Skandal. Er bringt ihn noch am selben Abend persönlich zum Direktor der Schule, wird aber dafür mit der Versetzung an ein anderes Gymnasium bestraft. Nach dem Reichsarbeitsdienst, wo nach seinem Weggang Berichte über seine tollkühnen Taten kursieren, wird er zum Militär eingezogen. Dort glänzt er wieder durch besonderen Einsatz: Offenbar als Wiedergutmachung und als Beweis für die eigene Leistungsfähigkeit erwirbt er das Ritterkreuz für den Abschuss zahlreicher Panzer. Aber sein Wunsch nach einer Rede in der Aula seiner ehemaligen Schule wird ihm verweigert. Daraufhin überschreitet er seine Urlaubsfrist. Er will desertieren und bittet Pilenz um Hilfe. Dieser bringt ihn mit einem Ruderboot zu dem Wrack. Er verspricht ihm, wiederzukommen und ihn zu einem schwedischen Frachtschiff zu bringen, doch er hält sein Versprechen nicht ein. Nach dem Wegtauchen in die Funkerkabine bleibt Mahlke verschollen. Pilenz' jahrelange Suche nach Mahlke bleibt erfolglos.

Die Geschichte wird von Pilenz erzählt. Er tut dies, um sich schreibend von seiner Schuldlast zu befreien – „denn das muss weg." (Grass 2007, S. 106) Der Erzähler Pilenz ist „Jünger, Evangelist und Judas" (Neuhaus 1979, S. 73) in einer Person. Seine Schuldverstrickung bestimmt seine Wahrnehmung des zunächst bewunderten, dann abgelehnten Protagonisten. Pilenz' Schuldgefühle bilden den „Motor" für diese Geschichte, die eine – bei genauem Hinsehen unvollständige – Konfession darstellt.

Interpretationsansatz ist die Unvollständigkeit dieser Konfession. Der suspekte, irrende, sich widersprechende Erzähler ist das moderne narrative Medium schlechthin. Der Hinweis auf das in seiner Konfession Fehlende, nicht Eingestandene, findet sich im Schlusskapitel, in seiner allerletzten Handlung: Es ist die lakonische Aussage, dass er den Büchsenöffner, ohne den Mahlke nicht an seinen Proviant kann, ins Wasser geworfen hat, bevor er wegruderte. Der Fokus wird also von der Katze auf den Büchsenöffner verlegt. **Arbeitsblatt 9**, S. 79, zeigt deutlich die Widersprüchlichkeit der Aussagen. Doch das eigentlich Relevante wird auf dieser Textseite nicht sichtbar: Mit dem gebannten Blick auf den kindlichen Anfang der Geschichte verlegt der Erzähler seine Erinnerungsarbeit von gefährlichem auf sicheres Terrain. Zu diesem Verschieben kommen zwei andere unbewusste Entlastungsstrategien: das Nichtsehen-Wollen (Leugnen, Verdrängen) der Tat und die verzerrte Wahrnehmung Mahlkes. Das Interesse gilt in erster Linie der Erzählerfigur, und so soll der Grundwiderspruch der Interpretation vermieden werden, dass man trotz der Einsicht, dass hier ein schuldhaft Verstrickter eine Entlastungsgeschichte erzählt, diesem immer wieder auf den Leim geht und sich auf dessen Aussagen beruft und seine Sicht übernimmt. Noch in neuen literaturwissenschaftlichen Darstellungen finden sich solche Kurzschlüsse, wenn z. B. diese Novelle als „die Geschichte eines manischen Geltungsdrangs" apostrophiert wird. *(KLG)* – Seit den Achtziger-, dann zunehmend in den Neunzigerjahren des letzten Jahrhunderts nimmt das Interesse am Erinnern deutlich zu. Heute wissen wir aus der Gedächtnisforschung, dass es im Umgang mit belastenden Erinnerungen einen fundamentalen Unterschied und eine Asymmetrie zwischen der Erinnerung von Opfern und Tätern gibt. Pilenz ist ein Täter. An dieser Figur wird das weitgehend unbewusste Agieren eines Tätergedächtnisses durchgespielt, lange bevor dies wissenschaftlich beschrieben wurde. Der Text von Aleida Assmann (**Arbeitsblatt 10**, S. 80), der die Ergebnisse der Gedächtnisforschung zusammenfasst, ist der eine Bezugspunkt. Der andere Bezugspunkt ist in Ergänzung dazu eine Passage aus Günter Grass' Autobiografie „Beim Häuten der Zwiebel" (**Arbeitsblatt 11**, S. 81 f.), in der er von dem Jungen erzählt, aus dem er die Figur des Mahlke entwickelt hat.

Die Katze (Arbeitsblatt 9, S. 79)

- *Welchen Aufschluss geben die hier zusammengestellten Äußerungen über Pilenz' Anteil an der Sache mit der Katze?*
- *(Anfang der Novelle): Wie stellt Pilenz seine Rolle in der Katzenaffäre dar?*
- *Wie wichtig ist das Ereignis für Mahlke?*

In den Textstellen kommen Mahlke, Pilenz und die Freunde zu Wort. Letztere erinnern sich übereinstimmend an Pilenz als Täter (2), (5), während dieser es nicht wahrhaben will und das Gespräch darüber sofort beendet (1), (2). Es liegt also nahe, dass Pilenz es war. Der Anfang ist eine konfuse Mischung aus Zugeben (Schreibzwang) und Leugnen („oder ..."). Am aufschlussreichsten für die Auswirkung dieses Ereignisses auf Mahlke ist dessen eigene Äußerung (3): Er hat sich weiterentwickelt und misst der Sache keine Bedeutung bei. Das müsste den Leser skeptisch machen – es liegt nahe, dass Pilenz sich mit seiner Katzen- und Adamsapfel-Theorie auf dem Holzweg befindet, dass er etwas als Erklärung konstruiert, das irrelevant ist. Er konzentriert seine Überlegungen auf die Frage nach dem Anfang und vermeidet so die wesentlich peinlichere Frage nach dem Ende. Entscheidend für die Beurteilung von Pilenz' Rolle ist der Schluss (Kap. XIII).

Pilenz als Täter (Kapitel XIII)

Die Textgrundlage für die Klärung von Pilenz' Anteil am „Verschwinden" Mahlkes ist das gesamte Schlusskapitel, das sich nicht in Form eines Textblatts darstellen lässt.

■ *Vorbereitung einer Diskussion über Pilenz' Schuld: Verfassen Sie (in Gruppen) ein Plädoyer der Anklage oder der Verteidigung.*

Die These der Anklage wäre: Pilenz ist ein heimtückischer Verräter an seinem Freund. Die These der Verteidigung: Pilenz überschätzt seinen Schuldanteil. Im Anschluss an die Diskussion wird geklärt, was sich in den letzten Stunden des Beisammenseins von Mahlke und Pilenz abspielt. Von Bedeutung sind folgende Punkte:

- Er verspricht dem Pfarrer, er werde sich um Mahlke kümmern. Zu diesem aber sagt er nur: „Lass dir was einfallen, von wegen Urlaubsüberschreiten. Ich will damit nichts zu tun haben." (S. 161)
- Auf Mahlkes Bitte, ob er bei ihm im Keller unterkriechen könne: „Kriech sonstwo unter. ..." (S. 162); sein Vorschlag: „auf dem Kahn" (162).
- Er lügt, um zu erreichen, dass Mahlke an die Front zurückkehrt: „Bei euch zu Hause haben sie schon zweimal nach dir gefragt. Waren welche in Zivil" (S. 167) und: Mahlkes Mutter sei zur Frontleitstelle abgeholt worden (S. 168).
- Er besorgt Proviant und rudert ihn zum Wrack.
- Mahlke geht davon aus, dass Pilenz am Abend wiederkommt, um ihn zu einem schwedischen Frachter zu rudern. Pilenz nimmt es sich halbherzig vor, verspricht aber nichts (S. 172).
- Er stellt seinen Fuß auf den für Mahlke lebenswichtigen Büchsenöffner, als Mahlke sich nicht mehr meldet, wirft er den Öffner ins Wasser (S. 175f.).
- Er fährt einen Tag später als verabredet an den Strand, mietet aber nicht, wie versprochen, ein Boot, sondern schaut nur mit dem Feldstecher auf das Wrack.

Fazit: Pilenz hat sich einiges vorzuwerfen, er hat Gründe, sich schuldig zu fühlen.

Pilenz' Schuld kann nach der Diskussion in einem Tafelbild festgehalten werden:

Was Pilenz sich selber vorwerfen muss

- zweimal unterlassene Hilfe (Verweigerung eines Verstecks im Keller, Bruch des Versprechens, Mahlke zum schwedischen Frachter zu bringen)
- fataler Ratschlag (das Wrack als Versteck)
- zwei Lügen, offenbar um Mahlke zur Rückkehr an die Front zu bewegen
- heimtückischer Streich (Büchsenöffner)

Was er zu seiner Entlastung sagen könnte:

- Angst vor Bestrafung wegen Beihilfe zur Desertion
- Desinteresse daran, Mahlke zu etwas zu verhelfen, was er selber gern hätte
- Wut, weil Mahlke ihn in Gefahr und Schwierigkeiten bringt
- die eigene Einberufung
- emotionale Überforderung durch die Situation (politisch und persönlich) und durch das unerfüllbare Ansinnen Mahlkes

Noch viele Jahre nach dem Krieg belastet Pilenz sein Verhältnis zu Mahlke so sehr, dass er versucht, seine Schuldgefühle durch Aufschreiben seiner Erinnerungen zu bewältigen (S. 102, 106, 178). Wie die Andeutungen auf S. 102 und 106 zeigen, erwähnt er gegenüber Pater Alban nichts von den Vorkommnissen, die im Schlusskapitel dargestellt werden – seine Beichte ist unvollständig, der Bericht ist aufschlussreich. Anhand des Textes wird untersucht:

- *Wie stellt Pilenz den entscheidenden Vorfall dar?*

Pilenz ist nicht einfach ein lügender Täter, und es gibt keinen Adressaten für diesen letzten Teil seines Berichts. Ob es sich um eine erstmalige oder eine Dauererinnerung handelt, ist nicht auszumachen; doch näher liegt Letzteres, weil es keine plötzliche Einsicht gibt. Zwei Dinge sind es, die sich nur schwer rechtfertigen lassen: Dass er Mahlke mit dem Versprechen, ihn zum schwedischen Frachter zu bringen, auf das Wrack lotst, ohne diesen Schritt ernsthaft zu erwägen, und dass er den Büchsenöffner, den Mahlke braucht, um an die Lebensmittel zu kommen, zunächst unter seinem Fuß verbirgt und dann ins Wasser wirft. Bei genauer Lektüre zeigt sich, dass diese beiden Handlungen nur unter dem Deckmantel halber Verschwiegenheit erwähnt werden. Diese unbewusst bleibenden, zuweilen wie „Haubentaucher" (S. 178) hochkommenden, halb verdrängten Schuldvorwürfe müssen als Informationen an die Leser im Novellentext erscheinen, dürfen aber vom Schreiber Pilenz nicht reflektiert werden. Dieses Problem wird dadurch gelöst, dass diese beiden Punkte am Rande bleiben; sie dringen nicht in sein Bewusstsein. Pilenz berichtet die letzten gemeinsamen Erlebnisse, ohne etwas zu erklären oder zu kommentieren, ohne sich selber anzuklagen und ohne sich zu rechtfertigen. Aber sein Bericht enthält Leerstellen, die der Leser füllen muss. Dazu gehört seine Gedächtnislücke bei der Erinnerung an die Abmachung, am gleichen Abend mit dem Ruderboot zum Wrack zurückzukommen: „Ich glaube nicht zu hören, dass du ‚Also bis heut abend!' sagtest" (S. 174). Nur an einer Stelle äußert Pilenz eine Gefühlsregung – als er eindringlich und dramatisch seinen erfolglosen Versuch schildert, Mahlke durch Hämmern und Klopfen wieder zurück an Bord zu rufen, der in dem Vorwurf gipfelt: „Wenn wir auch keine Klopfsignale abgemacht hatten, hättest Du dennoch klopfen können" (S. 175) – er wälzt also einen Teil seiner Schuld auf Mahlke. Dann fährt er fort: „Pilenz, mit dem Büchsenöffner in hämmernder Faust, rief: ‚Komm wieder rauf, Mensch! Du hast den Büchsenöffner oben gelassen! [...] Büch-sen-öff-ner! Büch-sen-öff-ner!'", und darauf, poetisch-lakonisch-stilbewusst: „Seit jenem Freitag weiß ich, was Stille ist." (S. 176) Im übernächsten Satz folgt seltsam beiläufig die Aussage: „Aber bevor ich zurückruderte, warf ich den Büchsenöffner in Richtung Bagger, traf ihn aber nicht." Es ist eine letztlich nicht erklärbare und auch nicht entschuldbare Handlung, ein Anfall von Niedertracht. Pilenz ist ein Schuldiger, der, wie die ausführliche Schilderung seines Hämmerns mit dem Büchsenöffner zeigt, sich in ein Erinnerungsdetail hineinsteigert, das ihn entlastet. Der Text von Aleida Assmann fasst die Erkenntnisse der Gedächtnisforschung zusammen und trägt zur Klärung von Pilenz' Verhalten bei.

Aleida Assmann: Tätergedächtnis (Arbeitsblatt 10, S. 80)

Mit dem Abstand von fast zwei Generationen – es sind die Enkel der Täter, die die Geschichte der katastrophalen zwölf Jahre der NS-Zeit aus den Erzählungen der Zeitgenossen rekonstruieren – ist das Erinnern selber in das Blickfeld gerückt. Die Enkel der Täter sind gelassener, weil die direkte Konfrontation mit Selbstvorwürfen und Vorwürfen wegfällt. In der Erinnerungspolitik geht es um die Frage, was wir den nachkommenden Generationen und der Welt vermitteln und auf welche Weise die Verbrechen der Nazis und das Leid der Opfer öffentlich dargestellt werden sollen; und das tangiert auch die Behandlung von Texten über die NS-Zeit im Deutschunterricht. Nicht nur die Täter, auch die Opfer haben nach 1945 lange geschwiegen; doch während das Schweigen der traumatisierten Opfer ein Durchgangsstadium der Schonung war, das in den Neunzigerjahren angesichts der schwindenden Lebenszeit vieler Überlebender des Holocaust durch einen lebhaften Erinnerungsschub abgelöst wurde, verharrten die Täter in ihrem Schweigen.

- *Notieren Sie Stichworte aus dem Text als Hilfe für die mündliche Wiedergabe des Gedankengangs.*
- *Inwiefern treffen diese Befunde auf Pilenz zu?*
- *Wo sehen Sie Unterschiede zwischen den von A. Assmann beschriebenen NS-Tätern und Pilenz?*

Der Gedankengang des Textes von Aleida Assmann wird an der Tafel festgehalten:

Opfer

- Schweigen: Durchgangsphase des Selbstschutzes
- Ziel: aufarbeitende Erinnerung
- Forderung nach späterem Zeugnisablegen
- liturgische und politische Formen des Gedenkens

Täter

- Schweigen: zur Entsorgung von Schuld und Scham
- Ziel: Tabuisierung, totales Vergessen
- kein entsprechender Erinnerungsschub
- Lücke des Schweigens
- Ein Schuld-Trauma kann (wie ein Opfertrauma) auf die nachfolgende Generation übertragen werden.

Pilenz als Täter: Als Resultat kann man vorausschicken: Pilenz' Darstellungsweise zeigt typische Erinnerungsstrukturen eines Täters. Als Schuldbelasteter strebt er nach Unsichtbarkeit, sein Selbstbild ist schwer beeinträchtigt – so verschweigt er aus einer Art von Selbstverachtung seinen Vornamen; auch hat er bis zum Gespräch mit Pater Alban seine Tat verschwiegen und er sehnt sich danach, sich von dieser Last durch eine Konfession zu befreien, in dem Wunsch, dass die Schuld dann „weg" sei (S. 106). Aber sein Verhalten unterscheidet sich von dem der hartnäckig schweigenden NS-Täter dadurch, dass ihm die Tabuisierung nicht gelingt, das Gewissen quält ihn so sehr, dass er Hilfe braucht. Nicht Schweigen und totales Vergessen charakterisieren seinen Umgang mit der Vergangenheit, sondern allerlei Teilgeständnisse, Verschiebungen, verquere Selbstentlastungen, irrelevante Schuldzuschreibungen und offenbar fehlende oder nicht geäußerte Schuldgefühle angesichts der eigentlichen Tat.

Pilenz als Versager: Es gibt genügend Faktoren, die ihn entlasten, sodass er sich eher Versagen in einer Stresssituation vorwerfen muss als gezieltes Handeln. Er verkörpert nicht den begeisterten Nazi, sondern einen verführten dummen Jungen. Vor allem steht sein Verhalten in der letzten Stunde unter dem Druck der Kriegsgesetze – mit Deserteuren wurde kurzer Prozess gemacht, auch Beihilfe wurde bestraft. Als Hauptmotiv seines gebrochenen Versprechens muss man daher Angst vor Bestrafung annehmen. Daneben spielt die alte Rivalität eine Rolle, die durchaus in Aggressivität umschlagen kann, so an der Stelle, als er im Reichsarbeitsdienst die Spuren des „großen Mahlke" mit dem Beil weghackt (S. 139). Aber fraglich ist, ob dies in der Schlussszene eine entscheidende Rolle spielt. Zwar ist sein Blick auf Mahlke distanziert, fast angeekelt, als er diesen beim Verschlingen der unreifen Stachelbeeren schildert, aber von einem wirklichen Hassausbruch ist nicht die Rede. In den letzten Minuten auf dem Wrack kulminieren situative Faktoren und die alte Gefühlsambivalenz in einem Bündel negativer Affekte, die er nicht mehr kontrollieren kann. Die Motive erscheinen in der Erzählung, werden aber nicht analysiert, reflektiert oder erklärt. Diese Faktoren können in einem Cluster gesammelt und dann sortiert werden: Gefühle, die sich angestaut haben/ Überforderung durch die Situation.

Pilenz' Gefühle

Angestaute Gefühle

- Überlegenheit Mahlkes
- eigene Pubertätsprobleme
- Ambivalenz von Bewunderung und Minderwertigkeitsgefühl
- Scheu vor den Zeichen der körperlichen Entwicklung

Gefühlswirrwarr auf dem Wrack

- Zorn über den nicht wieder auftauchenden Mahlke (er fühlt sich missachtet)
- Angst vor der eventuellen Rettungsaktion
- Panik: Mahlke könnte tot sein
- Gefühl der Verlassenheit
- Empörung über die Zumutung (Boot)

„Pilenz, dem alle poetologischen Überlegungen fremd sind, will über den Helden, sich selbst und seine Generationserfahrung Rechenschaft ablegen und sich durch die Niederschrift von seinem Schuldkomplex befreien. Ob ihm dies gelingt, ist mehr als zweifelhaft; doch wird dazu nichts gesagt. [...] So bleibt denn auch die interne Leserrolle eigentümlich leer, [...] denn von ihm, dem impliziten Leser und sensiblen Zeitgenossen, wird erwartet, dass er die Notwendigkeit einer Auseinandersetzung mit der Vergangenheit internalisiert hat [...] und die Debatte hierüber, wie sie bis 1961 geführt wurde, kennt, gerade auch die Hilflosigkeit der politischen Bewältigungsversuche." (von Schilling 2002, S. 87) Pilenz gehört nicht in den Kreis der Täter, sein Handeln ist kein juristischer Fall. Die Gerichtsbarkeit der Literatur fängt an, wo das Gebiet der weltlichen Gesetze sich endigt – könnte man in Abwandlung einer Äußerung von Schiller aus der Rede „Die Schaubühne als eine moralische Anstalt betrachtet" sagen. Er verkörpert vielmehr das beschädigte Selbstwertgefühl der Deutschen in den ersten Nachkriegsjahrzehnten. Nur wenige konnten sich in der Gewissheit sonnen, widerständig, mutig und hilfsbereit gehandelt zu haben, was z. B. auch den noch lange Zeit nach dem Krieg verbreiteten Widerwillen gegen Widerstandskämpfer und Helfer erklärt. Mit seinem schuldhaften Versagen ist er schlimmer dran als die große Mehrheit derer, die nur weggeschaut haben: Ihn treibt das Gefühl um, persönlich an seinem Freund schuldig geworden zu sein. Mit ihm wird kein verstockt schweigender Täter dargestellt (der leugnet oder schweigt), sondern ein Mensch, der von Gewissensqualen umgetrieben wird. Die Nutzung eines Tätergedächtnisses als perspektivische Grundkonzeption ist der kreative Einfall, aus dem sich die Geschichte entwickelt.

Mahlke und die Figur des Wirtunsowasnicht in Günter Grass' Autobiografie „Beim Häuten der Zwiebel" (Arbeitsblatt 11, S. 81 f.)

Es gibt eine Passage in Günter Grass' Autobiografie, die im Getöse der Kontroverse um sein zu spätes Bekenntnis, sich freiwillig für die Waffen-SS gemeldet zu haben, untergegangen ist. (Genaueres zur Kontroverse in: www.perlentaucher.de; Rubrik: Ewige Werte. Hier findet sich eine Zusammenfassung zahlreicher Artikel.) Es handelt sich dort um einen Gleichaltrigen, dem der Autor während seiner Zeit beim Reichsarbeitsdienst begegnete und an dessen richtigen Namen er sich nicht mehr erinnert. „Doch später, viel später, als ich für die Novelle ‚Katz und Maus' eine steile und absonderliche Figur, den vaterlosen Messdiener, Oberschüler, Meistertaucher, Ritterkreuzträger und fahnenflüchtigen Helden Joachim Mahlke entwarf, konnte mir der Verweigerer, den wir Wirtunsowasnicht nannten, Modell stehen." (Grass 2006, S. 103) Es ist eine interessante Aufgabe für die Schülerinnen und Schüler, den Bezug zwischen beiden Figuren herzustellen, denn in der Novelle ist dieses Modell so stark verfremdet, dass man die Ähnlichkeit praktisch nicht mehr erkennt. Auf dem Arbeitsblatt ist mit Bedacht die Aussage von Grass weggelassen, um eine zunächst offene Diskussion zu ermöglichen, die dann in Textarbeit mündet.

- *„Wirtunsowasnicht ist das Modell für die Figur des Mahlke." Diskutieren Sie diese These.*
- *Welches Verhalten zeigt Wirtunsowasnicht und wie reagieren die anderen (die Jungen, die Vorgesetzten) darauf?*

Zwei Dinge zeichnen diesen etwa 18-jährigen Jungen aus: sein Unvermögen, ein Gewehr in die Hand zu nehmen und sein klagloses Hinnehmen der schikanösen Strafen. Das Erste nötigt dem Autor im Nachhinein höchste Bewunderung ab; er interpretiert es als Widerstandshandlung eines überzeugten Pazifisten, der seinem Gewissen folgt, und schildert halb verwundert, halb bewundernd die stoische Haltung des Bestraften. Die Darstellung dieses gut aussehenden, hilfsbereiten Jungen ähnelt einem Heiligenbild, das einen Märtyrer, ein Lamm im religiösen Sinn darstellt. Diese Episode ist ein Kontrastmittel, um die eigene Gedankenlosigkeit und Verblendung zu unterstreichen, die ihn später dazu bringt, sich aktiv bei der Waffen-SS zu bewerben. Der Junge, von dem der Autor nur noch den Spottnamen weiß, ist allen anderen überlegen und der einzige Dissident, der ihm in seiner Jugend begegnet ist. Vielleicht handelt es sich hier, in der Autobiografie, um einen Akt nachträglicher Wiedergutmachung. Der Reichsarbeitsdienstmann Grass ist in einer ähnlichen Erzählerposition wie Pilenz, der auch aus einer Froschperspektive auf einen Größeren blickt. Zu fragen wäre, ob er sich etwas vorzuwerfen hat. Ganz frei von Scham kann er nicht sein – zwar hat er sich nicht an der Klassenkeile beteiligt, aber er hat sie auch nicht verhindert. Gedankenlos stimmt er der Meinung der anderen zu, dass dieser Außenseiter ins KZ gehört, wobei man ihm natürlich das Unwissen zugutehalten muss. Ein Held aber ist er nicht.

- *Stellen Sie die Unterschiede und Ähnlichkeiten zwischen Joachim Mahlke und Wirtunsowasnicht zusammen.*

Parallelen bestehen nur in der Religiosität, dem Außenseiterstatus, der Undurchschaubarkeit für die anderen und der Überlegenheit der Figur. Die Unterschiede überwiegen; sie können an der Tafel festgehalten werden:

Wirtunsowasnicht und Mahlke im Vergleich

Wirtunsowasnicht	Mahlke
• sehr gut aussehend	• unansehnlich
• hilfsbereit, zuvorkommend, freundlich	• distanziert; kein Streber, aber Bedürfnis nach Bewunderung
• ohne Imponiergehabe	
• verweigert den Dienst an der Waffe	• besonderer Einsatz im Arbeitsdienst (Kompensation seiner Außenseiterexistenz)
• seine religiöse Orientierung bringt ihn in Konflikt mit dem Töten im Krieg	• seine Marienverehrung, sein Glaube: ohne Einfluss auf sein moralisches Empfinden
• eingebunden in seine Glaubensgemeinschaft	• Individualist
• entwickelte Persönlichkeit: Verweigerer von Anfang an, widerständiger Dissident, lässt sich durch Drohungen und Strafen nicht beeinflussen	• „nichtlinearer“ Entwicklungsprozess; Verführung, Verirrung; schwer einzuschätzender Entwicklungsstand am Schluss
• explizite lobende Charakteristik	• widersprüchliche Figur, verzerrte Darstellung; „Persönlichkeitskern“: eine Leerstelle des Textes

Auch die Jugendgeschichte des Autors hat Merkmale einer Konfession – Grass betont in seiner Autobiografie wiederholt seine Verführbarkeit, seine Dummheit und das Versäumnis des Fragens (z. B. als sein Onkel wegen der Verteidigung der Polnischen Post erschossen und von der Familie totgeschwiegen wird).

■ *Ergänzen Sie den Vergleich durch Einbeziehung der beiden Erzähler (Pilenz und der Autor).*

Autobiografische Darstellung und Novelle im Vergleich

Grass und Wirtunsowasnicht	Pilenz und Mahlke
• der Erzähler: keine Beteiligung an der kollektiven Prügelstrafe, keine direkte Schuld; aber: keine Verhinderung der Prügelstrafe, schweigende Zustimmung zur Einweisung ins KZ	• der Erzähler: wird an Mahlke schuldig; Schreibzwang aus schlechtem Gewissen gegenüber Mahlke
• nachträgliche Bewunderung des zu spät erkannten Muts verbunden mit Scham wegen der eigenen Dummheit	• ambivalente Bewunderung, die in Hass und Verachtung umschlägt
• der Erzähler setzt dem unbekannten Helden nachträglich ein Denkmal; Distanz zur eigenen Geschichte	• verzerrende Darstellung aus Unterlegenheits- und Schuldgefühlen, innere Verwicklung, keine Distanz zum Geschehen

Über die Interpretationsfragen hinaus wird hier die Differenz zwischen autobiografischem und literarischem Schreiben sichtbar: „Katz und Maus" ist komplexer als der autobiografische Text, der mit einfachen, expliziten Kommentierungen und Charakterisierungen arbeiten kann. Grass' Autobiografie erklärt („telling"), seine Novelle zeigt („showing"), und das durch einen suspekten Erzähler, dessen explizite Aussagen hinterfragt werden müssen. Statt der gebrochenen, zwiespältigen Figur des Mahlke findet sich in der Autobiografie ein einfaches, plakatives, positiv gezeichnetes Bild. Auch autobiografische Texte sind Konstruktionen und keineswegs authentischer als literarische Texte.

Wie wird Mahlke dargestellt, wie ist er „wirklich"?

Die Figur wird konsequent perspektivisch dargestellt, zunächst von einem noch kindlichen Erzähler, der dann im Laufe der Jahre ebenfalls eine Entwicklung durchläuft und sein Gegenüber bewusster wahrnimmt. Im ersten Drittel der Novelle gibt es keine Innensicht Mahlkes. Bis zum V. Kapitel kommt dieser nicht einmal zu Wort. Es gibt nur Aussagen von Pilenz über ihn, die deutlich die Pubertätsnöte des 13- bis 15-jährigen Jungen erkennen lassen. In einer Mischung aus Faszination, Neugier und Abscheu beobachtet der Jüngere die körperliche und mentale Veränderung Mahlkes, der seinen Entwicklungsrückstand plötzlich aufholt und den anderen über den Kopf wächst. In dieser Phase ist das ganze Interesse des Erzählers auf den Adamsapfel fixiert. Durch diesen insistierenden Blick wird Mahlke fast auf den Adamsapfel reduziert. Er wird als abstoßende Figur geschildert (S. 78); dabei kommen verschiedene Darstellungstechniken des Hässlichen zum Einsatz, z. B. groteske Verzerrungen, wenn Mahlke beim Tauchen, bei Turnübungen (S. 12, S. 88) oder beim Abendmahl (z. B. S. 58) beschrieben wird, oder die mikroskopische Nahsicht auf einzelne Härchen, Schweißtropfen oder Hautporen (S.10, S. 65), sodass Mahlke durchgängig als abstoßend und verkrampft erscheint. Die Vorstellung des Lesers von der Persönlichkeit Mahlkes muss sich gegen diese Bilder entwickeln. Mit der zunehmenden Überlegenheit Mahlkes stellt sich bei Pilenz Bewunderung ein („sahnebonbonsüßer Stolz, [...] und hätte dir gern meine Armbanduhr geschenkt", S. 56), stolz ist er auch darauf, dass er es ist, der den Titel „der große Mahlke" (S. 98) einführt. Aber er fühlt sich auch unterlegen. Bewunderung und Neid, verbunden mit dem Gefühl eigener Minderwertigkeit, sind zwei Seiten einer Medaille, ein hochambivalentes, schnell kippendes Gefühlsgemisch. Das zunächst pubertäre Verzerren und die darauf folgende Hassliebe des Unterlegenen verbinden sich mit der Psychodynamik des Tätergedächtnisses. „Grass setzt auf den Widerstand seines Lesers, der das von Pilenz gesetzte Deutungsmuster durchbricht." (von Schilling, S. 90) Das aber ist ein anspruchsvolles Unterfangen für Jugendliche, denen diese distanzierte Leseweise fremd ist. „Der Anfang [...], der offene Schluss, die suspekte Erzählerfigur – all das fordert die aktive und kritische Beteiligung des irritierten Lesers am Text." (Krumme 1985, S. 79) Der ‚wirkliche' Mahlke muss konsequenterweise rätselhaft bleiben. Eine Persönlichkeitsentwicklung ist deutlich, wie die Kapitel X bis XIII zeigen. Schwer erklärbar sind seine Marienverehrung, seine fast exzessive Frömmigkeit, seine Außenseiterexistenz (Rückzug? geistige Überlegenheit? Wunsch, die anderen zu beeindrucken?). Praktisch unmöglich ist die Antwort auf die Frage nach dem Stellenwert der Desertion: Ist sie ein Akt der Selbstbefreiung aus der Verführung durch die Kriegspropaganda oder nur ein Ausdruck gekränkter Eitelkeit? Beide Deutungen sind möglich. Einerseits verspürt Mahlke physische Angst, die er in seinem ehrgeizigen Heldenleben an der Front überspielt hat, und leistet seinen Widerstand im Versuch der Desertion – andererseits hält er noch auf der Überfahrt zum Wrack den Vortrag, der ihm verwehrt wurde. Zumindest wird hier das Bild eines Menschen gezeichnet, der sich in seiner Individualität, seinem Ernst, seinem Ehrgeiz, seinem Wunsch nach durch Leistung erworbener Anerkennung auszeichnet und der trotzdem in die Irre geht und in den durch Schule und Militär propagierten Denkmustern gefangen bleibt. Abschließend bietet sich eine Schreibaufgabe an:

- *Auf einem Treffen der Ritterkreuzträger glaubt Pilenz, Mahlke unter den Anwesenden zu sehen. Er weiß nicht, ob er ihn ansprechen soll. Schreiben Sie seinen inneren Monolog.*

2.4 Uwe Timm: Am Beispiel meines Bruders

Geschichte als Familiengeschichte erzählen, explizit autobiografisch, könnte gedeutet werden als der Versuch, Authentizität durch Entfiktionalisierung zu erreichen, wüsste man nicht, dass selbst schon die Geschichtsschreibung narrativen Gesetzmäßigkeiten unterliegt, die sie mit der Fiktion teilt, sodass es sich immer auch um eine Art der Konstruktion handelt. Uwe Timm entwirft in „Am Beispiel meines Bruders“ keine lineare, stringente Erzählung, sondern wählt von vornherein eine Montagetechnik, um der „Gefahr, glättend zu erzählen“ (Timm 2003, S. 38), zu entgehen; dennoch: Es handelt sich um erinnerte Geschichte, und zwar um eine NS-Tätergeschichte. Der Täter, der Bruder des Autors, ist ein verführter Jugendlicher, der sich freiwillig zur Waffen-SS meldet und nach einer schweren Verletzung und einer doppelten Beinamputation 1943 in Russland im Alter von 19 Jahren stirbt. Der Erzähler/Autor war damals drei Jahre alt, ist also weitgehend auf Familienerzählungen angewiesen, verfügt daneben über Feldpostbriefe seines Bruders und ein Tagebuch, das dieser geführt hat, obwohl es den Soldaten verboten war, und das der Familie nach seinem Tod zugeschickt wurde. Diese Aufzeichnungen sind der Anlass für Uwe Timm, die Geschichte seines Bruders zu erzählen. Aus den Familienerzählungen hatte er ein außerordentlich positives Bild von ihm, das durch die Aussagen des Bruders im Brief und im Tagebuch relativiert wird. Erschrocken, ja entsetzt ist er vor allem wegen einiger grausamer, völlig unempathischer Aussagen, die zeigen, dass der Bruder von der rassistischen Nazipropaganda beeinflusst und ihr völlig unkritisch ausgeliefert war. Hinzu kam eine starke Prägung durch ein vom Vater vermitteltes Männlichkeitsbild, sodass der Junge dem Leser nicht als Monstrum, sondern als ein Verblendeter, Verführter erscheint.

Eine zentrale Frage bei dieser Art autobiografischen Erzählens lautet: Wie kann die Realität erzählt werden ohne apologetische Tendenz, ohne Heroisierung, ohne Stilisierung des Täters zum Opfer, aber auch ohne – im Nachhinein wohlfeile – Verurteilung, Moralisierung? Timm wählt als ein Gegenmittel die Montagetechnik, er verweist zudem auf andere historische Quellen und bringt seine Haltung durch behutsame Kommentare, oft in Form von Fragen, zum Ausdruck. Auf die Problematik solcher Erinnerungsliteratur ist in den letzten Jahren durch die Gedächtnisforschung aufmerksam gemacht worden: „Metaphorisch gesprochen, existiert neben einem wissensbasierten ‚Lexikon‘ der nationalsozialistischen Vergangenheit ein weiteres, emotional bedeutenderes Referenzsystem für die Interpretation dieser Vergangenheit: eines, zu dem konkrete Personen – Eltern, Großeltern, Verwandte – ebenso gehören wie Briefe, Fotos und persönliche Dokumente aus der Familiengeschichte. Dieses ‚Album‘ vom ‚Dritten Reich‘ ist mit Krieg und Heldentum, Leiden, Verzicht und Opferbereitschaft, Faszination und Größenfantasien bebildert, und nicht, wie das ‚Lexikon‘, mit Verbrechen, Ausgrenzung und Vernichtung.“ (Welzer, 2002, S. 10) Das Buch von Uwe Timm zeigt eine Möglichkeit, mit solch ambivalenten Vorstellungen adäquat umzugehen.

Der Inhalt: „Timms ‚Am Beispiel meines Bruders‘ erzählt eine Kern- und eine Rahmengeschichte: zum einen, ‚aus der Distanz von 60 Jahren‘ (S. 159), die lange zurückliegende Geschichte des Bruders, der im Herbst 1943 als Soldat der SS-Totenkopfdivision in der Ukraine schwer verwundet wurde und dort in einem Feldlazarett starb, zum anderen die bis in die Gegenwart reichende Geschichte der Familie des Autors, von der der Autor als einziger noch am Leben ist. Erst als mit der Schwester das letzte Familienmitglied gestorben war, das den früh verstorbenen Bruder gekannt hatte, konnte Timm mit dem Schreiben beginnen. Im Zentrum stehen also Abwesende, denen in Form des Geschichtenerzählens Anwesenheit verliehen wird. Diese Figur der anwesenden Abwesenheit lässt sich auch aus den Quellen der Geschichte und ihrer spezifischen narrativen Anordnung herauskristallisieren. Insofern geht es in Timms Buch primär nicht um lehrbare Inhalte der Geschichte, sondern um deren Leerstellen im Großen wie im Kleinen. Wichtig ist das, was ausgelassen und verschwiegen wird, was unlesbar und unverständlich ist." (M. Braun 2007, S. 54f.)

Uwe Timm ist 1940 in Hamburg geboren; nach dem Besuch der Volksschule hat er eine Kürschnerlehre gemacht und nach dem Tod des Vaters dessen Pelzgeschäft geführt. Nachdem er das Abitur nachgemacht hatte, studierte er 1966/67 in Paris, danach in München Germanistik und Philosophie und promovierte 1971 mit einer Arbeit über Albert Camus. 1967/68 betätigte er sich im Sozialistischen Deutschen Studentenbund. Von 1970 bis 1972 studierte er Soziologie und Volkswirtschaft, seit 1971 lebt er als freier Schriftsteller in München, unterbrochen von Auslandsaufenthalten, u. a. 1981–1983 in Rom.

Ein wesentlicher Anlass für das Erschrecken Timms ist eine Tagebuchnotiz seines Bruders, in der dieser völlig ungerührt schreibt: „Brückenkopf über der Donez. 75 m raucht Iwan Zigaretten, ein Fressen für mein MG." (S. 19) Man kann darin ein Zeichen von Verrohung und Abstumpfung, auch von Unreife sehen, psychologische Erklärungen ließen sich finden. Der Autor gibt seine Reaktionen auf solche Äußerungen wieder, nicht um den Bruder zu verteidigen oder anzuklagen, sondern um auf die Widersprüche in einer Biografie in einer bestimmten Situation aufmerksam zu machen. Geschichte wird aus der Zeitzeugenperspektive vermittelt, was besonders auch für jugendliche Leser ein Vorteil ist; für die Leserhaltung muss dennoch gelten, dass die Geschichte aus der Perspektive einer Person erzählt wird, die über sich selbst und das Erzählte reflektiert, die aber auch blinde Stellen in Bezug auf die eigene Position hat, konkret gesprochen: Als Leser muss man zum Beispiel auch fragen, welche Gefühle den Erzähler/Autor unbewusst leiten könnten, etwa Eifersucht auf den vom Vater bevorzugten Bruder. Die hier vorgestellte Textpassage zeigt exemplarisch, wie sich der Autor reflektierend mit der Geschichte auseinandersetzt.

Wie kann man Familiengeschichte aus der NS-Zeit erzählen und lesen? (Arbeitsblatt 12, S. 83)

- *Formulieren Sie Fragen zu den einzelnen Abschnitten des Textauszugs, um den Inhalt und die Themen zu kennzeichnen (texterschließende Fragen).*
- *Welche Haltung nimmt der Autor ein? Wie bringt er sie zum Ausdruck?*
- *Was bedeutet diese Vorgehensweise für den Leser?*

Die folgenden Ergebnisse könnte man erwarten:

Fragen des Lesers	Position des Autors
Z. 1–16: Wie gehen die Eltern mit dem Tod des Bruders und den Kriegsereignissen um?	• kritischer Kommentar zur Denkweise der Eltern: „formelhaft", „Schicksalsschlag" • kritische Analyse der Sprache (Opfer-Begriff) • Funktion der Denk- und Sprechweise der Eltern: Entlastung durch Umdeutung und ‚Mystifizierung'
Z. 17–19: Fragen nach der möglichen Haltung des Bruders	• Fragen zur Innensicht des Bruders; rhetorische Frage nach seiner Selbsterkenntnis
Z. 20–34: Welche Erkenntnisse lassen sich aus den Aufzeichnungen des Bruders gewinnen?	• Brief des Bruders, der Auskunft über sein Denken gibt
Z. 35–49: Wie lässt sich die Beigabe (Nelken) interpretieren?	• Interpretation des Briefes, der einen indirekten Hinweis auf die negative Rolle der SS enthält/enthalten könnte
Z. 50–63: Welche Fragen stellt sich der Bruder nicht? Z. 64–78: Welches Wertesystem hat der Bruder?	• 2. Hinweis auf die Haltung des Bruders: fehlendes Empathievermögen; Unfähigkeit, im ‚Feind' den Menschen, der leidet, zu sehen; zweierlei Maß bei der Beurteilung des eigenen Handelns und des Handelns der anderen

Der Leser wird dazu veranlasst, die reflektierende Haltung des Erzählers nachzuvollziehen: Einerseits wird er dem Autor folgen, z. B. bei seiner sprach- und ideologiekritischen Analyse; es könnte aber auch sein, dass er dazu gebracht wird, mit dem Bruder nachsichtiger zu sein, sofern er seine Jugend bedenkt und seine Indoktrination sowohl durch den Vater wie durch das NS-System. Dabei geht es nicht darum, den Bruder in dem, was unmenschlich an seinem Denken, Fühlen und Handeln ist, zu verteidigen, sondern darum, über den ‚Verblendungszusammenhang' nachzudenken, also die unbewussten Auswirkungen von Ideologie auf das Denken und Verhalten.

Falls das gesamte Buch gelesen wird, könnte man gemeinsam mit der Lerngruppe bzw. in Gruppenarbeit überlegen, auf welche Weise der Text in das Medium Film umgesetzt werden könnte: Man hätte zwei Zeitebenen und zwei Hauptschauplätze, würde die Geschichte wohl nicht linear erzählen, müsste darüber hinaus filmische Mittel finden, um die Reflexionen zu erhalten. Dadurch ließe sich über grundlegende Unterschiede zwischen den Medien Buch/Erzählung und Film nachdenken.

2.5 Jurek Becker: Bronsteins Kinder

Einführung in den Roman

Jurek Beckers Roman „Bronsteins Kinder" erschien 1986 in der Bundesrepublik, wo der aus der DDR stammende Autor mit einem Dauervisum lebte, und im darauf folgenden Jahr in der DDR. Erzählt wird unter anderem eine ‚Selbsthelfergeschichte': Ein jüdischer KZ-Überlebender, Arno Bronstein, bemächtigt sich zusammen mit zwei anderen Überlebenden eines ehemaligen KZ-Aufsehers, fesselt und verhört ihn fast zwei Wochen im Wochenendhaus Bronsteins am Rande von Berlin. Erzählt wird die Geschichte aus der Perspektive des Anfang der 50er-Jahre geborenen Sohnes Hans, der in das Waldhaus kommt, weil er sich dort mit seiner Freundin Martha treffen will und nun die drei Männer mit dem Gefangenen vorfindet. So wird Hans Zeuge eines Verhörs und ist schockiert; doch ihn beschäftigt darüber hinaus, dass die Liebestreffen nun vereitelt werden, was zu Konflikten mit der Freundin führt, der er nichts von dem Geschehen im Waldhaus erzählt, aber auch zu Auseinandersetzungen mit dem Vater, der sich jedoch jegliche Einmischung verbittet. Zur Familie Bronstein gehört noch die 1935 geborene Tochter Elle (die Mutter ist kurz nach der Geburt von Hans gestorben), die wegen gelegentlich auftretender Anfälle von Aggressivität in einer „Irrenanstalt" lebt. Sie war als Zweijährige von den Eltern bei einer Bauernfamilie gegen Bezahlung versteckt worden und hat auf diese Weise den Naziterror überlebt, nach dem Ende der Nazidiktatur kam sie seelisch beschädigt wieder zu ihrer Familie; sie befürwortet das Vorgehen des Vaters gegenüber dem Aufseher. Die Verhöre enden mit dem Tod Arno Bronsteins durch einen Herzinfarkt, den er erleidet, als er den Gefangenen freilassen möchte. Ein Jahr danach beginnt Hans, die Geschichte aufzuschreiben – als Trauerarbeit, als Versuch, das Geschehene zu verarbeiten –, er wird im Sommersemester ein Philosophiestudium an der Humboldt-Universität in Ost-Berlin beginnen, die Beziehung mit Martha scheint zu Ende zu gehen. Der Ich-Erzähler wechselt zwischen zwei Zeitebenen, der Erzählgegenwart im Mai 1974 und der Erzählvergangenheit 1973, als in der damaligen DDR vom 28. Juni bis zum 5. August die „X. Weltfestspiele der Jugend und Studenten" stattfanden; zwölf Kapitel spielen in der Gegenwart, 24 in der Vergangenheit.

Jurek Becker ist 1937 in Lodz (Polen) als Kind jüdischer Eltern geboren; sein Vater war Prokurist in einer Textilfabrik, seine Mutter war Näherin. Becker wuchs im Ghetto von Lodz auf und wurde zusammen mit seiner Mutter von 1939 bis 1945 in den Konzentrationslagern Ravensbrück und Sachsenhausen inhaftiert. Seine Mutter starb kurz nach der Befreiung, seinen Vater, der in Auschwitz war, fand er mithilfe einer amerikanischen Suchorganisation wieder. Er lernte erst jetzt die deutsche Sprache; nach dem Abitur wurde er Mitglied der FDJ und 1957 auch der SED; er diente freiwillig bei der Kasernierten Volkspolizei. Von 1957 bis 1960 studierte er an der Humboldt-Universität Berlin (Ost) Philosophie, er wurde aus politischen Gründen ausgeschlossen. Er arbeitete als Drehbuchautor, dann als freier Schriftsteller. Weil er gegen den Ausschluss Rainer Kunzes aus dem Schriftstellerverband und gegen die Ausbürgerung Wolf Biermanns protestierte, wurde er aus der SED und aus dem Schriftstellerverband ausgeschlossen – die Mitgliedschaft im Verband war die Voraussetzung dafür, dass man Bücher in der DDR veröffentlichen konnte. Mit einem Visum konnte er 1977 die DDR verlassen. Er starb 1997 nach einem längeren Krebsleiden.

Es ist zum einen eine Selbsthelfergeschichte, wie Goethes „Götz von Berlichingen", Kleists „Michael Kohlhaas", Dürrenmatts „Besuch der alten Dame", allerdings mit dem entscheidenden Unterschied, dass Arno Bronstein und seine Kumpane im Verborgenen handeln, sie lehnen sich nicht offen und öffentlich gegen den Staat und seine Justiz auf, nicht nur deshalb, weil sie die Deutschen und den Staat verachten. Es handelt sich um einen Fall von Selbstjustiz, für den es wahrscheinlich kein reales Vorbild gab. Die anderen erwähnten Selbsthelfer Götz, Kohlhaas, Claire Zachanassian werden von einem ausgeprägten Gerechtigkeitsgefühl geleitet. Arno Bronsteins Motiv ist ein anderes, sein durch das Verhalten des Vaters verstörter Sohn versucht vergeblich, es zu begreifen. Ein wesentliches Anliegen der Lektüre besteht darin, dem Verstehen näher zu kommen, als es Hans Bronstein gelingt. Denn dem Leser wird das Geschehen aus der Sicht des Sohnes vermittelt und so wird er verleitet, dessen Sicht der

Dinge zu übernehmen, d.h. seine Urteile und auch seine Ratlosigkeit. Außer dass es zu Konflikten mit dem Vater kommt, fühlt Hans sich massiv in seinem Liebesleben gestört, was noch dadurch verschärft wird, dass seine Freundin Martha dabei ist, sich zu emanzipieren, was bedeutet, dass sie selbstbewusst eigene Interessen (Teilnahme an einem Filmprojekt, von dem Hans nichts hält) verfolgt. Subjektiv – für den Erzähler – handelt es sich um Beziehungs- und Identitätsprobleme; tatsächlich ist die Problemlage komplexer und komplizierter, denn er ist auch – nachgeborenes – Opfer.

Der jugendliche Erzähler hat mit sich selbst zu tun, er muss nach dem bestandenen Abitur seinen weiteren Lebensweg finden; diese Identitätsthematik wird durch Beziehungsprobleme verschärft; außerdem wird er mit einem verstörenden und schockierenden Vaterbild konfrontiert und schließlich mit dem Verlust des Vaters. Hans weist es von sich, sich als Opfer zu sehen oder als Opfer gesehen zu werden, auch sein Vater hat die Opferrolle vehement abgelehnt. Dennoch wird man nicht umhinkommen, in der Opfersituation eine Art Fluchtpunkt für das Verstehen zu erkennen, sodass die Selbsthelfergeschichte von der Opfersituation her zu verstehen ist und alle anderen Probleme um diese Problematik kreisen. Das Alter der Protagonisten erlaubt es, von drei ‚Generationen' zu sprechen: Arno Bronstein ist 1913 geboren, seine Tochter Elle ist 1935 und Hans 1955 geboren. Hans glaubt aufgrund seines Geburtsjahres, Distanz zum Holocaust (dieser Begriff kommt im Roman nicht vor) zu haben, nur in einem Augenblick der Verzweiflung zieht er in Erwägung, dass er vielleicht selbst auch ein Opfer sein könnte. Autobiografische Bezüge des Romans mit Jurek Beckers Lebensgeschichte sind nicht zu übersehen, sein Vater überlebte das Konzentrationslager, Jurek Becker wurde als Kind von den Eltern getrennt und kam ebenfalls in ein Lager.

Der Roman spielt in der früheren DDR, was gelegentliche Erklärungen und Erläuterungen erforderlich macht; doch grundsätzlich sah der Autor für die im Roman dargestellte Problematik keine Unterschiede zwischen der DDR und der früheren Bundesrepublik. Auf ein Faktum muss aber besonders hingewiesen werden: Zum Gründungsselbstverständnis der DDR gehörte es, dass sie sich als ‚der einzige antifaschistische Staat auf deutschem Boden' verstand; im Roman kommt das zur Sprache, wenn es um bestimmte Vergünstigungen für die Opfer des Faschismus geht. Wichtiger noch ist, dass der Opfer-Begriff darin eine Heroisierung erfährt, über die zu sprechen sein wird. – Auf die Situation der Literatur in der DDR, auf das dortige offizielle Literaturkonzept sollte im Verlauf der Unterrichtsreihe eingegangen werden (vgl. Baustein 1).

Dieser politische Hintergrund spielte in der Rezeption des Romans nur eine untergeordnete Rolle; es wurde erst allmählich sichtbar, was es für die nachfolgenden Generationen bedeutete und bedeutet, wenn die Eltern unmittelbar Opfer der Naziherrschaft waren. Zu betonen ist: „Jurek Becker dürfte der erste deutsche Schriftsteller sein, der sich dem Problem [der Nazidiktatur, wie es in den sogenannten Väterbüchern seit den 68er-Jahren aufkam] aus der Perspektive der Opfer stellt." (Heidelberger-Leonhard 1992, S. 201) Der Schock, den Hans Bronstein erlebt, als er seinen Vater beim Verhör beobachtet, beschäftigte auch die Leser von Anfang an: Was bedeutet es, wenn die Opfer auf einmal zu Tätern werden? Muss man daraus nicht folgern, dass jedes Opfer auch Täter sein kann? Führt das aber nicht zu einer empörenden Relativierung? Oder ist nicht der entscheidende Unterschied der zwischen Möglichkeit und Wirklichkeit? Für Empörung hatte 1964 schon Hannah Arendt mit ihrem Buch „Eichmann in Jerusalem. Ein Bericht von der Banalität des Bösen" gesorgt, als man ihr eine ähnliche Relativierung unterstellte.

Drei Aspekte werden im Folgenden thematisiert:

- Was heißt es, wenn ein Opfer zum Täter wird?
- Wie wirkt sich die Vergangenheit auf die Beziehungen zwischen den Familienmitgliedern aus?
- Was bedeutet der Opfer-Begriff?

Aus dieser Anlage ergibt sich, dass die besonders auch für jugendliche Leser interessante Beziehungsgeschichte Hans – Martha weitgehend ausgeblendet bleibt; das bedeutet nicht, dass sie für nebensächlich gehalten wird, im Gegenteil, sie gibt den Lesern wichtige Aufschlüsse zum Verständnis des Charakters des Erzählers und die Beziehungsprobleme hängen außerdem eng mit den hier behandelten Aspekten zusammen. In den Beziehungen zwischen den Personen des Romans geht es auch darum, dass sie um Aufmerksamkeit und Anerkennung kämpfen; dass das mit dem Opferstatus zusammenhängt, wird zu zeigen sein.

Eine schockierende Erfahrung (Arbeitsblatt 13, S. 84)

Jurek Becker hat 1988 in einem Gespräch mit Marianna Birnbaum eine interessante Aussage zur Erzählsituation in „Bronsteins Kinder" gemacht: „Junge Leute wollen von dieser Art Thematik mittlerweile nichts hören, von Faschismus, Krieg und Verfolgung. Und ich wollte gern aus dem Munde jemandes erzählen, der genauso denkt; denn der Erzähler ist ja ein junger Mann dieser Generation, der nichts mit den alten Geschichten zu tun haben will. Sie interessieren ihn nicht, und wenn sie ihm begegnen, fühlt er sich von ihnen belästigt." (Heidelberger-Leonhard 1992, S. 94f.) Doch es geht nicht nur darum, eine Identifikationsfigur auftreten zu lassen, sondern um einen paradigmatischen Aspekt von allgemeiner Bedeutung: „Ganz abstrakt gesprochen, hat es mich auch gereizt, eine Geschichte zu erzählen, in der jemand gezwungen wird, sich mit einer Sache zu beschäftigen, die ihn nicht interessiert und die doch sein Leben bestimmt?" (Heidelberger-Leonhard, S. 95)
Für Hans Bronstein ist der Gefangene im Waldhaus zunächst lästig, weil er sein Liebesleben behindert; aber er muss sich für ihn auch deshalb interessieren, weil sein Bild von seinem Vater auf verstörende Weise verändert wird. Wie sehr ihn das Geschehen (und natürlich auch der Tod seines Vaters) aufgewühlt hat, zeigt sich auch daran, dass er lange Zeit braucht, bevor er anfängt, die Geschichte zu erzählen und damit zu verarbeiten. „Was die anderen mit ihren Gefühlen leisten, würde ich sagen, das möchte ich mit dem Verstand erledigen." (Becker 1988, S. 8) Zumindest nimmt der Erzähler sich das vor, doch es zeigt sich, dass nicht nur die Beziehungsprobleme der Gegenwart den Verstand verwirren, sondern auch die Erinnerung an das Vergangene nicht emotionslos möglich ist, was auch durch Ironie nicht zu verbergen ist. Man darf sich als Leser dadurch nicht zu dem Schluss verleiten lassen: „Hans fehlt grundsätzlich die Fähigkeit, sich in andere Menschen hineinzuversetzen." (Rühl 2005, S. 110) Distanzgewinnung gehört zu den Bewältigungsstrategien des Erzählers, der sich allein von der Ratio leiten lassen möchte und damit schon – wenn man so will – einen fundamentalen Fehler begeht. Die Haltung der Coolness, wie man heute sagen würde, korrespondiert mit einem Grundansatz des Autors: „Ich suche den einem Stoff unangemessenen Erzählstil. Wenn ich eine Geschichte erzählen möchte, die man, wenn man nichts anderes hört als die äußeren Umstände, als Tragödie empfindet, suche ich den komischen Weg, sie zu erzählen." (Graf 1991, S. 65) Von Komik wird man hier weniger sprechen, wohl aber von Mitteln der Distanzgewinnung, wozu die Erzählperspektive und die sprachlichen Mittel gehören – Nicht-Emotionalität als Programm, das schon im ersten Satz des Romans zum Ausdruck kommt. Die ausgewählte Textstelle vermittelt ein anschauliches Bild vom Erzähler und seiner Rationalität.

- *Stellen Sie zusammen, welche Gedanken Hans nach seiner Entdeckung durch den Kopf gehen.*
- *Was sagen die sprachlichen Mittel über seine innere Verfassung aus?*
- *Diskutieren Sie über diesen Fall von Selbstjustiz.*

Eine Untersuchung der sprachlichen Mittel ermöglicht einen präzisen Einblick in die Psyche, den Charakter des Erzählers, der zu begreifen versucht, was sich im Waldhaus und vor allem mit seinem Vater abspielt. Hans führt eine Art Selbstgespräch, in dem er sich viele Fragen

stellt, auf die er sich Antworten zu geben versucht, die den Charakter von Annahmen, Vermutungen oder auch Einwänden haben. Eigentlich möchte er das Bild, das er von seinem Vater hat, für sich erhalten.
Auf den ersten Blick fällt die große Zahl von Fragesätzen auf (9); ferner die Konjunktionen und Adverbien: aber (3); zwar, doch, und wenn, weil, selbstverständlich, allerdings (3), vielleicht (6), womöglich.
Die inhaltliche Gliederung lässt sich in einer Tabelle festhalten:

Gedanklicher Schritt	Inhalt
Fragen nach den Absichten der ‚Täter'	aufklären; verhören bis zum Geständnis/ Einschaltung des Staatsanwalts; Angst einjagen; quälen; umbringen
Fragen zum Charakter des Vaters	hasserfüllt und grob – er hatte ihm Gewalttätigkeit nie zugetraut.
Fragen an sich selbst zur Information	Was ist ein Konzentrationslager?
Verständnis für die ‚Täter'	sie müssen den Aufseher hassen; seine Rechtfertigung (anderes Recht) muss ihnen unerträglich sein.
Einwände	Heute ist ein anderes Rechtssystem.
mögliche Alternative, die nicht gewählt wird	Anzeige erstatten
Rechtfertigungsversuch	der Aufseher könnte provoziert haben
grundsätzliche Einwände	sie nehmen sich ein Recht heraus, das niemandem zusteht; auch Sohn-Vater-Loyalität führt nicht zur Rechtfertigung.
eigener (erschreckender) emotionaler Standpunkt	Mitleid mit dem KZ-Aufseher
mögliche Motive der ‚Täter'	Überzeugung von der Richtigkeit ihres Tuns; Bereitschaft, Sanktionen zu ertragen
weitere Einwände	Zeit, die vergangen ist
Entlastendes	vom Affekt geleitet, Wut, Rache

Fazit: Dilemmasituation; „Unglückstag“ – schicksalhafte Fügung

Als Fazit erscheint das Wort „Unglückstag“, welches impliziert, dass die drei ehemaligen Lagerhäftlinge nicht frei gehandelt haben, sondern von ihren Gefühlen beherrscht wurden. Hans kann die drei verstehen, dennoch kann er ihr Handeln nicht billigen und auch nicht rechtfertigen – er befindet sich in einem Dilemma.
Hinter den moralischen, juristischen und psychologischen Überlegungen steht unausgesprochen der Loyalitätskonflikt mit dem Vater. Hans sucht dreimal im Verlauf der Handlung das Gespräch mit seinem Vater, doch immer verlaufen die Gespräche so unbefriedigend, dass es zu keiner wirklichen Klärung führt. Schon in der angeführten Textstelle wird deutlich, dass es keine Lösung geben kann. Entsprechend der Erzählperspektive gibt es keine Instanz im Roman, die eine Entscheidung trifft, sodass der Leser aufgefordert bleibt, sich seine eigenen Gedanken zu machen, womöglich einen eigenen Standpunkt zu beziehen. Ein Impuls (Folie) für eine Diskussion kann mit der folgenden Äußerung gegeben werden: „Es mutet wie tragische Paradoxie an, wenn Opfer des Holocaust – den sie überlebt haben und von dem sie

wünschen sollten, dass er endgültig überwunden sei – sich gerade jener Unterdrückungsinstrumente bedienen, unter deren Einsatz durch die Nazischergen gerade sie, die Opfer, unsäglich gelitten haben. Die Tragödie des Vaters Bronstein scheint darin zu bestehen, dass er als Opfer nun in ungebremster Gewaltbereitschaft zum Täter wird, indem er einen ehemaligen Peiniger traktiert und somit Auschwitz letztlich wieder ermöglicht." (Graf 1994, S. 76) Für die Gewalt gibt es keine moralische und schon gar keine juristische Rechtfertigung; es handelt sich um keine Notwehrsituation. Doch die Zuspitzung in der Verurteilung – Bronstein ermögliche Auschwitz – ist unangemessen und unerträglich, weil sie ausblendet/nicht reflektiert, in welcher Situation die drei Männer sind; im Verlauf des Romans kommt von ihrer Seite mehrfach die Aussage gegenüber Hans: „Du warst nicht im Lager." Zu erinnern ist etwa an Jean Amérys Aussage, der zwar das Konzentrationslager überlebte, sich aber Jahre später (wie auch Primo Levi) das Leben genommen hat: „Mit dem ersten Schlag der Polizeifaust aber, gegen den es keine Wehr gibt und den keine helfende Hand parieren wird, endigt ein Teil unseres Lebens und ist niemals wieder zu erwecken." (Bohleber 2001, S. 140) Ferner ist zu bedenken, dass ein Opfer kein besserer Mensch ist, der überdurchschnittlichen moralischen Standards gehorchen müsste. Notwehr und Selbstjustiz müssen unterschieden werden; es versteht sich, dass die Gewalt nicht gerechtfertigt werden kann – im Übrigen schadet sich Arno Bronstein selbst am meisten, denn er kommt bei dieser Unternehmung zu Tode. Für den Romanleser geht es letztlich darum, zu verstehen, was keine ‚Billigung' oder Rechtfertigung einschließt, doch die Leserinnen und Leser sollten sich nicht als richtende Instanzen sehen.

Problematische Familienbeziehungen – Das dritte Vater-Sohn-Gespräch (Arbeitsblatt 14, S. 85 f.)

Arno Bronstein ist etwa 1913, seine Tochter Elle 1935 und sein Sohn Hans 1955 geboren. Aufgrund des Altersunterschiedes – wenn auch nicht im genauen Wortsinn – könnte man von drei Generationen sprechen, zumindest im Hinblick auf ihre Erfahrungen mit dem Dritten Reich. Sie sind Juden, der Vater kommt in das Konzentrationslager Neuengamme, das er ebenso wie seine Frau überlebt, die aber bald nach der Geburt von Hans gestorben ist. Die Tochter Elle wird vor den Nazis bei Bauern – gegen Bezahlung – versteckt, sie wächst in einer lieblosen Umgebung auf, wodurch sie, davon ist ihr Vater überzeugt, für ihr Leben gezeichnet ist und deshalb, nachdem alle Behandlungsversuche erfolglos geblieben sind, in der Psychiatrie verwahrt und gegebenenfalls mit Medikamenten ruhiggestellt wird. Sie hat sich eine eigene Innenwelt geschaffen, die in der poetischen, schwer zu entschlüsselnden Sprache ihrer Briefe zum Ausdruck kommt. Der Vater und der Bruder besuchen sie dort regelmäßig, beide rivalisieren um ihre Zuneigung. Aufgrund der Biografien besteht zwischen Vater und Tochter eine besondere Beziehung, denn beide haben Ähnliches erlebt, aber Hans hat dennoch den Eindruck, dass Elle zu ihm mehr Vertrauen hat. Er glaubt, als Nachgeborener könne er die Lebensgeschichten von Vater und Schwester aus der Distanz sehen, er selbst sei kein Opfer der Nazis mehr. Ihn beschäftigt neben allem anderen seine Beziehung zur Freundin, die er zu verlieren glaubt oder auch tatsächlich verliert. Auffällig an Hans ist, dass er das Verhalten anderer häufig und sehr leicht als gegen sich gerichtete Feindseligkeit interpretiert und darauf beleidigt oder auch aggressiv reagiert: Er sieht sich also, ohne sich dessen bewusst zu sein, als Opfer, bestreitet aber andererseits vehement, Opfer (des Faschismus) zu sein. Was seine Freundin Martha wirklich denkt oder fühlt, kann nur indirekt erschlossen werden; die Leser sehen sie mit Hans' Augen, also nicht wirklich angemessen, schon gar nicht objektiv. In der Rezeption findet man deshalb häufiger das Urteil, sie sei sehr oberflächlich, was aber eigentlich nur aus Hans' Wahrnehmung resultiert. Sie erkennt nicht (scheint nicht zu erkennen), dass sich Hans in einer Krise befindet, sie sieht nur, dass er schmollt, weiß/erfährt nichts über die Hintergründe, denn Hans redet nicht über seine Lage, was ihn mit seinem Vater verbindet, und sie selbst versucht auch nicht, herauszufinden, was

ihn eigentlich beschäftigt. Es könnte sein, dass er aus Scham oder aus Stolz nicht redet. Er verurteilt Marthas Beteiligung an dem Filmprojekt, ohne jegliche Diskussion (also vorurteilsbehaftet, borniert). Elle sympathisiert mit dem Vater und hält die Aktion gegen den Aufseher für richtig. Die problematischen Familienbeziehungen manifestieren sich in massiven Kommunikationsstörungen, sodass es sinnvoll und nötig erscheint, die Kommunikationsverhältnisse zu untersuchen. Dazu eignet sich besonders das dritte Gespräch von Hans mit seinem Vater, in ihm geht es auch um Elle, also um die gesamte Familie.
Neben der Unterscheidung von Inhalts- und Beziehungsebene ist es für eine Dialoganalyse wichtig, welche Position die Gesprächspartner einnehmen, genauer gesagt, wie sie die eigene und die des Gesprächspartners sehen, sofern es sich nicht um eine partnerschaftliche, sondern um eine asymmetrische Beziehung handelt. Denn es geht nicht nur darum, dass über Inhalte gesprochen wird, sondern es wird auch – indirekt – die Beziehung definiert. Die Asymmetrie wird sehr schnell sichtbar daran, dass beide, Vater und Sohn, versuchen, eine überlegene Position einzunehmen: Es geht in ihren Gesprächsversuchen um Überlegenheit und Unterlegenheit, die Gespräche haben den Charakter eines Beziehungskampfes. Keiner von beiden ist bereit oder in der Lage, auf einer Metaebene die Situation zu reflektieren und dadurch eventuell zu verändern.

- *Notieren Sie nach der Lektüre der Textsequenz, worum es in ihr geht und wie Sie das Verhalten von Vater und Sohn sehen und bewerten.*

Die Störung der Vater-Sohn-Beziehung wird in dieser Textsequenz deutlich am Fehlen jeglicher Offenheit, Herzlichkeit, Freundlichkeit, am Fehlen jeglichen Vertrauens; die Störung hat tiefere Ursachen als den aktuellen Konflikt um den gefangenen Aufseher. Hans bemüht sich um ein gewisses Verständnis für den Vater, aber es wird auch erkennbar, dass er ihm die Hauptschuld am Zustand der Beziehung gibt. Welche Rolle spielt Elle? Beide Gesprächspartner versuchen, sie auf ihre Seite zu ziehen, beide beanspruchen die größere Nähe zu ihr, ringen um die Anerkennung durch sie, wobei Hans den Vorteil hat, dass sie nur ihm Briefe schreibt. Wer Elle auf seiner Seite hat, ist weniger einsam, ist stärker, befindet sich innerhalb dieser Dreierkonstellation in einer überlegenen Position; die Idee einer familiären Einheit kommt gar nicht erst auf. Die Tatsache, dass Elle emotional unberechenbar ist, spielt keine Rolle. Hauptkennzeichen der Störung der Beziehung ist, dass die Personen sie asymmetrisch, durch Unter- bzw. Überlegenheit definieren. Darin weist die Textsequenz eine gewisse Nähe zu Kafka auf, etwa zur Erzählung „Das Urteil“.
Die Gesprächsanalyse soll zur belegten Einsicht in die Gestörtheit der Familienbeziehungen führen; in einem weiteren Schritt (**Arbeitsblatt 15**, S. 87f.) soll über mögliche Ursachen nachgedacht werden. Man kann die Schülerinnen und Schüler auffordern, einen kommentierenden Subtext (Was geht in den Personen vor? Was denken, was wollen sie eigentlich?) zu verfassen, oder einen analytischen Kommentar in Tabellenform erstellen lassen (**Arbeitsblatt 14**, S. 85f.).

- *Analysieren Sie das Gespräch (ab Z. 78): Worüber sprechen die beiden? Wie äußern sie sich und was meinen sie? Welche rhetorischen Mittel setzen sie ein?*
- *Fassen Sie abschließend Ihren Gesamteindruck über das Vater-Sohn-Verhältnis zusammen und versuchen Sie, die Familienbeziehungen grafisch darzustellen.*

Symptomatisch ist die Gesprächseröffnung (Z. 78): Hans stellt eine unbestimmte Frage, auf die der Vater mit einer Gegenfrage antwortet und damit das Gespräch beendet, noch ehe es begonnen hat. Beide halten sich bedeckt, um sich nur ja keine Blöße zu geben und um sich unangreifbar zu machen. In der Übersicht könnte die Analyse wie auf S. 72 dargestellt aussehen.

Gesprächsanalyse

Vater	Sohn
Gesprächseröffnung	
	unbestimmte Frage
Gegenfrage	
	greift das Thema Elle auf, Bedauern für den Vater
Zurückweisung des Mitleids (= der unterlegenen Position); Themenwechsel	
	Desinteresse
führt neues Thema ein: Vorwurf mangelnden emotionalen Engagements im Hinblick auf „Lumpen und Mörder“	
	tut so, als verstehe er nicht
Wiederholung des Vorwurfs, nun auf die Opferseite bezogen	
	keine Reaktion
Konkretisierung: Elles Krankheitsgeschichte, indirekte Einforderung von Anteilnahme	
	Zweifel an der Richtigkeit der Ursachenbeschreibung; keine emotionale Reaktion auf die Erzählung (Anteilnahme, Mitleid, Rührung); Themenwechsel: Kritik wegen des gefangenen Aufsehers, indirekter Vorwurf fehlender Reife
Zurückweisung durch Ironie, Sarkasmus	
	besteht auf seiner Position, behauptet, die Einschätzung durch den Vater sei falsch
höhnisch, belehrend, übertreibend (= Versuch einer rationalen Begründung des eigenen Handelns durch Fundamentalkritik an den Deutschen)	
	herablassend, entwertende Replik
ironische Bestätigung	

Gespräch als Beziehungskampf, fehlendes Vertrauen, fehlende Zugewandtheit, verhärtete Fronten, fehlende Bereitschaft/Unfähigkeit zur Konfliktlösung

Grafisch können die **Familienbeziehungen** so dargestellt werden:

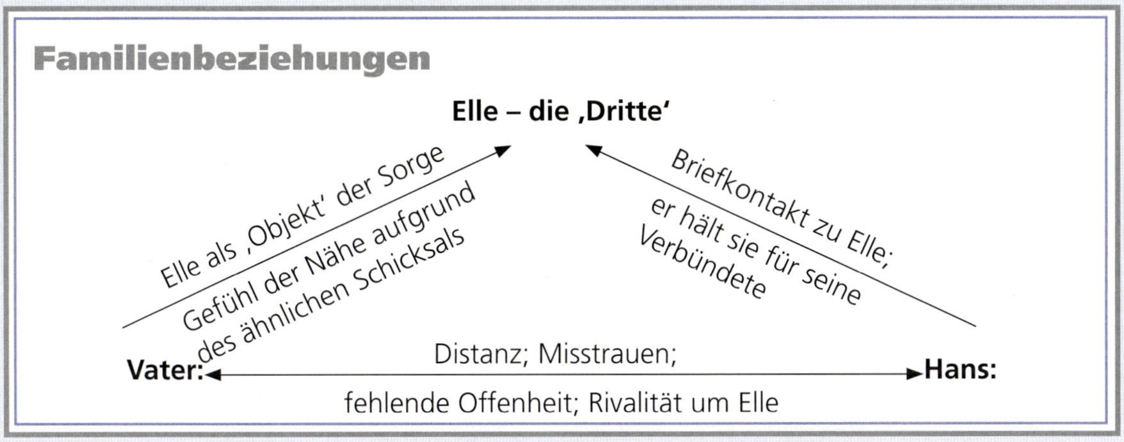

Mögliche Ursache der Beziehungsprobleme (Arbeitsblatt 15, S. 87 f.)

Die Beziehungsprobleme zwischen Vater und Sohn begegnen in ähnlicher Form in der Beziehung von Hans zu seiner Freundin Martha: Hans kann nicht ertragen, dass sie sich für das Filmprojekt engagiert; er gibt vor, seine Kritik gelte dem Film, doch in Wirklichkeit ist es wohl so, dass er es nicht ertragen kann, dass sie sich emanzipiert, dass sie ihren eigenen Weg gehen und selbstständig entscheiden will, was Hans als Verrat empfindet. Für ihn scheint es nur ein Entweder-Oder zu geben: Entweder sind sie befreundet/lieben sie sich und dann muss es eine totale Übereinstimmung geben (symbiotische Beziehung); oder sie verfolgen unterschiedliche Interessen, haben in manchen Fragen unterschiedliche Auffassungen, dann schließt das – scheint Hans zu meinen – Freundschaft und Liebe aus (partnerschaftliche Beziehung).
Es soll nun versucht werden, anhand der Begriffe Trauma und Opfer zu einer Klärung zu gelangen. Zunächst sollen sich die Schülerinnen und Schüler anhand einiger Textzitate Gedanken über den Begriff ‚Opfer‘ machen:

- *Versuchen Sie, zu erläutern, welche Bedeutungen der Begriff ‚Opfer‘ hat und welche Schwierigkeiten sich mit seiner Verwendung verbinden.*

„Die massive Form von Gewalt, der ein Opfer schutzlos ausgesetzt ist, schlägt sich als langfristiges Trauma nieder.“ (Assmann 2006, S. 82) Was bedeutet der Opfer-Begriff in diesem Kontext? Warum könnte Vater Bronstein es verabscheut haben, als Opfer zu gelten? Warum lehnt Hans es ab, aus der Tatsache, dass er der Sohn von Opfern des Faschismus ist, Vorteile bei der Zimmersuche zu ziehen?
Die in einem Krieg getöteten Soldaten sind Opfer, sie gelten als ‚Helden‘, die im Kampf gefallen sind, sie werden/wurden geehrt durch Denkmäler. Die verfolgten und ermordeten Juden waren passive Opfer, sie waren der Gewalt ihrer Peiniger ohnmächtig ausgeliefert, das ist ein erniedrigender, demütigender Status. In diesem Sinne lehnt es Arno Bronstein ab, als Opfer bezeichnet und damit ausgegrenzt zu werden. Auch materielle Vorteile ändern daran nichts, sie unterstreichen im Gegenteil diesen Status, sind eine Fortsetzung von Erniedrigung, Demütigung. Man muss hier allerdings bedenken, dass in der DDR „Opfer des Faschismus“ als Ehrentitel gemeint war, der Staat verstand sich als der „einzige antifaschistische Staat auf deutschem Boden“, das war Bestandteil seines Gründungsmythos‘. Und so sollten aus den Erniedrigten, Gedemütigten, Gefolterten ‚Helden‘ gemacht werden, die für ein Leben in Freiheit ihr Leben geopfert haben; nicht ‚victima‘, sondern ‚sacrificium‘ – eine Unterscheidung, die in der deutschen Sprache nicht gemacht wird, wohl aber beispielsweise im Englischen und Französischen. Bronstein wehrt sich gegen eine solche Umdeutung.

Es hat einige Zeit gedauert, bis man sich mit den Folgen des Konzentrationslagers für die Opfer, ihrer Traumatisierung intensiv beschäftigte. Die beiden Textauszüge erklären den Begriff ‚Trauma' und ermöglichen es, diese Einsichten auf die Geschichte der Bronsteins anzuwenden – sicher nicht mit dem Anspruch, damit eine vollständige Erklärung aller Probleme zu haben.

- *Verfassen Sie nach einer sorgfältigen Lektüre der Textauszüge zum Thema ‚Trauma' eine schriftliche Zusammenfassung; gehen Sie dabei auf die Auswirkungen und die Therapiemöglichkeiten und -bedingungen ein.*
- *Überlegen Sie, inwiefern man diese Einsichten zum Verständnis der Personen in „Bronsteins Kinder“ anwenden kann; diskutieren Sie im Plenum über Ihre Gedanken.*

Es hat merkwürdigerweise keine Fälle gegeben, in denen Überlebende ihre ehemaligen Peiniger zur Rechenschaft gezogen hätten, und das sicher nicht deshalb, weil das die Gerichte besorgt hätten: Die Justiz hat in dieser Hinsicht versagt. Es gibt jedoch die Fälle, in denen Überlebende Gewalt gegen sich selbst angewandt haben, also beispielsweise die Schriftsteller Jean Améry und Primo Levi, die sich Jahre später das Leben genommen haben. Wut und Rache, wie sie im Roman dargestellt werden, sind eher gedachte Möglichkeiten. Das sprachlose Schweigen durchbrechen, die Ohnmachtserfahrung überwinden oder kompensieren durch aktives, gewalttätiges Handeln im Nachhinein, das waren keine realen Möglichkeiten, die den Opfern zur Verfügung standen. Arno Bronstein hat seinen Versuch mit dem Leben bezahlt. Die Diskussion könnte/sollte zeigen, dass der Trauma-Begriff sehr gut geeignet ist, statt einer moralisch wertenden eine verstehende Haltung einzunehmen, was die Erörterung juristischer, ethischer und anderer psychologischer Fragen überhaupt nicht ausschließt, sondern unterstreicht, dass es sich in diesem Roman um ein sehr komplexes Geschehen handelt.

2.6 Hans-Ulrich Treichel: Der Verlorene

Einführung – Die Lasten der Vergangenheit in intergenerationeller Sicht

„Persönliches Erinnern ist ein dynamischer Prozess, in dem man sich von den Bedingungen und Bedürfnissen der Gegenwart aus immer wieder anders auf die Vergangenheit *einlässt* und dabei gerade so viel von ihr *zulässt,* wie man gebrauchen oder ertragen kann.“ (Assmann 2006, S. 175) Und: „Traumatische Erfahrungen von Leid und Scham finden nur schwer Einlass ins Gedächtnis, weil diese nicht in ein positives individuelles oder kollektives Selbstbild integriert werden können.“ (Assmann, S. 75) Dafür, dass Erinnern ein dynamischer Prozess ist, bietet Hans-Ulrich Treichel sowohl mit seinem bisherigen literarischen Werk wie mit zahlreichen autobiografischen Aussagen ein Beispiel. Die Geschichte des auf der Flucht verloren gegangenen Bruders hat er in drei erzählerischen Werken thematisiert: Nach dem „Verlorenen“ in „Menschenflug“ (2005) und zuletzt in „Anatolin“ (2008), wo es heißt: „Mir fehlt das, was man eine narrative Identität nennt. In der Bibliothek meines Unbewussten fehlt der Familienroman.“ (S. 105) Das ist aus der Sicht des Autors die Erklärung und Begründung für den mehrfach unternommenen Versuch, die Familiengeschichte immer wieder anders, mit neuen Varianten und in anderen Versionen zu erzählen. Treichels Werk ist charakterisiert durch eine Mischung von Autobiografie und Fiktion, was am Ende die Wirkung hat, dass beides nicht voneinander unterschieden werden kann. Die Lektüre des „Verlorenen“ kann einigen Aufschluss darüber geben, warum die Vergangenheit so unterschiedlich erinnert wird. Zwei Generationen sind von diesen Erinnerungen auf recht unterschiedliche Weise betroffen; der intergenerationelle Ansatz zeigt auf, wie unterschiedlich sich die Ver-

gangenheit auf zwei Generationen auswirken kann, nämlich nicht gemeinschaftsstiftend, sondern in Form von Spaltung und Entfremdung.
Was es heißt, wenn ein Kind, ein Halbwüchsiger – der Ich-Erzähler im „Verlorenen“ – mit den traumatischen Erlebnissen der Eltern von Flucht und Vertreibung konfrontiert wird, zeigt der Roman (oder vielleicht sollte man besser von einer Novelle sprechen, vgl. dazu den Kommentar in der Ausgabe der „Suhrkamp BasisBibliothek“, S. 146 f.).
Die eigentlich traurige bis trostlose Geschichte wird aus der Perspektive eines Halbwüchsigen erzählt, das macht ihren Reiz aus, denn so entsteht eine Mischung aus komischen, grotesken, aber auch anrührenden Momenten. Nachdem man dem Jungen zunächst erzählt hatte, der etwas ältere Bruder Arnold sei bei Kriegsende auf der Flucht verhungert, erfährt er nun, dass er verschollen sei. Das Verschwinden und die Suche nach ihm bestimmen das Leben der Familie in einer westdeutschen Kleinstadt. Der Vater stürzt sich in den Aufbau einer Existenz, die Mutter leidet an Schuldgefühlen und der Sohn kommt in jeder Hinsicht zu kurz. Als die Eltern auf das Findelkind 2307 stoßen, beginnt eine erneute intensive, letztlich erfolglose Phase der Suche.
Der Ich-Erzähler geht auf bisweilen erschreckend-unbefangene Weise mit dem um, was die Mutter zum Weinen bringt und was sie verklausulierend-schamhaft das „Schreckliche“ nennt, wobei es sich um eine Vergewaltigung durch russische Soldaten zu handeln scheint, doch das kann der jugendliche Erzähler weder erfassen noch ausdrücken. Die ‚naive‘ Sicht ermöglicht aber auch eine entlarvende Offenheit gegenüber dem eindimensionalen Leben der Eltern – des Vaters, der auf Mehrung des Besitzes durch Arbeit ausgerichtet ist, und der Mutter, die es ihm gleichtut, deren Leben jedoch gelegentlich von Unfällen, Krankheiten und depressiven Phasen unterbrochen wird, nach denen sie sich aber immer wieder aufrappelt. So vermittelt die Erzählung auch einen Blick auf die Aufbauphase der Bundesrepublik; im Zentrum stehen die zum Teil grotesk erscheinenden Versuche, das verlorene Kind zu identifizieren. Aufgrund der Perspektive, aus der erzählt wird, erscheint die Geschichte völlig unpathetisch und überhaupt nicht sentimental. „Dass die Narration dabei jede Belehrung vermeidet, ist genauso bedeutend wie die Abwesenheit jeglichen Versuchs einer Stilisierung der Vertriebenen zu den eigentlichen Opfern der Geschichte.“ (Eshel 2002, S. 66) Der Erzähler beobachtet mitunter sehr genau, lässt aber auch immer wieder erkennen, dass er den Sinn, die Bedeutung von Handlungen nicht wirklich versteht. Der Eindruck des Grotesken entsteht also erst im Kopf des Lesers (z. B. bei den Geschehnissen im Heidelberger Institut, wo die Familie ‚erbbiologisch‘ vermessen wird). Doch macht das bedrückend-komische Zeitbild nicht den Kern des Buches aus; vielmehr geht es um die Frage, wie mit einem durch Krieg und Vertreibung/Flucht verursachten Verlust umgegangen wird, und zwar intergenerationell.

Der Verlust als „leere Mitte“ (Arbeitsblatt 16, S. 89 f.)

Schon am Anfang der Erzählung, wo es um die Betrachtung des Fotoalbums geht, wird sichtbar, welche Rolle Arnold, der ‚Verlorene‘ spielt: Er ist auf der ersten Seite des Albums zu sehen und nimmt so eine zentrale Rolle ein. Für die Mutter (so jedenfalls stellt es sich dem Erzähler dar) scheint er *das* Liebesobjekt zu sein, zugleich ist er Objekt der Trauer und, wie sich dann zeigt, es verbinden sich mit ihm Schuldgefühle und auch Scham, eine sehr ambivalente Gefühlsmischung also, die noch vielfältiger wird durch die Gefühle des Erzählers, der weniger Mitgefühl empfindet als vielmehr Wut, manchmal auch Stolz; am stärksten ist sein Gefühl oder Bewusstsein, wenn er die Mutter wie so oft in Tränen erlebt, dass der verlorene Bruder für ihn Liebesentzug bedeutet, dass er durch ihn entwertet, in seiner Existenz ‚ausgelöscht‘ wird. „Das verbliebene Kind wird von der Familie ausgelöscht, verliert seine Identität, wird zum eigentlich ‚Verlorenen‘.“ (Treichel 2005, S. 155) Man kann sagen, dass der verlorene Bruder eine Art ‚leere Mitte‘ in der Familie bildet, die mit höchst unterschiedlichen Gefühlen besetzt wird. Anhand der Annäherung an die „Wahrheit“, wie sie die Textstelle aus dem Anfang der Erzählung zeigt, lässt sich erkennen, welche Schwierigkeiten sich aus der nicht eindeutig definierten Position des verlorenen Sohnes ergeben. Die Textstelle ist dem Anfang der Erzählung entnommen, die Betrachtung des Fotoalbums geht ihr voraus:

- *Untersuchen Sie, wie sich die Annäherung an die „Wahrheit“ abspielt, aufseiten des Ich-Erzählers und aufseiten der Mutter.*
- *Welches Ergebnis hat dieser Prozess auf der Gefühls- und Beziehungsebene und welches könnte er bei einem anderen Verlauf haben?*
- *Analysieren Sie den Text ab Z. 72: Wie gibt der Erzähler die Geschichte der Mutter sprachlich wieder? Was lässt sich daraus über den Standpunkt des Erzählers ableiten?*
- *Welche Haltung nimmt der Leser gegenüber den beiden Personen ein?*

Die Untersuchungsergebnisse können in einer Tabelle zusammengestellt werden:

Beziehung zwischen dem Erzähler und seiner Mutter

Ich-Erzähler

- erste Kindheitsjahre: er nimmt die Tränen der Mutter hin; Abwesenheit Arnolds beunruhigt ihn kaum; Zufriedenheit, das Zimmer nicht teilen zu müssen
- Fragen nach näheren Umständen bleiben unbeantwortet
- wachsende Sympathie, Stolz; imaginärer Bruder; Arnold als Freund
- ambivalente Gefühle, denn es geht immer nur um Arnold; unpassende Äußerung zeigt Unsicherheit
- versteht die Geschichte nur teilweise
- unpassende Bemerkungen zeigen Unsicherheit, Scham und Wut

Mutter

- erste Wendung: Arnold sei verhungert
- Wendung durch förmliche „Aussprache“: Ankündigung der „Wahrheit“
- „Wahrheit“: Arnold ist nicht verhungert, nicht tot, sondern verloren gegangen
- sie kann die Geschichte kaum begreiflich machen; die undeutliche Formel vom „Schrecklichen“
- Wahrheit: Arnold lebt, hat anderen Namen
- Schuld, das Kind voreilig weggegeben zu haben

Fazit/Erkenntnis:

- der „untote“ Bruder“ spielt die Hauptrolle in der Familie, er hat dem Erzähler die Nebenrolle zugewiesen
- Arnold ist verantwortlich für die „Atmosphäre von Schuld und Scham“
- Schuld und Scham statt Trauer

Folgen:

- durch die undeutliche Aufdeckung der „Wahrheit“ bewirkt sie eine emotionale Spaltung, Entfremdung in der Familie
- es entsteht keine familiäre Gemeinschaft durch Trauer, Erinnerung, Hinwendung

Die ‚leere' Mitte, die der ‚Verlorene' ausfüllt, wird mit gegensätzlichen Gefühlen besetzt.

Die durch die Lasten der Vergangenheit geprägten Familienbeziehungen

Ich-Erzähler/Sohn:	Mutter:	Vater:
fühlt sich zurückgesetzt; empfindet das Interesse der Eltern an Arnold als Liebesentzug; psychosomatische Störungen	Wechsel von Trauer, Depressivität, Schuldgefühlen, Scham und Anstrengung, Arbeit, Krankheiten, Unfälle; das „Schreckliche“ wird eingekapselt; Pflichterfüllung wird über die eigenen Bedürfnisse gestellt	verbissene Anstrengungen beim Aufbau einer „neuen Existenz“; Hartnäckigkeit bei der Suche nach dem Verlorenen; Leistung als Lebensprinzip und -inhalt

Zur Erzählweise:

- Wechsel von direkter und indirekter Rede/Wiedergabe
- Kommentierungen drücken indirekt Zweifel aus, weisen auf Unklarheiten hin
- Wiederholungen machen auf Unbestimmtheitsstellen aufmerksam
- die konkrete, ausführlichere Schilderung der Begegnung mit „dem Russen“ deutet einerseits auf das Interesse des Erzählers an Abenteuerlichem; andererseits lenkt es den Blick auf Unklares, vielleicht auch Unwahrscheinliches; Signalwörter: plötzlich, völlig überraschend, ausgerechnet

Hans-Ulrich Treichel ist 1952 in Versmold (Westfalen) geboren; nach dem Abitur studierte er von 1972–1979 Germanistik, Politologie und Philosophie in Berlin (FU), er promovierte über Wolfgang Koeppen und habilitierte sich 1993 mit der Arbeit „Auslöschungsverfahren. Exemplarische Untersuchungen zur Literatur und Poetik der Moderne“. Von 1981 bis 1985 war er Lektor in Italien, danach wissenschaftlicher Mitarbeiter an der FU, seit 1995 ist er Professor für deutsche Literatur am Deutschen Literaturinstitut der Universität Leipzig.

Notizen

Heinrich Böll: Wanderer, kommst du nach Spa...: Das historische Ereignis und seine Instrumentalisierung in der NS-Propaganda

Das historische Ereignis:

Im Sommer 480 v. Chr. hatte ein Heer von Griechen, das unter dem Oberbefehl des Spartanerkönigs Leonidas stand, im Engpass der Thermopylen Aufstellung genommen, um das zahlenmäßig weit überlegene Landheer der Perser am Einfall nach Mittel- und Südgriechenland zu hindern. Durch eine heimliche Umfassungsbewegung gelang es dem persischen König Xerxes mit einem riesigen Militäraufgebot, die Griechen in die Zange zu nehmen. Etlichen gelang die Flucht, aber die dreihundert spartanischen Elitesoldaten folgten dem Befehl ihres Königs, im Engpass auszuharren, und wurden bis auf den letzten Mann getötet. Am Ort der Schlacht befindet sich ein antiker Gedenkstein mit dem Epigramm: „Wanderer, kommst du nach Sparta, verkündige dorten, du habest / Uns hier liegen gesehn, wie das Gesetz es befahl" (in der Übersetzung Schillers).

Diese Episode der griechischen Geschichte gehörte zum Kernbestand des Geschichtsunterrichts. 1950 hatte man aber auch noch die berüchtigte „Thermopylenrede" des Generalfeldmarschalls Hermann Göring im Ohr. Es war eine Festrede anlässlich des 10. Jahrestags der Machtergreifung am 30. Januar 1943 – unmittelbar vor der absehbaren Kapitulation der 6. Armee bei Stalingrad.

Die Thermopylenrede von Hermann Göring [Auszug]:

„Es hat immer kühne Männer gegeben, die sich geopfert haben, um etwas Größeres für die andern zu erreichen. Hätten die Kämpfer von Stalingrad nicht diesen heroischen Kampf auf sich genommen, hätten sie nicht diese sechzig, siebzig, achtzig russischen Divisionen auf sich gezogen, wären die damals mit durchgebrochen: der Russe hätte voraussichtlich damals sein Ziel erreicht. Jetzt kommt er zu spät. Der deutsche Widerstand ist organisiert, konnte organisiert werden; die neuen Linien sind gefestigt, aber sie konnten nur gefestigt werden, weil dort draußen in diesem Trümmerfeld dieser Stadt Helden kämpften und noch kämpfen. Und wenn es nur noch wenige sind: solang ein Deutscher steht, weiß der Russe, wird gekämpft. Und nichts kann er wegziehen, er muss dort bleiben, denn der Widerstand ist immer noch ein gigantischer.
Meine Soldaten, die meisten von euch werden von einem ähnlichen Beispiel in der großen gewaltigen Geschichte Europas gehört haben. [...] Wenn ihr denkt, Jahrtausende sind vergangen, und vor diesen Jahrtausenden, da stand in einem kleinen Engpass in Griechenland ein unendlich tapferer und kühner Mann mit dreihundert seiner Männer, stand Leonidas mit dreihundert Spartiaten, aus einem Stamm, der wegen seiner Tapferkeit und Kühnheit bekannt war. Und eine überwältigende Mehrheit griff und griff immer wieder aufs Neue an. Der Himmel verdunkelte vor der Zahl der Pfeile, die abgeschossen wurden. Auch damals war es ein Ansturm aus dem asiatischen Osten, der sich hier am nordischen Menschen brach. Gewaltige Mengen von Kämpfern standen Xerxes zur Verfügung, aber die dreihundert Männer wichen und wankten nicht, sie kämpften und kämpften einen aussichtslosen Kampf, aussichtslos aber nicht in seiner Bedeutung.
Und dann fiel der letzte Mann. Und in diesem Engpass da steht nun ein Satz: ‚Wanderer, kommst du nach Sparta, so berichte, du habest uns hier liegen sehen, wie das Gesetz es befahl.' [...] Jahrtausende sind vergangen, und heute gilt dieser Kampf dort, diese Opfer dort noch so heroisch, so als Beispiel höchsten Soldatentums. Und es wird auch einmal heißen: Kommst du nach Deutschland, so berichte, du habest uns in Stalingrad liegen sehen, wie das Gesetz, das heißt das Gesetz der Sicherheit unseres Volks, es befohlen hat. Und dieses Gesetz trägt jeder von euch in seiner Brust."

Zitiert in: Hans Joachim Gehrke: Die Thermopylenrede Hermann Görings zur Kapitulation Stalingrads. In: Bernd Martin (Hrsg.): Der Zweite Weltkrieg und seine Folgen. Freiburg 2006, S. 13

■ *Interpretieren Sie die Rede Görings unter den Gesichtspunkten: Sprecher, Adressat, Inhalt, Situation, Absicht, rhetorische Mittel.*

Günter Grass: Katz und Maus – Die Katze (1961)

Text 1 *(Sommer 1940)*
„Die Katze übte. [...] Die Katze kam übend näher. Mahlkes Adamsapfel fiel auf, weil er groß war, immer in Bewegung und einen Schatten warf. Des Platzverwalters schwarze Katze spannte sich zwischen mir und Mahlke zum Sprung. Wir bildeten ein Dreieck. Mein Zahn schwieg, trat nicht mehr auf der Stelle: denn Mahlkes Adamsapfel wurde der Katze zur Maus. So jung war die Katze, so beweglich Mahlkes Artikel – jedenfalls sprang sie Mahlke an die Gurgel; oder einer von uns griff die Katze und setzte sie Mahlke an den Hals; oder ich, mit wie ohne Zahnschmerz, packte die Katze, zeigte ihr Mahlkes Maus: und Joachim schrie, trug aber nur unbedeutende Kratzer davon. Ich aber, der ich Deine Maus einer und allen Katzen in den Blick brachte, muß nun schreiben.“ (S. 5 f.)

Text 2 *(etwa 15 Jahre nach Kriegsende, zur Zeit der Abfassung des Berichts)*
„Es ist jetzt an der Zeit zu sagen, was für ein Gesicht Mahlke hatte. Einige von uns haben den Krieg überstanden [...] und verdienen einigermaßen. Schilling sprach ich in Duisburg und Jürgen Kupka in Braunschweig, kurz bevor er nach Kanada auswanderte. Beide fingen sofort mit dem Adamsapfel an: „Mensch, hatte der nicht irgendwas am Hals. Und haben wir ihm nicht eine Katze. Warst du das nicht, der ihm die Katze an seinen Hals ..., und ich mußte unterbrechen: ‚Mein ich nicht, meine nur das Gesicht.‘“ (S. 44)

Text 3 *(Mahlke, Winter 1942; er besucht das Horst-Wessel-Gymnasium und hat sich aus ihm selber unerfindlichen Gründen zu den U-Booten gemeldet)*
„Was man früher für Quatsch gemacht hat. Erinnerst Du Dich? Konnte mich einfach nicht an das Ding gewöhnen. Dachte, das ist eine Art Krankheit, dabei ist das vollkommen normal. Kenne Leute oder hab welche gekannt, die noch größere haben, ohne sich groß aufzuregen. Fing damals mit der Katzengeschichte an. [...] Ich schlief [...] und das graue Biest [...] sprang, oder einer von Euch, Schilling, glaub ich, wär ihm zuzutrauen, nahm die Katze ... Na, Schwamm drüber.“ (S. 117 f.)

Text 4 *(Winter 1942, Pilenz über seinen Besuch bei Mahlke)*
„Fast möchte ich mich erinnern, Mahlke erwähnte lachend und während des Aufstehens, seine, wie er es nannte, weit zurückliegenden Halsgeschichten, brachte auch – und Mutter und Tante lachten mit – das Katzenmärchen zum Vortrag: diesmal setzte ihm Jürgen Kupka das Biest an die Gurgel; wenn ich nur wüßte, wer die Mär erfunden hat, er oder ich oder wer schreibt hier?“ (S. 124)

Text 5 *(Mai 1944, einige Wochen vor Pilenz‘ Entlassung aus dem Reichsarbeitsdienst. Die Jungen sitzen zusammen und man munkelt über Mahlkes sexuelle und kriegerische Erfolge.)*
„Da begannen Worte aus meinem Mund zu kullern. Winter hintendrein. Auch Jürgen Kupka und Bansemer mußten ihr Wissen verbreiten. ‚Och, wissen Sie, den Mahlke, den kennen wir schon lange‘. – ‚Den gab‘s schon bei uns auf der Penne.‘ [...] ‚Also ganz zu Anfang trug er immer einen Schraubenzieher ...‘ – ‚Momentchen! Wenn du vorne anfangen willst, mußte mit dem Schlagballturnier [...] beginnen. [...] Und wie nun die Katze seinen Hals sieht, denkt sie, das ist eine Maus, was sich da bewegt und springt ...‘ – ‚Quatsch Mensch, Pilenz nahm doch die Katze und hat sie ihm – oder?‘“ (S. 143 f.)

Aus: Günter Grass: Katz und Maus. © Steidl Verlag, Göttingen 1993. Erstausgabe September 1961. Aus lizenzrechtlichen Gründen nicht in reformierter Schreibung.

- *Welchen Aufschluss geben die hier zusammengestellten Äußerungen über Pilenz‘ Anteil an der Sache mit der Katze?*
- *Zum Anfang der Novelle: Wie stellt Pilenz seine Rolle in der Katzenaffäre dar?*
- *Wie wichtig ist das Ereignis für Mahlke?*

Günter Grass: Katz und Maus – Tätergedächtnis

Während Unschuld und Leid zu positiven Werten avanciert sind, auf denen derzeit im Gefolge von Holocaust und Kolonialisierung kollektive Opferidentitäten errichtet werden, bleiben die Umrisse derer, die für solches Leid verantwortlich waren oder sind, eher vage. Dem Opfergedächtnis entspricht kein ebenso klares Tätergedächtnis, weil Täter gerade nicht um öffentliche Anerkennung, sondern, im Gegenteil, um Unsichtbarkeit bemüht sind. Leid stärkt das Selbstbild, Schuld droht es zu zerstören. Dadurch entsteht die grundlegende Asymmetrie zwischen Opfer- und Tätergedächtnis. Die massive Form von Gewalt, der ein Opfer schutzlos ausgesetzt ist, schlägt sich als langfristiges Trauma nieder. Es kommt dabei zu jener Abspaltung des übermächtig Schrecklichen vom Bewusstsein, mit dem sich das Individuum in seiner äußersten Exponiertheit vor dem inneren Zusammenbruch schützt. Anderes vollzieht sich auf der Seite des Täters. Hier geht es nicht um die innere Abspaltung eines Traumas als eine unbewusste Überlebensstrategie, sondern um die Abwehr von Schuld als eine Strategie der Gesichtswahrung. Abzuwehren ist alles, was mit dem eigenen Identitätsprofil inkompatibel ist. Während sich erlittenes Leid und erfahrenes Unrecht tief in Körper und Seele einschreiben, wehren die Täter ihre Schuld unter dem Druck des sozialen Affekts der Scham ab. Nietzsche hat diese Logik in einem kurzen Aphorismus festgehalten, dem er die Form eines Seelendramas en miniature gab:

„Das habe ich getan", sagt mein Gedächtnis.
„Das kann ich nicht getan haben" – sagt mein Stolz und bleibt unerbittlich.
Endlich – gibt das Gedächtnis nach.

Stolz und Ehre verschließen die Pforten des Gedächtnisses und verhindern die Anerkennung von Schuld. Stolz und Ehre bestimmen die Normen eines positiven Selbstbildes, das in Übereinstimmung mit gesellschaftlichen Werten definiert wird. Es gibt inzwischen einen ‚Leid-Stolz', aber keinen ‚Schuld-Stolz'. Was aufgrund der herrschenden Wertstruktur inkriminiert und verabscheut wird, wird durch Schweigen entsorgt. [...] Im Falle der NS-Täter hat der von Nietzsche beschriebene Abwehrmechanismus bereits lange vor dem imaginierten oder realen Tribunal begonnen. Abgewehrt wurde natürlich schon die Wahrnehmung dessen, was nachträglich als schuldhaft hätte identifiziert werden sollen. (S. 81 f.)

[Es sind also] die 1945 ruckartig verschobenen Rahmenbedingungen des Denkens, Wertens und Handelns, die zu einem NS-Tätertrauma geführt haben. Worin besteht dieses aber? Sicher nicht in einem plötzlichen Erwachen des Gewissens, wohl aber im Bewusstsein einer dramatischen Beschämung durch einen totalen Gesichtsverlust. Die schockartige Konfrontation mit einem entgegengesetzten Werthorizont und das Öffentlichmachen der Verbrechen hat, so könnte man sagen, zu einem ‚Trauma der Scham' geführt, das mit der Zerstörung des Selbstbildes einhergeht. [...] So problematisch der Begriff des Tätertraumas ist, so unabweisbar ist die Rede von einem ‚Trauma der Schuld', das auf die nachfolgende(n) Generation(en) übergegangen ist und zu unterschiedlichen Reaktionen der Annahme oder Verweigerung führen kann. Mit der Schuld, die die Täter hochmütig von sich gewiesen haben, haben sich die Deutschen als Nation auseinanderzusetzen; der Verbrechen der Väter und Großväter nehmen sich deren Kinder und Enkel an. (S. 97 f.)

Aus: Aleida Assmann: Der lange Schatten der Vergangenheit. Erinnerungskultur und Geschichtspolitik. Beck, München 2006

- *Notieren Sie Stichworte aus dem Text als Hilfe für die mündliche Wiedergabe des Gedankengangs.*
- *Inwiefern treffen diese Befunde auf Pilenz zu?*
- *Wo sehen Sie Unterschiede zwischen NS-Tätern und Pilenz?*

Joachim Mahlke und die Figur des Wirtunsowasnicht in der Autobiografie „Beim Häuten der Zwiebel"

Tag für Tag lief eine Zeremonie ab, die von einem aus Prinzip ernstgesichtigen Unterfeldmeister vollzogen wurde, dem die Waffenkammer unterstand. Er teilte aus, wir griffen zu. Mann nach Mann erlebte sich bewaffnet. Offenbar sollte ein jeder Arbeitsdienstmann sich geehrt fühlen, sobald er Holz und Metall, Kolben und Lauf des Karabiners im Griff hatte.

Und es war wohl auch so, daß wir Jungs uns zu Männern aufpumpten, wenn wir stramm mit der Knarre bei Fuß standen, sie präsentierten oder geschultert trugen. Womöglich nahmen wir den Spruch „Das Gewehr ist die Braut des Soldaten" wörtlich. Wir sahen uns, wenn nicht als verheiratet, dann als verlobt mit dem Karabiner 98.

Wenn aber hier betont wiederholt „wir" gesagt wird, steht der formierten und leicht zu verkuppelnden Mehrzahl dennoch eine Ausnahme quer, die mir als Gestalt deutlicher vor Augen ist als der begünstigte Wandmaler, dessen fleißige Pinselei und alles, was sonst noch unter dem heiter bis wolkigen Himmel über der Tucheler Heide geschah.

Die Ausnahme war ein hoch aufgeschossener Junge, der weizenblond, blauäugig und im Profil so langschädlig geraten war, wie ihn sonst nur Lehrtafeln für die Aufzucht der nordischen Rasse beispielhaft ins Bild brachten. Kinn, Mund, Nase, Stirn gaben, mit einer Linie gezeichnet, die Zeugnisnote „rasserein" ab. Ein Siegfried, ähnlich dem Lichtgott Baldur. Er strahlte heller als Tageslicht. Kein Fehl haftete ihm an, nicht eine winzige Warze am Hals, an der Schläfe. Nicht daß er lispelte oder gar stotterte, sobald er auf Befehl Auskunft zu geben hatte. Niemand war ausdauernder beim Dauerlauf und mutiger beim Sprung über modrige Gräben. Kein anderer war so fix, wenn es darum ging, in Sekundenschnelle eine steile Kletterwand zu überwinden. Fünfzig Kniebeugen schaffte er, ohne zu ermatten. Bei Wettkämpfen Rekorde zu brechen, wäre ihm ein leichtes gewesen. Nichts, kein Tadel trübte sein Bild. Doch zur wirklichen Ausnahme wurde er, dessen Vor- und Nachname mir wie ausgelöscht sind, durch Verweigerung.

Er wollte nicht Gewehrgriffe kloppen. Mehr noch: er weigerte sich, Kolben und Lauf der Waffe anzufassen. Noch schlimmer: wurde ihm der Karabiner vom stets todernsten Unterfeldmeister in die Hand gedrückt, ließ er ihn fallen. Er oder seine Finger handelten strafwürdig.

Gab es ein größeres Vergehen, als schußlig oder gar vorsätzlich und befehlsverweigernd die Knarre, das Gewehr, die anverlobte Braut des Soldaten, in den Staub des Exerzierplatzes fallen zu lassen?

Mit dem Spaten, dem eigentlichen Werkzeug eines jeden Arbeitsdienstmannes, tat er alles, was befohlen wurde. [...]

Auch was den kameradschaftlichen Umgang betraf, wäre ihm ein Zeugnis mit Einsernoten zuzusprechen gewesen: Nußkuchen, von zu Hause geschickt, teilte er freiwillig aus, war immer hilfsbereit. Ein Junge von freundlich gutmütiger Art, der klaglos alles tat, was ihm abverlangt wurde. Auf Wunsch putzte er nach seinen Stiefeln auch die seiner Stubenkameraden so vorschriftsmäßig, daß sie beim Appell selbst dem strengsten Unterfeldmeister zur Augenweide wurden. Putzlappen und Bürste waren ihm handlich, nur das Gewehr faßte er nicht an, die Waffe, den Karabiner 98, an dem er wie wir alle vormilitärisch ausgebildet werden sollte.

Jegliche Art von Strafdienst wurde ihm auferlegt, man hatte Geduld, aber nichts half. Sogar das Ausschöpfen der Mannschaftslatrine mit dem Eimer an langer Stange, in dem Gewürm wimmelte, eine Strafe, die im Barrasjargon „Honigschleudern" genannt wurde, besorgte er ohne Widerspruch stundenlang gründlich, indem er, von Fliegen umwölkt, die Scheiße unterhalb des Donnerbalkens aus der Grube holte und zum Abtransport randvoll in Kübel füllte, um bald danach, frisch geduscht und angetreten zur Gewehrübernahme, wiederum den Zugriff zu verweigern: wie in Zeitlupe sehe ich die Waffe fallen und im Staub aufschlagen.

Anfangs stellten wir Fragen, versuchten es mit Gutzureden, denn eigentlich mochten wir ihn, diesen „komischen Heini": „Greif zu, halt einfach fest!" Seine Antwort beschränkte sich auf wenige Wörter, die bald als geflüstertes Zitat in Umlauf kamen.

Als aber seinetwegen Strafdienst angeordnet wurde und wir alle in praller Sonne bis zum Umfallen geschliffen wurden, begann jedermann ihn zu hassen. Auch ich versuchte mich in Wut zu bringen. Es wurde erwartet, daß wir ihn in die Mangel nahmen. Das taten wir. Wie er uns, so setzten wir ihn unter Druck.

In seiner Mannschaftsstube wurde er sogar von jenen Jungs verprügelt, denen er zuvor die Stiefel blitzblank geputzt hatte: alle gegen einen.

Durch die Bretterwand zwischen Stube und Stube, weil mir eingeprägt, höre ich sein Wimmern. Ich höre Lederkoppel klatschen. Jemand zählt laut mit. Doch weder Prügel noch angedrohte Schikanen, nichts konnte ihn zwingen, endlich doch zuzugreifen. Als einige Jungs auf seinen Strohsack pißten, ihn so zum Bettnässer stempeln wollten, nahm er auch diese Demütigung hin und sagte bei nächster Gelegenheit sein unverändertes Sprüchlein auf. [...]

Ich kann nicht aufzählen, wie oft er seine nun sogar die befehlende Macht irritierende Vorstellung wiederholte, versuche mich aber an Fragen zu erinnern, die ihm Vorgesetzte bis hin zum Oberfeldmeister gestellt, mit denen wir ihn bedrängt haben. „Warum machen Sie das, Arbeitsdienstmann?“ – „Wieso machste das, du Idiot?“

Seine nie variierte Antwort geriet zur Redensart und ist mir für alle Zeit zitierbar geblieben: „Wir tun sowas nicht.“

Seine Haltung veränderte uns. Von Tag zu Tag bröckelte ab, was verfestigt zu sein schien. In unseren Haß mischte sich Staunen, schließlich in Fragen verkleidete Bewunderung: „Wie hält der Idiot das bloß aus?“ – „Was macht ihn so stur?“ – „Weshalb meldet er sich nicht krank, käsig, wie er aussieht mittlerweile?“

Wir ließen von ihm ab. Keine Prügel mehr auf den nackten Arsch. [...]

Der Verweigerer stand erhöht, gleichsam auf einem Podest. Mehr noch: aus der Sicht unserer Vorgesetzten sah es so aus, als lasse unter dem Eindruck vereinzelter Verweigerung die allgemeine Disziplin nach. Verschärfter Dienst wurde angeordnet, als seien weiterhin alle mitschuldig, die seines Jahrgangs waren.

Und den Verweigerer brachte schließlich dann doch Arrest um den morgendlichen Auftritt. Dafür gab's eine Zelle. „Ab in den Bau!“ hieß das Kommando. Doch so anhaltend er uns aus den Augen war, als Lücke blieb er deutlich. [...]

Nur noch manchmal war von ihm, der weiterhin unter Arrest einsaß, die Rede. Jemand – war es ein Unterfeldmeister oder einer von uns? – sagte: „Der gehört bestimmt zu den Zeugen Jehovas.“ Oder wurde gesagt: „Der ist Bibelforscher, bestimmt“?

Dabei hat sich der blondblauäugige Junge mit dem rassereinen Profil nie auf die Bibel oder Jehova oder sonst eine Allmacht berufen, immer nur gesagt: „Wir tun sowas nicht.“

Eines Tages wurde sein Spind ausgeräumt; private Sachen, zu denen fromme Heftchen gehörten. Dann war er weg, abkommandiert, wie es hieß.

Wir haben nicht gefragt, wohin. Ich habe nicht gefragt. Doch allen war klar: nicht aus Gründen erwiesener Untauglichkeit wurde er entlassen, vielmehr, so flüsterten wir, „war der schon lange reif fürs KZ“. Einige gaben sich witzig, ohne viel Gelächter zu ernten: „Son Spinner gehört ins Konzertlager!“

Jemand wußte: „Das is ne Sekte, die sowas nicht tut. Sind deshalb verboten, die Zeugen Jehovas.“

So redeten wir, wenngleich keiner genau wußte, weshalb sie unter Verbot standen, wofür sie zeugten und was sie sonst noch nicht taten. Aber sicher war allen, daß für Verweigerer solch beharrlicher Art nur eine Adresse zuständig sein konnte: Stutthof. Und da dieses Lager allen vom Hörensagen bekannt war, sah man ihn, der insgeheim nur noch „Wirtunsowasnicht“ hieß, in Stutthof gut aufgehoben: „Da wird man Wirtunsowasnicht schon kleinkriegen, bestimmt!“

Lief das wie selbstverständlich ab?

Wurde ihm keine zählbare Träne nachgeweint?

Ging danach alles im gewohnten Trott weiter?

Was könnte mir durch den Kopf gegangen sein oder mich sonstwo irritiert haben, als er einerseits wie ein ansteckender Krankheitsträger in Quarantäne gebracht, also weg war, andererseits so auffällig fehlte. [...]

Doch jenseits aller Nebenhandlung und auf den Punkt gebracht, sehe ich mich, wenn nicht froh, dann erleichtert, seitdem der Junge verschwunden war. Der Anflug von Zweifel an allem, was sich als Glaube felsenfest gab, flaute ab. Und die Windstille in meinem Kopf wird wohl keinem Gedanken erlaubt haben, flügge zu werden. Nur Stumpfsinn machte sich in ihm breit. Zufrieden bin ich mit mir und satt. Ein Selbstbild aus diesen Tagen gäbe mich gut ernährt wieder. Irritierend blieb allenfalls die nicht schwinden wollende Erinnerung an jenen blondblauäugigen Jungen, der nicht müde geworden war, „wir tun sowas nicht“ zu sagen. Seitdem es ihn nicht mehr gab, fehlte er fast schmerzhaft; doch vorbildlich wurde er nicht.

Aus: Günter Grass: Beim Häuten der Zwiebel. © Steidl Verlag, Göttingen 2006.
Aus lizenzrechtlichen Gründen nicht in reformierter Schreibung.

- *„Wirtunsowasnicht ist das Modell für die Figur des Mahlke.“ Diskutieren Sie diese These.*
- *Welches Verhalten zeigt Wirtunsowasnicht und wie reagiert die Gruppe der Jungen darauf, wie reagieren die Vorgesetzten?*
- *Stellen Sie die Unterschiede und Ähnlichkeiten zwischen Joachim Mahlke und Wirtunsowasnicht zusammen.*
- *Ergänzen Sie den Vergleich durch die Einbeziehung der beiden Erzähler (Pilenz und der Autor).*

Uwe Timm: Am Beispiel meines Bruders (2003)

In dem Buch erzählt Uwe Timm (geb. 1940) die Geschichte seines 1924 geborenen älteren Bruders, der sich freiwillig zur Waffen-SS gemeldet hat und 1943 nach einer schweren Verwundung in einem Lazarett in Russland gestorben ist.

Die formelhafte Zusammenfassung der Eltern für das Geschehen war der *Schicksalsschlag,* ein Schicksal, worauf man persönlich keinen Einfluss hatte nehmen können. *Den Jungen verloren und das Heim,* das war einer der Sätze, mit denen man sich aus dem Nachdenken über die Gründe entzog. Man glaubte mit diesem Leid seinen Teil an der allgemeinen Sühne geleistet zu haben. *Fürchterlich* war eben alles, schon weil man selbst *Opfer* geworden war, Opfer eines unerklärlichen kollektiven Schicksals. Es waren dämonische Kräfte, die entweder außerhalb der Geschichte walteten oder Teil der menschlichen Natur waren, auf jeden Fall waren sie katastrophisch und unabwendbar. Entscheidungen, in die man sich nur schicken konnte. Und man fühlte sich vom Schicksal ungerecht behandelt.

Wie sah der Bruder sich selbst? Welche Empfindungen hatte er? Erkannte er etwas wie Täterschaft, Schuldigwerden, Unrecht?

Es gibt in seinen Aufzeichnungen, in seinen Briefen nur einen Hinweis, der diesen Mythos von der anständigen, tapferen Waffen-SS, der später von den Kameradschaftsverbänden verbreitet, aber auch zu Hause von den Eltern gepflegt wurde, in Frage stellt.

Am 25.7.43 schreibt er in einem Brief aus der Ukraine, aus der Nähe von Konstantinowka: *Wir sind in ein herrliches Quartier umgezogen, schön sauber und penibel wie bei uns. Hier unten gibt es auch sehr viele hübsche junge Mädchen – darum brauchst Du es nicht mit der Angst zu tun kriegen, ich lache mir ja doch eine an – äh ich meine, ich lache mir doch keine ... Scheinbar haben diese Leute hier unten noch nichts mit der SS zu tun gehabt. Sie freuten sich alle, winkten, brachten uns Obst usw., bisher lag nur Wehrmacht hier in den Quartieren.*

Diesem Brief sind zwei Nelken beigelegt, getrocknet, eine Farbspur der Blütenblätter hat sich am Briefpapier abgedrückt, ein zartes Rosa. Seit sechzig Jahren liegen die Nelken in dem Brief, kommen aus einer Gegend, in der sich die Menschen auf die Deutschen freuten, weil sie bis dahin noch nichts mit der SS zu tun gehabt hatten. Vielleicht wurden ihm diese Nelken von einem ukrainischen Mädchen geschenkt. Und davor ein Satz, der witzig sein soll, aber spielerisch verrät, dass er einen Wunsch abwürgt: *Ich lache mir doch keine ...*

Es war den SS-Soldaten strikt verboten, Beziehungen zu ukrainischen Frauen und Mädchen aufzunehmen, die Herrenrasse sollte sich nicht mit den minderwertigen Slawen vermischen.

Im Tagebuch heißt es an einer Stelle: *Wir bauen die Öfen der Russenhäuser ab, zum Straßenbau.* Offensichtlich wurden aus Holzhäusern die Steine der Öfen herausgebrochen, um damit die Straßen für die Lastwagen zu befestigen. Denn das zieht sich durch dieses Tagebuch: *Abfahrt, aber nach 500 m müssen wir zurück, Fahrzeuge kommen nicht durch den Schlamm. Alle 100 m muss geschoben werden. Straße wird schlechter kaum durchzukommen.*

Dieser Abbau bedeutet die Zerstörung der Häuser. Was haben die Menschen gesagt? Haben sie geweint? Verzweifelt versucht, den Deutschen klarzumachen, dass es entsetzlich war, im bevorstehenden Winter keinen Ofen zu haben?

Es wird von ihm niedergeschrieben, ohne auch nur einen Augenblick eine Verbindung zwischen den zerstörten Häusern in der Ukraine und den zerbombten Häusern in Hamburg zu sehen ... *bloß die Sorgen an zu Hause bleiben dann, täglich werden hier Fliegerangriffe der Engländer gemeldet. Wenn der Sachs bloß den Mist nachlassen würde. Das ist doch kein Krieg, das ist ja Mord an Frauen und Kindern – und das ist nicht human.*

Es ist schwer verständlich und nicht nachvollziehbar, wie Teilnahme und Mitgefühl im Angesicht des Leids ausgeblendet wurden, wie es zu dieser Trennung von human zu Hause und human hier, in Russland, kommt. Die Tötung von Zivilisten hier normaler Alltag, nicht einmal erwähnenswert, dort hingegen Mord.

- *Formulieren Sie Fragen zu den einzelnen Abschnitten des Textauszugs, um den Inhalt und die Themen zu kennzeichnen.*
- *Welche Haltung nimmt der Autor ein? Wie bringt er sie zum Ausdruck?*
- *Was bedeutet diese Vorgehensweise für den Leser?*

Jurek Becker: Bronsteins Kinder (1986) – Eine schockierende Erfahrung

Der angehende Abiturient Hans Bronstein hat durch Zufall bemerkt, dass sein Vater, der das Konzentrationslager überlebt hat, in ihrem Sommerhaus am Stadtrand von Berlin gemeinsam mit zwei Freunden einen ehemaligen Aufseher eines Konzentrationslagers gefangen hält und verhört. Nach seiner Entdeckung macht sich Hans, als er auf die Rückkehr des Vaters wartet, in der Berliner Wohnung Gedanken über das Gesehene; er ist der Erzähler des Romans. Die Romanhandlung spielt 1973 in der DDR.

Was hatten sie mit dem Mann vor? Wollten sie eine bestimmte Sache, von der ich nichts wußte, aufklären? Wollten sie ihn so lange verhören, bis er ein Geständnis ablegte, das dem Staatsanwalt übergeben werden konnte? Wollten sie ihm Angst einjagen, ihn quälen oder, der Himmel weiß wie lange, gefangenhalten? Oder war einem von ihnen die Idee gekommen, dachte es mir ständig dazwischen, ihn umzubringen? [...] Vater traute ich Gewalttätigkeit nicht zu. Aber einige Stunden zuvor hatte ich mit angesehen, wie er den Gefangenen haßerfüllt und grob behandelt hatte. Am Nachmittag hatte ich zwar [gegenüber dem Vater] behauptet zu wissen, was Neuengamme bedeutet, doch nun, in der Nacht, merkte ich, daß es kaum mehr als ein böses Wort für mich war. Ich stand auf, holte das Lexikon und las den kurzen Artikel. Die wenigen Zahlen darin lernte ich auswendig, wie ein Material, das mir in den nächsten Tagen ständig zur Verfügung stehen sollte, vor allem die Zahl 82 000. An Schlaf war immer noch nicht zu denken, so las ich noch die Artikel über ein paar andere Konzentrationslager. Damit war ich beschäftigt, bis ich Vater kommen hörte. Ich löschte das Licht, auf Zehenspitzen ging er den Flur entlang und verschwand im Badezimmer. Selbstverständlich mußten sie Aufseher hassen, selbstverständlich mußte es sie krank machen, wenn so einer behauptete, damals habe ein anderes Recht gegolten, er habe immer nur nach dem Recht gehandelt.

Aber es gab ja heute tatsächlich andere Gesetze, andere Gerichte und eine andere Polizei. Denen konnte man vorwerfen, was man wollte, nur eines nicht: daß sie mit ehemaligen Aufsehern zu nachsichtig wären. Warum erstatteten sie nicht Anzeige und verließen sich auf das, worauf doch Verlaß war? Wozu sprachen sie überhaupt mit dem?

Allerdings hatte ich keine Ahnung, was zwischen dem Aufseher und ihnen vorgefallen war. Vielleicht hatte er sie gereizt, vielleicht hatte er sich auf eine Weise benommen, wie sie es auch nach dreißig Jahren nicht hinnehmen konnten. Vielleicht sind sie verführt worden, weil die Gelegenheit so einmalig günstig gewesen ist. Vielleicht hatte einer ihn wiedererkannt. Aber sie nahmen sich ein Recht heraus, das niemandem zusteht, selbst ihnen nicht. Und wenn er hundertmal mein Vater war: ich konnte doch nicht für richtig halten, daß ehemalige Opfer sich ihre ehemaligen Peiniger griffen. Sie hatten es sich selbst zuzuschreiben, daß ich in dem stinkenden Zimmer nur mit dem Aufseher Mitleid hatte, nicht mit ihnen.

Allerdings war es wahrscheinlich, daß die Ansichten der anderen sie nicht kümmerten; daß sie fanden, es handele sich allein um eine Sache zwischen dem Aufseher und ihnen. Und wenn man sie entdeckte, na schön, dann müßten sie die Strafe eben auf sich nehmen. Womöglich spekulierten sie darauf, daß diese Strafe im Ernstfall schon nicht sehr hoch ausfallen würde.

Aber war zwischen Tat und Gegentat nicht so viel Zeit vergangen, daß ein Affekt als mildernder Umstand nicht mehr in Frage kam? Darf einer, der mit dreißig Jahren geschlagen wird, mit sechzig zurückschlagen? Allerdings kann sich keiner aussuchen, wann er den Verstand verliert. Weil ich Vater noch nie außer sich vor Zorn erlebt hatte, hatte ich den Schluß gezogen, er könne nicht außer sich geraten. Nun war es passiert. Vielleicht waren die drei vom Ausmaß ihrer Wut selbst überrascht worden: vielleicht hatten sie ihr Bedürfnis nach Rache längst für erloschen gehalten, bis sie diesen Mann trafen, an einem Unglückstag.

Aus: Jurek Becker: Bronsteins Kinder. Aus lizenzrechtlichen Gründen nicht in reformierter Schreibung.

- *Stellen Sie zusammen, welche Gedanken Hans nach seiner Entdeckung durch den Kopf gehen.*
- *Was sagen die sprachlichen Mittel über seine innere Verfassung aus?*
- *Diskutieren Sie über diesen Fall von Selbstjustiz.*

Jurek Becker: Bronsteins Kinder (1986) – Problematische Familienbeziehungen

Es handelt sich um das dritte Gespräch zwischen Hans Bronstein und seinem Vater, besser: um den dritten Gesprächsversuch. Inzwischen ist Hans noch einmal im Waldhaus gewesen und hat mit dem ehemaligen KZ-Aufseher, der dort gefangen gehalten wird, gesprochen. Er hat auch mit seiner Schwester Elle, sie ist 19 Jahre älter, gesprochen, die in einer psychiatrischen Anstalt lebt, weil sie Anfälle von Aggressivität hat; sie steht auf der Seite des Vaters.

Ohne anzuklopfen, öffnete Vater meine Tür. Ich lag noch im Bett. Ich hatte den Brief [er ist von der Schwester] vier- oder fünfmal gelesen und fand keinen Grund aufzustehen. Er war gekommen, um mir Vorwürfe zu machen: ich lasse den Haushalt verschlampen, es gebe kein sauberes Stück Geschirr mehr, auf den Möbeln liege Staub und so weiter. Er sagte, ich sollte lieber achtgeben, daß unsere Wohnung nicht verkomme, anstatt meine Nase in die Angelegenheiten fremder Leute zu stecken. Er sagte wahrhaftig: fremder Leute.
Ich schloß mich ins Badezimmer ein und blieb dort eine Stunde. Es war mir nicht klar, ob ihn der Zustand der Wohnung tatsächlich so ärgerte oder ob er mir für den Rest des Tages den Mund stopfen wollte. [...]
Als ich zurück in meinem Zimmer war, kam er, mit einer Tasse Tee in der Hand, und setzte sich. Ich sagte: „Du hast ja doch noch eine saubere Tasse gefunden." „Ich mußte sie abwaschen", sagte er.
Ich zog mich an und hatte es dabei mit einer Schwierigkeit zu tun: einerseits wollte ich nach der Beschimpfung nicht nackt vor ihm dastehen, andererseits wollte ich mich nicht beeilen. Aus dem Zimmer konnte ich ihn nicht schicken, es wäre unerhört gewesen.
Er sagte: „Könntest du so freundlich sein und mir erzählen, was aus dem Abitur geworden ist."
„Es ist vorbei", sagte ich. „Darf man das Resultat erfahren?" „Ich weiß es selbst nicht", sagte ich. „Aber es ist wohl gutgegangen."
Für einige Augenblicke konzentrierte ich mich aufs Anziehen; als ich ihn wieder ansah, hatte er seine Tasse abgestellt, hielt Elles Brief in der Hand und las. Ich hatte den Eindruck, daß er jede Zeile zweimal las. In seinen Augen erkannte ich ein Interesse, auf das ich eifersüchtig war. Ich ging in die Küche. Dort machte ich mich über den Abwasch her. Niemand war ihm wichtiger als Elle, auch wenn er sie nicht so oft besuchte wie ich; es traf ihn hart, daß sie nicht herzlich zu ihm war. Als er bemerkte, daß ich bei ihr an erster Stelle stand, fuhr er nur noch allein ins Heim hinaus, nicht mehr mit mir zusammen. Während das Wasser ins Spülbecken einlief, schlich ich zurück: er saß noch immer mit dem Brief. Ich sah nur seinen Rücken, die Körperhaltung kam mir wie die eines aufgewühlten Menschen vor. [...]
Er war gekommen, um mit mir zu sprechen, nicht um meine Hausarbeit zu kontrollieren, das spürte ich; nie kam er ohne Grund zu mir, etwa weil ihm meine Nähe angenehm gewesen wäre.
„Schreibt sie dir oft?" fragte er. „Manchmal monatelang nicht", sagte ich, ohne mich umzudrehen, „dann wieder jeden zweiten Tag."
„Warum hast du mir bis heute keinen dieser Briefe gezeigt?" „Warum sollte ich dir meine Post zeigen?" Es vergingen ein paar Sekunden, bevor er sagte: „Das ist nicht deine Post, du Großmaul." „Was ist es sonst?" „Mir hat sie noch nie geschrieben", sagte er.
Das verblüffte mich, ich hatte es für selbstverständlich gehalten, daß Elle ihm schrieb wie mir. Wie traurig für ihn, dachte ich. Er mußte der Überzeugung sein, daß sie alle Briefe, die für uns beide bestimmt waren, aufgrund einer merkwürdigen Angewohnheit immer nur an mich adressierte, daß er also den gleichen Anspruch darauf hatte wie ich, und daß ich ihm diese Briefe immer wieder vorenthielt.
Ich hörte ihn seufzen und wollte etwas Tröstliches sagen, doch als ich mich umdrehte, saß er nicht mehr da. So war es immer: immerzu war einer gekränkt, immerzu mußte der andere sich plagen, das Elend wieder aus der Welt zu schaffen. Als ich in sein Zimmer kam, saß er mit verschränkten Armen im Sessel und blickte mir auf eine Weise entgegen, als käme ich reichlich spät. Ich wußte nicht, ob ich ihm sämtliche Briefe Elles nachträglich zu lesen geben sollte; eine Folge davon konnte sein, daß die vielen Briefe ihn eher bedrückten als erfreuten. Er wartete aber nicht auf Tröstung und wies mir mit dem Kinn einen Stuhl an. Ich fragte: „Was gibt es?"
Er tat erstaunt, zeigte mit allen Fingern auf sich und sagte: „Habe ich dich gerufen?" „Soll ich wieder gehen?"
Ich kann nur hoffen, daß seine Sucht, jede Erörterung zu komplizieren und mit tausend Empfindlichkeiten zu belasten, sich nicht auf mich vererbt hat; sie hat uns die einfachsten Gespräche oft zur Tortur werden lassen.
„Ich hatte keine Ahnung, daß sie dir nicht schreibt", sagte ich. „Sonst hätte ich ..."
Er unterbrach mich, er sagte: „Heb dir dein Verständ-

nis für bessere Gelegenheiten auf. Ich kann mir vorstellen, daß du über etwas anderes sprechen willst."
„Du stellst dir was Falsches vor." – „Um so besser."
Noch eine andere seiner Eigenarten behinderte normale Gespräche: wenn man ihm etwas erzählte, unterbrach er einen fortwährend mit Vermutungen darüber, wie die Erzählung weiterging. Manchmal mußte ich mir den Weg durch seine Zwischenfragen und Prognosen regelrecht freikämpfen, bevor ich eine Geschichte oder eine Mitteilung zum Ende bringen konnte. Diese Angewohnheit war zeitraubend, nicht selten trug sie aber auch zu meiner Unterhaltung bei; denn es kam vor, daß seine Vermutungen besser waren als das, was ich erzählen wollte. Ich hätte stundenlang geschwiegen, er sagte: „Ein bißchen mehr Zorn auf Lumpen und Mörder könntest du ruhig haben."
„Wovon sprichst du?"
„Warum bist du so gleichgültig?" fragte er. „Warum macht es dich nicht böse, wenn du an ihre Opfer denkst? Ich meine nicht nur die Toten, ich meine auch Leute wie mich und Elle. Ein bißchen mehr Aufgeregtheit bitte."
Er klopfte seine Taschen ab, als suchte er nach Zigaretten; dann fiel ihm ein, daß er ja nicht mehr rauchte, und er stellte das Suchen ein. Er sagte: „Weißt denn du nicht, auf welche Weise Elle zu ihrer Krankheit gekommen ist?"
„Das weiß niemand." – „Wie kannst du so etwas behaupten."
Es folgte eine Schilderung der Kinderjahre Elles, die ich nicht zum erstenmal hörte. Ich saß ihm kühl und skeptisch gegenüber, während er in der Erinnerung versank. Die erwartete Rührung überkam ihn, als seine kleine Tochter zu fremden, geldgierigen Leuten ins Versteck gegeben wurde. Und als nach der Befreiung aus der immer vergnügten Elle ein misstrauisches, hartes und reizbares Mädchen geworden war, mußte er mit den Tränen kämpfen. Auch wenn Elle sich noch nie dazu geäußert hatte, gab es für Vater keinen Zweifel, daß sie die Leute, die sie anfiel, für solche hielt, vor denen man sie damals hatte verstecken müssen. Als er fertig war, fragte ich, ob inzwischen eine Entscheidung gefallen sei, was weiter mit dem Gefangenen geschehen solle. Vater starrte mich an, als wäre meine Frage an den Haaren herbeigezogen.
Ich sagte: „Ihr habt euch mit diesem Mann eine Last aufgeladen, die ihr nicht tragen könnt. Ihr erledigt euch selbst und merkt es nicht einmal."
„Man trifft selten jemanden, der achtzehn ist und schon so lebenserfahren wie du", sagte Vater.
„Du hast behauptet, daß den Gerichten ein solcher Fall nicht zusteht", sagte ich: „daß sie den Mann nur deshalb verurteilen würden, weil ihnen nichts anderes übrigbliebe. Und das ist einfach falsch."
„Dann laß es falsch sein."
„Du kannst nicht im Ernst behaupten, sie hätten eine heimliche Sympathie für Aufseher. Sie würden den Mann verurteilen, und zwar nur wegen ihrer Überzeugung, daß so einer verurteilt werden muß." Vater sah mich höhnisch an und nickte, wie um mich aufzumuntern, noch mehr solchen Unsinn daherzureden. Dann sagte er: „Ich will es dir noch einmal erklären: Sie können ihn deshalb nicht aus Überzeugung verurteilen, weil sie keine haben. Sie kennen nur Befehle. Viele bilden sich ein, daß die Befehle, die man ihnen gibt, ihrer eigenen Meinung entsprechen. Aber wer kann sich darauf verlassen? Befiehl ihnen, Hundedreck zu essen, und wenn du stark genug bist, werden sie Hundedreck bald für eine Delikatesse halten."
„Das sind nur Sprüche."
„Sieh dich um", sagte Vater und zeigte zum Fenster. „Wo gibt es in diesem Land etwas Eigenes? Zeig mir irgendetwas, was sie allein deshalb gemacht hätten, weil es ihnen selbst eingefallen wäre."
„Sie können sich verhalten, wie sie wollen: du kannst Deutsche nicht leiden."
„Kunststück", sagte er.
Es stand ihm im Gesicht, daß er die Unterhaltung für beendet hielt, ich war ihm lästig. Ich fühlte mich müde und machtlos, ich konnte ihn nicht aufhalten.

Aus: Jurek Becker: Bronsteins Kinder. © Suhrkamp Verlag, Frankfurt am Main 1988. Aus lizenzrechtlichen Gründen nicht in reformierter Schreibung.

- *Notieren Sie nach der Lektüre der Textsequenz, worum es in ihr geht und wie Sie das Verhalten von Vater und Sohn sehen und bewerten.*
- *Analysieren Sie das Gespräch (ab Z. 78): Worüber sprechen die beiden? Wie äußern sie sich und was meinen sie? Welche rhetorischen Mittel setzen Sie ein?*
- *Fassen Sie abschließend Ihren Gesamteindruck über das Vater-Sohn-Verhältnis zusammen und versuchen Sie, die Familienbeziehungen grafisch darzustellen.*

Jurek Becker: Bronsteins Kinder (1986) – Opfer und Trauma

Opfer

„Ich hatte geglaubt, nach dreißig Jahren könnten sie wie normale Menschen leben, und plötzlich dieses Zimmer; als hätten sie drei Jahrzehnte lang nur auf eine solche Gelegenheit gewartet. Als hätten sie, wenn sie sich scheinbar normal verhielten, nur eine Maske getragen." (S. 27)

Hans im Gespräch mit Lepschitz:
„Aber ihr irrt euch. Ich bin nicht der Sohn eines Opfers des Faschismus."
Gleichzeitig fragten beide: „Was bist du sonst?" und: „Hast du den Verstand verloren?"
„Als ich geboren wurde, war er längst kein Opfer mehr."
„Das ist man ein Leben lang, mein Lieber", sagt Lepschitz, „das wird man niemals los." (S. 52)

„Vater hat es verabscheut, als Opfer zu gelten." (S. 52)

„Womöglich bin ich doch ein Opfer des Faschismus und will es nicht wahrhaben." (S. 224)

Martha:
„Die wirklichen Opfer wollen andauernd Gedenktage feiern und Mahnwachen aufstellen, und du willst, daß geschwiegen wird." (S. 251)

■ *Versuchen Sie, zu erläutern, welche Bedeutungen der Begriff ‚Opfer' hat und welche Schwierigkeiten sich mit seiner Verwendung verbinden.*

Trauma (1)

„Das Wort Trauma kommt aus dem Griechischen und heißt wörtlich ‚Wunde'. In der Medizin ist dieser Terminus mit der sehr allgemeinen Bedeutung von ‚Verletzung' seit Langem etabliert. Die neue und spezifischere Bedeutung dieses Begriffs betrifft dagegen eine psychische Wunde, die eine rätselhafte Symptomatik hervorgebracht und die Ärzte vor ganz neue Probleme gestellt hat. Das psychische Trauma geht auf lebensbedrohende und die Seele tief verwundende Erfahrungen von extremer Gewalt zurück, deren Wucht den Reizschutz der Wahrnehmung zerschlägt und die aufgrund ihrer fremdartigen und identitätsbedrohenden Qualität psychisch nicht verarbeitet werden können. Um das Ereignis überleben zu können, kommt ein psychischer Abwehrmechanismus zur Anwendung, den die Psychiater ‚Dissoziation' nennen. Damit ist die unbewusste Strategie einer Abspaltung gemeint, durch die das bedrohende Erlebnis vom Bewusstsein der Person ferngehalten wird. Das Ereignis wird zwar registriert, aber gleichzeitig werden die Brücken zum Bewusstsein abgebrochen. Was in solcher Abspaltung weder erinnert noch vergessen werden kann, wird vom Bewusstsein eingekapselt, was bedeutet, dass es in einen Zustand der Latenz versetzt wird, in dem es lange Zeit unterschwellig und unauffällig bleiben kann, bis es sich durch eine Sprache der Symptome wieder bemerkbar macht. Die Erinnerung, die nicht ins Bewusstsein findet, ist, wie es heißt, in den Körper eingeschrieben. Ein Beispiel dafür sind die Gesichtszuckungen und Bewegungsstörungen, die an demoralisierten Soldaten des Ersten Weltkriegs festgestellt wurden. [...]
Der Begriff Trauma hat eine relativ kurze Geschichte. Obwohl schon seit dem Ende des 19. Jahrhunderts in psychiatrischen Kreisen in Gebrauch, ist er als eine offizielle Diagnose erst 1980, in den politischen und sozialen Nachwehen des Vietnamkrieges, ins Amerikanische Handbuch der Psychiatrie eingetragen worden. [...] Beim Trauma des Krieges, des sexuellen Missbrauchs und der Verfolgten des Holocaust handelt es sich natürlich um sehr unterschiedliche Phänomene, die allerdings gemeinsam haben, dass in allen Fällen die Opfer durch die bedrohlich eingeschlossene Präsenz einer unbewältigbaren Vergangenheit in ihrer Persönlichkeitsbildung langfristig gestört sind. Die Symptome des Traumas können oft erst nach Jahren zur Erscheinung kommen. Das seelische Erregungspotenzial, das sich in unterschiedlichen Symptombildungen äußert, kann sich dabei auch auf unbewusste Weise von einer Generation zur anderen übertragen. Dieser intergenerationelle Nexus des Traumas kann nur unterbrochen werden, wenn es gelingt, die abgespaltenen und unbewussten Anteile des Traumas in bewusste Formen von Erinnerung zu überführen. Die Therapie richtet sich deshalb darauf, das Trauma durch Artikulation aus seiner Einkapse-

lung zu befreien und es zu einem Teil der bewussten Identität zu machen. Das ist jedoch in der individuellen Therapiesituation allein nicht möglich, dazu bedarf es auch eines gesellschaftlichen und politischen Umfelds, genauer eines ‚Erinnerungsrahmens', in dem diese abgespaltenen und unterdrückten Erinnerungen mit Empathie angehört werden können und einen Platz im sozialen Gedächtnis erhalten."

Aus: Aleida Assmann: Der lange Schatten der Vergangenheit. Beck, München 2006

Trauma (2)

„Sich mit den traumatischen Erinnerungen auseinanderzusetzen, bringt erneut Gefühle von Hilflosigkeit, Scham und Schuld mit sich. Sind diese Affekte zu überwältigend, müssen sie wieder abgewehrt und verleugnet oder durch Wut ersetzt werden. Die Wut schützt davor, wahrnehmen und anerkennen zu müssen, dass die traumatischen Ereignisse für einen selbst nicht kontrollierbar und man ihnen passiv ausgeliefert war."

Aus: Werner Bohleber: Trauma, Trauer und Geschichte. In: Burkhard Liebsch/Jörn Rosen (Hg.): Trauer und Geschichte. Köln/Weimar/Wien 2001, S. 140

- *Verfassen Sie nach einer sorgfältigen Lektüre der Textauszüge zum Thema ‚Trauma' eine schriftliche Zusammenfassung; gehen Sie dabei auf die Auswirkungen und die Therapiemöglichkeiten und -bedingungen ein.*
- *Überlegen Sie, inwiefern man diese Einsichten zum Verständnis der Personen in „Bronsteins Kinder" anwenden kann; diskutieren Sie im Plenum über Ihre Gedanken.*

Hans-Ulrich Treichel: Der Verlorene (1998) – Der Verlust als „leere Mitte"

Die Erzählung beginnt damit, dass die Mutter mit dem Ich-Erzähler das Fotoalbum der Familie anschaut und dabei zum Missfallen des Erzählers dem kleinen Arnold, dem ‚Verlorenen', besondere Aufmerksamkeit zuwendet.

In den ersten Jahren meiner Kindheit hatte ich mich mit den Tränen der Mutter zufriedengegeben und mir keine weiteren Gedanken darüber gemacht, warum die Mutter beim Betrachten des fröhlichen Arnold so häufig zu weinen begann. Und auch die Tatsache, daß Arnold wohl mein Bruder war, ich ihn aber noch niemals leibhaftig zu Gesicht bekommen hatte, hatte mich die ersten Jahre nur beiläufig beunruhigt, zumal es mir nicht unlieb war, mein Kinderzimmer nicht mit ihm teilen zu müssen. Irgendwann aber klärte mich die Mutter insoweit über Arnolds Schicksal auf, als sie mir offenbarte, daß Arnold auf der Flucht vor dem Russen verhungert sei. „Verhungert", sagte die Mutter, „in meinen Armen verhungert." Denn auch sie selbst sei mehr oder weniger gänzlich ausgehungert gewesen während des langen Trecks vom Osten in den Westen, und sie habe keine Milch und auch sonst nichts gehabt, um das Kind zu ernähren. Auf meine Frage, ob denn niemand außer ihr Milch für das Kind gehabt habe, sagte die Mutter nichts, und auch alle meine anderen Fragen nach den näheren Umständen der Flucht und dem Verhungern meines Bruders Arnold beantwortete sie nicht. Arnold war also tot, was wohl sehr traurig war, mir aber den Umgang mit seinem Foto erleichterte. Der fröhliche und wohlgeratene Arnold war mir nun sogar sympathisch geworden, und ich war stolz darauf, einen toten Bruder zu besitzen, der zudem noch so fröhlich und wohlgeraten ausschaute. Ich trauerte um Arnold, und ich war stolz auf ihn, ich teilte mit ihm mein Kinderzimmer und wünschte ihm alle Milch dieser Welt. Ich hatte einen toten Bruder, ich fühlte mich vom Schicksal ausgezeichnet. Von meinen Spielkameraden hatte kein einziger einen toten und schon gar nicht auf der Flucht vor dem Russen verhungerten Bruder.

Arnold war mein Freund geworden, und er wäre auch mein Freund geblieben, hätte mich die Mutter nicht eines Tages um das gebeten, was sie eine ‚Aussprache' nannte. Eine Aussprache war etwas, worum mich die Mutter noch nie gebeten hatte, und auch der Vater hatte mich noch nie um eine Aussprache gebeten. Überhaupt bin ich während meiner gesamten Kindheit und ersten Jugendjahre niemals um eine Aussprache oder um etwas gebeten worden, was einer Aussprache auch nur annähernd gleichgekommen wäre. Dem Vater reichten kurze Befehle und Arbeitsanweisungen, um sich mit mir zu verständigen, und die Mutter redete wohl gelegentlich mit mir, doch meist lief das Gespräch auf den Bruder Arnold und damit auf Tränen oder Schweigen hinaus. Die Aussprache wurde von der Mutter mit den Worten eröffnet, daß ich nun alt genug sei, um die Wahrheit zu erfahren. „Was für eine Wahrheit", fragte ich die Mutter, denn ich befürchtete, daß es hierbei vielleicht um mich gehen könnte. „Es geht", sagte die Mutter, „um deinen Bruder Arnold." In gewisser Weise war ich erleichtert, daß es wieder einmal um Arnold ging, andererseits aber ärgerte es mich auch. „Was ist mit Arnold", sagte ich, und die Mutter schien schon wieder den Tränen nahe, worauf ich die spontane, aber nicht sehr überlegte Frage stellte, ob Arnold etwas zugestoßen sei, was die Mutter mit einem irritierten Blick quittierte. „Arnold", sagte die Mutter ohne ein weiteres einleitendes Wort, „Arnold ist nicht tot. Er ist auch nicht verhungert." Ich war nun ebenfalls irritiert und auch ein wenig enttäuscht. Doch statt zu schweigen, fragte ich die Mutter, wiederum ohne lange nachzudenken, woran Arnold denn dann gestorben sei. „Er ist gar nicht gestorben", sagte die Mutter noch einmal und ohne jegliche Regung, „er ist verlorengegangen." Darauf erzählte sie mir die Geschichte vom verlorengegangenen Arnold, die ich zum Teil verstanden und zum Teil auch nicht verstanden habe. Die Geschichte deckte sich einerseits mit der vom gestorbenen und verhungerten Arnold, und andererseits war es eine gänzlich neue Geschichte. Arnold hatte tatsächlich auf dem Treck vom Osten in den Westen Hunger gelitten, und die Mutter hatte tatsächlich weder Milch noch eine andere Nahrung für das Kind gehabt. Doch war Arnold nicht verhungert, sondern abhanden gekommen, und es fiel der Mutter schwer, den Grund für Arnolds Verschwinden auch nur annähernd begreiflich zu machen. Irgendwann, soviel verstand ich, ist auf der Flucht vor dem Russen etwas Schreckliches passiert. Was es war, sagte die Mutter nicht, sie sagte nur immer wieder, daß auf der Flucht vor dem Russen etwas Schreckliches passiert sei und daß ihr auch der Vater nicht habe helfen können und daß ihr niemand habe helfen können. Wohl seien in dem Treck Tausende von Menschen gen Westen gezogen, und lange Zeit habe es auch so ausgesehen, als würden sie den Treck einigermaßen unbeschadet überstehen und den Abstand zwischen sich und dem Russen Tag für Tag ein wenig vergrößern. Doch eines Morgens, sie hatten gerade ein kleines, westlich von Konin gelegenes Bauerndorf hinter sich gelassen, stand plötzlich der Russe vor ihnen. Der Russe war völlig überraschend aus dem Morgennebel aufgetaucht. Die ganze Nacht hätten sie weder etwas gehört noch gesehen, keinen Motorenlärm, keine Stiefelschritte, keine „Dawai! Dawai!"-Rufe. Doch plötzlich war der Russe da. Wo eben noch ein leeres Feld war, standen dreißig, vierzig bewaffnete Russen, und ausgerechnet an der Stelle, an der die Mutter mit dem Vater und dem kleinen Arnold unterwegs war, unterbrachen sie den Flüchtlingstreck und suchten sich ihre Opfer heraus. Da sie sofort gewußt hatte, daß nun etwas Schreckliches passieren würde, und da einer der Russen dem Vater bereits ein Gewehr vor die Brust gedrückt hatte, gelang es der Mutter gerade noch, einer neben ihr hergehenden Frau, die zum Glück von keinem Russen aufgehalten wurde, das Kind in die Arme zu legen. Doch geschah dies so schnell und in Panik, daß sie keine Gelegenheit hatte, mit der Frau auch nur ein einziges Wort zu wechseln, nicht mal den Namen des kleinen Arnold konnte sie der Frau zurufen, die auch sofort in der Menge der Flüchtenden verschwand. Das Schreckliche, sagte die Mutter, sei dann insofern doch nicht passiert, als die Russen weder sie noch den Vater erschossen hätten. Denn das sei das erste gewesen, was sie befürchtet hatten, und darum habe sie auch den kleinen Arnold der fremden Frau in die Arme gedrückt. Andererseits aber, so die Mutter, sei das Schreckliche dann doch passiert. „Das Schreckliche aber", sagte die Mutter, „ist dann doch passiert." Daraufhin weinte sie wieder, und ich war mir sicher, daß sie um Arnold weinte, und um sie zu trösten, sagte ich ihr, daß sie Arnold schließlich das Leben gerettet habe und nicht zu weinen brauche, worauf die Mutter sagte, daß das Leben Arnolds gar nicht bedroht gewesen sei. Und auch das Leben des Vaters sei nicht bedroht gewesen und auch ihr eigenes nicht. Wohl sei ihr etwas Schreckliches zugefügt worden von den Russen, aber die Russen hätten es gar nicht auf ihr Leben oder das ihrer Familie abgesehen gehabt. Die Russen hätten es immer nur auf eins abgesehen gehabt. Aber sie habe voreilig Angst um ihr eigenes Leben und das Leben ihres Kindes gehabt, und in Wahrheit habe sie auch voreilig das Kind weggegeben. Nicht einmal Arnolds Namen habe sie der Frau noch zurufen können, so groß seien die Panik und das Durcheinander gewesen, und auch die Frau habe nur das Kind an sich drücken und weiterlaufen können. „Arnold lebt", sagte die Mutter, „aber er trägt einen anderen Namen." „Vielleicht", sagte ich darauf, „hat er ja Glück gehabt und sie haben ihn wieder Arnold genannt", worauf mich die Mutter so verständnislos und traurig ansah, daß mir das Blut in den Kopf schoß und ich mich schämte. Dabei hatte ich die Bemerkung nur gemacht, weil ich wütend auf Arnold war. Denn erst jetzt begann ich zu begreifen, daß Arnold, der untote Bruder, die Hauptrolle in der Familie spielte und mir eine Nebenrolle zugewiesen hatte. Ich begriff auch, daß Arnold verantwortlich dafür war, daß ich von Anfang an in einer von Schuld und Scham vergifteten Atmosphäre aufgewachsen war. Vom Tag meiner Geburt an herrschte ein Gefühl von Schuld und Scham in der Familie, ohne daß ich wußte, warum. Ich wußte nur, daß ich bei allem, was ich tat, eine gewisse Schuld und eine gewisse Scham verspürte.

Aus: Hans-Ulrich Treichel: Der Verlorene. © Suhrkamp Verlag, Frankfurt am Main 1998. Aus lizenzrechtlichen Gründen nicht in reformierter Schreibung

- *Untersuchen Sie, wie sich die Annäherung an die „Wahrheit" abspielt, aufseiten des Ich-Erzählers und aufseiten der Mutter.*
- *Welches Ergebnis hat dieser Prozess auf der Gefühls- und Beziehungsebene und welches könnte er bei einem anderen Verlauf haben?*
- *Analysieren Sie den Text ab Z. 72: Wie gibt der Erzähler die Geschichte der Mutter sprachlich wieder? Was lässt sich daraus über den Standpunkt des Erzählers ableiten?*
- *Welche Haltung nimmt der Leser gegenüber den beiden Personen ein?*

Baustein 3

Literatur und Gesellschaft

3.1 Von der Neuen Sachlichkeit zur gesellschaftskritischen Literatur nach 1945

Die Individuen können ihr Verhältnis zur Gesellschaft so sehen, dass sie Objekte oder sogar Opfer sind, die die Verhältnisse mehr oder weniger erleiden müssen, oder sie können sich als Akteure verstehen, die das Bestreben haben, die Gesellschaft zu formen, zu gestalten, zu beeinflussen, zu verändern. Eine Literatur, die die Position des Veränderns betont, wird sich aufklärerisch definieren; die Literatur, die eine solche Möglichkeit negiert oder gering einschätzt, wird sich damit beschäftigen, wie die Individuen versuchen, in der Gesellschaft zu leben oder zu überleben. In beiden Fällen wird die Literatur aber darauf verzichten, Rezepte, Programme anzubieten, denn damit würde sie zum Vehikel für Ideologien und sie würde ihre Fähigkeit preisgeben, Ambivalenz wahrzunehmen und bewusst zu machen. In dieser Konstellation Literatur – Gesellschaft haben wir es nicht mit Problemlösungen zu tun, sondern mit Darstellen, Aufzeigen, Beobachten – kritisch, satirisch, tragisch, komisch, parabolisch, dokumentarisch, analytisch. Wenn Folgerungen zu ziehen sind, ist das die Aufgabe der Leserinnen und Leser. Während die Soziologie mikro- oder makrosoziologisch beschreibt und analysiert, stellt die Literatur immer nur einen Wirklichkeitsausschnitt dar, aus dem gleichwohl Einsichten in das Ganze gewonnen werden können.
Die Literatur, die sich nach 1945 mit der Gesellschaft ‚befasst', hat Vorgänger und Vorläufer in der Zeit der Weimarer Republik, in der **Neuen Sachlichkeit**, die man heute als leider fast verschüttete Tradition ansehen muss. In der dramatischen, turbulenten Zeit nach dem Ersten Weltkrieg gab es für die Literatur eigentlich keine Möglichkeit, der Realität der gesellschaftlichen und politischen Verhältnisse zu entgehen. Das traf auch für die Zeit nach 1945 zu, dennoch auf eine völlig andere Weise: In der Weimarer Republik ein gesellschaftlicher und politischer Umbruch, eine große innere Zerrissenheit; nach dem Zweiten Weltkrieg, nach der Diktatur ein kaum zu verdrängendes Bewusstsein der Schuld und der Versuch eines Wiederaufbaus und Neuanfangs.
Der Begriff Neue Sachlichkeit wurde 1925 anlässlich einer Kunstausstellung für den veristischen Stil in der Kunst geprägt und bezeichnete einen Zustand der Ernüchterung, der Entzauberung, der Entauratisierung der Kunst; Nützlichkeit, Wirksamkeit, Realitätsnähe waren wichtige Kriterien zur Beurteilung von Kunst. Die Neue Sachlichkeit war für die Literatur der Weimarer Republik bestimmend, Literatur und Malerei sind dabei zu unterscheiden. Durch eine Reihe von Bestimmungen, die überwiegend durch Verneinung markiert sind, lässt sich die literarische Neue Sachlichkeit charakterisieren:
„Antiexpressionismus, Antiästhetizismus, Nüchternheit, Präzision, Realismus, Naturalismus, Beobachtung, Berichtform, Funktionalisierung und Materialisierung, Dokumentarismus, Antipsychologismus, Entsentimentalisierung und Antiindividualismus" (Becker 2000, S. 38).
Die Literatur sollte nach ihrem Gebrauchswert beurteilt werden, und der war abhängig von der Nähe zur zeitgenössischen Lebenswelt. Im Roman sollten die wahrnehmbaren Verhaltensweisen dargestellt werden, die Beschreibung von Emotionen sollte ausgespart bleiben, die Leser sollten sie erschließen. S. Becker spricht vom „Ende der bürgerlichen Einfühlungsstrategien" (Becker, S. 184), was aus der Brecht'schen Ästhetik bekannt ist; die Leser sollten zu einer eigenständigen Beurteilung des Dargestellten veranlasst werden. Bestimmend war

die Abkehr von einer „ästhetisch-autonomen Kunst – zu einer für gesellschaftspolitische Ziele funktionalisierten Gebrauchsliteratur" (Becker, S. 196). Eine Fortsetzung fand diese Literatur erst in der Dokumentarliteratur der Sechzigerjahre des 20. Jahrhunderts.
Am Beispiel der Angestellten wurden die gesellschaftlichen Veränderungen 1929 von Siegfried Kracauer in einer Reihe von Artikeln für die „Frankfurter Zeitung" untersucht, die aus Zitaten, Beobachtungen, Gesprächen und Analysen bestanden. Ein Roman aus der Welt der Angestellten ist Erich Kästners „Fabian", der neben Wilhelm Genazinos Roman „Ein Regenschirm für diesen Tag" gestellt wird; die beiden Texte stehen am Anfang dieses Bausteins. Hans Fallada hat sich durch Kracauers Darlegungen zu seinem Roman „Kleiner Mann – was nun?" anregen lassen. Auf ihn wird Bezug genommen mit Urs Widmers Theaterstück „Top Dogs". Mit den Mitteln des Komischen und Grotesken hat Friedrich Dürrenmatt in seinem Stück „Der Besuch der alten Dame" die Gesellschaft dargestellt. In Volker Brauns „Unvollendete[r] Geschichte" geht es um das Leben unter den Bedingungen einer Gesellschaft, die sich als sozialistisch definiert, die jedoch von den Menschen so erlebt wird, dass sie unter ihren Zwängen und Einschränkungen in ihrer Selbstentfaltung behindert werden. – Zur Erläuterung historischer Zusammenhänge (Funktionswandel der Literatur) empfiehlt es sich, auf Baustein 1 zurückzugreifen sowie auf die Zusatzinformationen zum Literaturbetrieb.

3.2 Erich Kästner: Fabian; Wilhelm Genazino: Ein Regenschirm für diesen Tag – Das richtige Leben im falschen suchen

Wie kann man moralisch gut sein und zugleich menschenwürdig leben, fragt Shen Te in Brechts „Der gute Mensch von Sezuan"; die Antwort ist negativ, ein ‚guter Schluss' soll aber möglich sein, so das Fazit am Ende des Stücks. Jakob Fabian, der Protagonist in Erich Kästners Roman „Fabian" aus dem Jahre 1931, setzt nicht darauf, dass die gesellschaftlichen und politischen Verhältnisse sich zum Guten ändern, sondern ist überzeugt, dass sich zuerst die Menschen moralisch ändern, das heißt bessern müssen, bevor die Welt besser werden kann. So wie die Welt sich dem 31-jährigen Fabian in Berlin zeigt, besteht keine Aussicht auf Besserung: „Im Osten residiert das Verbrechen, im Zentrum die Gaunerei, im Norden das Elend, im Westen die Unzucht, und in allen Himmelsrichtungen wohnt der Untergang" (Kästner 1981, S. 77). Fabian wird vom Autor als Moralist bezeichnet, obgleich er nicht wirklich moralisch lebt, was besonders seine sexuellen Abenteuer zeigen. Meistens hat er keine Arbeit, und wenn er Arbeit hat, hat sie mit seinem Germanistikstudium (Promotion über Kleist) kaum etwas zu tun. Am Beginn des Romans arbeitet er in der Werbebranche, später verliert er diesen Job und findet auch keinen neuen. Am Ende verlässt er – auch wegen einer enttäuschten Liebe und nach dem Selbstmord seines Freundes Labude – Berlin und kehrt zu seiner Mutter aufs Land bzw. in eine Kleinstadt zurück. Fabians eigentliche Rolle ist die des Beobachters der Berliner Verhältnisse, er ist ein Flaneur und bewegt sich in verschiedenen Milieus, die er mit kritischem Blick betrachtet: die Beziehungen zwischen Männern und Frauen, die Arbeitsverhältnisse, das Universitätsmilieu, die Künstlerszene, die Presse, das Rechtssystem, das Sozialsystem, die politischen Parteien, das Unterhaltungsmilieu. Das Flanieren ist die Voraussetzung für die Gesellschaftskritik, -satire, die Kästner mit diesem Roman schreiben wollte. Vergleichbar ist Wolfgang Koeppens Gesellschaftskritik in seinem 1953 erschienenen Roman „Das Treibhaus", in dem die Geschichte des aus der Emigration zurückgekehrten Journalisten Keetenheuve erzählt wird, der einen vergeblichen Kampf gegen die „nationale Restauration, den restaurativen Nationalismus" kämpft und seinem Leben durch einen Sprung von einer Rheinbrücke ein Ende bereitet. Auch Georg Bendemann (in Kafkas „Urteil") und Fabian in Kästners Roman finden – freilich aus unterschiedlichen Motiven

– den Tod im Wasser. Der 46-jährige Ich-Erzähler in Wilhelm Genazinos Roman „Ein Regenschirm für diesen Tag" befindet sich in prekären Verhältnissen, er hat studiert (wohl auch Literaturwissenschaft), verdient als Tester von Luxusschuhen etwas Geld, lebt aber hauptsächlich vom Geld seiner frühpensionierten Freundin Lisa, einer Lehrerin, die ihn jedoch verlassen hat. Der Ich-Erzähler, dessen Namen man nicht erfährt, verbringt einen großen Teil seiner Zeit damit, durch die Stadt (wahrscheinlich Frankfurt) zu flanieren, das ist die für ihn, den genauen Beobachter meist unscheinbarer Dinge, adäquate Lebensform. Auf diese Weise zeichnet er ein Gesellschaftsbild der nicht Erfolgreichen: Randexistenzen, Außenseiter, Gescheiterte, Unzufriedene. Dieser Erzähler sucht nicht die moralisch bessere Welt wie Fabian, eine solche Idee käme ihm nicht, sondern er beschränkt sich auf die eigene Existenz und hält skeptisch-kritische Distanz zur Um- und Mitwelt. Er urteilt und verurteilt selten und würde sich nicht anmaßen, seinen Betrachtungen eine gesellschaftliche Utopie entgegenzustellen. Passiv sind beide Protagonisten in dem Sinne, dass sie nicht verändernd eingreifen wollen. Fabian wartet ab und hofft darauf, Menschen zu finden, die seinen Pessimismus widerlegen; das scheint sich zu erfüllen, als er Cornelia, eine junge Juristin, kennenlernt und sie sich ineinander verlieben. Aber Cornelia, in der er die Ausnahme gefunden zu haben glaubte, erweist sich in Fabians Augen moralisch als ebenso korrumpiert wie alle anderen, denn um eine Arbeit zu bekommen und Karriere zu machen, lässt sie sich mit einem Filmproduzenten ein; für Fabian heißt das, sie ist bereit, sich zu verkaufen. Er bleibt der Moralist, der gar nicht den Versuch macht, sie in ihrer Not zu verstehen; selbstgerecht verurteilt er sie, was im Roman mit einem Anflug von Ironie erzählt wird. Genazinos Held verhält sich völlig anders: Er ist überaus reflektiert und selbstkritisch, er kann über andere nicht urteilen und sie schon gar nicht verurteilen. Er ist kein Weltverbesserer und kein Gesellschaftskritiker mit einem festen Standpunkt, doch er verhält sich keineswegs affirmativ zur Gesellschaft. Er ist Minimalist, hört auf seine subjektiven idiosynkratischen Regungen und lebt – vordergründig – ohne großen Ehrgeiz und ohne Angst, trotz seiner schlechten materiellen Lage. Er ist den ‚Helden' Robert Walsers verwandt (oder auch manchen von Jean Paul) und fragt nicht, ob/wie man die Gesellschaft verändern könnte, sondern ist auf der Suche nach dem richtigen Leben, das man dann führt, wenn man mit sich selbst einverstanden ist, was er als die „innere Genehmigung" bezeichnet. Außenseiter scheinen für ihn dem ‚wahren' Leben näher zu sein, ohne dass er sie deshalb verklärt. Zum richtigen Leben gehört, dass die Menschen Erlebnisse haben, die mit ihnen selber zu tun haben und nicht solche der sekundären Welt („den Leuten zu Erlebnissen verhelfen, die wieder etwas mit ihnen selber zu tun haben, jenseits von Fernsehen, Urlaub, Autobahn und Supermarkt", S. 105). Beobachten, wahrnehmen, in Worte fassen, die das Individuelle zum Ausdruck bringen, die Idiosynkrasien, wie Genazino in seinem Essay über Adorno schreibt (Genazino 2007, S. 184); Voraussetzung dafür ist das „Innehalten in der allgemeinen Zeitvernichtung" (Genazino 2007, S. 203). Die Kindheit ist näher an der Wahrheit, ohne dass sie glücklich gewesen sein muss. „Tatsächlich kann die Rolle kaum überschätzt werden, die das aus der Kindheit bewahrte Gedankengut und das erinnerte kindliche Bewusstsein für den Erzähler dieses Romans spielen – Relikte aus einer Zeit, in der dem Individuum noch kein aktives Einverständnis mit den Konventionen der Erwachsenen abverlangt wurde. Sie fungieren als zweischneidiges Bollwerk gegen die Anforderungen des Erwerbslebens, als Bildquelle und Metaphernbrunnen, aber auch als unerschütterlicher Bezugspunkt für die Einschätzung dessen, was dem Erzähler begegnet. Dabei färben diese – keineswegs ausschließlich positiv gesehenen – Reminiszenzen in erheblichem Maße die Gegenwart ein, oft bis zur verwirrenden Vermischung von Erinnerung und aktueller Wahrnehmung" (Spreckelsen 2004, S. 82). Zu vermeiden ist das Scheitern, vor dem der Ich-Erzähler durchaus Angst hat; er kann es nach außen verlagern, in einen Fotografen namens Himmelsbach, mit dem er einmal befreundet war, der es zu nichts gebracht hat und nun manchmal Prospekte verteilt: „Himmelsbach scheitert an meiner statt." Fabian dagegen sieht immer das Falsche, die Unmoral, vor allem bei anderen, er sitzt auf einem hohen moralischen Ross und kommt den Menschen nicht wirklich nahe (außer einigen

wenigen), weil er sie beurteilt und sich nicht in sie hineindenken kann; es fehlt ihm oft an Empathie, vor allem bei Frauen: Im Grunde lässt er nur seine Mutter gelten. Der Ich-Erzähler bei Genazino macht sich eher klein, kann aber, wenn es darauf ankommt, sich auch in Szene setzen wie bei dem Abendessen bei seiner Freundin Susanne (7. Kapitel). Kästner bezeichnet seinen Roman in einem nach dem Krieg hinzugefügten Vorwort als Satire und erwähnt dort auch den ursprünglichen Titel „Der Gang vor die Hunde": „Der Moralist pflegt seiner Epoche keinen Spiegel, sondern einen Zerrspiegel vorzuhalten. Die Karikatur, ein legitimes Kunstmittel, ist das Äußerste, was er vermag." (Kästner 1981, S. 6) Ob es sich wirklich – aus der Sicht des Lesers – um eine Satire handelt, scheint nicht ausgemacht; der Begriff ist nur für einige Passagen zutreffend. Für Genazino aber gilt, dass Humor ein wesentliches Darstellungsmoment ist, er manifestiert sich vor allem in der Sprache des Protagonisten, seiner Lust an Wortneubildungen etwa. – Sinnvoll ist es, Überlegungen zum modernen Identitätskonzept einzubeziehen (Baustein 4).
Anhand von zwei Textauszügen können die beiden Protagonisten in ihrer Unterschiedlichkeit gezeigt werden; damit lässt sich selbstverständlich jeweils nur ein Aspekt erfassen; es ist zum Verständnis nicht erforderlich, den gesamten Handlungszusammenhang zu kennen, zumal die eigentliche Handlung in beiden Romanen nur eine geringe Rolle spielt, da es darum geht, Existenzweisen vorzustellen; während Fabian sich am Ende aus der Gesellschaft verabschiedet und ertrinkt, als er, der Nichtschwimmer, einen Jungen aus einem Fluss retten will, kehrt der Ich-Erzähler in Genazinos Roman in ein geordnetes Leben zurück, indem er freier Mitarbeiter bei einer Zeitung wird.
Das Gespräch zwischen Fabian und seinem Freund Labude findet in einem Tanzlokal statt (**Arbeitsblatt 17,** S. 117). Labude ist Germanist und dabei, sich über Lessing zu habilitieren; er stammt aus einer wohlhabenden Familie, sein Vater ist Jurist; sein weiteres Schicksal: Ein Neider teilt ihm mit, seine Habilitationsschrift sei abgelehnt worden, darauf nimmt er sich das Leben; die Mitteilung stellt sich – zu spät – als Lüge heraus; vorher war schon seine Verlobung wegen der Untreue der Frau zerbrochen.

Fabian und sein Freund Labude (Arbeitsblatt 17, S. 117)

■ *Analysieren und diskutieren Sie die beiden Standpunkte.*

Fabian ist ein Moralist, aber kein moralischer Mensch; eigentlich ist er von vornherein von der moralischen Verderbtheit der Menschen überzeugt, dementsprechend liefern ihm seine Beobachtungen und Erlebnisse, vorzüglich mit Frauen, eine Bestätigung seiner Annahme. Der psychische Hintergrund wird in diesem Textauszug nicht erkennbar, seine starke Mutterbindung, die auch der Autor hatte, müsste dabei beachtet werden. Hier geht es nur um die für Fabian entscheidende Frage, die im Epilog von Brechts „Der gute Mensch von Sezuan" so formuliert wird: „Soll es ein andrer Mensch sein? Oder eine andre Welt?" Liegt es an der Gier, der Schlechtigkeit der Menschen, dass die Verhältnisse so miserabel sind? Auffallend an Fabian ist, dass er völlig passiv bleiben will, weil es kein System gibt, in dem er sinnvoll funktionieren könnte oder wollte. Dazu gehört die Verachtung des Geldes mit dem Argument, er habe weder Machthunger noch Geldgier. Den Einwand des Freundes, Geld könne als Mittel zur Verbesserung der Verhältnisse, zu mehr Gerechtigkeit eingesetzt werden, wischt er vom Tisch: Er führt lächerliche Arten an, Geld einzusetzen – immer geschehe es aus egoistischen Motiven. Ein ironischer Kommentar ist in dem unhörbaren Faustschlag auf die Brüstung enthalten: Fabian möchte seinen Worten Nachdruck verleihen, doch der Schlag bleibt unhörbar; man könnte die Stelle allerdings auch so verstehen, dass sie zum Charakter des passiven Protagonisten passt. Die gegensätzlichen Positionen der beiden können im Tafelbild auf den Punkt gebracht werden:

Zwei Freunde – zwei Denkweisen

Fabian

- kein Interesse an Geld, an Macht
- kein Ehrgeiz, keine Karriereorientierung
- als Zuschauer, Beobachter leben
- Ziel: die Menschen anständig und vernünftig machen
- aber: Zweifel an ihrer Eignung

Labude

- Geldverdienst als Lohn der Arbeit
- Geld ermöglicht Macht
- Macht lässt sich auch nicht egoistisch nutzen
- Ziel: erst das System zum Besseren verändern, dann werden sich die Menschen anpassen

Woher kommt diese passive, pessimistische Haltung? Ist es so, wie Egon Schwarz in seiner Interpretation behauptet? Er schreibt: „Denn zu zeigen, dass der Mensch trotz der besten Absichten, Gesinnungen und Vorsätze sich dem Gesetz der Geschichte *nicht* entziehen kann, ist ja das Ziel des Romans." (Schwarz 1993, S. 242) Das wäre ein allgemeiner Geschichtspessimismus. Walter Benjamin sieht Kästners Position kritisch; er rechnet ihn zu den linksradikalen Publizisten: „Kurz, dieser linke Radikalismus ist genau diejenige Haltung, der überhaupt keine politische Aktion mehr entspricht. Er steht links nicht von dieser oder jener Richtung, sondern ganz einfach links vom Möglichen überhaupt. Denn er hat ja von vornherein nichts anderes im Auge als in negativistischer Ruhe sich selbst zu genießen. Die Verwandlung des politischen Kampfes aus einem Zwang zur Entscheidung in einen Gegenstand des Vergnügens, aus einem Produktionsmittel in einen Konsumartikel – das ist der letzte Schlager dieser Literatur. Kästner, der eine große Begabung ist, beherrscht ihre sämtlichen Mittel mit Meisterschaft." (Benjamin 1988, S. 459) Das bezieht sich auf Kästners Gedichte, trifft aber modifiziert auch auf den Roman zu. Die linke Kritik an der Neuen Sachlichkeit warf dieser Literatur ihre Standpunktlosigkeit vor; S. Becker spricht allerdings „vom überspannten polemischen Charakter seines [Benjamins] Aufsatzes, mit dem er sich wohl nicht zuletzt für Kästners Bezugnahme auf seine Biografie durch die Figur des gescheiterten Hochschullehrers Stephan Labude in dem Roman ‚Fabian' revanchierte" (Becker 2000, S. 277).
Wilhelm Genazinos Ich-Erzähler bleibt ebenfalls passiv, doch er betrachtet die Welt nicht aus einer moralisch urteilenden Perspektive, gleichwohl aber mit kritischem Blick. Seine Domäne ist die Ethik, wenn man darunter die Frage nach dem richtigen Leben versteht. Allgemeine Aussagen/Urteile über *die* Menschen sind ihm fremd, ihn interessiert mehr das Leben des Einzelnen und damit auch sein eigenes Leben; zu Selbstkritik ist er sehr wohl imstande. Der Textauszug (**Arbeitsblatt 18**, S. 118f.) zeigt, wie der Ich-Erzähler mit sich und seinen Problemen umgeht, hier mit der Notwendigkeit, Geld zum Leben zu verdienen.

Zwischen Fantasie und Realität (Arbeitsblatt 18, S. 118f.)

- *Untersuchen Sie den Prozess, der sich im Ich-Erzähler abspielt, als er mit einem konkreten Problem konfrontiert wird.*
- *Schreiben Sie eine Charakteristik Fabians und des Ich-Erzählers des Romans „Ein Regenschirm für diesen Tag".*
- *Denken Sie sich für die beiden eine Episode aus und erzählen Sie (z. B. Kauf eines Kleidungsstücks, Rendezvous mit einer Frau, Bewerbungsgespräch. Mögliche Form: szenische Gestaltung, innerer Monolog).*

Der Textauszug zeigt beispielhaft, wie der Ich-Erzähler mit einer für ihn kritischen Situation umgeht, wie er versucht, ein Problem zu lösen.

Analyse der inneren Entwicklung

Ausgangssituation:	Erz. spürt die Notwendigkeit, sich um die Erhaltung der letzten Verdienstquelle zu kümmern; notwendiges Telefonat
Innere Verfassung:	Angst: Gefühl des nicht genehmigten Lebens; Melancholie, Handlungshemmung; Bild: in ‚leicht anrüchigem Gewässer' stehen; Vorstellung: Jobverlust
Ablenkung:	Blick aus dem Fenster: der das Laub beseitigende Mann; Interpretation: Zeichen für Ordnungsgehabe; Gefühl der Empörung; Wut auf Bauzeichner etc.; Gegenwelt der Kindheit; Notwendigkeit des Eingreifens in das Bewusstsein der Ordnungsfanatiker, damit sie „ganz bei sich sind", also Entfremdung überwinden
Idee:	Fantasievorstellung: Schnellkurs für Gedächtniskunst; Institutsgründung – bildungsbürgerlich-pompöser Name; Futur; Größenfantasie in Bezug auf eigene Wirkungsmöglichkeit; grandioser Erfolg; Lösung des Problems – großer Verdienst
Störung:	Signalwort: plötzlich; Bild des Mannes mit dem verrutschten Socken; Ende des Tagtraums
Scham:	Selbstbeschimpfung, Selbstabwertung; Einsicht: Lebensuntüchtigkeit; Selbstmitleid („kleiner, fehlbarer Mensch"); rhetorische Fragen
Endzustand:	Selbstreflexion: Über-Ich als mahnende Instanz, auf dessen Seite sich das Ich stellt

Dem Erzähler gelingt es, sich von seinem Problem so abzulenken, dass er sich eine Scheinlösung ausdenkt, er verfügt über eine kompensatorische Fantasie, die ihn ablenkt und zugleich das Problem zu lösen scheint, bis zu dem Augenblick, in dem er durch ein störendes Bild aus dem Tagtraum gerissen wird. Aber er verfällt nicht in Depression, sondern stellt sich gleichsam auf die Seite seines Über-Ichs (hinter dem vielleicht auch die Freundin Lisa steht), sodass Handeln möglich bleibt. Man könnte mit dem Philosophen Odo Marquard von der „Inkompetenzkompensationskompetenz" des Protagonisten sprechen. Das Ich verfügt über Strategien, seinen passiven Zustand unbeschadet zu erhalten, also nicht zu handeln, indem es sich in der Fantasie zum Handelnden werden lässt – aber nur mit einem komischen Einfall, der gegenüber der Realität nicht standhalten kann und zu dessen Umsetzung das Ich auch gar keinen Versuch machen muss. Sieht man von der subjektiven Funktion ab, kann man darin auch eine Verspottung des ökonomischen Handelns sehen, was durch den pompösen Namen des Instituts zum Ausdruck kommt. Gesellschaftskritisch ist dieser Roman insofern, als die Vorstellungen von sinnvollem Handeln in der Gesellschaft, das heißt durch Arbeit, infrage gestellt werden. Dafür enthält der Roman etliche andere Beispiele; über Lisa, die Freundin, die den Ich-Erzähler verlassen hat, heißt es: „Lisa hatte es nicht hinnehmen wollen, dass sie mit den Kampfkindern der Gegenwart nicht zurechtkam. Sie hatte geglaubt, sie könne aus den schlagenden, beißenden und kratzenden Schülern Menschen machen, die ihr selber ähneln. Ein grausiger Irrtum! Ein schleichendes Nervenleiden hat sie nach zwölf Jahren Arbeit zur Berufsaufgabe gezwungen." (S. 38) Genazinos Gesellschaftskritik ist ähnlich subversiv wie die von Robert Walser oder von Franz Kafka.

Fabian gibt durch sein Kommunikationsverhalten und durch seine Gedanken deutliche Hinweise auf seinen Charakter; der Protagonist in Genazinos Roman charakterisiert sich durch sein Verhältnis zur Realität und durch seine Fantasie. Fabian kann sehr hilfsbereit sein, wenn er einen Menschen schätzt wie seinen Freund Labude, der einige Niederlagen erleidet, oder wie den Erfinder, dem es ähnlich ergeht. Wenn er enttäuscht wird, wie durch Corinnas Verhalten, die sich – aus seiner Sicht – aus materiellen Gründen verkauft, ist er unerbittlich, ohne Verständnis für ihre Lage und für ihr Leiden; dort verhält er sich dogmatisch-borniert. Der Ich-Erzähler bei Genazino ist dazu nicht in der Lage, für ihn gibt es keine absolute Wahrheit und er ist voller Selbstzweifel, er hat Selbstironie und einen versteckten Humor, kann die Realität aber auch mit einem ernüchternden, desillusionierenden Blick anschauen und beschreiben (z. B. die erotischen Szenen). Kästner bezeichnet „Fabian" als Satire, manche Szenen sind bis zum Grotesken überzeichnet (besonders im Traum-Kapitel, Kap. 14). – Zur Satire gehört ein Wahrheitsstandpunkt, der Satiriker konfrontiert die Realität mit einem Ideal, um den defizitären Charakter der Realität sichtbar zu machen; dazu passen beispielsweise die Bilder von Otto Dix aus der Zeit nach dem Ersten Weltkrieg. Der Humor des Genazino'schen Protagonisten zeigt sich besonders in seinem Sinn für Sprache, für das treffende, komische Wort, z. B. die „Sterbebusenbegleitung" (Kap. 2), „Verflusung" als Bezeichnung für den Zustand seines Lebens (S. 44), seine „Verschwindsucht" (Kap. 4). Genazinos Protagonist kann sich in der Welt einrichten, Fabian kann die Gesellschaft nicht ertragen und verlässt sie.

3.3 Leben im Schatten von Wirtschaftskrisen – Hans Fallada: Kleiner Mann, was nun?

Hans Falladas Roman „Kleiner Mann, was nun?" spielt 1932 und erschien am Ende der Weimarer Republik, in einer Zeit, die aufgrund der dramatisch steigenden Zahl der Arbeitslosen von wachsender Existenzangst beherrscht war. Er behielt seine Popularität über die Jahrzehnte: Er wurde mehrfach verfilmt, er war der erste Titel der 1950 gegründeten rororo-Taschenbuchreihe mit einer Startauflage von 50 000 Exemplaren und wurde noch einmal populär durch die 1972 in Bochum uraufgeführte gleichnamige Revue.

Hans Fallada in der Rezeptionsgeschichte

Hans Falladas literaturwissenschaftliche Rezeption stand in der BRD jahrzehntelang unter keinem günstigen Stern. Sein Roman wurde zum Weltbestseller, doch gerade seine Popularität verhinderte seine Anerkennung. „Hans Fallada ist ein sehr unterhaltsamer und bewundernswert genauer Erzähler, aber kein tiefgründiger", heißt es noch 2001 in einer Rezension in der Süddeutschen Zeitung (Gansel/Liersch 2008, S. 158). U-Literatur wird immer noch der Seichtigkeit verdächtigt. Hinderlich war auch Falladas schwierige Persönlichkeit, vor allem seine Suchtkrankheit, die er durch exzessives Schreiben zu bewältigen versuchte – in einem Aufsatz von Jürgen Manthey, der die Diskussion in Westdeutschland lange dominierte (Frankfurter Hefte 18/1963) erscheint sein Werk als „Produkt eines in seinen Problemen gefangenen Wirrkopfs", als „Gekritzel eines Psychopathen" (Zachau 1990, S. 16). Noch schwerer wog lange Zeit der ideologiekritische Vorwurf, Fallada beschreibe distanzlos das Milieu der Kleinbürger, die bekanntlich der NSDAP die Mehrheit verschafften. Das Jahr 1975 stellte durch vier wichtige Arbeiten einen Wendepunkt in der westdeutschen Fallada-Forschung dar (Zachau, S. 20); entsprechende Textausschnitte finden sich auf dem **Arbeitsblatt 20**, S, 122. Kontrovers werden immer noch seine Romanschlüsse, besonders der von „Kleiner Mann, was nun?" beurteilt. Die **Arbeitsblätter 19** und **20**, S. 120f., beziehen sich auf diese Debatte.

Hans Fallada: Kleiner Mann, was nun? – Handlung

Dieser Roman schildert etwa zwei Jahre im Leben des Herrenkonfektionsverkäufers Johannes Pinneberg. Durch die Schwangerschaft seiner Freundin Emma Mörschel, die er liebevoll Lämmchen nennt, sind die Weichen für seinen schwierigen Lebensweg gestellt, denn mit seinem Verdienst von 180 Reichsmark kann er nur mit Mühe eine Familie durchbringen. Der erste Teil (Vorspiel) schildert seine Tätigkeit in einer Firma für Saatgut und Düngemittel in einer Kleinstadt an der Ostsee, wo er nach der Kündigung in einem Modegeschäft gelandet ist, ein primitives Kleinunternehmen mit rauem Umgangston und unverhohlenem Druck auf die Angestellten, in dem noch alte patriarchalische Verhältnisse herrschen – so muss er seine Verheiratung geheim halten, da der Besitzer der Firma von ihm erwartet, dass er dessen Tochter heiratet. Nach dem Rausschmiss aus dieser Firma hilft seine Mutter, eine Halbweltdame in Berlin, dem jungen Paar für eine Weile, bis Pinneberg durch die Hilfe des Liebhabers seiner Mutter eine Stelle in der Herrenkonfektion eines Berliner Warenhauses bekommt. Von Anfang an stehen die Angestellten unter Druck, doch Pinneberg ist ein tüchtiger Verkäufer. Durch die Anstellung eines Organisators und die Einführung einer Verkaufsquote (das Zwanzigfache des Monatsverdienstes) stellt sich allenthalben Existenzangst ein, die Angestellten beginnen, gegeneinander zu intrigieren und Pinneberg verliert seine Selbstsicherheit, sodass er dem Druck bald nicht mehr gewachsen ist. Als er zum zweiten Mal wegen einer Erkrankung des Kindes zu spät zur Arbeit kommt, wird er entlassen und sie müssen ihr Notquartier, eine gemütliche, aber primitive, nur über eine Leiter erreichbare Wohnung im Dachgeschoss einer Schreinerwerkstatt, aufgeben und ziehen in eine Schrebergartensiedlung im Außenbezirk Berlins, wo sie illegal unter lauter Gestrandeten leben (Nachspiel). Da sie sich von den dort üblichen Holzdiebstählen fernhalten, sind sie isoliert. Als Pinneberg von einem Polizisten auf rüde Weise von dem Schaufenster eines Delikatessengeschäfts verjagt wird, wird ihm bewusst, dass Arbeitslose als Asoziale gelten. Er wagt sich nicht nach Hause. Lämmchen richtet ihn wieder auf. – Auf der gesellschaftlichen Ebene schildert der Roman den Abstieg eines kleinen Angestellten, auf der privat-persönlichen Ebene die Geborgenheit einer intakten Kleinfamilie. Mit großer Eindringlichkeit wird in diesem Roman das permanente Drama des zu knappen Geldes dargestellt, der Leser verfolgt mit Anteilnahme das Dahinschwinden des Monatslohns, das Sich-Verzetteln in unsinnigen Anschaffungen (z. B. das bürgerliche Requisit einer Frisiertoilette), die beschwerliche Wohnungssuche, die wechselnden Unterkünfte in absteigender Linie. Am Ende ist es Lämmchen, die unerschütterlich optimistische und starke junge Frau, die die Familie mit Näharbeiten durchbringt, während Pinneberg als Hausmann ihr kleines Kind, den Murkel, versorgt.

Die gesellschaftliche Situation der Angestellten

Der Roman entstand zur Zeit der Wirtschaftskrise (1929), er schildert die Lebensbedingungen der von Arbeitslosigkeit bedrohten Geringverdiener der damaligen Jahre und erschien im Jahr vor der ‚Machtergreifung'. Der Autor sieht bereits die Gefahr der Naziherrschaft als Folge der Massenarbeitslosigkeit heraufziehen. Dies wird in der Szene angedeutet, als Pinneberg seiner Frau von der Einstellung eines Organisators und der Einführung einer Verkaufsquote in der Firma berichtet. (S. 214 f.).

In diesem Roman werden verschiedene Milieus mit den typischen Einstellungen und Verhaltensweisen vorgeführt: das der Arbeiter (Lämmchens Familie, auch ein Blick in eine Arbeiterwohnung in einem Wohnblock in einem Berliner Arbeiterviertel); das des noch patriarchalen ländlichen Kleinbürgertums, das der Animiersalons und der Ganoven, das der Kleinhandwerker, dazu die damals aufkommende Freikörperkulturszene, das Personalbüro des Kaufhauses, das Milieu von Arbeitslosen außerhalb der Gesellschaft. Auch gibt es einen sehr primitiven, groben SA-Mann, der in den Auflagen nach 1933 durch eine andere Figur ersetzt wurde. Weitere atmosphärisch dicht geschilderte Orte sind die Entbindungsklinik

(S. 266 ff.) und die Krankenkasse (S. 280 ff.), ein Ort der Arroganz gegenüber den Antragstellern. Das Hauptinteresse aber gilt der Schicht der Angestellten, der white-collar-workers. Deutlich wird an vielen Stellen, dass diese zwischen allen Stühlen sitzen – Pinneberg wird verhöhnt von den gewerkschaftlich und parteipolitisch organisierten Arbeitern, gedemütigt von dem selbstständigen kleinen Handwerker, der ihn dazu bringt, seinen weißen Kragen abzunehmen, verachtet von den Beamten und den etwas höherrangigen Behördenangestellten, zerrieben im innerbetrieblichen Konkurrenzkampf. Einer der Ersten, der diese neue Schicht beschrieb und analysierte, war Siegfried Kracauer („Die Angestellten", 1929 in der Frankfurter Zeitung, 1930 als Buch). Seine Analysen wurden zum Anstoß für diesen Roman. Der Grundwiderspruch besteht zwischen der in jeder Hinsicht abhängigen Stellung der Angestellten und ihrem Festhalten an der Mittelstandsideologie. Sie fühlten sich wegen ihrer nicht körperlichen Arbeit dem Proletariat überlegen und dem Bürgertum zugehörig, verdienten aber teilweise weniger als die Arbeiter. Gewerkschaftlich schlecht organisiert, waren sie den Umstrukturierungen, also fristlosen Entlassungen noch schutzloser ausgeliefert als die Industriearbeiter. Ohne das Solidaritätsbewusstsein der Arbeiter waren sie „geistig obdachlos" (Kracauer 1971, S. 91). Aus den Kleinbürgern (der untere Mittelstand und die Angestellten) rekrutierten sich die meisten Wähler der NSDAP.

Der Romanschluss (Arbeitsblatt 19, S. 120)

- *Wie wirkt der Romanschluss auf Sie?*
- *Dieser Romanschluss wurde heiß geliebt und heftig kritisiert. Welche Gründe vermuten Sie?*

Die Lektüre des Romanschlusses vermittelt einen Eindruck von der Erzählweise und bietet zugleich einen Zugang zur Auseinandersetzung mit den gegensätzlichen Positionen der Rezeptionsgeschichte. Die Flut von begeisterten und dankbaren Leserbriefen und Zuschriften an den Ullstein Verlag und den Autor zeigt zweierlei: das identifikatorische Leseverhalten und die verbreitete Trostbedürftigkeit der damaligen Leserschaft. „Das ist das wundersame, herrliche Leben, wie es in Millionen und Abermillionen Geschöpfen lebt – jauchzt, weint – das ist das wundersame Menschenherz, dessen Gold nur der zu schauen vermag, der tiefe Augen hat und eine mitleidvolle Seele – Wir danken Ihnen, verehrter Herr Fallada – und zum Schluss eine zaghafte Frage: Wir werden doch nicht weinen müssen am Ende. – Ach, es wäre so schön, wenn immer noch etwas Sonne leuchte über unsern Kindern. Nur, dass nicht das Grau über ihnen zusammenschlage" (Latzkow 1995, S. 273). Hier ist, „stellvertretend für viele ähnlich verfasste Leserbriefe, die Furcht herauszuspüren, die den harmoniebedürftigen Kleinbürger streift, wo er die berechtigte Ahnung hat, er könnte auch untergehen." (Latzkow, S. 274) Im Jahr seines Erscheinens wurde der Roman in den Massenblättern fast ohne Einschränkung positiv bewertet. Die linke Presse hob die Figur Lämmchens als Hoffnungsträgerin hervor, die rechte Presse wollte sich den Erfolg des Buches zunutze machen und betonte z. B. den Heroismus des Protagonisten. Die zahlreichen Beiträge in den großen bekannten Blättern zeigen, dass diesem Roman eine große Bedeutung im literarischen Geschehen beigemessen wurde. Hier gab es unterschiedliche Reaktionen zwischen Begeisterung und Kritik (Fritsch 1995, S. 249 ff.). Die wohl schärfste Kritik stammte von Herbert Ihering. Dieser Roman „macht den Kummer angenehm und den Hunger liebenswürdig. [...] Dieser Optimismus macht den Riesenerfolg des Buches. Es wird verschlungen in den Bahnen und den Büros. Kein Buch wandert so von Hand zu Hand. [...] Dichtung ist hier wieder Verschönerung, Vergoldung [...] Die Grenze zum Kitsch ist eingebogen. [...] bedenklich als Vorbild, bedenklich als Beispiel. [...] Ein Erfolg der Lebenslüge" (1932) (Grisko 2002, S. 73). Es ist zu erwarten, dass die Schülerinnen und Schüler den Schluss „irgendwie kitschig" finden; die Sprache ist gefühlig, fast überladen, der plötzliche Umschlag von tiefster Verzweiflung zu höchsten Glücksgefühlen ist Kino, unrealistische Traumfabrikware. „Dieser romantisch-kitschige Schluss [...] bleibt [...] eine literarische Unmöglichkeit", formuliert es R. Zachau (1990, S. 97), der ansonsten den Roman gegen die politischen Invektiven verteidigt.

Der Schluss des Romans im Spiegel der Kritik (Arbeitsblatt 20, S. 122)

- *Ordnen Sie die Aussagen in aufsteigender Linie (von schärfster Kritik zu höchstem Lob).*
- *Wie begründen die vier Kritiker ihre Bewertung? Was erwarten sie jeweils von der Literatur?*

Auf diesem Arbeitsblatt wird die Spannweite der Beurteilung zwischen vernichtender Kritik (Krohn) und höchster Anerkennung (Genazino) demonstriert. In der Diskussion um den Schluss geht es um mehr als den Verstoß gegen den guten Geschmack. Mit dem Hinweis auf das Erscheinungsjahr – 1932 – kommt ein politischer Aspekt ins Spiel, der nicht nur den Schluss betrifft, sondern vor allem die hier zu einem Gipfel geführte Ehegeschichte. „Die Frage nach der Wirkung [...] ist die zentrale bei der Auseinandersetzung mit der Rezeption eines Romans. Grundsätzlich stehen bei einem Roman mit zeitbezogener Problematik zwei Wirkungsmöglichkeiten offen. Er kann entweder systemstabilisierend im Sinne von ‚am Bestehenden festhaltend' wirken oder zur Veränderung des Systems beitragen" (Fritsch 1995, S. 266). Ein versöhnlicher Schluss, besonders im Zusammenhang mit einer idyllischen Ehegeschichte, so die Vermutung politisch argumentierender Kritiker, schwächt die Möglichkeit politischer Aufklärung ab. Der Leser legt das Buch getröstet aus der Hand, sein Zorn auf die Ungerechtigkeit und Unmenschlichkeit der Zustände wird beschwichtigt, er fragt nicht weiter nach Ursachen, er wird bestärkt in seinem Bedürfnis nach Rückzug ins Privatleben. Kritisierte Herbert Ihering 1932 noch die „Lebenslüge" dieser Geschichte des kleinen Glücks, so ist heute in Kenntnis der Machtergreifung nur wenige Monate nach dem Erscheinen des Romans die Kritik noch schärfer: „... ein bemerkenswert naives und fahrlässig unpolitisches Buch angesichts der politisch fragilen Zeit, in der es geschrieben wurde ...", befand Brigitte Huber im Jahr 1996 (Grisko 2002, S. 80); dieser Vorwurf verdeutlicht den Ansatz der „linken" Literaturkritik (der Text von Krohn auf dem Arbeitsblatt). Dass Fallada mit dieser Privatgeschichte, die in dem euphorischen Glücksgefühl des Romanschlusses gipfelt, eine ganz persönliche, durch seine Biografie bedingte Sehnsucht nach Anerkennung und Geborgenheit ausdrückt, wird nicht gesehen, und wäre dies der Fall, würde es auch nicht genehmigt. Mit diesem Wunscherfüllungstraum, so die hier nicht mehr abgedruckte Fortsetzung des Textes von Krohn, zeige sich auf der sozialpolitischen Ebene die Affinität zu bestimmten Ideologemen der Nazis – Krohn glaubt in Falladas Roman also eine faschistoide Mentalität zu entdecken. „Die Familie mit der Dominanz der naturwüchsig bestimmten starken Frau verkörperte die Summe dieser Ideologeme." (Grisko, S. 132) Fallada bediene das Bedürfnis der verunsicherten Massen nach einer größeren, stärkeren, weiseren Instanz, die den Elenden trägt, schützt und zum Heil führt, und verstärke das kleinbürgerliche Denken mit dem Glauben an einen allmächtigen Führer – so lassen sich die politischen Vorwürfe gegen den Roman zusammenfassen. – Die Texte von Thöming und besonders der von Genazino zeigen, dass man diesen Roman auch anders lesen kann. Die Ergebnisse an der Tafel:

„Kleiner Mann, was nun?" in der Kritik

	Beurteilung	Begründung	Erwartung an die Literatur
Krohn	absoluter Verriss	faschistoides Denken des Autors, schädliche politische Wirkung	politisches Bewusstsein des Autors, kritischer Blick auf tradierte Strukturen, Aufklärung
Möhrmann	positive Beurteilung mit politischen Vorbehalten	Diskrepanz zwischen sozialkrit. Darstellung und euphemistischem Schluss	Literatur soll beunruhigen und aufrütteln (indirekte Aufklärung)
Thöming	positive Beurteilung	großer realistischer Roman, Seismograf der gesellschaftlichen Krisensituation; suggestive Kraft; Fähigkeit, gesellschaftliche Krisensymptome aufzuzeigen	Gespür des Autors für das, ‚was in der Luft liegt'; keine explizite Aufklärung, sondern Befähigung des Lesers, kritische Schlüsse zu ziehen
Genazino	große Bewunderung, Desinteresse an zeitbezogenen politischen Aspekten	genauer Blick des Autors für die immer drohenden Abstürze des Einzelnen aufgrund der Ungleichheit und der permanenten politisch-gesellschaftlichen Veränderungen	überzeitliche Qualität

Ein auf dem Arbeitsblatt nicht berücksichtigter Gesichtspunkt, der zur Sprache kommen sollte, ist die Stärke der Frau. Lämmchen entwickelt sich zur arbeitenden Frau, die allein die Familie versorgt – ein bis heute aktueller Rollentausch. Zu erwähnen wäre auch, dass Fallada die Figur des Protagonisten an der damals avanciertesten und noch heute interessanten sozialkritischen Studie Siegfried Kracauers orientierte. Und Fallada selbst? Er fühlte sich nicht in der Lage, in der damaligen Krisenzeit einen politischen Ausweg zu zeigen. Die beabsichtigte, aber nicht realisierte Fortsetzung des Buchs „zeigt die allgemeine Verzweiflung der Zeit und die Unmöglichkeit, tragbare Lösungen zu finden" (Zachau 1990, S. 99). Die Hilflosigkeit und die gute Absicht Falladas zeigt er an der Aussage des Autors: „Wenn's euch dreckig geht, lasst es den andern nicht auch dreckig gehen. Tue jeder, was er irgend kann" (Zachau, S. 98).

3.4 Urs Widmer: Top Dogs

Zur Entstehung des Stücks

Dieses auf der Bühne überaus erfolgreiche Schauspiel hat sich schnell als Schullektüre etabliert. Ein Grund dafür ist die Aktualität dieses Stoffs, der in der Literatur sonst selten thematisiert wird, das Nebeneinander von Tragik und Komik und die besondere Eignung dieses Textes für den Zugang über szenische Verfahren. Das Stück entstand 1996, in den ersten Jahren der New Economy, jener grundlegenden Veränderung der Wirtschaft durch die digitale Revolution, die die Globalisierung beschleunigte und den Arbeitnehmern zunehmenden Druck durch Flexibilisierung und den Zwang zur permanenten Selbstoptimierung auferlegte. Der Ort der Handlung ist ein Outplacement-Büro, eine amerikanische Erfindung, die ihre Entstehung „den Skrupeln der meisten Unternehmer [verdankt], hochkarätige und langjährige Mitarbeiter zu entlassen" (Widmer 1997, S. 49). Outplacement-Büros sind kommerziell betriebene Dienstleistungsunternehmen, die entlassenen Managern eine Umgebung mit allem bieten, was zur Weiterbewerbung nötig ist (Schreibtisch, Computer, Telefon etc.), dazu psychologische Unterstützung, Persönlichkeitstraining, dadurch – begrenzt – Hilfe bei der beruflichen Reintegration, aber keine Stellenvermittlung. Das Stück ging hervor aus einer Art „Feldforschung", die Volker Hesse, Intendant des Zürcher Theaters am Neumarkt, zusammen mit einigen Schauspielern in ihrer unmittelbaren Nähe unternahm. Sie führten Interviews mit Klienten zweier solcher Büros in Zürich, die ihnen Einblick in ein unbekanntes Milieu boten, das sie erkundeten wie „staunende Ethnologen" einen „unbekannten Kontinent" (Widmer 1997, S. 48). Hesse war von diesen Begegnungen „erschreckt und angewidert und tief berührt, es war ein Wechselbad" (Toepfer 1997, S. 75). Dann wandte sich das Theater an Urs Widmer, der sofort aufsprang. Er machte aus diesem Material „Kunst": Er „verdichtete, überhöhte, komprimierte, erfand" und arbeitete mit „unterschiedlichen Stilebenen, harten Schnitten und abrupten Tempi-Wechseln" (Toepfer, S. 76f.). Die Ambivalenzerfahrung der Rechercheure ging in Widmers Stück ein.

Handlung und Aufbau

„Top Dogs" ist ein Stück ohne Zentralfigur und ohne lineare Handlung. Acht wegen Umstrukturierungsmaßnahmen entlassene Manager aus der Führungsetage großer Unternehmen bilden das Personal. Der Ort der Handlung ist ein Outplacement-Büro. Drei Spielarten der hier angebotenen Stützungsmaßnahmen, die den Schock der Entlassung abfedern sollen, werden im Stück vorgeführt. Sie führen von außen nach innen. Zwei Übungen (Rollenspiel und Schilderung des eigenen Falls im Plenum) finden in der Gruppe statt, zwei weitere (Träume und Märchen) sind Monologe, in denen die Betroffenen ungeschützt zu Wort kommen. In den Träumen geben sie ihre privaten Wünsche und Sehnsüchte preis, dann erzählen sie wiederum einsam im Scheinwerferlicht ein Märchen, das ihnen zu denken gibt. Hier zeigen sich „Trümmer einer verlorenen Identität" (Wrobel 2006, S. 25) und Ansätze zu einer Zukunftswerkstatt.
Diese an den einzelnen Personen orientierten Szenen wechseln ab mit chorischen Szenen (Zitieren von Fachausdrücken der Managersprache, japanisches Kampfspiel, großes Wehklagen) und mit paarweise durchgeführten äußerst komischen Gangübungen, in denen das psychotherapeutische Blitzrezept, dass ein optimistischer und selbstsicherer Habitus auf die Psyche zurückstrahlt, ad absurdum geführt wird. Das Stück endet mit der erfolgreichen Vermittlung einer Teilnehmerin an eine Firma in Südkorea, nahe der nordkoreanischen Grenze, wofür sie eine Fernehe in Kauf nimmt – ein Beispiel für den Zwang moderner Arbeitnehmer zu Flexibilität.

Die Topmanager – Stereotyp und Verkörperung im Stück

Kaum jemand weiß etwas über die Arbeit der Manager in den Führungsetagen der Wirtschaft. Aber es existieren „Trivialmythen" (ein Widmer'scher Terminus, zitiert bei Wrobel), vorurteilsbesetzte Stereotype wie das vom kalten, bindungsunfähigen Macher, dem gewissenlosen Machtmenschen; Manager sind keine Sympathieträger. Im Unterschied zu vielen Firmeneignern früherer Zeiten, die noch Verantwortungsgefühl für ihre Mitarbeiter hatten, sind Manager dem Shareholder Value verpflichtet, sie veranlassen Firmenverkäufe oder -schließungen, -verlagerungen und Umstrukturierungen ohne Rücksicht auf die Arbeitsplätze. Der Sturz eines Managers löst beim Betrachter eher Schadenfreude aus – gerade dieses

Gefühl aber soll in diesem Stück gebrochen werden, das Lachen soll im Halse stecken bleiben. In diesem „Königsdrama der Wirtschaft" (Toepfer 1997, S. 69) ereignet sich in jedem einzelnen Fall ein Sturz aus großer Höhe, der als sozialer Tod erlebt wird. Die einzelnen Akteure sollen nicht denunziert werden, sie sollen mehr sein als Karikaturen. Vielmehr soll der Zuschauer „über die Spitze etwas über das System erfahren" (Toepfer, S. 74). – Zu bedenken ist, dass die hier agierenden Ex-Manager nicht in die erste Reihe der Firmenleitung gehören. Manager in dieser Position sind diejenigen, die die Entscheidungen von oben – Umstrukturierungen und Entlassungen – umsetzen, organisieren und durchführen. Bei ihren „Exkursionen" hatten die Theaterleute keinen Kontakt mit den Höchstdotierten unter den Entlassenen, da diese ein eigenes Büro mit eigenem Eingang hatten, „durch den sie ungesehen huschen" konnten (Widmer 1997, S. 50). Diejenigen, die sich überhaupt zu einem Interview bereit erklärten, waren Manager aus der zweiten Reihe. Die Selbstauskünfte erfolgten durchweg in konsequenter Sprachregelung. Dass der Sturz in die Arbeitslosigkeit „Gefühlswirbel" (Widmer 1997, S. 50) auslöst, zeigt sich in allen Szenen. Alle hier auftretenden Figuren sind Workaholics, die sich allein über ihre mit Statussymbolen ausgestattete Arbeit definieren. Diese einst Mächtigen zeigen heftige und zumeist hilflose Reaktionen auf ihren Sturz, den keiner vorausgesehen hat, weil sich jeder für unentbehrlich hielt; alle haben das Erlebnis einer narzisstischen Kränkung zu verarbeiten. Am Sturz der Macher wird das Selbstzerstörerische des Neoliberalismus demonstriert, was von Gerhard Jörder (1997) auf die Formel gebracht wurde: „Die Globalisierung frisst ihre Kinder."

Die Sprache der Wirtschaft – Top Dogs, Szene 3 (Arbeitsblatt 21, S. 123)

- *Inszenieren Sie diese Szene, indem Sie vier Sprecher im Raum platzieren. Treffen Sie dabei eine Auswahl aus dem Sprachmaterial.*
- *Entwerfen Sie anhand dieser Begriffe eine Stellenausschreibung; informieren Sie sich in Stellenanzeigen überregionaler Tageszeitungen.*
- *Welche Funktion haben solche Anzeigen? Welche Wirkung haben sie auf Stellensuchende?*

Die hier versammelten Wörter tragen zum verbreiteten Misstrauen gegenüber der globalisierten Wirtschaft und zum Negativ-Stereotyp des Spitzenmanagers bei. Sie spiegeln ein Klima von forcierter Maskulinität, von Hektik und Überbietung, Selbstdarstellung und Ellenbogenmentalität und erzeugen die Vorstellung von planvollem und kompetentem Agieren. Für die Aufgabenvorschläge bietet sich ein arbeitsteiliges Vorgehen an; das Aufschreiben der eigenen Reaktion, die allein durch die Fülle des Wortmaterials ausgelöst wird, geschieht am besten als Kartenabfrage. Die Anglizismen, die diese Sprache wichtigtuerisch erscheinen lassen, sind betriebswirtschaftliche Fachbegriffe der international agierenden Konzerne. Einerseits verfolgen die Firmen mit ihren Stellenanzeigen Headhunting-Interessen, andererseits betreiben sie Eigenwerbung. Interessanter ist die Frage nach den geforderten Persönlichkeitsmerkmalen. Gibt es so etwas wie ein Leitmerkmal/ein Bündel von Leitmerkmalen? In Szene 3 finden sich nur wenige solcher Anforderungsvokabeln: Kreativität, Competition, Einsatz, Motivation, Belastbarkeit, Leadership, Risikobereitschaft, Teamplayer; seltsamerweise fehlt hier das Allerweltswort „dynamisch". Alte Tugenden wie Fleiß und Zuverlässigkeit sind ersetzt durch Eigenschaften, die auf die Bereitschaft zu Selbstausbeutung schließen lassen. In der Liste fehlt z. B. das Wort Verantwortung. Die Liste wäre etwa zu sortieren nach Euphemismen für Stellenabbau und Schrumpfung, Offensivvokabeln, Neologismen, Wörtern, die bereits allgemein bekannt sind.

Heute sind wieder die Churchills gefragt – Top Dogs, Szene 2 (Arbeitsblatt 22, S. 124 f.)

- *Bereiten Sie in Vierergruppen (zwei Sprecher, zwei Regisseure) diese Szene zum Vorlesen vor. Klären Sie dazu die Struktur der Szene (Rollenwechsel, Wechsel von überlegener/unterlegener Position).*

- *Berichten Sie der Klasse, worauf Ihre Gruppe besonderen Wert gelegt hat, was besonders deutlich werden sollte, wie Sie die Szene strukturierten.*

Die zweite Szene des Stücks ist in sich geschlossen, sie wird nicht fortgeführt wie die Einzelszenen in Bild 4 („Camp") und hat durch die hier greifbare Wirtschaftstheorie eine Schlüsselfunktion im Stück. Man kann die Szene auch ohne Behandlung des gesamten Dramas analysieren. In dieser Szene handelt es sich um ein Rollenspiel, wie es offenbar in dem Outplacement-Büro an der Tagesordnung ist. Zur Person Bihlers: Er ist mit über fünfzig der Älteste der Runde, er wurde nach zwanzig Jahren Arbeit für die Firma entlassen und ist bereits sechs Monate arbeitslos. Nun soll er einen Chef spielen, der seinen Mitarbeiter entlässt. In der Rolle des Chefs inszeniert er seine eigene Demütigung, so wie er sie erlitten hat. Mit dem Spiel im Spiel ist das Theater in seinem ureigensten Element. Dass das Rollenspiel entgleist, ist erwartbar – es gehört zum Arsenal komödiantischer Effekte. Im Fall Tschudi und Bihler kommt aber ein fast tragischer Zug ins Spiel, der allerdings durch einen zweiten Überraschungscoup wieder aufgehoben und ins Grässliche gesteigert wird. Die Szene enthält zwei Wendepunkte. Im Tafelanschrieb:

Analyse des Gesprächsverlaufs

	Tschudi …	**Bihler …**
Bis Z. 62	spielt den Arbeitnehmer, er ist defensiv, macht schwache Rechtfertigungsversuche	spielt in der Rolle des Chefs die Kündigung, wie er sie erlebt hat, steigert sich in verletzende Sprache
Z. 63–94	**fällt aus der Rolle,** schreit: „Sie sind ein Monster?"	**fällt ebenfalls aus der Rolle,** den Tränen nahe, dann weinend: „So hat er mit mir geredet!"
	versucht, zu trösten, solidarisiert sich mit Bihler gegen die Kaste der Chefs	sieht seine jungen Nachfolger sterben
		stimmt ein in die Anklage: Wirtschaft = Krieg und Tod
Z. 95 ff.	zeigt sich solidarisch, demonstriert seine Abneigung gegen den Militärdienst	fängt sich wieder, plötzliche Demonstration von Leistungsfähigkeit, beruft sich auf seine Militärzeit; outet sich als begeisterter Reservist **äußert lustbesetzte Flammenwerfer-Fantasie, schockierende Vietnam-Anspielung**
	ist empört und angewidert	**aggressive Identifizierung mit dem Markt**

Der erste Wendepunkt, das Platzen des Rollenspiels (Z. 63–65), ist vorprogrammiert: In der Rolle des Chefs verletzt Bihler die Spielregeln von Höflichkeit und Anstand. Sein Gegenüber Tschudi fühlt sich als Person herabgesetzt und schreit ihn an. Jetzt steigt auch Bihler aus, er kämpft mit den Tränen, dann beginnt er zu schluchzen, das Spiel kippt endgültig in die Wirklichkeit. Für einen kurzen Moment sind sie, was sie sind, verletzte Menschen. Tschudi versucht, zu trösten, doch Bihler ist nicht fähig, Hilfe anzunehmen. Unter Tränen wütet er gegen die jungen Nachfolger und sieht sie scheitern und sterben. In seiner Erregung drängt sich ihm der Vergleich der Wirtschaft mit einem blutigen Schlachtfeld auf. Tschudi gelingt es, ihn zu beruhigen. Hier nun ist der zweite Wendepunkt der Szene (Z. 63ff.). Kaum hat Bihler diesen Moment der Schwäche überwunden, vollzieht sich bei ihm ein monströser, fast unheimlicher Entwicklungsschub. Nur noch einmal taucht in dieser Tirade (Z. 95–101) das Wort „Markt" auf. Er imaginiert sich als Soldat an der Front, der wie besessen seinen Flammenwerfer auf flüchtende Menschen hält. Seine Gewaltfantasie gipfelt in dem Satz: „Dann rennen die wie die Fackeln" (Z. 100) – eine Anspielung auf schockierende Bilder von brennenden Frauen und Kindern nach einem amerikanischen Angriff, die während des Vietnamkriegs die Weltöffentlichkeit gegen diesen Krieg mobilisierten. Aus dem gedemütigten Menschen Bihler ist ein Supermonster geworden, gegen das die gängige Raubtiermetapher fast harmlos erscheint.
Diese Szene enthält auf den ersten Blick einfache Botschaften: Neoliberalismus ist Krieg; wer es hier bis an die Spitze schafft, wird zur Hyäne; die Maske fällt, hier wird ein Boss zur Kenntlichkeit entstellt; die Killermaschine ist der Superlativ einer Übererfüllung der Berufsrolle. Doch so schlicht ist die Szene nicht. Der Autor will Menschen darstellen und nicht eine Theorie. Das Geschehen hier ist mehrfach psychologisch motiviert; so lässt sich die Gewaltfantasie Bihlers unschwer psychologisch erklären als Aggression, die aus Angst, Überforderung und Kränkung des Selbstwertgefühls erwächst. Darüber hinaus ist sie das Resultat eines laienhaft und fahrlässig angeordneten Rollenspiels. Wenn jemand in einer schwierigen Lebenssituation seine eigene Demütigung spielen soll, ist er psychisch überfordert. So wird hier nebenbei auch die mangelnde Qualifikation und der Zynismus dieser firmenfinanzierten Instant-Psychologie entlarvt. Möglich sind auch andere Reaktionen auf traumatische Erlebnisse – Verdrängung, Depression, Verzweiflung, Selbstwertprobleme. Bihler reagiert in der bei Topmanagern wohl wahrscheinlicheren aggressiven Variante. So werden hier in starker Form die Verheerungen gezeigt, die ein Arbeitsplatzverlust anrichtet. Bihlers Reaktion ist eine in der Reihe weiterer, allemal unproduktiver Bewältigungsstrategien, die in diesem Schauspiel vorgeführt werden; andere sind die Abspaltung der Gefühlswelt und das Verleugnen der Realität. An Bihler wird die Identifikation mit dem Aggressor gezeigt (Barwinski Fäh, 1997). Ein weiteres Moment der Psychologisierung ist die in dieser Szene angelegte Differenz zwischen objektiver und subjektiv erlebter Wirklichkeit. Bihler entlässt Tschudi auf dieselbe Weise, wie es ihm geschehen ist: durch das „Angebot" eines befristeten Teilzeitvertrags für das laufende Projekt mit halben Bezügen (Z. 45ff.) aufgrund einer notwendigen rezessionsbedingten Redimensionierung der Firma (Z. 5, Z. 22f.). Damit erhält der Text so etwas wie einen Gradmesser der Erregung. Als Chef spricht Bihler unverhohlen die Beleidigungen aus, die er aus den diplomatischen Formulierungen herausgehört hat. Er mischt in die Managementfloskeln in immer dichterer Folge aggressivste Formulierungen („Lorbeeren [...] gehören nicht unter den Hintern", Einkaufen von Managern „auf Halde", „Krieg", „draufhalten", „Tote", „Konkurrenz ausräuchern", „WHITE COLLAR Schrott"), bis er die Kontrolle verliert. Damit bleibt die Szene psychologisch nachvollziehbar und erlaubt gleichzeitig Formulierungen, die die der neoliberalen Wirtschaft immanente Unmenschlichkeit karikierend auf die Spitze treiben. Indem Bihler sich als begeisterter Schweizer Reservist zeigt, kommt auch eine kräftige Prise Satire ins Spiel. Dass der Autor die Figur des Bihler nicht denunzieren will, zeigt auch sein Traum – Bihler möchte seine Frau (wenn auch mit Statussymbolen) verwöhnen – und vor allem die poetische Rehabilitation, die er dieser Figur gegen Ende des Stücks gönnt: Bihler spricht das Märchen „Die Utopie vom Menschen": „Es wird, es muss die Zeit kommen, da wir Menschen uns achten und mit Würde begegnen. [...]" (S. 74)

Das Drama „Top Dogs" ist realistisch in dem Sinn, dass es im Verhalten der Einzelnen Strukturen und Zwänge sichtbar macht, die im System der deregulierten Marktwirtschaft stecken. Der Wiedererkennungseffekt ergibt sich nicht durch den Anschein der Ablichtung eines Alltagsgeschehens, sondern aus der immer wieder komischen bzw. satirischen Komprimierung und Steigerung (Szene 2) oder Anhäufung von Realitätspartikeln (Szene 3); das Stück ist realistisch im Sinne einer Karikatur, ohne sich auf eine solche zu beschränken.

3.5 Friedrich Dürrenmatt: Der Besuch der alten Dame – Gesellschaftssatire auf dem Theater

Dürrenmatts Stück erschien zuerst 1956, als Zeit der Handlung nennt er die „Gegenwart", also die Fünfzigerjahre; 1980 hat er eine nur wenig veränderte Neufassung vorgelegt, die hier zugrunde gelegt wird. Jan Knopf geht in seiner Interpretation von der Überlegung aus, dass „das Stück die Zeiten nicht unbeschädigt überstanden und nicht ohne Grund in den letzten zwanzig Jahren keine große Inszenierung mehr gefunden hat" (Knopf 1996, S. 71). Heute (2009) würde man dieses Urteil nicht unbedingt wiederholen angesichts der krisenhaften Entwicklung des Kapitalismus. Das von Knopf konstatierte Desinteresse könnte im Übrigen auch andere Gründe haben als die in Dürrenmatts Stück behandelte Thematik: Es könnte mit einer anderen Erwartung an Theater/Literatur zusammenhängen, mit der Tatsache, dass Satire, Komik und Groteske in den Neunzigerjahren und auch vorher nicht besonders hoch im Kurs standen, ganz anders als in den Fünfzigerjahren – man denke an Werke von Böll, Koeppen, Grass, Walser und viele andere. Dürrenmatt bildet die Verhältnisse nicht realistisch ab (ebenso wenig wie B. Brecht), stellt sie aber auch nicht allegorisch dar, sondern zeigt auf groteske und komische Weise das Funktionieren einer Welt, in der das Geld eine zentrale Rolle spielt, weil es Äquivalent für nahezu alles werden kann, nicht nur für Waren und Dienstleistungen. In der trivialen Form lautet die entsprechende These: Geld regiert die Welt. Doch das Theaterstück von Dürrenmatt ist weit mehr als die Illustration dieser These, indem es nämlich mit den Mitteln der Komik aufzeigt, wie sie funktioniert.

In vielen Interpretationen des Stücks geht es um die Thematik individueller und kollektiver Schuld; deshalb soll am Anfang die Frage stehen, ob/inwiefern es in dieser „tragischen Komödie" um das Problem der Schuld geht. Anschließend wird erörtert, weshalb das Stück eine Leseweise erfordert, die die gesellschaftskritische Dimension ins Zentrum rückt. Dazu müssen die Formen des Komischen und Grotesken besonders beachtet werden.

Dürrenmatt betont in seinen Schriften zum Theater immer wieder, wie wichtig das Spiel für ihn ist; ob die Schülerinnen und Schüler das Stück gern lesen, hängt vor allem davon ab, dass sie sich dieses Prinzip zu eigen machen, das heißt also, dass nicht das analytische Interpretieren den Zugang vermittelt, sondern das Spielen und Inszenieren, damit sie einen Sinn für die Formen des Komischen bekommen, die auch das Alberne nicht scheuen. Darin liegt (auch) eine tiefere Bedeutung, denn es geht Dürrenmatt auch um eine Entauratisierung des Theaters, der Kunst, des Schiller'schen Dramas, wie der Autor es nennt, wobei Schiller stellvertretend für das klassische Theater steht. Lesen, inszenieren, interpretieren – von dieser Reihenfolge sollte man sich leiten lassen, was in dieser kurzen Darstellung nicht detailliert möglich ist.

Möglicher Einstieg: Man kann, noch vor der Lektüre, von der Liebesgeschichte ausgehen, die im Stück erzählt wird, und überlegen lassen, welches dramatische Potenzial darin enthalten ist:

Ein 17-jähriges Mädchen aus einer Kleinstadt wächst auf in einem schwierigen sozialen Umfeld (zerrüttete Ehe der Eltern, Alkoholismus des Vaters); sie geht eine Liebesbeziehung mit einem Zwanzigjährigen ein, wird schwanger, der Geliebte verlässt sie wegen einer besseren Partie. Die schwangere junge Frau ist sozial geächtet, der Freund verleugnet vor Gericht die Vaterschaft, indem er Zeugen besticht; das Kind stirbt, als es ein Jahr alt ist, die Frau gerät auf die schiefe Bahn und landet in einem Bordell. Doch sie hat Glück, sie lernt einen steinreichen Mann kennen, der sie heiratet. Nach etlichen anderen Ehen kommt die Frau nach 45 Jahren in den Heimatort zurück, der im Laufe der Zeit immer mehr verarmt ist. Ihr früherer Freund betreibt dort ein kleines, schlecht gehendes Geschäft. Was könnte nun geschehen?

- *Einige Bewohner, darunter der frühere Freund, sprechen über den bevorstehenden Besuch der berühmten, reichen Frau: Gestalten Sie dieses Gespräch.*
  Alternativ: Entwerfen Sie einen Plot für eine dramatische Handlung.

Das in der Vorgeschichte enthaltene soziale Drama (im Ansatz erinnert es an Hebbels „Maria Magdalene") wird nicht weiter ausgeführt, es geht mit einem ziemlich unwahrscheinlichen Happy End aus, folgt also einem eher trivialen Schema. Es könnte ziemlich undramatisch weitergehen: Die alte Dame erfährt bei ihrer Rückkehr eine späte Genugtuung, sie wird mit einem großen Bahnhof empfangen, macht eine großzügige Stiftung, wird dafür geehrt und söhnt sich mit dem früheren Freund, der sie verraten hat, aus. Die Spannung beruhte auf der Ungewissheit, wie die Begegnungen ablaufen werden. Interessanter ist zweifellos die dramatische Variante: Sie hat das ihr angetane Unrecht, die Kränkung/Verletzung nie verwunden, sie ist also nicht in einer versöhnlichen Stimmung, sondern immer noch voll Zorn. Gerichtlich kann es keine Revision geben, also geht es um die persönlichen Beziehungen, um Vergessen und Verdrängen, um Schuld und Sühne, um die allmähliche Wiederkehr des Verdrängten. Das wäre ein Drama im Stil Ibsens, vor allem auch dann, wenn diese Situation dazu führte, dass auch anderes, was man unter den Teppich gekehrt hat, nun aufgedeckt wird. Es könnte kaum ein versöhnliches Ende geben.

Alfreds und Claires Geschichte (Arbeitsblatt 23, S. 126)

Dürrenmatt geht einen ganz anderen, unerwarteten Weg, den man zunächst auf der Ebene der privaten Liebesgeschichte aufzeigen kann. Die von den beiden Personen Alfred Ill und Claire Zachanassian im Verlauf des ersten Akts erzählten Versionen der Geschichte werden anhand von Textzitaten vorgestellt.

- *Vergleichen Sie, wie die beiden Personen ihre Geschichte erzählen, und kommentieren Sie.*

Die Ergebnisse können auf einer Folie zusammengefasst werden:

Zwei Arten, die Vergangenheit zu erzählen:

Alfred Ills Version	Claire Zachanassians Version
• er bleibt im Bereich der Andeutung, suggeriert eine vom Schicksal herbeigeführte Trennung; er wählt damit den Geschichtentypus der unglücklichen Liebe	• sie gibt eine knappe, eher prosaische Kurzfassung ihrer Geschichte, benennt jedoch klar die Fakten, die zur Trennung führten, und skizziert ihr weiteres Leben, ohne explizit zu werten
• er deutet sein Handeln als Verzicht, als altruistisch, will also ein positives Selbstbild vermitteln, obgleich das völlig unglaubwürdig ist; von Selbstmitleid bestimmte Beschreibung seines Lebens – offensichtlich gelogen	• setzt dem (ohne auf die Lüge einzugehen) auftrumpfend ihren Status entgegen: Bedrohung

Der frühere Richter, nun im Dienst von Claire, zeigt die Fakten auf (im Stück: szenisch), die Ill als Lügner und Betrüger entlarven.

• Ills Reaktion auf die Wahrheit wirkt hilflos; er begibt sich auf eine juristische Ebene, die völlig unangemessen ist und keinerlei Einsicht zeigt	• die knapp erzählten Fakten belegen, dass Ill gelogen hat; in der Beschreibung ihres Lebens ist Claire schonungslos, offen, drastisch und maßlos in ihrer Forderung, Ill solle für eine Milliarde getötet werden; sie macht kurzen Prozess, richtet und verhängt ein Todesurteil

Durch dieses Urteil wird schlagartig deutlich, dass es nicht um die ‚private' Liebesgeschichte und ihre späte Aufarbeitung geht, denn nun wird den Bürgern von Güllen, dem Ort der Handlung, eine Rolle zudiktiert; sie werden zu Akteuren, sie müssen sich mit Claires brutaler Forderung auseinandersetzen: Das Problem wird in die Gesellschaft getragen.
Was bedeutet das für den Charakter des Stücks? Es handelt sich nicht mehr nur um das Drama der individuellen Schuld, sondern um die Frage nach dem kollektiven Verhalten. Anders gesagt: Claire Zachanassian, der in ihrer Jugend schlimmes Unrecht geschehen ist, wirft eine Milliarde als Köder aus und schaut zu, wie sich die Güllener nun verhalten werden. Sie hat keinen Zweifel, wie dieses Experiment ausgehen wird, sie hat den Sarg schon im Reisegepäck. Vom Experiment der alten Dame mit den Güllenern spricht auch Werner Frizen (Frizen 1987, S. 36). „Es bereitet der rachedurstigen Frau eine teuflische Befriedigung, das Rechtsdenken der Menschen beliebig manipulieren zu können." (Bauer 1990, S. 118f.) Gegen eine solche Aussage spricht, dass Claire Zachanassian völlig unemotional auftritt und durch ihr Erscheinungsbild und ihre Sprache nicht eigentlich individualisiert ist; sie ist Beobachterin eines Prozesses, über dessen Verlauf und Ausgang sie sich von Anfang an im Klaren

ist. Alfred Ill, das Opfer, zeigt Emotionen, er leidet unter dem Druck und der Angst, bleibt aber überwiegend ein Getriebener, der schließlich resigniert. – Die Liebesgeschichte ist fast so etwas wie ein Vehikel zur Inszenierung der Gesellschaftssatire. Man muss darin keine fundamentale Kapitalismuskritik sehen, obgleich das nicht ausgeschlossen werden sollte; aber Dürrenmatt hat im Unterschied zu Brecht kein ideologisches Gegenkonzept, er ist auch kein Moralprediger. Eher könnte man sagen, dass er sehr pessimistisch ist in Bezug auf die Moralität der Menschen, doch über die Gründe und Ursachen macht er keine genauen Aussagen, jedenfalls nicht in diesem Stück. Es geht auch nicht, wie schon gesagt, um eine Illustration der banalen Aussage, dass Geld die Welt regiert; zentrales Anliegen ist es zu zeigen, wie Menschen in einer Situation der Versuchung, in die sie durch das Angebot gebracht werden, sich verhalten. Oder noch genauer gesagt: Wie sie ihr eigensüchtiges, materiell bestimmtes Handeln und Verhalten legitimieren – das ist entscheidend. Also geht es vor allem um ihre Sprache, um ihre Argumentation und das heißt natürlich um Scheinheiligkeit, Lüge, Selbsttäuschung, Verbrämung, Bemäntelung. Nur Claire Zachanassian redet offen und direkt. Dürrenmatt könnte das Motto Grimmelshausens auf sein Stück anwenden: Es hat mir so wollen behagen, mit Lachen die Wahrheit zu sagen.
Was bedeutet das für den Zuschauer im Theater? Das Stück ist nicht auf Identifikation und Einfühlung angelegt, was Mitleid mit Ill nicht ausschließt. Die Darstellung auf der Bühne ist so sehr von Komik, Groteskem, Parodie durchsetzt, dass eine emotionale Kühle und Distanz bestehen bleibt, dass der Zuschauer zum Beobachter (durchaus auch im Brecht'schen Sinn) werden soll, zumal er auch dadurch involviert ist, dass das Verhalten der Güllener in vieler Hinsicht auch sein eigenes spiegelt. Nur die Übertreibung erlaubt ihm, auf Distanz zu gehen.
Nach einer solchen Vorbereitung sollte die Lektüre beginnen mit der Inszenierung der eher harmlosen Komik der Eingangsszene.

Die Rhetorik der Güllener (Arbeitsblatt 24, S. 127)

An einem Textbeispiel soll hier erarbeitet werden, wie die rhetorischen Strategien der Güllener zu ihrer Selbstentlarvung führen:

- *Mit welchen rhetorischen Mitteln versuchen die Güllener, auf Claire Zachanassian einzuwirken? Wie ist ihre Rhetorik einzuschätzen, auch im Vergleich mit den Aussagen C. Zachanassians?*

Dass sich die Güllener für das Geld entscheiden, ist nicht unerwartet; die interessante Frage ist, wie sie zu ihrer Entscheidung kommen und wie sie ihr Handeln zu legitimieren versuchen. Sie handeln zunächst einmal ‚aus dem Bauch', das heißt, sie fangen an, hemmungslos auf Pump zu konsumieren und blenden dabei die Bedingung aus, die Claire ihnen gestellt hat, Ill zu töten. Gleichzeitig fangen sie an, sich von ihm zu distanzieren und ihn auszugrenzen, schließlich verhindern sie seine Flucht (Schluss des 2. Akts). Zu Beginn haben sie ihm noch damit geschmeichelt, sie würden ihn zum Bürgermeister wählen – aufgrund seiner besonderen Beziehung zu Claire Zachanassian; nun sagen sie ihm ganz offen, dass er für diesen Posten moralisch nicht geeignet sei. Noch schrecken sie vor dem Äußersten zurück und versuchen, Claire von ihrer Bedingung abzubringen, indem sie sich auf die „abendländischen Prinzipien" berufen und Claire ein ökonomisches Angebot machen in der Annahme, es gehe ihr als Kapitalistin um Profitmaximierung. Ihre Frage, ob Ill gestorben sei, zeigt ihre Direktheit und ihr Interesse – sie möchte keinen natürlichen Tod. Auf die „abendländischen Prinzipien" geht sie überhaupt nicht ein, fragt nicht, welche Werte sie damit meinen, sondern setzt mit ihrer Frage voraus, dass sich dahinter ein krudes Interesse verbirgt; ihre Verachtung bringt sie auch durch das Anredepronomen („ihr") zum Ausdruck und durch die ironische Wiederholung der „Prinzipien", die damit als bloße Floskel entlarvt werden. Sie berufen sich darauf, „nur Menschen" zu sein, appellieren damit an ihre Nachsicht, doch sie finden kein

Gehör und müssen erkennen, dass sie sich mit ihrem ökonomischen Kalkül – Claire möge ihr Geld in die marode Industrie investieren und daraus Profit ziehen – verrechnet haben, denn sie ist nicht am Gewinn interessiert; sie beendet diese erste Sequenz damit, dass sie ihnen die Sinnlosigkeit ihrer Hoffnung vorhält und weitet das aus auf ihr gesamtes Leben, das nutzlos vertan sei. Zur Untermauerung ihrer Haltung erzählt sie in wenigen Worten die Geschichte ihrer Ächtung und Vertreibung aus Güllen; schon damals habe sie den Entschluss gefasst, eines Tages zurückzukommen. Sie gibt zu verstehen, dass eine weitere Diskussion zwecklos ist; mit der Erwähnung des „Gatten Nummer neun" signalisiert sie, dass ihr jegliche Sentimentalität fern ist: Sie präsentiert sich als kalte Zynikerin, um die Güllener zu schockieren und abzuschrecken. Doch sie wollen das nicht wahrhaben, wenn sie von ihr als dem ‚verletzten liebenden Weib' sprechen, was in diesem Kontext völlig unangebracht ist, weil sie sich gar nicht so verhält. Der Lehrer zieht alle Register seiner bildungsbürgerlichen Rhetorik, vergleicht sie mit einer „Heldin der Antike", mit Medea, um Claire zu schmeicheln, ihr eine Größe zuzuschreiben, die sie nicht hat und nicht beansprucht. Er behauptet, Claire ‚am tiefsten' zu begreifen, was nicht nur vor dem Hintergrund der Geschichte, sondern auch angesichts der gegenwärtigen Lage unpassend, weil verlogen ist. Er versucht damit, ihr Mitleid zu erregen; dass bei ihr damit nichts auszurichten ist, hat sie von Anfang an deutlich gemacht. Der Lehrer endet mit dem Appell: „Ringen Sie sich zur reinen Menschlichkeit durch!" Gemeint ist damit im Klartext: Seien Sie nett, vergessen Sie alles, was Güllen Ihnen angetan hat, vergessen Sie Ihre Rache und geben Sie uns das Geld. Wie aber drückt sich der Lehrer aus? Der Bildungsbürger spielt an auf abendländische Werte, insbesondere auf ein bekanntes Goethe-Zitat: Im Hinblick auf sein Schauspiel „Iphigenie auf Tauris" hatte Goethe gesagt: „Alle menschlichen Gebrechen/Sühnet reine Menschlichkeit", und damit viele Diskussionen ausgelöst. Von dieser Menschlichkeit sind die Güllener selbst sehr weit entfernt, sie fordern sie nur von anderen, um von ihren eigenen und eigentlichen Interessen abzulenken. Die Argumentation und die Sprache der Honoratioren von Güllen (Lehrer, Arzt, Pfarrer) sind vom humanistischen Bildungsjargon geprägt; vom Jargon zu reden, ist deshalb berechtigt, weil diese Sprache dadurch entlarvt wird, dass sie nur benutzt wird, um die handfesten, materiellen Interessen zu bemänteln. Claire Zachanassians Replik ist knallhart – mit ihrer Finanzkraft kann sie sich eine Weltordnung leisten, das heißt, nicht die ‚abendländischen Werte' entscheiden, sondern Machtinteressen. Sie trumpft auf, indem sie ihr Handeln darauf zurückführt, dass man („die Welt", das sind die Güllener) sie zu einer Hure gemacht habe. Sie tritt nicht auf wie eine Erniedrigte, Verletzte, sondern mit dem Selbstbewusstsein der Macht, die sich vom Geld herleitet; mit ihren weiteren Sprüchen unterstreicht sie ihre Position. Die Güllener selbst treten den Beweis dafür an, dass man mit Geld alles kaufen kann, sie strafen damit ihr Gerede von Humanität Lügen, am Ende töten sie Ill. Das muss nicht so verstanden werden, dass Claire Zachanassian eine allgemeingültige Wahrheit ausspricht, sie beschreibt lediglich die Realität Güllens, die auch für andere gilt. Sie bringt die Güllener dazu, sich zu prostituieren und sich damit selbst zu entlarven, darum geht es vor allem in diesem Stück. Ill ist das Opfer, das sich resigniert in sein Schicksal fügt; er ist kein Held, aber er handelt als Individuum. Seine Stärke resultiert daraus, dass er die Güllener quasi zwingt, ihn zu töten, dass er sich nicht selber das Leben nimmt; dadurch wirkt er mit an Claires Plan, wonach die Güllener zeigen sollen, dass sie in ihrer Gier vor nichts zurückschrecken und sich in ihrer Verlogenheit bloßstellen. Durch die Gegenüberstellung wird der Kontrast deutlich:

Claire und die Rhetorik des Lehrers:

Der Lehrer

- Berufung auf ‚abendländische Prinzipien'
- Demutshaltung: Wir sind nur Menschen
- Empathie: Sie sind ein verletztes liebendes Weib
- Sie verlangen absolute Gerechtigkeit
- Heldin der Antike
- Appell: Ringen Sie sich zur reinen Menschlichkeit durch!

Fazit: verlogene Phrasen

Claire

- die Menschlichkeit ist für die Börse der Millionäre, mit meiner Finanzkraft leistet man sich eine Weltordnung

Strategie: Verhöhnung der Phrasen durch auftrumpfenden Materialismus

Wie Menschen sich entlasten, zeigt das Stück, und darauf kommt es vor allem an. Es geht nicht um die Frage, wer recht hat, die Güllener oder Claire Zachanassian – sie setzt sich durch, hat aber deshalb noch nicht recht, ebenso wenig wie die Güllener. Es wird nicht die Gerechtigkeit gefeiert oder die Rache als menschlicher Abgrund aufgezeigt. Vielmehr geht es darum, zu zeigen, wie Menschen in einer bestimmten Situation ‚funktionieren', wenn es darum geht, ein sehr egoistisches Interesse so zu ‚verkaufen', dass sie vor sich selbst (und vor der Medienöffentlichkeit, das ist ein weiterer, wichtiger Punkt) legitimiert erscheinen. Sie werden manipuliert (von ihren materiellen Interessen und von Claire) und sie manipulieren; die Komödie macht das mit ihren Mitteln sichtbar.

3.6 Volker Braun: Unvollendete Geschichte

Die „Unvollendete Geschichte" konnte in der DDR wegen der politischen Brisanz des Stoffs nicht als Buch veröffentlicht werden. Sie erschien 1975 in der Literaturzeitschrift „Sinn und Form", dem kulturellen Aushängeschild der DDR. Diese war kein Parteiorgan und war keiner Vorzensur unterworfen, stand aber unter ständiger staatlicher Beobachtung. Nach kurzer Zeit verschwand diese Nummer „wie von Geisterhand" aus den Kiosken (Braun 1998, S. 98). 1977 erschien sie als Buch in der Bundesrepublik und wurde von der Kritik als eines der wichtigsten DDR-Bücher überhaupt gehandelt (Wehdeking 1995, S. 33). Es ist eine Entwicklungs- und Selbstfindungsgeschichte unter den gesellschaftlichen Bedingungen einer Diktatur. Aufschlussreich ist Brauns Bericht über die Entstehung dieser Novelle in dem Band „Die unvollendete Geschichte und ihr Ende" (1998). Ihm wurde ein authentischer Fall zugetragen von einer drangsalierten jungen Frau, die „Opfer elterlicher und staatlicher Wachsamkeit" (Braun 1998, S. 105) geworden war. Er nahm Kontakt zu ihr auf und ließ sich ihre Geschichte erzählen. Von Anfang an irritierte ihn, dass sie „noch immer selbstbewusst, ganz ungebrochen" war, und gerade das beeindruckte ihn. „Welche Kraft musste sie haben, ich musste sie ihr abgewinnen." Er ahnte allerdings nicht, dass die junge Frau, die ihm ihre Geschichte erzählte, eine IM (informelle Mitarbeiterin) der Stasi war, die auf ihn angesetzt worden war. In die auffallend kühle Figur der Protagonistin Karin ist offenbar etwas von der unterschwelligen Distanz eingegangen: „Ich hatte Karin verwandelt – aber ihre Verstellung nicht geahnt." (Braun 1998, S. 112) – Die Sprache der „Unvollendeten Geschichte" zeigt auch die Vertrautheit des Autors mit Georg Büchner, den er als Anspielungsmedium einbezieht. Gustav Seibt fasst die Erkenntnisse der Interpretationen der „Unvollendeten Geschichte" zusammen, wenn er sie in seiner Laudatio zum Büchner-Preis für Volker Braun als seinen „Lenz" bezeichnet (Seibt 2000). So bietet sich diese Novelle auch als Zusatzlektüre zu Büchner an, aber die Beschäftigung mit Büchner ist keine Voraussetzung für das Verständnis.

Inhalt und Thematik

Die 18-jährige Karin wird durch einen letztlich unbegründeten Verdacht gegen ihren Feund Frank in eine persönliche und berufliche Existenzkrise und in unnötige Leiden getrieben. Die Kontrolle durch die Stasi (dieses Wort kommt im Text nicht vor), die Starrheit des Apparats und die „Subalternisierung der Individuen" (Emmerich 1996, S. 295) im ‚realen Sozialismus' setzen sie einer Prozedur von Stress und Angst aus, an der sie lernt. Am Ende wird sie (unklar, ob vorübergehend oder endgültig) um ihre Berufspläne als Journalistin gebracht. Sie emanzipiert sich von ihren Eltern, die für sie bis dahin Repräsentanten eines idealen sozialistischen Staates waren, und beginnt, an der Verwirklichung einer gerechten Gesellschaft zu zweifeln. Am Ende wird ihr bewusst, dass sie ihren Freund liebt. Aber die Frage nach der Möglichkeit eines beruflichen gesellschaftlichen Engagements bleibt ungelöst. Einerseits ist die Entlassung für sie der soziale, politische und persönliche Tod (S. 91) – andererseits demonstrieren der Plot und das Funktionärspersonal der Novelle die Verfestigung der trostlosen Verhältnisse in der DDR und damit implizit die Sinnlosigkeit journalistischer Arbeit. Umstritten ist die Frage, ob es sich um ein pessimistisches oder letztlich doch optimistisches Buch handelt. Westdeutsche Leser tendieren zu Ersterem, doch Volker Braun verstand seine schriftstellerische Arbeit als kritisches Korrektiv der Mängel seines Staates; die Idee des Sozialismus steht nicht zur Disposition.

Bereits der erste Satz der Novelle eröffnet das staatliche Machtspiel: Karins Vater, als Ratsvorsitzender des Kreises K. ein leitender Funktionär, fordert von ihr, sich unter irgendeinem Vorwand von ihrem Freund Frank zu trennen; er ist informiert worden, dass Frank politisch gefährlich sei und dass ihr Umgang mit ihm die ganze Familie in irgendwas hineinreiße. Dies ereignet sich zu dem Zeitpunkt, als Karin sich beruflich an ihrem Ziel sieht: Sie kann ihr Volontariat in der Bezirksredaktion der Zeitung fortsetzen, ist von einer Kreiszeitung in die nächsthöhere Ebene aufgestiegen. Als gehorsame Tochter, die ihre Eltern wegen ihres Einsatzes für den Aufbau des Sozialismus bewundert, kommt sie der Forderung nach, trifft sich aber mit schlechtem Gewissen weiterhin mit Frank. Zusammen suchen sie nach einem möglichen Verdachtsgrund und vermuten einen Brief aus Westdeutschland, in dem ein Freund Hilfe andeutet, im Fall, dass Frank wegwolle. Aber Frank hat gar nicht vor, in den Westen zu gehen. Da sie ihm vertraut, fügt sie sich – widerstrebend – der ihr vom Vater überbrachten Aufforderung, Franks Korrespondenz dem Parteisekretär auszuhändigen. Dieser bestellt sie zu einer Unterredung ein und droht mit Entlassung, wenn sie sich nicht von Frank trennt. Sie wendet sich sofort an den Kaderleiter, der verlangt ebenfalls die Trennung. Frank unternimmt einen Selbstmordversuch, wacht erst nach Tagen aus dem Koma auf und liegt wochenlang im Krankenhaus; die Ärzte befürchten, dass „etwas zurückbleibt". Karin ist schwanger und widersetzt sich der Forderung ihrer Mutter, das Kind abzutreiben. Nach Franks Suizidversuch erfährt sie vom Vater Genaueres über den Verdacht gegen Frank – eine geplante Republikflucht. Die Vorgesetzten halten also trotz der Harmlosigkeit der Briefe und trotz ihrer Aussage den Verdacht aufrecht. Sie wendet sich deswegen nochmals an den Kaderleiter, der sich an den Vorgang nicht einmal erinnern kann und dennoch sein Urteil nicht revidiert, was Karin so verstört, dass sie um Urlaub oder Entlassung bittet. Hinter ihrem Rücken wird sie tatsächlich entlassen, was sie nur durch Zufall von ihrem Vater erfährt. Zweimal versucht der Vater, ihr zu helfen, aber er knickt jedes Mal ein und stimmt sogar der Maßnahme zu, Karin „zur Bewährung in die Produktion" zu versetzen; damit ist sie fürs Erste beruflich degradiert. Wochenlang sucht sie nach einer Arbeit, wegen ihrer Schwangerschaft ohne Erfolg. In dieser desolaten Lage erkennt sie, dass ihre Freundschaft zu Frank Liebe ist. Am Ende verspricht ihr ein Beamter in der Stadtverwaltung, sich ihres Falls anzunehmen. Die Novelle endet mit Franks Entlassung aus dem Krankenhaus in einem – bedrückenden oder hoffnungsvollen? – Bild: Sie umarmt den taumelnden Frank, sie halten sich bleich aneinander fest. Dann fällt der lakonische, zur Deutung auffordernde Schlusssatz: „Hier begannen, während die eine nicht zu Ende war, andere Geschichten."

Leitende Aspekte, Einsatz der Arbeitsblätter

Diese Novelle widersetzt sich trotz der nachvollziehbaren Empörung über die staatliche Willkür oder Inkompetenz einem identifikatorischen Lesen, da die Protagonistin als gefühlsarm wahrgenommen wird. Dies ist gewollt: Im Text gähnt hier eine große Leerstelle, die alle Erwartungen an eine dramatische oder romantische Romeo-und-Julia-Story frustriert. Am befremdlichsten ist Karins Gefühlstaubheit in ihren beiden Reaktionen auf Franks Verzweiflung – sie reagiert „belustigt" auf seine Andeutung, er werde sich das Leben nehmen, wenn sie ihn verlässt, sie mahnt sich, hart zu bleiben und erkennt nicht Franks bedrohlichen Zustand, nachdem er Schlaftabletten genommen hat. Hierbei handelt es sich um ein antrainiertes Verhaltensmuster. Die Einstiegs- und Leitfragen nach der ersten Lektüre sollten diesen Punkt ansprechen und den Schülerinnen und Schülern die Möglichkeit geben, ihr Unbehagen auszusprechen; daraus ergibt sich die Frage nach den Ursachen für die Persönlichkeitsdefizite der Protagonistin. Diese liegen in ihrer Sozialisation durch die Eltern, zwei überzeugten Sozialisten, die sich für den Fortschritt abrackern und als Instanz des Über-Ichs Teil von Karins Persönlichkeit sind.

- *Ist Ihnen Karin eher sympathisch oder unsympathisch? Begründen Sie Ihre Einschätzung (Kartenabfrage).*

Hier liegt ein Ansatzpunkt für die Auseinandersetzung mit dem Text – es gilt, den gesellschaftlichen Ursachen für Karins Affektarmut nachzugehen. Die Eltern repräsentieren den staatlichen Anpassungsdruck, der an einem Dialog zwischen zwei Funktionären erarbeitet werden kann (**Arbeitsblatt 25**, S. 128), in dem ein typisches, durch diffuse Angst bedingtes Kommunikationsverhalten demonstriert wird. Der zweite Schwerpunkt ist die Frage nach Karins Entwicklung, dem Beginn der Emanzipation von den herrschenden Denkschablonen, die durch die Versalien im Druckbild ins Auge springen. Auf dem **Arbeitsblatt 26**, S. 129, sind diese elterlichen Moralvorstellungen und Erziehungsmaximen zusammengestellt. Diese Starre wird im Lauf der Novelle durch verschiedene Leseerlebnisse erschüttert.

Utopie und Wirklichkeit – zwei hohe Funktionäre (Arbeitsblatt 25, S. 128)

Im Text der Novelle fehlt ein Hinweis, warum der Vater den (in der Parteihierarchie ranghöheren) Bezirkssekretär aufsucht, und im Gespräch wagt er es nicht, sein Anliegen auszusprechen. Aus der Tatsache, dass Karin und der mit Frank „befasste" junge Funktionär ihn begleiten, und aus Karins verzweifeltem Gedanken „Und wenn er stirbt, stirbt?" geht hervor, dass er diesen um Hilfe bei der Rehabilitierung Franks und damit der Sicherung von Karins Ausbildungsplatz bitten möchte. Die beiden leitenden Funktionäre sind nicht plakativ als despotische Betonköpfe gezeichnet.

- *Beschreiben und analysieren Sie das Gesprächsverhalten der beiden Männer.*

Gesprächsanalyse

Der Vater	Der Bezirkssekretär
wagt nicht, das Problem anzusprechen; spricht ausweichend über den Landkreis; leugnet, dass er eine Bitte hat	bringt den Vater energisch zur Sache
Betroffenheit als Vater; dann kurze Darstellung des Vorfalls *(der junge Mann greift helfend ein)*; er versteht, dass die Behörde handeln musste; Austausch allgemeiner Klagen, Ratlosigkeit (bleibt stehen, ärgert sich im Stillen über das allgemeine Gerede, während er im Intimsten getroffen ist)	beginnt, vom Allgemeinsten zu reden Franks Fall: gehört zur Normalität; Demonstration von Machtlosigkeit und Hilflosigkeit; „philosophisches" Gefasel (drei Welten, drei Zeiten...); Verallgemeinerung der konkreten Probleme
vorsichtiges Erwägen der eigenen Pflicht zur Veränderung	aufmunternde Hinweise auf Erfolge im Umweltschutz, floskelhafte Zukunftshoffnung (widerlegt durch den toten Fluss)
eingeschüchtertes, unterwürfiges Verhalten; fehlender Mut, seiner Tochter zu helfen	**durchschaut die Situation, bietet aber keine Hilfe an; betont seine Handlungsunfähigkeit; Passivität; hilfloses Klagen über die eigene Hilflosigkeit**

- **zwei hochrangige Befehlsempfänger im zentral organisierten Verwaltungsapparat**
- **Handeln durch eigene Entscheidung oder eigene Initiative ist undenkbar**
- **die Sprache als das Instrument politischen Wirkens wird nicht genutzt**
- **ausweichendes Sprechen in Andeutungen**
- **systembedingte, erlernte Ohnmacht; Faulheit und Feigheit**

Sprache des Apparats, Bedeutung der Literatur (Arbeitsblatt 26, S. 129)

Durch die Großschreibung wird der Leser geradezu „mit didaktischem Gestus" auf die Schablonenhaftigkeit von Karins Denken gestoßen (Bothe, S. 390), das „durchsetzt und besetzt ist von Sprachmustern elterlicher Autorität". Die Großschreibung markiert aber auch die besondere Aufmerksamkeit Karins für diese Äußerungen, zunächst affirmativ, dann zunehmend kritisch. Gemeinsam ist diesen Wendungen das Verbot des Selbstdenkens und der Appell zu Anpassung und Pflichterfüllung. Der höchste aller Werte ist der selbstlose Einsatz für den gesellschaftlichen Fortschritt, der gegen die Wünsche der großen Mehrheit durchgesetzt werden muss. Hier bietet sich der Vergleich dieser Formeln mit Ausdrücken der Managersprache in „Top Dogs" von Urs Widmer (**Arbeitsblatt 21**, S. 123) an: Beide Wortlisten spiegeln den systemabhängigen gesellschaftsimmanenten Druck auf den Einzelnen (bei Braun: die Anpassung an das System der DDR, bei Widmer: die Anpassung an das Konkurrenzprinzip, das jeden zum Einzelkämpfer macht; weitere Parallelen: die Darstellung von Träumen und die Kontrastierung des Fach- bzw. Politjargons mit literarischen Texten als Medium der Selbsterkenntnis und des Selbstausdrucks).

- *Die durch Großdruck hervorgehobenen Wörter und die literarischen Anspielungen bilden zwei kontrastierende Textebenen. Worauf weisen diese Wörter und Wendungen hin? Was ist ihnen gemeinsam?*

- *Welche Bedeutung haben die literarischen Bezüge im Text?*

Das Arbeitsblatt enthält exemplarisch zwei dieser literarischen Texte: ein in der Novelle zitiertes Gedicht von J. R. Becher und Karins Gedanken nach der Lektüre des „Werther" von Goethe. Das Gedicht aus dem Nachlass von J. R. Becher öffnet dem literarisch uninteressierten Vater plötzlich die Augen und bringt etwas in ihm in Bewegung. Der Vater wiederholt erregt einzelne Zeilen. Erst wenn man das Gedicht aus dem Prosatext herauslöst, wird die Sonettform sichtbar. Es ist ein einfaches, eher plakatives Bekenntnis zum Leben (das Wort erscheint fünf Mal im Text) und ein Protest gegen die Reduzierung des Menschen auf die ‚Funktion' – und damit ein subversiver Text. Da er aus der Feder eines hoch geachteten Dichters und Kulturpolitikers der DDR stammt, kann der Autor diese unerwünschte Botschaft in voller Länge zitieren. Darüber hinaus betont das Gedicht den Fehler, das Ausscheiden aus dem Amt freiwillig angestrebt zu haben. Dem Vater wird die Lebensfeindlichkeit der hierarchischen Strukturen bewusst, das Gedicht dringt durch das ‚Gehäuse der Hörigkeit' (M. Weber), in dem er steckt. Ähnliches widerfährt Karin bei der Lektüre des „Werther". Zum ersten Mal dämmert es ihr, dass es einen Widerspruch, einen ‚Riss' gibt, einen Konflikt, den sie noch nicht zuordnen kann. Der Riss bildet von da an eine wiederholte und variierte Metapher im Text. Er meldet sich im Traum als Angsterlebnis, aus der Welt hinauszufallen (S. 49), und kehrt noch einmal in literarischer Vermittlung auf: An Heiner Müllers „Philoktet" erkennt sie die als mitleidlos dargestellten Griechen als Repräsentanten der Inhumanität der eigenen Gesellschaft (S. 73) und ahnt etwas von einem Riss in der Gesellschaft. Der Riss verläuft zwischen ihr und der Welt, in ihr als Konflikt und innerhalb der Gesellschaft als Widerspruch zwischen Anspruch und Wirklichkeit. Die literarischen Texte lenken den Blick der befangenen Protagonisten auf eine von ihnen noch nicht bedachte Möglichkeit und damit auf ihre eigene defizitäre Existenz. Darüber hinaus wird in der „Unvollendeten Geschichte" durch die Intertextualität ein kollektiver Diskursraum im Sinne einer Ersatzöffentlichkeit eröffnet (Bothe, S. 361). Es ist ein öffentlicher Wegweiser zu einem Innenraum. – Die Literatur ist das Medium im Text, das auf die verkümmerte Dimension des Menschlichen verweist. Die Büchner-Anspielungen finden sich nicht auf dem Arbeitsblatt.

Gestaltungs-, Erzählmittel

Die Wörter im Großdruck:

- staatliche Verbote (z. B. Westverbindungen, drüben, anstiften)
- unklare Drohungen (z. B. informiert worden, verdächtig)
- Ideologie (ihren Platz einnehmen, andere überzeugen, alles zum Wohl des Menschen, die Funktion!)
- staatlich Unerwünschtes (Rückzug ins Privatleben)
- die Eltern als Vorbild für politisches Engagement (Arbeit, die sonst keiner macht)
- Erziehungsvokabular/Stolz und Anspruch der Eltern (abgeglitten, das Vertrauen gebrochen, aus der Art geschlagen, etwas anderes erwartet)

Appelle zur Selbstüberwindung, Denkverbote, Anpassungszwang

Literarische Bezüge:

- J. R. Becher: Leben! Nicht in der Funktion aufgehen!
- „Werther" (Parallele zu Franks Selbstmordversuch, Sensibilität): Ahnung eines Risses (zwischen sich und der Gesellschaft, innerhalb der Gesellschaft, als innerer Konflikt)
- der Trivialroman: Kälte der Gesellschaft
- Büchner („Lenz"): Entfremdungserscheinungen, fremder Blick auf die Umgebung
- „Hess. Landbote": Übermacht des Staates
- „Fatalismusbrief": Anpassung ist Sünde

Leben, innere Freiheit, Bewusstmachung der Enge und anderer Möglichkeiten des Menschseins; Katalysator der Kritik am Bestehenden

Intertextuelle Bezüge – G. Büchner:

Hier ist es vor allem Büchner, der einen verborgenen mitlaufenden Subtext bildet. Nur einmal (S. 77) wird ein Zitat (es stammt aus dem Hessischen Landboten) namentlich gekennzeichnet: „Was ist denn nun das für ein gewaltiges Ding: der Staat?" (Georg Büchner) Büchner fungiert als Folie und Anspielungsmedium, als ein auktorial verwendeter Code für Eingeweihte und als Schutzraum, zu dem die staatlichen Zensoren keinen Zutritt haben. Büchner ist eine Chiffre für soziales Denken, Gerechtigkeitssinn, Empörung über die Mächtigen und Mitleid mit den Geringsten, für revolutionäre Aktivität und politische Resignation, für Verkümmerung und Leiden an einem Polizeistaat. Die längsten Passagen im Ton und Duktus des „Lenz" finden sich bei der Beschreibung von Karins Blicken aus dem Fenster eines fahrenden Busses auf die Umgebung, als melancholisches Wahrnehmen von Menschen gemachter Störelemente in der Landschaft (S. 12ff., S. 38f.). Es gibt aber eine noch raffiniertere Anspielungstechnik, die des angedeuteten Zitats. Nach dem Besuch des Vaters beim Bezirkssekretär (Arbeitsblatt 25) erkennt Karin urplötzlich, was die elterliche Erziehung in ihr angerichtet hat. An die Stelle von Weinen, stummer Verzweiflung und irritierenden Albträumen tritt eine klare Erkenntnis, die sie so verändert, dass sie „von einem Tag auf den andern so anders leben konnte" (S. 70). Plötzlich bereut sie ihren Verrat an Frank und erkennt, dass sie hier nicht autonom gehandelt hat; sie verwendet eine Anspielung auf eine Stelle in Büchners berühmtem „Fatalismus-Brief" (10. März 1834): „Was ist das, was in uns lügt, mordet, stiehlt?" In Bezug auf Karin heißt es: „Was war das in ihr, das sie sich selbst vergessen ließ [...]?" (S. 69) Karins Frage in der Syntax der Büchnerfrage stellt für eingeweihte Leser die Verbindung von Selbstüberwindung und Anpassung mit dem Bösen schlechthin her. So weit denkt Karin nicht; aber nach dieser Selbsterkenntnis kann sie die Frage stellen: „Was habt ihr mit ihm [mit Frank] gemacht?"
Es ist die Geschichte einer unvollendeten Erweckung – des Denkens und des Empfindens. An der Darstellung von Karins Familie wird ihr anfängliches Verhalten als antrainiertes Verhaltensmuster sichtbar. So hat sie z. B. im Laufe der Politkarriere des Vaters sieben Mal die Schule gewechselt; die Mutter, eine linientreue Journalistin, die bis in die Nacht arbeitet, ist ein Schreckbild von Kälte und Achtlosigkeit. Jeden psychischen oder physischen Affekt wehrt sie mit dem Durchhalteappell „Hartbleiben" ab. Nur langsam befreit Karin sich aus diesem Gefühlspanzer und erarbeitet sich eine zaghafte eigene Identität. Die Übermacht der familiären Erziehung zeigt sich auch darin, dass sich ihr Gewissen fast immer – bis in die Träume hinein – als Scham äußert (S. 31, S. 50f., S. 58, S. 83, S. 90). Scham ist ein gesteigertes Schuldgefühl, das sich mit der Vorstellung der offen sichtbaren Schande verbindet, mit der Obsession öffentlicher Entblößung. Anfangs empfindet sie Scham, weil sie sich den Eltern widersetzt hat, dann wegen ihrer Achtlosigkeit gegenüber Franks Verzweiflung, am Ende wegen dem – unverschuldeten – Ende ihrer beruflichen Pläne: von gelungener Emanzipation kann keine Rede sein. Auffällig gefühlsarm im Vergleich mit den intensiven Schuld- und Schamgefühlen ist die Liebesgeschichte. Regungen wie Mitleid, Sorge, Angst, Trauer, Reue fehlen, ebenso der Hinweis auf irgendeine Beziehung zu dem Kind, das sie erwartet; der Leser vermisst etwas und beginnt, das Fehlende zu ergänzen. Das Ende dieser Starre wird mit einem unvermuteten kurzen Absatz in expliziter Sprache klar benannt, fast möchte man meinen, behauptet: „Aber während all dem wurde ihr bewußt, [...], wie empfindungslos sie bisher gedacht und gehandelt hatte. [...] Sie spürte auch mit Erstaunen, daß sie Frank zu lieben begann, so daß sie sich selbst vergessen konnte. [...] Sie hatte keine Angst mehr" (S. 93f.). Karins Liebe, die erst in der Not der Vereinsamung entsteht, kann zweifach gedeutet werden: als ein Zu-sich-Kommen, als Befreiung des eingekerkerten Gefühls oder nur als letzte Rettung in ihrem beruflich gescheiterten Leben, überschattet vom Gefühl der Blamage und der Sinnleere und vermittelt durch die Starrheit der an dem Fall beteiligten Funktionäre. Die Wirkung des Schlusstableaus ist ambivalent. Ein Happy End sähe anders aus.

Erich Kästner: Fabian (1931) – Zwei Standpunkte

Jakob Fabian, 31 Jahre alt, promovierter Germanist, ist der ‚Held' dieses satirischen Romans, der in Berlin um 1930 spielt. Fabian ist ein Moralist, der – immer in prekären Beschäftigungsverhältnissen, häufig auch arbeitslos – die sozialen Verhältnisse mit kritischem Blick beobachtet. Nach einer gescheiterten Liebesaffäre verlässt er enttäuscht die Stadt und kehrt heim zu seiner Mutter. Er stirbt bei dem Versuch, einen kleinen Jungen vorm Ertrinken zu retten – er kann selber nicht schwimmen. Im Textauszug streitet er mit seinem Freund Labude, der eine Universitätskarriere als Literaturwissenschaftler anstrebt und aus wohlhabenden Verhältnissen kommt.

„Ich kann vieles und will nichts. Wozu soll ich vorwärtskommen? Wofür und wogegen? Nehmen wir wirklich einmal an, ich sei der Träger einer Funktion. Wo ist das System, in dem ich funktionieren kann? Es ist nicht da, und nichts hat Sinn."

„Doch, man verdient beispielsweise Geld."

„Ich bin kein Kapitalist!"

„Eben deshalb." Labude lachte ein bisschen.

„Wenn ich sage, ich bin kein Kapitalist, dann meine ich: ich habe kein pekuniäres Organ. Wozu soll ich Geld verdienen? Was soll ich mit dem Geld anfangen? Um satt zu werden, muss man nicht vorwärtskommen. Ob ich Adressen schreibe, Plakate bedichte oder mit Rotkohl handle, ist mir und ist überhaupt gleichgültig. Sind das Aufgaben für einen erwachsenen Menschen? Rotkohl en gros oder en detail, wo steckt der Unterschied? Ich bin kein Kapitalist, wiederhole ich dir! Ich will keine Zinsen, ich will keinen Mehrwert."

Labude schüttelte den Kopf. „Das ist Indolenz. Wer Geld verdient und es nicht liebt, kann es gegen Macht eintauschen."

„Was fang' ich mit der Macht an?", fragte Fabian. „Ich weiß, du suchst sie. Aber was fange ich mit der Macht an, da ich nicht mächtig zu sein wünsche? Machthunger und Geldgier sind Geschwister, aber mit mir sind sie nicht verwandt."

„Man kann die Macht im Interesse anderer verwenden."

„Wer tut das? Dieser wendet sie für sich an, jener für seine Familie, der eine für seine Steuerklasse, der andere für diejenigen, die blonde Haare haben, der Fünfte für solche, die über zwei Meter groß sind, der Sechste, um eine mathematische Formel an der Menschheit auszuprobieren. Ich pfeif auf Geld und Macht!" Fabian hieb mit der Faust auf die Brüstung, aber die war gepolstert und plüschüberzogen. Der Faustschlag blieb stumm.

„Wenn es eine Gärtnerei gäbe, wie ich sie mir erträume! Ich brächte dich, an Händen und Füßen gefesselt, hin und ließe dir ein Lebensziel einpflanzen!" Labude war ernstlich bekümmert und legte die Hand auf den Arm des Freundes.

„Ich sehe zu. Ist das nichts?"

„Wem ist damit geholfen?"

„Wem ist zu helfen?", fragte Fabian. „Du willst Macht haben. Du willst, träumst du, das Kleinbürgertum sammeln und führen. Du willst das Kapital kontrollieren und das Proletariat einbürgern. Und dann willst du helfen, einen Kulturstaat aufzubauen, der dem Paradies verteufelt ähnlich sieht. Und ich sage dir: Noch in diesem Paradies werden sie sich die Fresse vollhauen! Davon abgesehen, dass es nie zustande kommen wird ... Ich weiß ein Ziel, aber es ist leider keins. Ich möchte helfen, die Menschen anständig und vernünftig zu machen. Vorläufig bin ich damit beschäftigt, sie auf ihre diesbezügliche Eignung hin anzuschauen."

Labude hob sein Glas und rief: „Viel Vergnügen!" Er trank, setzte ab und sagte: „Erst muss man das System vernünftig gestalten, dann werden sich die Menschen anpassen."

Fabian trank und schwieg.

Labude fuhr erregt fort: „Das siehst du ein, nicht wahr? Natürlich siehst du das ein. Aber du fantasierst lieber von einem unerreichbaren vollkommenen Ziel, anstatt einem unvollkommenen zuzustreben, das sich verwirklichen lässt. Es ist dir bequemer so. Du hast keinen Ehrgeiz, das ist das Schlimme."

„Ein Glück ist das. Stell dir vor, unsere fünf Millionen Arbeitslosen begnügten sich nicht mit dem Anspruch auf Unterstützung. Stell dir vor, sie wären ehrgeizig!"

■ *Analysieren und diskutieren Sie die beiden Standpunkte.*

Wilhelm Genazino: Ein Regenschirm für diesen Tag

Der Ich-Erzähler, 46 Jahre alt, hat Germanistik studiert; er verdient sich etwas Geld als Tester von Luxusschuhen; Herr Habedank ist sein Auftraggeber.

Ich müsste Habedank sofort anrufen und einen Termin mit ihm vereinbaren. Aber ich gehe am Telefon vorbei in das vordere Zimmer. Jetzt breitet sich das Schicksal aus, das nicht genehmigte Leben. Ich bin immer melancholisch geworden, wenn ich kämpfen sollte. Ich werde kämpfen müssen, also werde ich melancholisch. Es ist, als würde ich bis zu den Knien in einem leicht anrüchigen Gewässer stehen. Habedank wird mir den Job wegnehmen, wenn ich nicht mit ihm über Modelleisenbahnen rede. Ich stehe am Fenster und schaue die Straße hinab. Ich beobachte einen jungen Mann, der den Bürgersteig vor dem Verwaltungsgebäude einer Baufirma reinigt. Er erscheint alle vierzehn Tage und bläst mit einem Hochdruckreiniger die herumliegenden Blätter erst eine Weile vor sich her und dann in eine Anlage hinein. Später holt er einen großen blauen Plastiksack aus seinem Auto und stopft die Blätter hinein und schafft sie fort. Das Ordnungsgehabe der Baufirma empört mich. Die Damen und Herren Bauzeichner, Konstrukteure und Statiker legen Wert auf einen total gereinigten Bürgersteig! Kein Stäubchen soll liegen vor ihrem prächtigen Geschäftsgebäude! Nicht einmal ein paar Blätter können sie liegen sehen! Ich frage mich, ob die Damen und Herren nie Kinder gewesen sind, ob es ihnen nie Freude gemacht hat, mit quergestellten Schuhen ein paar Blätter vor sich herzuschieben, ob ihnen das dabei entstehende Geräusch und der Anblick der vor ihren Schuhen zusammengebauschten Blätter nicht geholfen hat, ihre verbiesterte Mutter zu ertragen oder ihre fürchterlichen Lehrer oder das Gewisper ihrer armen Seelen. Sind die Damen und Herren niemals ganz bei sich gewesen und sind sie deswegen so ausgezeichnete Befürworter von total gereinigten Gehwegen geworden?

In diesem Augenblick kommt mir eine Idee. Ich werde mir für die Angestellten der Baufirma einen Schnellkurs für Gedächtniskunst ausdenken. Ich werde mich INSTITUT FÜR MNEMOSYNE[1] nennen, das klingt modern und neuartig und so, dass jeder Angestelltenzausel wissen will, was das ist. Ich werde an vier oder fünf Abenden einen Grundkurs in der Kunst des Erinnerns anbieten. Ja! Das ist es! Ich werde lange und klug auf die Angestellten einreden, bis sie endlich begreifen, wie wunderbar es damals war, als die kleinen Blätterberge vor ihren Schuhen immer größer wurden. Dann werden auch die verstocktesten Statiker verstehen, dass es eine Wohltat ist, wenn man raschelndes Laub durchschreitet und dabei das unersetzliche und ganz unüberbietbare Gefühl entsteht, dass jeder Mensch immer ein und dieselbe Person ist mit einer einzigen, langsam anwachsenden und reicher werdenden Gedächtnisgeschichte. Diese Einsicht wird den Bauzeichnern und Statikern unendlich wohltun, und sie werden den Mann mit dem Hochdruckreiniger nach Hause schicken und einen Teil ihrer Gewinne in das neu gegründete INSTITUT FÜR MNEMOSYNE investieren. Und ich werde Geld verdienen mit diesen Kursen! Gütiger Gott! Geld! Plötzlich sehe ich, wie unten auf dem Gehweg ein Mann stehen bleibt, sich einen Schuh auszieht, sich den während des Gehens verrutschten Socken zurechtzuppelt, den Schuh wieder anzieht und weitergeht. Dieser Mann bremst meinen Tagtraum, ich weiß nicht warum. Wahrscheinlich ist es der niederträchtige Anblick der Gewissheit, dass die Menschen auch noch in ihren Schuhen für Ordnung sorgen müssen. Ich fühle, wie mich mein Tagtraum wieder verlässt, beziehungsweise wie er sich zuerst in eine Bedrohung und dann in eine Beschämung verwandelt. Ich werde kein Geld verdienen, jedenfalls nicht mit Kursen für Gedächtniskunst. Ich habe die letzten euphorischen Sätze in den noch immer abgedunkelten Probenraum meiner Zukunft hineingesprochen, wo sie selber sehen müssen, ob sie etwas mit meinem Leben anfangen können. Ha! Erinnerungskunst für Angestellte! Damit können die gar nichts anfangen! Im Gegenteil, die fragen dreimal, wie man Mnemosyne denn schreibt, weil sie das Wort nie zuvor gehört haben. Die lachen dich aus! Gedächtniskunst! Was soll das denn sein! Mein Tagtraum flieht und verhöhnt mich während der Flucht. Das ist seine Art, ich kenne das seit langem. Gedächtniskunst! Das kann sich nur der Stubenhocker vom Haus gegenüber ausgedacht haben! Solche Fantasien verhindern auch heute, dass aus mir

[1] Mnemosyne: griechische Göttin des Gedächtnisses

endlich ein lebenstüchtiger Mensch wird. Ich seufze, weil ich ein so kleiner, fehlbarer Mensch bin. Das ist die letzte Lektion des fliehenden Tagtraums. Warum brütet dein Hirn immer wieder derartig faule Eier aus, die niemand kaufen will? Warum denkst du immer wieder Gedanken, die dich nur selber beeindrucken und die du niemand mitteilen kannst (Lisa ausgenommen), weil niemand versteht (Lisa ausgenommen), wie ein ausgewachsener Mann davon überzeugt sein kann, dass er mit derartigem Humbug Geld verdienen könnte?

Aus: Wilhelm Genazino: Ein Regenschirm für diesen Tag.

- *Untersuchen Sie den Prozess, der sich im Ich-Erzähler abspielt, als er mit einem konkreten Problem konfrontiert wird.*
- *Schreiben Sie eine Charakteristik Fabians und des Ich-Erzählers des Romans „Ein Regenschirm für diesen Tag".*
- *Denken Sie sich für die beiden eine Episode aus und erzählen Sie (z. B. Kauf eines Kleidungsstücks, Rendezvous mit einer Frau, Bewerbungsgespräch. Mögliche Form: szenische Gestaltung, innerer Monolog).*

Hans Fallada: Kleiner Mann, was nun? (1932) – Der Romanschluss

Nachdem Pinneberg seinen Arbeitsplatz als Verkäufer in einem Berliner Herrenmodegeschäft verloren hat, ist er mit seiner Frau und seinem kleinen Sohn in eine Laubenkolonie am Stadtrand gezogen. Er ist nach Berlin gefahren, um Mietschulden zu begleichen und Arbeitslosengeld abzuholen. Plötzlich fällt ihm ein, dass er vergessen hat, Butter und Bananen für den kleinen Sohn, den Murkel, einzukaufen. Aber die Geschäfte sind schon zu. Er schaut in das Schaufenster eines Delikatessengeschäfts, um zu sehen, ob er noch jemanden hinten im Verkaufsraum erreichen kann.

Eine Stimme sagt halblaut neben ihm: „Gehen Sie weiter!“

Pinneberg fährt zusammen, er hat richtig einen Schreck bekommen, er sieht sich um. Ein Schupo steht neben ihm. Hat er ihn gemeint?

„Sie sollen weitergehen, Sie, hören Sie!“ sagt der Schupo laut.

Es stehen noch mehr Leute am Schaufenster, gutgekleidete Herrschaften, aber denen gilt die Anrede des Polizisten nicht, es ist kein Zweifel, er meint allein von allen Pinneberg.

Der ist völlig verwirrt. „Wie? Wie? Aber warum ...? Darf ich denn nicht ...?“

Er stammelt, er kapiert es einfach nicht.

„Machen Sie jetzt?“ fragt der Schupo. „Oder soll ich ...“

Über dem Handgelenk hat er den Halteriemen vom Gummiknüppel, er hebt den Knüppel ein wenig an. Alle Leute starren auf Pinneberg. Es sind schon mehr stehengeblieben, es ist ein richtiger beginnender Auflauf. Die Leute sehen abwartend aus, sie nehmen weder für noch wider Partei, gestern sind hier in der Friedrich und in der Leipziger Schaufenster eingeworfen.

Der Schupo hat dunkle Augenbrauen, blanke, gerade Augen, eine feste Nase, rote Bäckchen, ein schwarzes Schnurrbärtchen unter der Nase ...

„Wird's was?“ sagt der Schupo ruhig.

Pinneberg möchte sprechen, Pinneberg sieht den Schupo an, seine Lippen zittern, Pinneberg sieht die Leute an. Bis an das Schaufenster stehen die Leute, gut gekleidete Leute, ordentliche Leute, verdienende Leute.

Aber in der spiegelnden Scheibe des Fensters steht noch einer, ein blasser Schemen, ohne Kragen, mit schäbigem Ulster, mit teerbeschmierter Hose.

Und plötzlich begreift Pinneberg alles, angesichts dieses Schupo, dieser ordentlichen Leute, dieser blanken Scheibe begreift er, daß er draußen ist, daß er hier nicht mehr hergehört, daß man ihn zu Recht wegjagt: ausgerutscht, versunken, erledigt. Ordnung und Sauberkeit: Es war einmal. Arbeit und sicheres Brot: Es war einmal. Vorwärtskommen und Hoffen: Es war einmal. Armut ist nicht nur Elend, Armut ist auch strafwürdig, Armut ist Makel, Armut heißt Verdacht.

„Soll ich dir Beine machen?“ sagt der Schupo.

Pinneberg gibt sofort klein bei, er ist wie besinnungslos, er will auf dem Bürgersteig weiter rasch zum Bahnhof Friedrichstraße, er will seinen Zug erreichen, er will zu Lämmchen ...

Pinneberg bekommt einen Stoß gegen die Schulter, es ist kein derber Stoß, aber er ist immerhin so, daß Pinneberg nun auf der Fahrbahn steht.

„Hau ab, Mensch!“ sagt der Schupo. „Mach ein bisschen dalli.“

Und Pinneberg setzt sich in Bewegung, er trabt an der Kante des Bürgersteigs auf der Fahrbahn entlang, er denkt an furchtbar viel, an Anzünden, an Bomben, an Totschießen, er denkt daran, daß es nun eigentlich auch mit Lämmchen alle ist und mit dem Murkel, daß nichts mehr weitergeht ... Aber eigentlich denkt er an gar nichts.

Pinneberg kommt an die Stelle, wo die Jägerstraße die Friedrichstraße kreuzt. Er will über die Kreuzung fort, zum Bahnhof, nach Haus, zu Lämmchen, zum Murkel, dort ist er wer ...

Der Schupo gibt ihm einen Stoß. „Da lang, Mensch!“ Er zeigt in die Jägerstraße.

Noch einmal will Pinneberg meutern, er muß doch zu seinem Zug. „Aber ich muß ...“ sagt er.

„Da lang, sage ich“, wiederholt der Schupo und schiebt ihn in die Jägerstraße. „Hau ab, aber ein bißchen fix, alter Junge.“ Und er gibt Pinneberg einen kräftigen Stoß.

Pinneberg fängt an zu laufen, er läuft sehr rasch, er merkt, sie sind nicht mehr hinter ihm, aber er wagt es nicht, sich umzusehen. (S. 383 f.)

Der Schluss des Romans: Er wagt sich nicht ins Haus, aber seine Frau merkt, dass er im Dunkeln hinter einem Fliederbusch steht.

Da steht ihr Mann, ihr lieber junger Mann, im Dunkeln, wie ein verwundetes Tier, und traut sich nicht ans Licht. Jetzt haben sie ihn unten. [...] Wenn er nur ein Wort spräche!
Sie sagt: „Ich habe doch heute bei Krämers gestopft, nicht wahr?"
Er antwortet nicht.
„Das heißt, ich habe nicht gestopft. Sie hatte einen Stoff da, ich habe ihn ihr zugeschnitten und nähe ihr ein Hauskleid. Sie ist sehr zufrieden, sie will mir ihre alte Nähmaschine billig lassen und mich all ihren Bekannten empfehlen. Für ein Kleid machen krieg ich acht Mark, vielleicht sogar zehn."
Sie wartet. Sie wartet lange. Sie sagt behutsam: „Wir können vielleicht gut Geld verdienen. Wir sind vielleicht raus aus dem Dreck."
Er macht eine Bewegung, aber dann steht er wieder still und sagt nichts. Lämmchen wartet, ihr Herz wird so schwer, es ist kalt. Sie kann nicht mehr trösten. Sie weiß nichts mehr. Es ist alles umsonst. Was hilft kämpfen? Für was denn? Er hätte mit den andern Holz stehlen gehen sollen.
Noch einmal wirft sie den Kopf zurück, sie sieht die vielen Sterne, es ist still und feierlich, aber furchtbar fremd und groß und weit weg. Sie sagt: „Der Murkel hat heute Nachmittag immer nach dir gefragt. Er sagt plötzlich nicht mehr Pepp-Pepp, er sagt Pappo."
Der Junge [so nennt sie ihren Mann] sagt nichts.
„O Junge! Junge!" ruft sie. „Was ist denn? Sag doch ein Wort zu deinem Lämmchen! Bin ich denn nichts mehr? Sind wir denn ganz allein?"
Ach, es hilft nichts. Er kommt nicht näher, er sagt nichts, ferner scheint er zu sein, immer ferner. Die Kälte ist hochgestiegen an Lämmchen, sie sitzt ganz in der Kälte, es ist nichts mehr. Hinten ist die warme, rötliche Helle des Laubenfensters, da schläft der Murkel. Ach, auch Kinder gehen vorbei, sie gehören uns nur eine kurze Zeit – sechs Jahre? Zehn Jahre? Alles ist Alleinsein.
Sie geht auf die rötliche Helle zu, sie muß es ja, was gibt es sonst?
Hinter ihr ruft eine Stimme ferne: „Lämmchen!"
Sie geht weiter, es hilft nichts mehr, sie geht weiter.
„Lämmchen!"
Sie geht weiter. Da ist die Laube, da ist die Tür, nun ein Schritt noch, die Hand, die nach dem Drücker faßt ...
„Sie wird festgehalten, der Junge hält sie fest, er schluchzt, er stammelt: „Oh, Lämmchen, was haben sie mit mir gemacht ... die Polizei ..., heruntergestoßen haben sie mich vom Bürgersteig ..., weggejagt haben sie mich ..., wie kann ich noch einen Menschen ansehen ...?"
Und plötzlich ist die Kälte weg, eine unendlich sanfte, grüne Woge hebt sie auf und ihn mit ihr. Sie gleiten empor, die Sterne funkeln ganz nahe; sie flüstert: „Aber du kannst mich doch ansehen! Immer und immer! Du bist doch bei mir, wir sind doch beisammen ..."
Die Woge steigt und steigt. Es ist der nächtliche Strand zwischen Lensahn und Wiek, schon einmal waren die Sterne so nah. Es ist das alte Glück, es ist die alte Liebe. Höher und höher, von der befleckten Erde zu den Sternen.
Und dann gehen sie beide ins Haus, in dem der Murkel schläft." (S. 394ff.)

Aus: Hans Fallada. Ausgewählte Werke in Einzelausgaben. Band 2, Kleiner Mann, was nun? Roman (Dieser Band erschien erstmals 1962 im Aufbau-Verlag; Aufbau ist eine Marke der Aufbau Verlag GmbH & Co. KG). Aus lizenzrechtlichen Gründen nicht in reformierter Schreibung

- *Wie wirkt der Romanschluss auf Sie?*
- *Dieser Romanschluss wurde heiß geliebt und heftig kritisiert. Welche Gründe vermuten Sie?*

Hans Fallada: Kleiner Mann, was nun? – Der Schluss des Romans im Spiegel der Kritik

Krohn: „Vereinzelung, Identifikationswünsche, autoritär bestimmtes Anlehnungsbedürfnis an die aktiven Starken, Sehnsucht nach Harmonie, das sind die Elemente, die die psychische Struktur Falladas und die seiner Helden konstituieren. Sie sind Ausdruck der Ohnmacht. [...] Eine Darstellung von Handlungsalternativen, die das Ohnmachtsverhältnis zur Umwelt aufbrechen könnten, ist bei Fallada nicht zu finden. [...] Die Familie mit der Dominanz der naturwüchsig bestimmten und starken Frau verkörperte die Summe dieser Ideologeme und weist darüber hinaus auf die Schizophrenie des kleinbürgerlichen Charakters, indem dieses private Refugium zugleich verlorene Statusansprüche befriedigen soll. Wie die auf Höheres hin geordneten Wertvorstellungen bereits auf den autoritären Charakter weisen, zeigen sich dessen Züge auch in den zwischenmenschlichen Beziehungen ..."

Aus: Klaus Dieter Krohn: Hans Fallada und die Weimarer Republik. In: Literaturwissenschaft und Geschichtsphilosophie. Festschrift für Wilhelm Emrich. Hrsg. von H. Arntzen. Berlin: de Gruyter 1975, S. 16, 18ff.

Thöming: „Für die Rezeption bedeutet [...] die Erzählerdevise [...], dass ‚der Autor im Buch ganz fehlen' solle, dass der Leser weder mit der Voreinstellung ‚so war es' noch ‚so hat Fallada die Verhältnisse gesehen' rezipieren kann, sondern mit der Perspektive ‚so hat sich dem Kleinbürgertum an jenem historischen Zeitpunkt die Welt dargestellt'. In diesem Sinne nenne ich Fallada einen Seismografen, der auffallende Fakten unwillkürlich registriert, aber nicht selbst auswertet. Die Auswertung ist Sache des kritischen Lesers, der sich der Suggestivwirkung dieser Erzählkunst nicht entzieht, aber zugleich die überfällige ideologische Abdankung des Kleinbürgertums nach dem Faschismus mit einbezieht. [...] Die gesellschaftskritischen Konturen sind [...] nicht nur implizit vorhanden, sondern [...] deutlich heraustretend, sodass sie sich selbst genügend interpretieren."

Jürgen C. Thöming: Hans Fallada. Seismograph gesellschaftlicher Krisen. In: Hans Wagener (Hrg.): Zeitkritische Romane des 20. Jahrhunderts. Die Gesellschaft in der Kritik der deutschen Literatur. Stuttgart: Reclam, 1975, S. 115

Möhrmann: „So sozialkritisch er seine Geschichte darstellt, so euphemistisch erweist sich ihr Schluss. Er lädt seinen Helden ganz einfach im Schrebergartenglück ab und überdeckt die Zukunft mit dem wärmenden Mantel der Liebe. Er kritisiert zwar das System, bietet aber keine Alternativen."

Renate Möhrmann (1978) in: Michael Grisko: Hans Fallada, Kleiner Mann, was nun? Erläuterungen und Dokumente. Stuttgart: Reclam 2002, S. 141

Genazino: [Falladas] „schriftstellerisches Interesse bewegte sich im Allgemeinen, das heißt auf der mittleren Katastrophenebene des Kleinbürgertums, das zu keinem Ende hin erzählbar ist. Und doch hatte Fallada inmitten des Handgemenges stets einen spezifischen Blick für die unheimlichen Momente des Allgemeinen. Ich meine die Augenblicke, in denen das Normale, das Übliche, das Gewöhnliche plötzlich die Farbe einer Drohung annimmt. Fallada wusste sehr genau, dass es in keiner Gesellschaft verlässliche Grenzen zwischen arm und reich gibt, [...] zwischen gesund und krank, zwischen gebildet und ungebildet. [...] Das ist die Drohung, [...], für deren Wahrnehmung Hans Fallada eine untrügliche Resonanzfähigkeit hatte. Es ist ein Kennzeichen von guten Schriftstellern, dass sie mit etwas Unbekanntem vertrauter sind als die meisten von uns. Fallada war mit der Drohung des Asozialen vertraut, die im Sozialen nistet; *diese* Vertrautheit ist sein Besonderes im Allgemeinen. Sie rechtfertigt es nicht, dass Fallada in den besseren schöngeistigen Zirkeln noch länger ignoriert wird."

Wilhelm Genazino in seiner Dankrede für den Hans-Fallada-Preis: Die Drohung im Handgemenge. In ders.: Der gedehnte Blick, © 2004 Carl Hanser Verlag München

- *Ordnen Sie die Aussagen in aufsteigender Linie (von schärfster Kritik zu höchstem Lob).*
- *Wie begründen die vier Kritiker ihre Bewertung? Was erwarten sie jeweils von der Literatur?*

Urs Widmer: Top Dogs (2002) – Sprache des Managements

Die 3. Szene des Stücks „Top Dogs“ von Urs Widmer besteht nur aus dieser hier leicht gekürzten Liste, die von mehreren Schauspielern im Wechsel gesprochen wird:

Management-buyout
Kreativität
Point-of-no-return
Competition
Cash-flow
Unternehmensphilosophie
Firmenkultur
Anforderungsprofil
Marketingstrategie
Einsatz
Finanzrahmen
Revolution
Umstrukturierung
Leistungsanreiz
Projektmanagement
Motivation
Belastbarkeit
Kostenvorgabe
Investitionsstrategie
Marktabklärung
Mitarbeiterzufriedenheit
Optimierung
Echtzeitdatenbank
Leistungsbeurteilung
Job-sharing
Karriereanker
Arbeitsmarktfähigkeit
Hot-line
Job-Portfolio

Effizienzsteigerung
Total quality management
Business reengineering
Lean management
Review-Kultur
Emotionsorientierte Führung
Kostenoptimierung
All-you-can-afford Methode
Cash-cow
Cross-Cultural Management
Humankapital
Just-in-time-delivery
Management by love
Optimum workforce mix
Top-down-Management
Task Force
Innovations-Management
Spin-off-Task Force
Konzentrationsvision
High-cost-producer
Downsizing
Strong-buy
Outsourcing
Global Manager
Corporate Identity
Hot Groups
Rapid Prototyping
Kündigungskultur
Downward-mobility

Konkurrenzdruck
Produkt-Pipeline
Risikostreuung
Management-buy-in
Assessment
Quality control
Consumer demand
Shareholder Value
Früh-Indikatoren
Output
Bonus
Leadership
Motivator
Sales Training
Joint-Ventures
Strategische Allianz
Risikobereitschaft
Training-on-the-Job
Promotion
Know-how
Down-side-risk
Zeithorizont
Aufbruchsstimmung
Aggressives Wachstum
Change-Management
Mean-and-lean-Management
Teamplayer
Rationalisierungsschub
Wertsteigerung

Aus: Urs Widmer: Top Dogs (3. Szene). Frankfurt am Main. Verlag der Autoren 14/2007

- *Inszenieren Sie diese Szene, indem Sie vier Sprecher im Raum platzieren. Treffen Sie dabei eine Auswahl aus dem Sprachmaterial.*
- *Entwerfen Sie anhand dieser Begriffe eine Stellenausschreibung; informieren Sie sich in Stellenanzeigen überregionaler Tageszeitungen.*
- *Welche Funktion haben solche Anzeigen? Welche Wirkung haben sie auf Stellensuchende?* BS 3

Urs Widmer: Top Dogs (2002) – Szene 2

Der Ort der Handlung ist eine Outplacement-Firma, die durch Rationalisierungsmaßnahmen arbeitslos gewordenen Spitzenmanagern psychische Stabilisierung und Hilfe bei ihrer Bewerbung um eine neue Stelle anbietet. Die wichtigsten Methoden dieser Instant-Psychologie sind Rollenspiel, persönliche Aussprache und die Formulierung von Lebenszielen in Form von Märchen oder Visionen („Träume").

HEUTE SIND WIEDER DIE CHURCHILLS GEFRAGT

Bihler, Tschudi

BIHLER *Chefpose* Herr Tschudi. Danke, dass Sie gleich rüberkommen konnten. Ich kenne ja Ihren Terminkalender. Ein, zwei Minuten nur. Wir redimensionieren das Management. Sie waren ja selber am Konzept beteiligt und haben ihm zugestimmt. Ich habe jetzt von jedem meiner Mitarbeiter auf der mittleren und höheren Managementebene eine Leistungsanalyse erstellen lassen. Kinley und Finley, Sie haben sich ja mit den Herren unterhalten. Die sind zum Schluss gekommen, dass Sie sich zu sehr auf Ihren Lorbeeren ausruhen, Tschudi. Natürlich haben Sie Leistung erbracht. Selbstverständlich. Aber Lorbeeren gehören auf den Kopf, in die Suppe vielleicht, aber nicht unter den Hintern. Ich muss mich auf den Ersten Dritten von Ihnen trennen.

TSCHUDI Aber wieso, ich habe doch immer ...

BIHLER Es ist vorbei mit den fetten Jahren. Da haben wir gerade im Management großzügig eingekauft. Auf Halde sozusagen, nur für den Fall, dass. Und damit die Konkurrenz die nicht kriegt. Leute mit dreihunderttausend per annum und einem Output von plus minus Null. Jetzt sitzen wir mit einem Überhang an Managern da. Die Schweiz ist keine Insel der Seligen mehr. Jetzt bläst auch bei uns ein kalter Wind. Wir müssen ein GLOBAL PLAYER sein, oder die Konkurrenz dreht uns die Luft ab. Wir sind nicht mehr 1980. Wo soll ich einen wie Sie einsetzen, Tschudi, in diesem neuen Klima, das ja schon weit härtere Burschen schier umbringt. Jüngere. Sagen Sie doch selbst.

TSCHUDI Einer in meinem Alter hat ein Know-how, das nicht so leicht ...

BIHLER Im Krieg brauche ich andere Männer als im Frieden. Heut brauche ich Generäle, die als Allererste in den Dschungel gehen. Die draufhalten können. Heute gibt es echte Tote. Sie müssen mit dem Flammenwerfer in die Konkurrenz rein und die ausräuchern. Sonst sind SIE dran. Churchill war im Frieden eine Niete. Aber im Krieg war er ein As. Heute sind wieder die Churchills gefragt.

TSCHUDI Wie wollen Sie die laufenden Projekte mit Leuten, die keine Ahnung ...

BIHLER Ich bin froh, dass Sie das ansprechen. Ich wollte es eben selber tun. Natürlich, die laufenden Projekte. Ich mache Ihnen einen Vorschlag. Ich kenne Ihre Qualitäten, Tschudi. Und unter uns, gerade um Sie tut es mir besonders leid. Ich bin sehr froh, dass ich Ihnen für Ihr laufendes Projekt einen Teilzeitvertrag anbieten kann. Befristet. Übers Gehalt einigen wir uns sicher, da sind sicher fünfzig Prozent Ihrer bisherigen Bezüge drin, wenn nicht mehr.

TSCHUDI Fünfzig Prozent? Aber das sind dann ja ganze ...

BIHLER Da draußen sind Hunderte von solchen wie Sie einer sind. WHITE-COLLAR-Schrott. Die kriechen auf den Knien in mein Büro, nur um von mir einen Vertrag zu kriegen, für die Hälfte, ohne Sozialabgaben, ohne Alterssicherung. Ich muss nur so machen. *Schnipst* Business, das ist Krieg. Blut und Tränen. So ist das.

TSCHUDI *schreit* Sie sind ein Monster. Ein Monster sind Sie. Mit mir machen Sie das nicht. Nicht mit mir. *Will ab. Aber:*

BIHLER *ganz anderer Ton, den Tränen nahe* So hat der mit mir geredet. Wörtlich so. Fast wörtlich. Mehr als zwanzig Jahre lang habe ich ein Know-how für die Firma aufgebaut, da können Sie lange suchen. Und dann eliminiert der ganze Managementebenen mit einem Federstrich. Eine flache und transparente Führungsstruktur, schnelle Entscheidungsprozesse, und dann ein paar jung Spunde, die mit den Flammenwerfern. Die bearbeiten jetzt den asiatischen Raum. Rein in den Markt und ausräuchern. Manche kommen da natürlich im Leichensack zurück, eine Handvoll Kohle. Aber die Hälfte schafft es. Der Markt, das ist ein Schlachtfeld. Der Handel ist Krieg, Blut und Tränen.

TSCHUDI Nehmen Sie es nicht zu tragisch, Herr Bihler. Es spricht für Sie, dass Sie nicht alles mitmachen.

BIHLER *schluchzend* Genau.

TSCHUDI Die sind wie die Säue. Da haben Sie ganz recht. Sowas wie ne Ethik, eine Moral, das war einmal. Die scheuen vor nichts zurück.

BIHLER *sich allmählich erholend* Woher wissen die überhaupt, dass ich das nicht könnte? Beim Militär war ich Panzerfahrer, da hab ich jede Menge Infanterienester plattgefahren.

TSCHUDI Das haben wir hinter uns, Gott sei Dank.

BIHLER Supponiert, natürlich. War ja kein Ernstfall weit und breit.

Tschudi Das war ein Festtag, als ich den ganzen Krempel zurückfasste[1], für immer!

Bihler Wer sagt, wenn man mir einen Flammenwerfer gibt, dass ich das nicht kann? Gerade im asiatischen Markt. Die Asiaten, die haben auch keine Hemmungen. Hat man in Vietnam gesehen, wie die mit den Amerikanern umgesprungen sind. Draufhalten, einfach draufhalten. Dann rennen die wie die Fackeln[2].

Tschudi Jetzt machen Sie aber einen Punkt.

Bihler Richtiggehend gern würd ich das machen, voll Rohr den Feind wegfegen und dazu rein in den Markt und die strategischen Positionen besetzen, bevor die paar Überlebenden auch nur den Kopf heben.

Tschudi Beruhigen Sie sich doch.

Bihler Da hätt ich richtiggehend Spaß dran.

Tschudi Jetzt gehen Sie aber zu weit.

Bihler Wieso fragen die mich nicht mal? Können Sie mir das sagen?

Tschudi Ich hab's gleich gesagt. Ein Monster.

Bihler *stolz* Ja. Bin ich. Der Markt braucht Monster. Monster. Monster ...

Er entfernt sich aufgebracht, die Schlacht der Wörter beginnt.

Aus: Urs Widmer: Top Dogs. (2. Szene) Frankfurt am Main: Verlag der Autoren 14/2007

1 Anspielung auf den Schweizer Militärdienst
2 ein schockierendes Bild von brennenden vietnamesischen Zivilisten, das während des Vietnamkriegs (1963–1973) durch die Weltpresse ging

- *Bereiten Sie in Vierergruppen (zwei Sprecher, zwei Regisseure) diese Szene zum Vorlesen vor. Klären Sie dazu die Struktur der Szene (Rollenwechsel, Wechsel von überlegener/unterlegener Position).*
- *Berichten Sie der Klasse, worauf Ihre Gruppe besonderen Wert gelegt hat, was besonders deutlich werden sollte, wie Sie die Szene strukturierten.*

Friedrich Dürrenmatt: Der Besuch der alten Dame[1] – Klaras und Alfreds Liebesgeschichte

Klara Wäscher und Alfred Ill waren einst ein Liebespaar in dem kleinen Ort Güllen; Alfred jedoch ließ die von ihm schwangere Klara im Stich, um ein wohlhabenderes Mädchen zu heiraten. Klara kehrt 45 Jahre später als die steinreiche Claire Zachanassian nach Güllen zurück. Im Verlauf des Stücks sprechen sie über ihre Liebesgeschichte.

<table>
<tr><th></th><th>Ills Version</th><th>Claires Version</th></tr>
<tr><td>I. Akt</td><td>[Seine Darstellung vor dem Pfarrer und dem Bürgermeister:] „Wir waren die besten Freunde […], das Leben trennte uns, nur das Leben, wie es eben kommt.“ (S. 18)</td><td></td></tr>
<tr><td></td><td>[Nach Claires Rückkehr im Konradsweilerwald, an den Orten ihrer Liebe:]

„Dir zuliebe habe ich Mathilde Blumhard geheiratet.“ (S. 37)</td><td>„Auf diesem Findling küßten wir uns. Vor mehr als fünfundvierzig Jahren. Wir liebten uns unter diesen Sträuchern, unter dieser Buche, zwischen Fliegenpilzen im Moos. Ich war siebzehn und du noch nicht zwanzig. Dann hast du Mathilde Blumhard geheiratet mit ihrem Kleinwarenladen und ich den alten Zachanassian mit seinen Milliarden aus Armenien. Er fand mich in einem Hamburger Bordell. Meine roten Haare lockten ihn an, den alten, goldenen Maikäfer.“ (S. 37)</td></tr>
<tr><td></td><td>„Du warst jung und schön. Dir gehörte die Zukunft. Ich wollte dein Glück. Da mußte ich auf das meine verzichten.“ (S. 37)</td><td></td></tr>
<tr><td></td><td>„Ich lebe in einer Hölle, seit du von mir gegangen bist.“ (S. 38)</td><td>„Und ich bin die Hölle geworden.“ (S. 38)</td></tr>
<tr><td></td><td colspan="2">[Claires Butler, ehemals Richter von Güllen, erzählt in Anwesenheit des Bürgermeisters und der Bürger von Güllen die Einzelheiten der Geschichte:]
„Es war im Jahre 1910. Ich war Oberrichter in Güllen und hatte eine Vaterschaftsklage zu behandeln. Claire Zachanassian, damals Klara Wäscher, klagte Sie, Herr Ill, an, der Vater ihres Kindes zu sein. [...] Sie bestritten damals die Vaterschaft, Herr Ill. Sie hatten zwei Zeugen mitgebracht.“ (S. 46)
Die beiden Zeugen waren von Ill gekauft worden, einen Meineid zu leisten – sie hätten mit Klara geschlafen.
„Dies ist die Geschichte: Ein Richter, ein Angeklagter, zwei falsche Zeugen, ein Fehlurteil im Jahre 1910.“ (S. 48)</td></tr>
<tr><td></td><td>„Verjährt, alles verjährt! Eine alte, verrückte Geschichte.“ (S. 48)</td><td>„[Das Kind] lebte ein Jahr.“
„Ich wurde eine Dirne. [...] Das Urteil des Gerichts machte mich dazu.“ „Eine Milliarde für Güllen, wenn jemand Alfred Ill tötet.“ (S. 49)
„Das Leben ging weiter, aber ich habe nichts vergessen, Ill. Weder den Konradsweilerwald noch die Petersche Scheune, weder die Schlafkammer der Witwe Boll noch deinen Verrat. Nun sind wir beide alt geworden, beide, du verkommen und ich von den Messern der Chirurgen zerfleischt, und jetzt will ich, daß wir abrechnen, beide: Du hast dein Leben gewählt und mich in das meine gezwungen. Du wolltest, daß die Zeit aufgehoben würde, eben, im Wald unserer Jugend, voll von Vergänglichkeit. Nun habe ich sie aufgehoben, und nun will ich Gerechtigkeit, Gerechtigkeit für eine Milliarde.“ (S. 49)</td></tr>
</table>

■ *Vergleichen Sie, wie die beiden Personen ihre Geschichte erzählen, und kommentieren Sie.*

[1] Friedrich Dürrenmatt: Der Besuch der alten Dame. Eine tragische Komödie. Neufassung 1980. Copyright © 1998 Diogenes AG, Zürich. Aus lizenzrechtlichen Gründen nicht in reformierter Schreibung

Friedrich Dürrenmatt: Der Besuch der alten Dame – Die Rhetorik der Güllener

Vor 45 Jahren hat Klara Wäscher, heute Claire Zachanassian, schwanger Güllen verlassen müssen, nachdem ihr Freund Alfred Ill sich wegen einer besseren Partie von ihr getrennt und die Vaterschaft vor Gericht erfolgreich bestritten hat. Nun ist sie steinreich nach Güllen gekommen; sie bietet eine Milliarde, wenn man Ill tötet. Einige Honoratioren versuchen, eine Lösung für Güllen zu erreichen, die ihnen die Tötung Ills erspart (3. Akt).

DER LEHRER: Wir kommen in der Angelegenheit des Herrn Ill.
CLAIRE ZACHANASSIAN: Oh, ist er gestorben?
DER LEHRER: Gnädige Frau! Wir haben schließlich unsere abendländischen Prinzipien.
CLAIRE ZACHANASSIAN: Was wollt ihr denn?
DER LEHRER: Die Güllener haben sich leider, leider verschiedenes angeschafft.
DER ARZT: Ziemlich vieles.
CLAIRE ZACHANASSIAN: Verschuldet?
DER LEHRER: Hoffnungslos.
CLAIRE ZACHANASSIAN: Trotz der Prinzipien?
DER LEHRER: Wir sind nur Menschen.
DER ARZT: Und wir müssen unsere Schulden bezahlen.
CLAIRE ZACHANASSIAN: Ihr wißt, was zu tun ist.

[Der Lehrer versucht, mit der Schilderung der Verhältnisse Mitleid zu erregen und macht den Vorschlag, sie möge doch ihr Geld in die daniederliegenden Betriebe investieren und daraus Profit ziehen; sie erwidert, daß sie alle Betriebe aufgekauft habe, um sie stillzulegen; sie endet:]

CLAIRE ZACHANASSIAN: Eure Hoffnung war ein Wahn, euer Ausharren sinnlos, eure Aufopferung Dummheit, euer ganzes Leben nutzlos vertan.
DER ARZT: Das ist doch ungeheuerlich.
CLAIRE ZACHANASSIAN: Es war Winter, einst, als ich dieses Städtchen verließ, im Matrosenanzug, mit roten Zöpfen, hochschwanger, Einwohner grinsten mir nach. Frierend saß ich im D-Zug nach Hamburg, doch wie hinter den Eisblumen die Umrisse der Peterschen Scheune versanken, beschloß ich zurückzukommen, einmal. Nun bin ich da. Nun stelle ich die Bedingung, diktiere das Geschäft. *Laut* Roby und Toby, in den Goldenen Apostel. Gatte Nummer neun ist angerückt mit seinen Büchern und Manuskripten.
DER LEHRER: Frau Zachanassian! Sie sind ein verletztes liebendes Weib. Sie verlangen absolute Gerechtigkeit. Wie eine Heldin der Antike kommen Sie mir vor, wie eine Medea. Doch weil wir Sie am tiefsten begreifen, geben Sie uns den Mut, mehr von Ihnen zu fordern: Lassen Sie den unheilvollen Gedanken der Rache fallen, treiben Sie uns nicht zum Äußersten, helfen Sie armen, schwachen, aber rechtschaffenen Leuten, ein etwas würdigeres Leben zu führen, ringen Sie sich zur reinen Menschlichkeit durch!
CLAIRE ZACHANASSIAN: Die Menschlichkeit, meine Herren, ist für die Börse der Millionäre geschaffen, mit meiner Finanzkraft leistet man sich eine Weltordnung. Die Welt machte mich zu einer Hure, nun mache ich sie zu einem Bordell. Wer nicht blechen kann, muß hinhalten, will er mittanzen. Ihr wollt mittanzen. Anständig ist nur, wer zahlt, und ich zahle. Güllen für einen Mord, Konjunktur für eine Leiche.

- *Mit welchen rhetorischen Mitteln versuchen die Güllener, auf Claire Zachanassian einzuwirken? Wie ist ihre Rhetorik einzuschätzen, auch im Vergleich mit den Aussagen C. Zachanassians?*

Volker Braun: Unvollendete Geschichte (1975). Utopie und Wirklichkeit – zwei hohe Funktionäre

Die 18-jährige Karin, die Tochter eines Kreisrats, hat Schlimmes durchgemacht: Ihr Freund Frank wurde von der Stasi (zu Unrecht) der Republikflucht verdächtigt. Um den Verdacht auszuräumen, legte sie Franks Briefe der Redaktionsleitung der Zeitung, wo sie als Volontärin arbeitet, vor – ohne Erfolg: Ihr wird die Entlassung angedroht, wenn sie sich nicht von Frank trennt. Daraufhin unternimmt Frank einen Selbstmordversuch. Karin kann ihren Vater von Franks Unschuld überzeugen und er unternimmt einen Rettungsversuch – dieser wird in dieser Textpassage geschildert. Er fährt mit ihr und einem jungen Mann, der mit Franks Angelegenheiten *befasst* ist, zum Bezirkssekretär, einem hohen Parteifunktionär, mit dem er bekannt ist, wohl um zu erreichen, dass dieser sich für die politische Rehabilitation Franks einsetzt. Sie treffen ihn nicht daheim an, denn er ist gerade mit seinem Hund unterwegs. Sie treffen ihn am Ufer eines durch giftige Abwässer verunreinigten Flusses. Als er die drei kommen sieht, begrüßt er sie mit freundlichem Lachen. Er fragt, wieso sie ihn hier fänden. Und sie laufen auf dem Deich zurück.

Der Vater kam nicht gleich zur Sache, er mußte über [den Landkreis] K. berichten. Der Kreis stand gut da, mit dem Wohnungsbau, mit der Viehaufzucht, mit der Kultur. Das war bekannt. Er hatte keine Bitte. Der Bezirkssekretär hielt ihn endlich an der Brust: „Also, was willst du?“ – „Ich muß das einem sagen. Du mußt das wissen.“ Er erzählte, was *vorgefallen* war. Sie blieben in einer Senke stehn. „Weißt du, daß das mir passiert ... Du kennst mich. Mit mir kann jeder reden ... Aber bei meinen Kindern – kann ich mich nicht beherrschen. Was hab ich falsch gemacht.“ Der junge Mann ergänzte: Der Fall sei beinah aufgeklärt. Der Brief wäre höchstwahrscheinlich folgenlos geblieben. Frank hätte die Republik nicht verlassen. Der Vater nickte erbittert: dieser Ausgang war ja fast abzusehn! Was hätten sie denn machen sollen? – Es war schwer zu sagen. Sie redeten hin und her. Es schien nicht richtig, aber auch nichts falsch. Man mußte ja mit allem rechnen! Und konnte sich nicht verhalten, wie man selber war. Mit diesem Burschen, das war dann entsetzlich.

Es wurde Nacht. Der junge Mann ging immer einige Schritte los, aber der Vater rührte sich nicht vom Fleck. Der Bezirkssekretär redete vom Allgemeinsten der Welt; und ihn betraf es im Intimsten, diese bekannten Sätze trafen unausweichlich seine sichere und abgestimmte Person. „Solche Geschichten hör ich oft – die unannehmbar sind. Wo du denkst: so geht das nicht, das darf doch nicht wahr sein. Was macht man da. Und dir fällt nichts ein, da kannst du lange denken, du bist hilflos. Das hat doch einen Grund, daß dir nichts einfällt. Weils da nichts gibt, in der Wirklichkeit. Wir leben in zwei Welten, oder drei, leben mit drei Zeiten. Und eine schlägt mit der andern nach der dritten in uns oder neben uns. Wir müssen denken für alle drei und können handeln für das Drittel höchstens, das wir sind. Der Wettlauf mit den Toten, wir Totengräber jagen dem Kapitalismus nach über den Friedhof unserer Pläne. [...] Das ist die Spannung, die uns kribblig macht, die Belastung, die uns jagt und hemmt. Diese Geschichte – hat das ganze Land.“

Der Vater war nicht erleichtert, als sie aus den Wiesen stiegen. „Aber was liegt an uns, das mehr zu ändern?“ *Und wenn er stirbt, stirbt?* Der Bezirkssekretär zog ihn noch durchs Gelände, um ihn von dem Unglück abzulenken. Der Gestank des Flusses verfolgte sie, er kannte sich damit aus. „Die größte Verschmutzung haben wir hinter uns, auf keinen Fall wird es schlechter. In Zukunft – kanns sogar besser werden.“ Sie kletterten im Dunkeln auf das Gerippe einer Kläranlage. [...] Sie sahn auf das breite Wasser, das trüb und halb ausgestorben in der Niederung hinfloß. (S. 66 ff.)

■ *Beschreiben und analysieren Sie das Gesprächsverhalten der beiden Männer.*

Volker Braun: Sprachschablonen – Entwicklungsanstöße durch Literatur

Ihr Vater war INFORMIERT worden Das WESTLICHE GEREDE VON DRÜBEN Sie NAHM IHREN PLATZ EIN Die, die ÜBERZEUGT WAREN, die anderen MUSSTEN ÜBERZEUGT WERDEN Nicht DIE POSITION AUFGEBEN Die POSITIVEN und die KRITISCHEN Wie hatte die DEN BOGEN GEKRIEGT? Die Schwester: AUS DER ART GESCHLAGEN EIN GUTES GEWISSEN IST DAS BESTE RUHEKISSEN Frank: AUF DIE STRASSE GEGANGEN, er hat andere ANGESTIFTET	Franks Mutter hatte ihn BEWAHREN WOLLEN VOR DEM STAAT Der Vater erwartet ETWAS ANDERES von Karin Karin sei ABGEGLITTEN, sie habe DAS VERTRAUEN GEBROCHEN Karin war nie AUS DER REIHE GETANZT WESTVERBINDUNGEN VERDÄCHTIG ALLES ZUM WOHL DES MENSCHEN Das wichtigste: DIE FUNKTION Der Sozialismus: EINE WISSENSCHAFT Was für NICHT DRUCKBARE Stimmungen! Dinge, AUF DIE MAN NIE IM LEBEN KOMMEN WÜRDE	Was ist NORMAL? DER GESUNDE MENSCHENVERSTAND: DAS VERRÜCKTE LEBEN. Sobald sie SICH SELBST ÜBERWUNDEN HATTE Die (Beamten), die ihre PFLICHTEN verteidigen Die Arbeit der Eltern, DIE JA SONST KEINER MACHT Andere Leute ZOGEN SICH ZURÜCK IN IHR BLÖDES PRIVATLEBEN ZUR BEWÄHRUNG in die Produktion Die KONKRETEN VERHÄLTNISSE sich um das politische LEBEN bringen bedeutet sich das LEBEN NEHMEN

Literarische Texte im Text

Nachdem Karin wegen Franks Briefen vom Parteisekretär einem Verhör unterzogen wurde und nach dem vergeblichen Hilfsersuchen beim Parteisekretär auch vom Kaderleiter abgewiesen wurde, fährt sie zu ihren Eltern. Sie fühlt sich bedroht und sucht Trost. „Sagt mir, was ich soll. Es geht nicht mehr." Dem Vater tut sie leid, aber er zeigt es nicht. Der Vater, als gelernter Historiker mit Widerwillen gegen belletristische Darstellungsweise, ist plötzlich beunruhigt, als er ein Gedicht von Johannes R. Becher liest, die Mutter findet das Gedicht schwach: Das Leben sei doch die FUNKTION! Gleichzeitig liest Karin den „Werther" von Plenzdorf und den von Goethe.

J.R. Becher: Entlastung

Als er entließ sich aus dem hohen Amt,
Da war es ihm, als würd er reich beschert.
Der warme Sommertag hat ihn durchflammt
Wie neues Leben, wahrhaft lebenswert.

Als er entlassen wurde aus dem Amt,
Da war es ihm, als ging er unbeschwert –
O selbst hat er sich zu dem Amt verdammt,
Hat Amt und Titel nur zu sehr begehrt.

Nun darf er gehn und wieder Beine haben!
Wie lang lag er in Sitzungen begraben!
Nun fährt er mit der Straßenbahn,

Er hat das Leben wieder neu entdeckt.
Wie sich das Leben ihm entgegenstreckt!
Und er kommt mitten in dem Leben an.
(S. 40)

Karins Gedanken zum „Werther" von Goethe: „Das Ungeheure war, daß da ein Riß durch die Welt ging, und durch ihn selbst. Das war eine alte Zeit. Und doch war auch in all dem Äußeren ein *Inneres,* W. drang nur nicht hinein, ein tieferer Widerspruch – den man nur finden müßte! Wie würde ein Buch sein – und auf sie wirken, in dem einer heute an den Riß kam ... in den er stürzen müßte. Sie würde das Buch vielleicht hassen." (S. 44) In einem anderen Roman findet sie den „kitschigen, fest haftenden Satz: ‚Die Harmonie zerbrach, und draußen war Kälte'" (S. 71).

Aus: Volker Braun: Unvollendete Geschichte. © Suhrkamp Verlag, Frankfurt am Main 1977. Aus lizenzrechtlichen Gründen nicht in reformierter Schreibung

- *Die durch Großdruck hervorgehobenen Wörter und die literarischen Anspielungen bilden zwei kontrastierende Textebenen. Worauf weisen diese Wörter und Wendungen hin? Was ist ihnen gemeinsam?*
- *Welche Bedeutung haben die literarischen Bezüge im Text?*

Baustein 4

Identitätsgeschichten

4.1 Zum Identitätsbegriff

„Identität ist das Bewusstsein, ein unverwechselbares Individuum zu sein, in seinem Handeln eine gewisse Konsequenz zu zeigen und in der Auseinandersetzung mit anderen eine Balance zwischen individuellen Ansprüchen und sozialen Erwartungen gefunden zu haben." (Abels 2006, S. 254) Damit ist aber nicht gemeint, dass Identität etwas Abgeschlossenes ist, schon gar nicht gilt das für das Erzählen von Identitätsgeschichten. „Identität ist nichts, was uns von Natur gegeben wäre oder zugestoßen ist, sondern was wir in Auseinandersetzung mit anderen Individuen und in Reflexion auf uns selbst ‚gemacht' haben – und weiter machen." (Abels, S. 433) Identität muss also prozesshaft verstanden werden oder, wie man auch sagt, transitorisch. „Identität impliziert die Anstrengung der wiederholten Definition, wer man sein könnte, wenn man *wollte.* Identität ist das Bild, das wir von uns im Angesicht *unserer* Zukunft haben." (Abels, S. 440) Zu ergänzen ist: wenn wir uns überhaupt explizit beschreiben, definieren, was wir aber in der normalen Lebenspraxis gar nicht tun, denn: „Wer eine Person ist und sein möchte, zeigt sich in ihrer tagtäglichen Praxis. Die personale Identität ist ein praktisches Selbstverhältnis, das nur in begrenzten ‚Ausschnitten' in hinweisenden und darstellenden Beschreibungen eines Selbst Ausdruck findet." (Renn/Straub 2002, S. 14)
Für die Literatur gilt seit jeher, dass um Identität ‚gerungen' wird; was die Literatur der sogenannten zweiten, reflexiven Moderne (Ulrich Beck) von der ihr vorausliegenden unterscheidet, ist der Anteil normativer Elemente im Identitätskonzept. Damit ist gemeint, dass beispielsweise das Individuum im Bildungsroman ein bestimmtes Identitätskonzept als Zielvorstellung hat – die Selbstentfaltung; das kann gelingen oder scheitern. Solche normativen Selbstkonzepte befinden sich in der zweiten Moderne im Rückzug. Über die Ursachen dieses Wandels ist zu verweisen auf ökonomische, gesellschaftliche, kulturelle Veränderungen seit der Aufklärung. Pauschal kann man den vormodernen Zustand so beschreiben: „Vor der Entstehung moderner Gesellschaften finden sich Personen qua Geburt fest in soziale Lagen eingebunden, sie sind im Medium traditionaler Gewissheit der kulturellen Konventionen stabiler und lokaler Lebensformen aufgehoben." (Renn/Straub, S. 20) Die in der Literatur erzählten Geschichten handeln immer davon, wie Individuen sich mit den – vermeintlichen – Gewissheiten auseinandersetzen, weil sie mit dem Gegebenen unzufrieden sind, weil Affekte zu Kollisionen mit der vorhandenen Ordnung führen. Aber noch in der Auflehnung wird die Ordnung vorausgesetzt. In einer Welt, in der es natürlich weiterhin Normen gibt, gleichzeitig aber die individuellen Wahlmöglichkeiten vielfältiger geworden sind, müssen die Individuen mehr Entscheidungen treffen; das ist die strukturelle Voraussetzung für ein – verglichen mit der Tradition, die bis in die Anfänge des 20. Jahrhunderts reicht – verändertes Identitätsverständnis der Offenheit, das keinesfalls fortschrittsoptimistisch verherrlicht werden muss.
Angesichts der skizzierten Entwicklung ist es sehr sinnvoll und aufschlussreich, die Literatur nach 1945 (unter Einbeziehung einiger Texte von Autorinnen der Weimarer Republik, was Vergleichsmöglichkeiten schafft) im Hinblick auf die in ihr verhandelten Identitätskonzepte zu lesen.
Um verständlich zu machen, worum es geht, lohnt sich ein Blick auf den Bildungsroman, der am Beginn der modernen Identitätsgeschichten steht. In einer bekannten Textstelle aus Goethes „Wilhelm Meister" wird explizit über bürgerliche Identität nachgedacht. Um den

Sprung in die Gegenwart zu machen, wird anschließend der Begriff der ‚Bastelexistenz' erläutert. In einem dritten Textauszug wird die Aufmerksamkeit darauf gelenkt, wie das Erzählen die Vermittlung von Lebensgeschichten formt.

Goethe: Wilhelm Meisters Lehrjahre; Ronald Hitzler/Anne Honer: Bastelexistenz; Donald E. Polkinghorne: Narrative Glättung (Arbeitsblatt 27, S. 166 f.)

- *Bürger und Edelmann – vergleichen Sie, wie Wilhelm die beiden beschreibt.*
- *Was bezeichnet man als ‚Bastelexistenz'?*
- *Inwiefern unterscheiden sich Erzählung und gelebtes Leben?*

In Bezug auf „Wilhelm Meister" kann man vom ‚Selbstfindungsmodell' als Identitätskonzept sprechen, während das ‚Selbstproduktionsmodell' die Bastelexistenz kennzeichnet. „Das romantische Selbstfindungsmodell geht von der Annahme eines jeweils einzigartigen ‚inneren Kerns' des Individuums als dessen ‚wahres Selbst' aus, das es aufzufinden bzw. von den ‚entfremdenden' gesellschaftlichen Überformungen zu befreien und zu ‚verwirklichen' gilt. Dagegen unterstellt das Selbstproduktionsmodell nicht ein aufzufindendes ‚wahres Selbst', sondern fasst Selbstverwirklichung als ‚Selbsterfindung', als Kreation des eigenen einzigartigen Selbst nach dem Vorbild künstlerischer Produktion." (Eberlein 2000, S. 12) Man darf sich aber durch diese Analogie zur künstlerischen Produktion nicht zu einer Verklärung dieses Konzepts verleiten lassen, neben positiven Aspekten müssen auch Risiken und Lasten gesehen werden (vgl. Beck 1994, S. 43–60).
Selbstverständlich handelt es sich bei der Beschreibung des Adligen im „Wilhelm Meister" um ein Idealbild. Die Tatsache, dass sich der Bürger durch seine Leistung definiert, erscheint ihm nicht positiv, die privilegierte Stellung des Adligen ist ihm kein Anlass für Kritik; Ursachen der unterschiedlichen Situation werden nicht thematisiert. Die Unterschiede lassen sich in einer Tabelle darstellen:

Position der Menschen in der Gesellschaft

Edelmann	Bürger
• allgemeine, personelle Ausbildung	• Ausbildung einzelner Fähigkeiten, um brauchbar zu sein
• öffentliche Person, Geltung	• Ausbildung des Geistes bei Verlust der Persönlichkeit
• Grazie: immer im Gleichgewicht	• Einseitigkeit durch Spezialisierung
• Vollkommenheit (Bewegung, Stimme, Wesen)	• begrenzte Möglichkeiten, abhängig von Leistung und Besitz
• keine Beschränkung seiner Möglichkeiten im Staat	
allgemeine personelle Entfaltung ist allein durch Geburt möglich	**Unerreichbarkeit des Ziels der harmonischen Ausbildung**

Die Merkmale der ‚Bastelexistenz' lassen sich so zusammenfassen:
- Individualisierung bedeutet Verunsicherung
- „zur Freiheit verurteilt" (Sartre)
- ständig in Wahl- und Entscheidungssituationen = Gewinn an Chancen, Verlust eines verbindlichen ‚Sinn-Daches', ohne verlässliche Rezepte

- Leben mit einer Vielzahl disparater Beziehungen, Orientierungen, Einstellungen
- Sinngebung ist Privatangelegenheit, d.h. erfordert die Entscheidung für wechselnde Gruppenorientierungen
- häufiger Rollenwechsel

Das Fazit: Es werden immer nur Teilidentitäten aktualisiert, die ‚harmonische Ausbildung der Natur' ist noch ferner gerückt, sie wird nicht mehr als Idealbild thematisiert, das in Goethes Gegenüberstellung enthaltene Kritikpotenzial kommt nicht mehr zur Sprache. Es gibt jedoch zahlreiche Indizien, dass es weiter eine Rolle spielt (Religion und Religionsersatz, Esoterik usw.).
Ist man sich bewusst, dass das Erzählen die Tendenz zur Konstruktion von Kohärenz hat (Textauszug Polkinghorne), wird sichtbar, dass die traditionellen Erzählformen (Bildungs-, Entwicklungsroman, realistisches Erzählen im Stil des 19. Jahrhunderts) zumindest überprüft werden müssen, ob/inwiefern mit ihnen ‚moderne' Identität erzählt werden kann. Dafür bieten die im Folgenden vorgestellten Texte reichliches Anschauungsmaterial.

4.2 Uwe Johnson: Mutmassungen über Jakob

Uwe Johnson ist 1934 in Pommern geboren, durch die Flucht kam er 1945 nach Mecklenburg; der Vater starb 1948 in einem sowjetischen Lager in der Ukraine. Seine Mutter und seine jüngere Schwester gingen 1956 nach Westberlin. Nach dem Besuch der Oberschule in Güstrow studierte U. Johnson Germanistik, zunächst in Rostock und danach in Leipzig u.a. bei Hans Mayer und Ernst Bloch. Nach Abschluss des Studiums lebte er von Gelegenheitsarbeiten als Übersetzer und Gutachter. Mit dem Erscheinen der „Mutmassungen über Jakob" bei Suhrkamp übersiedelte er 1959 nach Westberlin. Er hatte Kontakte zur Gruppe 47. Von 1966 bis 1968 lebte er in New York, wo er mit der Arbeit an „Jahrestage. Aus dem Leben von Gesine Cresspahl" begann. Seit 1974 lebte er auf einer Themseinsel in der Nähe von London. Eine längere Schreibkrise 1975 verzögerte das Erscheinen der „Jahrestage", erst 1983 erschien der 4. und letzte Band. 1979 hatte er die Poetikdozentur in Frankfurt, daraus ging der Band „Begleitumstände" hervor (1980). Johnson starb 1984.

Uwe Johnsons Roman „Mutmassungen über Jakob" erschien 1959 nur in der Bundesrepublik, also im selben Jahr wie Günter Grass' „Die Blechtrommel" und Heinrich Bölls „Billard um halb zehn": „Die Prosaliteratur insgesamt erreichte, historisch angesehen, in diesem Jahr 1959 einen Höhepunkt" – so zitiert Ralf Schnell den Kritiker Heinrich Vormweg (Schnell 1986, S. 157); Hans Magnus Enzensberger sprach von der „Lust am Weltniveau". Alle drei Romane sind ‚modern' erzählt, mit dem Erfolg der „Blechtrommel" konnten sich freilich weder Böll noch Johnson messen. Die „Mutmassungen" gelten als sperrig, schwierig aufgrund der Erzählweise, doch ist das ein Eindruck, der täuscht und der dann entsteht, wenn man das Buch nur flüchtig anschaut und bei der Lektüre des Anfangs nicht genügend Geduld aufbringt, um sich mit der Erzähltechnik vertraut zu machen: Die Geschichte ist schlüssig und stimmig erzählt, aber sie wird nicht in ‚realistischer Manier' erzählt, und zwar nicht deshalb, weil der Autor eine moderne Form ausprobieren wollte, sondern deshalb, weil sich das Wirklichkeitskonzept seit dem Realismus des 19. Jahrhunderts noch einmal grundlegend verändert hat; der perspektivische Wahrheitsbegriff Nietzsches liefert dazu die philosophische Entsprechung. „Nietzsche hat wohl als Erster mit weitreichender Wirkung in die deutsche Literatur hinein vom Perspektivismus als der Erkenntnisbedingung gesprochen, die für ihn allein möglich war"

(Koopmann 1992, S. 399). Johnson wendet sich mit seiner Schreibweise auch gegen das Konzept des ‚sozialistischen Realismus' (s. auch Baustein 1 über das offizielle Literaturkonzept der DDR). Man kann und wird Johnsons Roman heute, nach der ‚Wende', anders lesen als vor 1989, und zwar deshalb, weil der Fokus nicht mehr auf der deutschen Teilung als Thema liegt, ohne dass damit die politischen Verhältnisse ausgeblendet oder vernachlässigt werden. „So stehen die Zuspitzung politischer Krisen und deren katastrophische Auswirkungen auf das Leben der Menschen im Zentrum von Johnsons Erzählprojekten" – so umreißt Michael Hofmann treffend die Thematik U. Johnsons (Hofmann 2001, S. 68).
Was für eine Geschichte wird erzählt? Eine Liebes-, Dreiecksgeschichte, die überlagert und durchkreuzt wird von politisch motivierten Handlungen, Ereignissen und Verhältnissen. In erster Linie gehört dazu die Agenten- und Stasi-Geschichte der versuchten Anwerbung einer jungen Frau durch die Staatssicherheit, Gesine Cresspahl: Sie hat die DDR verlassen, ist in den Westen gegangen und arbeitet bei der NATO – der Anwerbungsversuch ist der Auslöser der Handlung. Die beiden männlichen Figuren der Dreiecksgeschichte sind die Titelfigur Jakob Abs und ein Freund von Gesine, Jonas Blach. Der Kontrahent auf der anderen, der Staatssicherheitsseite, ist Hauptmann Rohlfs. Die Handlung spielt 1956 überwiegend in der DDR zur Zeit des Aufstandes in Ungarn und seiner Niederschlagung durch sowjetische Truppen; westliches Gegenstück ist sozusagen die Suez-Krise mit der Landung englischer und französischer Truppen in Ägypten. Zur knapp erzählten Vorgeschichte gehört Jakobs Flucht 1945 mit seiner Mutter, die die beiden nach Jerichow in das Haus des Witwers Heinrich Cresspahl führte, wo die fünf Jahre jüngere Gesine und Jakob wie Geschwister aufwachsen; dazu gehört ferner die Geschichte von Jonas Blachs wissenschaftlicher Karriere als Anglistikdozent an der Humboldt-Universität in Ost-Berlin und die Geschichte des Stasi-Hauptmanns Rohlfs, der im Zweiten Weltkrieg an der Ostfront zu den Russen übergelaufen ist und nun ein überzeugter Anhänger/Vertreter des DDR-Sozialismus ist. Die Handlung des Romans wird dadurch in Gang gesetzt, dass die Stasi sich für Gesine interessiert, die in der Bundesrepublik beim Nato-Hauptquartier als Dolmetscherin und Übersetzerin arbeitet, sie hat Anglistik studiert; der Weg zu Gesine soll über Jakob führen – „Die Großen des Landes warfen ihr Auge auf Jakob" (Johnson 1974, S. 28); Jakob arbeitet als Dispatcher bei der Reichsbahn, er steht in intensivem brieflichen Kontakt mit Gesine, was der Stasi nicht entgangen ist. Jakob, dessen loyale Haltung gegenüber dem Staat bekannt ist, soll instrumentalisiert werden. Mit dem Auge, das der allmächtige Staat auf ihn wirft, beginnt eigentlich das Verhängnis, das damit endet, dass Jakob beim Überschreiten der Gleise auf dem Weg zu seinem Arbeitsplatz tödlich verunglückt. Die Erzählung setzt nach Jakobs Tod ein.
Uwe Johnson hat aber keinen Liebes- und Agentenroman geschrieben, der ja vor allem mit Spannungselementen arbeiten müsste, sondern er rekonstruiert analytisch ein Geschehen, das sich um den Tod Jakobs abspielt; die leitende Frage könnte sein: Wie kam es dazu? Der berühmte erste Satz „Aber Jakob ist immer quer über die Gleise gegangen" drückt fragenden Zweifel aus: Wie ist das möglich, dass Jakob auf diese Weise zu Tode gekommen ist? Jakob ist doch seit Jahren immer diesen Weg gegangen, er war ihm vertraut. Die Rekonstruktionsarbeit umfasst Biografien, Lebensverhältnisse, Arbeitsverhältnisse, politische Verhältnisse, menschliche Beziehungen, Denkweisen und Standpunkte, Gefühle sowie Entscheidungen. Am wenigsten kommt die Titelfigur zu Wort, denn sie kann nicht mehr befragt werden, lebt aber in der Erinnerung und ist für alle überaus präsent, sodass sich die Leser ein anschauliches Bild machen können. Konsequent ausgespart ist Jakobs Innensicht, über seine Gefühle bekommt man nur indirekt Auskunft. Um ‚Mutmaßungen' handelt es sich, weil man Jakob durch Aussagen anderer kennenlernt; das heißt also, dass die Geschichte polyperspektivisch erzählt ist. Es ist sehr angemessen, von Stimmen zu sprechen, von Polyfonie: Es gibt eine Erzählerstimme, ferner die Monologstimmen von Gesine, Jonas, Rohlfs sowie die Stimme von Heinrich Cresspahl, Jakobs Vater; schließlich die Dialogstimmen von Gesine, Jonas, Rohlfs und Jöche, eines mit Jakob befreundeten Arbeitskollegen. Eine derart auf Stimmen verteilte Geschichte kann nicht chronologisch erzählt werden, zumal es keinen auktorialen Erzähler

gibt, der die Leser durch die Handlung führt. Am Ende können die Leser die Handlung sehr genau in allen Teilen überblicken. Die polyperspektivische Erzählform hat einen Hauptgrund: „Johnson geht es offenbar um die Infragestellung eingeschliffener Rezeptionsverläufe." (Neumann 1994, S. 339)
Die Handlung in Grundzügen: Die Staatssicherheit versucht, die in den Westen gegangene und im Nato-Hauptquartier arbeitende Gesine Cresspahl für ihre Zwecke als Agentin zu gewinnen; sie benutzt dazu Jakob Abs, der mit ihr seit Langem befreundet ist und in brieflichem Kontakt steht. Jakob ist Sozialist, er ist ein gewissenhafter, kluger, geschätzter Dispatcher bei der Reichsbahn. Hauptmann Rohlfs von der Staatssicherheit nimmt Kontakt zu ihm auf und Jakob zeigt sich kooperativ. Seine Mutter, die auch für Gesine wie eine Mutter war, bekommt Angst, als sie von der Stasi angesprochen wird, und sie flieht in den Westen. Das wiederum veranlasst Gesine, die nun um ihren Vater besorgt ist, illegal nach Jerichow in die DDR einzureisen, denn bis dahin hatte Jakobs Mutter mit ihm in einem Haus gewohnt. Dort, bei Heinrich Cresspahl, hält sich für einige Tage Jonas Blach auf, ein Anglistikdozent, der mit Gesine befreundet ist und der einen regimekritischen Artikel für eine Zeitschrift schreiben will. Im Hause Cresspahl treffen Gesine, Jakob, Jonas und Rohlfs aufeinander. Jonas erfährt von Gesine, dass sie nicht ihn, sondern Jakob liebt, was Jakob nicht bewusst zu sein scheint. Gesine kann unbehelligt wieder ausreisen, nachdem sie dem Stasimann versprochen hat, sich noch einmal in Westberlin mit ihm zu treffen. Jakob erweist sich als loyal gegenüber der Staatsmacht, als es darum geht, die Züge mit russischen Panzern nach Ungarn durchzuleiten, sie werden den Aufstand niederschlagen. Anschließend reist er zu Gesine in den Westen, um seine Mutter zu sehen, aber wohl vor allem deshalb, weil er nun von Gesines Liebe weiß. Keiner von beiden kann sich jedoch dazu entschließen, beim anderen zu bleiben: Jakob ist das Leben der Menschen im Westen vollkommen fremd, und Gesine will nicht zurück in die DDR, obgleich sie den Westen sehr kritisch sieht. Als Jakob wieder zurück ist und am frühen Morgen durch dichten Nebel über die Gleise zu seinem Arbeitsplatz im Dispatcherturm geht, wird er von einem Zug erfasst und stirbt. Jonas wird verhaftet wegen seines Artikels, Gesine trifft sich noch einmal mit Rohlfs, lässt sich aber nicht anwerben.
Will man den Roman im Unterricht behandeln, sollte man den Jugendlichen den Zugang erleichtern, indem man ihnen vorab knappe Hintergrundinformationen zur deutschen Teilung, zur DDR-Geschichte (Aufstand vom 17. Juni 1953, ‚Republikflucht', Verhältnisse nach Stalins Tod 1953, Aufstand in Ungarn 1956, Staatssicherheit) gibt. Hilfreich sind die von H. Popp zusammengestellten Informationen (Rekonstruktion des Handlungsablaufs, historische Informationen, H. Popp 1988). Die ersten Seiten sollte man gemeinsam lesen, um die Stimmen zu identifizieren (dazu muss man die Dialogsprecher Jonas und Jöche nicht unbedingt benennen, die Namen lassen sich später ergänzen) und zu erkennen, wie sie jeweils miteinander verknüpft sind (Erzählerstimme, kursiv gesetzte Monologstimme, Dialogstimmen): Die Erzählerstimme beginnt (als eine Art Echo); es folgen zwei Personen (Jonas und Jöche, sie unterscheiden sich durch ihre Sprache); danach beschreibt die Erzählerstimme den Vorgang, von dem die Rede war (einer geht über die Gleise) – die jeweils folgende Stimme knüpft inhaltlich an das vorher Gesagte an: Das ist die wichtigste Einsicht, denn auf diese Weise lässt sich die Handlung erschließen. Russische und plattdeutsche Zitate sollten übersetzt (siehe H. Popp) ausgegeben werden. Handlungsschwerpunkte in den fünf Kapiteln sind:

Aufbau des Romans

Kapitel	Handlung	Stimmen
Kapitel I	Jakobs und Cresspahls Lebensgeschichten; Hauptmann Rohlfs Auftrag	Erzähler; Jonas und Jöche als Dialogpartner; Monolog: Rohlfs
Kapitel II	Jonas' Geschichte	Erzähler; Jonas und Jöche als Dialogpartner; Monologe: Jonas, Rohlfs

Kapitel	Handlung	Stimmen
Kapitel III	Zusammentreffen der Hauptpersonen in Jerichow	Erzähler; Dialog: Jonas und Gesine; Monologe: Gesine, Rohlfs, Jonas
Kapitel IV	Jakob bei Gesine im Westen	Erzähler; Dialog: Jonas und Rohlfs; Monologe: Rohlfs, Jonas, Gesine
Kapitel V	Jakobs Unfalltod; Jonas' Verhaftung	Erzähler

Die Erzählweise darf nicht dazu führen, dass man die einzelnen Personen nur für sich betrachtet, denn tatsächlich geht es vor allem um ihre Beziehungen zueinander, wie sie miteinander umgehen/kommunizieren, aber auch wie sie sich selber und die anderen sehen, was sie aussprechen und was sie nicht oder nur indirekt sagen (das gilt besonders für Jakob und Gesine). Der Roman vermittelt kein Schwarz-Weiß-Bild. Die Schuldfrage wird gestellt, aber sie wird nicht explizit beantwortet, sondern der Leser ist aufgefordert, sich eine Meinung zu bilden: Er muss darauf achten, dass alles Gesagte perspektivisch zu sehen ist, eben als Mutmaßung, nicht als *die* Wahrheit. Damit gehört es zu den Grundvoraussetzungen dieses Romans, dass er *gegen* eine ideologische Fixierung der Wirklichkeit geschrieben ist. Es gehört dazu auch die Erkenntnis, dass die Menschen in gesellschaftlichen und politischen Verhältnissen leben, die sich tief greifend auf ihr Leben auswirken und sie vor Entscheidungen stellen; ein Rückzug in eine von allem unberührte Privatheit ist unmöglich – das wird als tragische Zerrissenheit wirksam. „Verstörend musste in der DDR freilich insbesondere die desillusionierende Nüchternheit eines Erzählers wirken, der bei unverhohlener Sympathie für die sozialistischen Utopien deren Vernichtung im Alltag einer repressiven Diktatur geißelt und die tragische Zerrissenheit von Menschen gestaltet, die weder im Westen noch im Osten ihren Platz finden und die daher in einem emphatischen Sinne als heimatlos gelten können" (Hofmann 2001, S. 66).
Die Arbeitsblätter sind auf die Identitätskonzepte von Jakob, Gesine und Jonas bezogen, ferner auf die Beziehung Gesine – Jakob/Jonas sowie auf die Erzählweise. Es geht in diesem Roman um die Identität und die Beziehungen zwischen den Menschen unter den Bedingungen einer bestimmten, totalitären Gesellschaftsordnung; diese Ordnung selbst ist nicht das Hauptthema. – Damit die Schülerinnen und Schüler sich mit der Erzählweise und Sprache Uwe Johnsons vertraut machen, empfiehlt es sich, immer wieder Textsequenzen laut zu lesen und auch Tonbandaufnahmen zu machen.

Mutmassungen über Jakob – Wer ist Jakob? (Arbeitsblatt 28, S. 168)

- *Untersuchen Sie Jonas' Aussagen über Jakob: Welches Bild macht er sich?*
- *Wie sieht die Melderin Jakob, ihren Vorgesetzten?*

Alle drei Textauszüge sagen nicht nur über Jakob, sondern auch über diejenigen etwas aus, die ihn beschreiben; es sind Mutmaßungen, subjektive Bilder. In allen Aussagen über Jakob fällt auf, wie ehrfürchtig man über ihn spricht. Jonas äußert sich in der ersten Textstelle auf eine ungewöhnlich emotionale Weise, die man eher erwarten würde, wenn jemand über eine ‚Liebe auf den ersten Blick' berichtet. Er beschreibt einen geradezu ekstatischen Zustand („vollständig von Aufmerksamkeit ergriffen"); er belässt es nicht dabei, sondern will seinen Eindruck in Worte fassen, aber er merkt, dass ihm die angemessene Sprache fehlt (Unsagbarkeitstopos), weil es nicht darum geht, einzelne Eigenschaften zu benennen, sondern die Ganzheit einer Person zu erfassen. Er beschreibt nicht das Aussehen, sondern stellt fest, dass es sich in ihm abspiegelte; die Sprache müsste das Unverwechselbare, Individuelle ausdrücken, doch sie zielt immer auch auf etwas Allgemeines. Die Bewegungen, die Gesichtsmuskeln, die Backenknochen scheinen das Besondere besser zu treffen; es geht um das der

Person Unbewusste, das Jonas nun erfasst zu haben glaubt: „Das bewegte sich ohne Absicht", noch treffender ist für ihn „sichere Unachtsamkeit", am besten gefällt ihm der Vergleich „wie eine Katze so unbedenklich" – aber er nimmt es gleich wieder zurück. Die Adjektive ‚hochmütig', ‚misstrauisch' und ‚zärtlich' passen eigentlich nicht zusammen, sondern widersprechen sich. Schließlich hat er eine ihm zusagende Formulierung gefunden: einer, „dem man das Leben ansehen kann". Was aber heißt das? Ist es nicht so unbestimmt, dass es keinerlei Vorstellung erzeugt? Jonas endet im Abstrakt-Allgemeinen und gibt sich damit zufrieden; er ist Literaturwissenschaftler, denkt vielleicht an Schillers Begriff des Naiven und ist auf der Suche nach dem Gegensatz zu seiner eigenen Reflektiertheit; dieses Gegenbild projiziert er auf Jakob.
Begeistert von Jakob ist auch die Melderin, aber doch sehr viel nüchterner und konkreter: Sie, die sich vielleicht in ihren Chef ein wenig verliebt hat, sieht in ihm einen, der einfach zupackt, der keine hierarchische Distanz aufkommen lässt und der ein hervorragender Lehrer ist.
Jonas ist von seiner philologischen Arbeit frustriert, er hat bei Heinrich Cresspahl körperliche Arbeit kennengelernt und genossen und blickt mit dieser Erfahrung auf Jakob, wie er sich bei der Arbeit verhält: Umgang mit handfesten Dingen, Maschinen; alle Arbeiten greifen ineinander, man ist nicht isoliert; für die geistige Tätigkeit gibt es materielle, wahrnehmbare Entsprechungen. Wieder findet er einen Vergleich – Versorgung mit Weltereignissen. Eine deutliche Überhöhung, eine überschwängliche Sichtweise für eine zweckgerichtete Tätigkeit. Jakobs Aussagen sind wesentlich sachlicher, er beschreibt und benennt. Er kann sich auch begeistern, wenn er an den technischen Fortschritt der Zukunft denkt. Konterkariert wird Jonas' pathetische Sicht, wenn man bedenkt, dass es in jener Situation darum geht, die Strecke für die Waggons mit den russischen Panzern frei zu machen, die nach Ungarn geschickt werden.
Jonas' Vorstellungen lassen sich so festhalten:

Jakob, wie Jonas ihn sieht

Wirkung Jakobs	Äußeres	Innenwelt	Arbeit	Fazit
• vollständig von Aufmerksamkeit ergriffen • fehlende Sprache	• groß, breit; kräftig; schwermütig; Bewegung ohne Absicht	• hellwache, gefühllose Umsicht	• positive Einstellung • Bewusstsein ihrer Bedeutung, ohne Selbstüberschätzung	„sichere Unachtsamkeit"; „wie eine Katze so unbedenklich"; einer, dem man das Leben ansehen kann

Jakob definiert sich durch die Arbeit, ohne dadurch verbissen oder übertrieben ehrgeizig zu wirken. An einer Stelle formuliert er die Frage nach der Identität auf geradezu klassische Weise: „Soll einer sich selbst versäumen über einem Zweck?" (S. 156) Er wirkt wie einer, der ‚mit sich selbst identisch' ist, das ist es wohl auch, was Jonas auszudrücken versucht. Gesine stellt Rohlfs die rhetorische Frage: „Macht es denn Jakobs Leben aus, daß er bei der Reichsbahn beschäftigt war?" (S. 286)
Es fällt auf, dass es keine widersprüchlichen Aussagen über Jakob gibt, er erscheint nicht als ambivalente Figur, ist jedoch nicht mit allem einverstanden. Er respektiert Rohlfs, er „wollte Herrn Rohlfs die Würde nicht bestreiten – aber er hatte daran keinen Teil" (S. 69), er war „ganz von dem allgemeinen Einverständnis abgekommen" (S. 67). Fragen bleiben im Hinblick auf seine Gefühle, sein emotionales Verhalten, seine ‚Liebes- und Beziehungsfähigkeit'. Darüber wird in Bezug auf das nächste Arbeitsblatt zu sprechen sein.

Gesine und Jakob, eine unglückliche Liebe? (Arbeitsblatt 29, S. 169 f.)

- *Lesen Sie den ersten Textauszug laut.*
- *Untersuchen und beschreiben Sie die Art der Kommunikation: Welchen Eindruck bekommt man von der Beziehung zwischen Gesine, Jakob und Jonas?*
- *Beschreiben Sie, was den beiden Aufforderungen („Bleib hier"/„Komm mit") an äußerer und innerer Handlung vorausgeht (Text 2).*
- *Was sagt die Art des Umgangs über Gesine und Jakob aus?*

Um die Beziehung zwischen Jakob und Gesine zu verstehen, ist die Vergangenheit wichtig. Jakob ist mit seiner Mutter nach Kriegsende mit einem Flüchtlingstreck nach Jerichow gekommen und dort im Haus des verwitweten Kunsttischlers Heinrich Cresspahl geblieben, dessen Tochter Gesine (geboren 1933) fünf Jahre jünger als Jakob (geboren 1928) ist. Die beiden gehen wie Geschwister miteinander um, Jakobs Mutter ist auch für Gesine wie eine Mutter. Während Jakob eine Ausbildung bei der Reichsbahn macht, studiert Gesine nach dem Abitur Anglistik. Die gemeinsam erlebte Zeit ist für die beiden Einzelkinder prägend, die Erinnerungen stiften eine Gemeinsamkeit und liefern Bilder, die sie immer wieder abrufen können und mit denen sie das durch die gegenwärtigen Schwierigkeiten bedingte Trennende überbrücken können. Der briefliche Kontakt, in dem sie stehen, hält die Beziehung aufrecht, es wird ein Brief Jakobs erwähnt, in dem er über das Brückenbauen geschrieben hat, weitere Einzelheiten erfährt der Leser nicht; die Metapher lässt vermuten, dass ihre Kommunikation vielfach indirekt ist.
Das laute Lesen ist sinnvoll, damit die Schülerinnen und Schüler sich mit der Sprache, der Syntax vertraut machen. – Jonas liebt Gesine, Jakob scheint sich bisher nicht bewusst zu sein oder eingestanden zu haben, welche Gefühle er hat. Jonas beobachtet die beiden, ohne Gefühle von Eifersucht: Seine Bewunderung für Gesine wird deutlich („ihre selbstvergessene Stimme"), er nimmt Jakobs Lächeln wahr und deutet seinen Blick zu den anderen (er fragt sich, ob sie ihn verspotten wollten) und Gesines zuletzt wieder auf Jakob gerichteten Blick.

Die Geschehensfolge:
- Gesine wacht aus einem Traum auf, der sie offenbar in eine ferne Vergangenheit geführt hat
- Jakob in einer fürsorglichen Rolle
- sein Blick zu den anderen drückt Verunsicherung aus; die Blicke zwischen Gesine und Jakob verraten ein – unbewusstes? – Einverständnis
- Gesines offenes, unbefangenes Geständnis gegenüber Jonas – aber in biblischer Sprache, also indirekt
- Jakobs falsche Deutung der Szene: Er setzt Nähe zwischen Jonas und Gesine voraus.

Gefühle, Stimmungen und Beziehungen werden überwiegend auf eine subtile, schweigsame Art zum Ausdruck gebracht, man spricht selten offen und direkt über seine Gefühle. Die nächste Sequenz, aus der Erzählerperspektive, zeigt Gesine und Jakob im Westen in ihrer Wohnung. Gesine hatte einen Angsttraum, auf den Jakob sehr sachlich reagiert, obgleich es doch naheliegt, eine symbolische Deutung zu geben, was Jakob eigentlich nicht fremd ist, sodass man annehmen muss, dass er ganz bewusst die symbolische Deutung vermeidet. Als er die Lampe einschalten will, hindert sie ihn daran, er verhält sich sehr nüchtern, geradezu kühl, während Gesine indirekt eine entgegengesetzte Erwartung zum Ausdruck bringt und das durch die früher ritualisierte Frage unterstreicht. Nun antwortet Jakob mit einer schönen Erinnerung an ihre gemeinsame, geschwisterliche Zeit, die er in seiner Vorstellung anschaulich ausmalt. In der Vorstellung lebt die Gemeinsamkeit, deshalb ist ihre Aufforderung, er möge bei ihr bleiben, logisch; dass er mit der Aufforderung an sie, mitzukommen nach Je-

richow, antwortet, drückt die unüberwindbare Fremdheit aus. Die Kommunikation ist sehr indirekt in Bezug auf eigene Gefühle: Sie sprechen nicht offen und direkt über ihre Gefühle – das könnte aus Vorsicht geschehen, doch es ist hier wohl eher Rücksicht. Jeder lässt dem anderen die Freiheit der Entscheidung, keiner versucht, Druck auf den andern auszuüben. Man sollte darin weder ein Plädoyer für den ‚realen Sozialismus' der DDR noch eines für das westliche Leben sehen; für die heutigen Leserinnen und Leser ist diese Haltung allerdings nur schwer nachzuvollziehen.
Als ergänzende Aufgabe bietet sich an:

- *Vergleichen Sie, wie Gesine und Jonas sich über ihre erste Begegnung äußern (Jonas: S. 109f., Gesine: S. 198ff.).*

Man kann die Figurenkonstellation so beschreiben:
Rohlfs: Drei Zitate charakterisieren seine Position: „Freiheit ist die Einsicht in die Notwendigkeit" (S. 222); „Über Notwendigkeit urteilt die Partei" (S. 127); „Wer nicht für uns ist, ist gegen uns" (S. 186), also ein Freund-Feind-Denken ganz im Sinne des Politischen, wie es auch Carl Schmitt, der ‚rechte' Staatsphilosoph, konzipiert hat. Er vertritt den totalitären Staat, der die Wahrheit hat, der das Recht hat, zu überwachen und zu strafen. Darin folgt ihm keine der anderen Figuren.
Jakob: Er ist der Auffassung – unter den gegebenen Verhältnissen –, „daß einer wenig Gewalt hatte über sein eigenes Leben und aufkommen mußte für was er nicht angefangen hat" (S. 56); man lebt nicht isoliert und autonom, sondern ist auf die anderen, die Gesellschaft angewiesen und ihr gegenüber auch verpflichtet. Aber er sagt auch: „Soll einer sich selbst versäumen über einem Zweck" (S. 156), d.h., er folgt der Maxime Kants, dass der andere immer als Zweck, nie als Mittel behandelt werden darf, dass er nicht instrumentalisiert werden darf. Doch folgt er für sich einer Pflichtenethik, die ihn dazu bringt, sich überwiegend durch den Dienst zu definieren; wahrscheinlich würde er das aber nicht so ausdrücken. Es könnte mit seiner Biografie zusammenhängen, sein Vater war im Krieg, ist wahrscheinlich umgekommen, dadurch ist er als der einzige Sohn in die Rolle des ‚Ernährers' und ‚Beschützers' geraten, Verzicht war in vieler Hinsicht zu leisten; das ist aber nur eine Hypothese.
Gesine: Sie wendet sich gegen alle abstrakten, dogmatischen Positionen: „Ich kann so abstrakt nicht denken, daß ich über die Wirklichkeit des ungarischen Aufstandes und seine Unterdrückung hinauskäme mit irgend einer Zuversicht des Zukünftigen" (S. 274). Gesine stellt im Konfliktfall das individuelle Wohl und Interesse über die Partei- und Staatsräson, darin stimmt sie auch mit ihrem Vater überein.
Jonas: Er verlangt Denk- und Redefreiheit; er äußert sich ironisch über jegliche dogmatische Borniertheit, über jeglichen Wahrheitsanspruch: „Deutsche Möbelthesen: Nur an meinem Tisch sitzt man auf dem richtigen Stuhl" (S. 219). Er ist bereit, Risiken einzugehen und fragt nicht (nur) nach dem persönlichen Nutzen.
Rohlfs und Jonas sind Antipoden, Jakob und Gesine sind sich in ihrem Denken nahe, vielleicht auch in einer gewissen Sturheit. Jakobs Loyalität und Pflichterfüllung wirken sich – möglicherweise – verhängnisvoll auf ihn und auf Gesine aus. Alle drei, Jakob, Gesine und Jonas, stimmen nicht mit Rohlfs Position überein, verhalten sich direkt oder indirekt kritisch; Jakob kooperiert mit ihm, Gesine verhält sich respektvoll, aber sie ist nicht bereit, für ihn zu arbeiten.

Figurenkonstellation

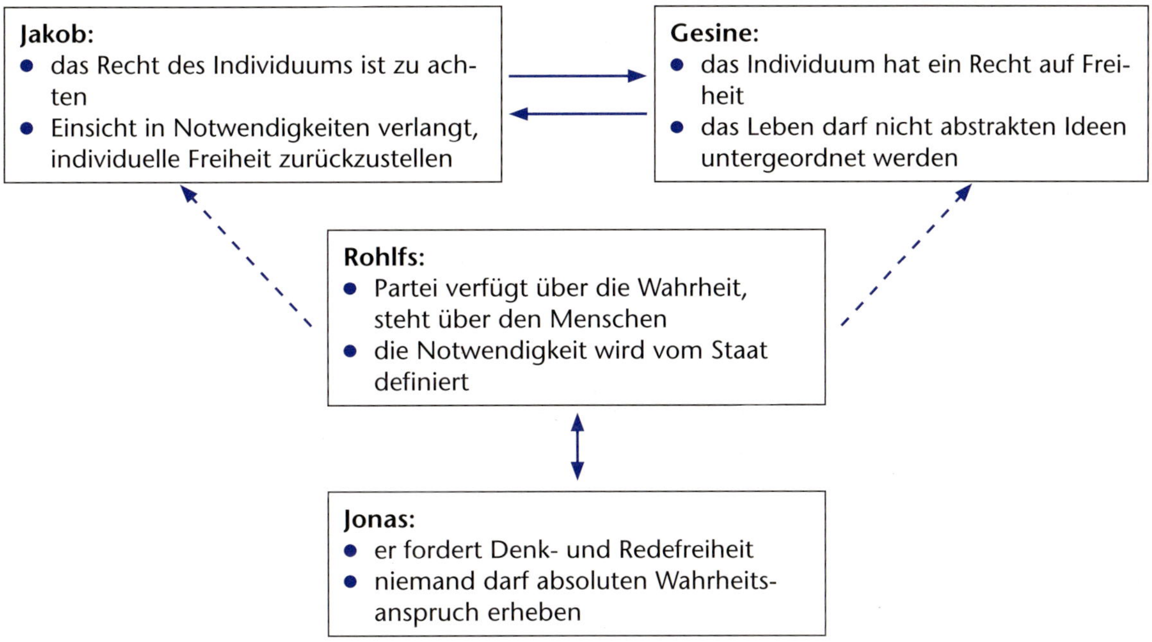

Fazit: Die Tatsache, dass Rohlfs Handeln so katastrophale Folgen hat, ist kein bloßer Betriebsunfall, sondern auf den Allmachtsanspruch des Staates, der Partei zurückzuführen, die das Leben, das Lebendige zerstört. Der Westen (die Bundesrepublik), in den Gesine gegangen ist, erscheint nicht als das positive Gegenbild zur DDR, aber er verpflichtet die Menschen nicht auf Systemtreue und kontrolliert sie nicht mit einem arroganten, selbstherrlichen Überwachungsapparat. Den Menschen bleiben Optionen, die der Osten verhindern will. Doch es geht in dem Roman nicht um einen Systemvergleich, sondern um die Schicksale von Menschen, auf die sich die politischen Verhältnisse tief greifend und destruktiv auswirken.
Die Personen des Romans haben unterschiedliche Identitätskonzepte. Jonas hat ein offenes Verhältnis zu sich, zu seinem Leben und Arbeiten und zum Gesellschaftssystem, gleichwohl hält er an der Idee einer sozialistischen Gesellschaft fest. Er steht für ein ‚modernes' Identitätskonzept. Jakob, das zeigt sich, als er Gesine im Westen besucht, setzt sich anderen Lebensweisen nicht wirklich aus, sondern ordnet sie in sein vom Sozialismus geprägtes Weltbild ein und lehnt sie ab, ohne deshalb dogmatischer Sozialist zu sein. Erstaunlich und auffällig ist, dass er damit auch der Beziehung zu Gesine die Grundlage entzieht. Die Geschichte endet mit seinem Tod: Zeigt sich darin vielleicht auch die Ausweglosigkeit/Unlebbarkeit der Verhältnisse? ‚Beweise' für die Richtigkeit einer solchen These gibt es nicht. Gesine hat für sich schon längst die Entscheidung getroffen, dass sie Optionen braucht, um leben zu können, und die hat sie trotz fundamentaler Kritik am westlichen Lebensstil und westlicher Politik eher in der Bundesrepublik. Die Tatsache, dass Gesine den Stasi-Hauptmann Rohlfs respektiert, lässt sich so verstehen, dass sie ihn für integer hält und dass es zu ihren Grundüberzeugungen gehört, den anderen ‚sein' zu lassen, ihn nicht zu be- oder verurteilen, sofern sein Handeln oder Verhalten dazu keinen Anlass gibt.

4.3 Max Frisch: Homo faber

Einführung – der Gegenstand des Romans

Der Titel dieses Romans suggeriert, hier handle es sich nicht um einen einzelnen Menschen, sondern um einen Typus, den kulturkritisch gesehenen Menschen der modernen Welt, der sich allein vom technischen, zweckrationalen Denken leiten lässt. Tatsächlich wird aber – und wie sollte es in einem Roman auch anders sein – die Geschichte eines Individuums erzählt: Ein Mann, der sich in einer existenziellen Krisensituation befindet, erzählt einen wesentlichen Teil seiner Lebensgeschichte. Er tut es aus einem inneren Zwang, denn für ihn steht viel auf dem Spiel: Von Schuldgefühlen verfolgt, versucht er, sich Rechenschaft über sein Leben abzulegen und sich zu rechtfertigen, um zumindest sich selbst zu überzeugen, dass ‚er es eigentlich nicht gewesen ist', dass er nicht Schuld am Tod seiner Tochter hat. Ihm geht es letztlich um seine gesamte Existenz und dabei um die Selbstbehauptung mit seinem Identitätskonzept. „Ein Mensch wird aus der Sicherheit seines Daseins geworfen und seine gesamte Existenz wird ihm problematisch." (Kaiser 1976, S. 267) Erzählt wird aus der Ich-Perspektive des Ingenieurs Walter Faber, der seine Existenz eigentlich nicht wirklich infrage stellen möchte und deshalb an einem Punkt ansetzt, der – auf den ersten Blick – nur ein äußerlicher ist, nämlich die Verkettung der Ereignisse. Er geht aus von der Überlegung, ‚was wäre, wenn ...' – konkret: was wäre, wenn es z. B. nicht zur Notlandung des Flugzeugs in der Wüste gekommen wäre, dann hätten sich die folgenden Geschehnisse nicht so abgespielt usw. und es wäre nicht zur Begegnung mit ... gekommen. Diese Blickrichtung soll ihm andere, wesentlichere Fragen und damit eine fundamentale Selbstkritik ersparen. Durch Fabers Vermeidungsstrategien ist der Leser gefordert, sich und dem Protagonisten andere Fragen zu stellen, die sich vor allem auf sein Denken und Verhalten beziehen.

Handlung

Der im Auftrag der UNESCO in der ganzen Welt tätige Schweizer Ingenieur Walter Faber erzählt in zwei „Stationen" einen wichtigen Teil seiner Lebensgeschichte. Den ersten Teil schreibt er auf, nachdem seine Tochter gestorben ist. Den zweiten Teil notiert er wenig später in einem Athener Krankenhaus, als ihm eine Magenoperation bevorsteht, deren Ausgang tödlich sein kann.
Die Handlung besteht aus einer Kette von Zufällen: Auf dem Flug von New York nach Caracas muss das Flugzeug in der Wüste notlanden, dadurch lernt er den Bruder seines früheren Freundes Joachim Henke kennen, mit dem er spontan zur Tabakplantage reist, die Joachim betreibt. Nachdem er nach New York zurückgekehrt ist, wo er sich von seiner Geliebten Ivy zu trennen versucht, reist er entgegen seiner ursprünglichen Planung mit dem Schiff nach Le Havre, lernt auf der Überfahrt eine junge Frau, Sabeth, kennen und reist – spontan – mit ihr mit dem Auto von Paris aus nach Italien und von dort nach Griechenland, in Athen wohnt Sabeths Mutter. Zwischen dem fünfzigjährigen Faber und der zwanzigjährigen Sabeth kommt es zu einer Liebesbeziehung. Erst spät erkennt Faber, dass Sabeth seine Tochter ist; ihre Mutter, Hanna, war während des Studiums in Zürich seine Freundin, die er eigentlich hatte heiraten wollen. Im Athener Krankenhaus, wohin er Sabeth nach einem Schlangenbiss gebracht hatte, trifft er auf Hanna. Sabeth stirbt überraschend an einer nicht erkannten und nicht behandelten Kopfverletzung. Faber unternimmt noch einige Reisen, um seine Aufträge zu erledigen, und begibt sich dann in ein Athener Krankenhaus, wo er operiert werden wird. Während dieser Zeit kommt es mehrfach zu Gesprächen mit Hanna, die Faber aufschreibt.

Erzählsituation und Leserrolle

Wesentlich für das Verständnis gerade dieses Romans ist es, sich über die Erzählsituation Klarheit zu verschaffen. Wer erzählt – in welcher Situation – wem – auf welche Weise – was – mit welcher Absicht? Der Ich-Erzähler Walter Faber rekapituliert nicht einfach einen Teil seiner Biografie, sondern er will sich (und möglicherweise anderen) beweisen, dass er keine Schuld hat. Er tut es, indem er auf den Zusammenhang der Ereignisse eingeht und zugleich ein Bild von sich, von seiner Person, das heißt von seinem Identitätskonzept, vermittelt. Er erzählt seine Geschichte in einer äußerst problematischen Situation, kurz nach dem Tod seiner Tochter, also in einer dramatischen Situation, die geprägt ist von Gefühlen der Schuld und der Scham; er versucht, sich zu rechtfertigen und sein Selbstbild, seine Identität zu bewahren. Das bedeutet also, dass alles, was er erzählt, in seiner Funktion für seine hauptsächliche Intention gesehen werden muss – die Selbstbehauptung. Das Erzählte hat zum einen die Funktion, zu informieren, zum anderen hat es eine Funktion für das Identitätskonzept, das auf Selbstbehauptung abzielt.

Was für ein Selbstkonzept hat Faber? Zunächst einmal ist er der rationale Techniker, dem nichts etwas anhaben kann (sein am Anfang des Romans beschriebenes Verhalten im Flugzeug und nach der Notlandung soll das zeigen), der über der Situation steht, beherrscht und überlegen, was für die anderen Menschen in seiner Umgebung nicht immer angenehm ist. Dazu gehört, dass er Gefühle beherrscht und unterdrückt. In Bezug auf Literatur, Kunst, Geschichte gibt er sich völlig desinteressiert, sogar banausisch. Er klammert sich an ein Weltbild, das sich in schnellen Urteilen äußert, das sehr einfach ist und viele Klischees, Stereotype enthält. Es ist dichotomisch angelegt (gut – schlecht, Technik – Natur, Mann – Frau, Verstand – Gefühl, Erkenntnis – Fantasie/Erlebnis, rational – mystisch/hysterisch usw.). Je rascher er wertet (abwertet), desto deutlicher wird, dass er nichts an sich herankommen lassen möchte, was sein Selbstwert-, Überlegenheitsgefühl beeinträchtigen könnte. Er lebt sozusagen im ‚stahlharten Gehäuse' (M. Weber) beruflicher Tüchtigkeit und männlicher Überlegenheit, ohne dass ihm je bewusst wird, dass er dieses Selbstbild zur Selbstbehauptung benötigt und benutzt. Er hat kein Bewusstsein davon, welche ‚Kosten' ein solches Selbstkonzept für ihn selbst, sein Verhältnis zur Welt und zu seinem Körper verursacht; noch viel weniger spürt er, was er anderen zumutet und antut. Dabei geht es nicht nur um Technik, sie ist eher als Metapher zu sehen für ein Lebens- und Selbstkonzept der Überlegenheit, des Erfolgs, der Machtausübung. Aus der Perspektive der anderen wirkt er häufig gefühllos, unfähig zur Empathie, nicht bereit, sich an ihre Stelle zu setzen oder sich auf ihre Denkweise einzulassen, wenn sie mit der eigenen nicht übereinstimmt.

Was bedeutet das für die Leserrolle? Der Leser kann sich nicht mit dem Ich-Erzähler identifizieren, dazu bietet er zu wenig Veranlassung. Eher wird er sich provoziert sehen, Faber zu kritisieren, zu verurteilen, besonders dann, wenn er sich mit seinen Klischees und Stereotypen auf geradezu penetrante Weise selbst entlarvt (ein Beispiel: wie er seine Geliebte Ivy darstellt). Man kann zu einer ziemlich eindeutigen Verurteilung gelangen: „Walter Faber ist der schweizerische Repräsentant der Fünfzigerjahre, weil er Geschichte, Wirklichkeit und Schuld nicht angenommen, sondern in einem aggressiven ‚Bildnis'-System von Deutung und Verfälschung verdrängt hat; so zerstört er sein Leben und – wie der Tod seines Kindes zeigt – die Zukunft des Lebens." (Frisch 1998, S. 251) Aber verhält sich ein Leser mit einer solchen Aussage nicht ganz ähnlich wie Walter Faber, indem er urteilt und verurteilt? Der Leser könnte auch eine andere Position einnehmen, er müsste es sogar, wenn er die Erzählsituation ernst nimmt: Faber ist eigentlich in der Defensive und kämpft um die Erhaltung seines Identitätskonzepts. Der Leser könnte sich zum Beispiel fragen:

- Wie verhält sich ein Mensch, der mit allen Mitteln sein Selbstkonzept erhalten will, weil er es vermeiden will, sich schuldig, sich zumindest verantwortlich zu fühlen?
- Gelingt es ihm oder gelingt es ihm nicht?
- Wie geht er vor? Was erzählt er, welche Episoden wählt er aus und warum? Was könnte er damit beabsichtigen?
- Wie glaubwürdig ist seine Erzählung?
- Warum betont er bei der Notlandung in der Wüste so penetrant, dass er nichts von Fantasie und Erlebnis hält?
- Welche Fragen stellt er sich und welche nicht?
- Wie geht er mit sich und mit anderen Menschen um?
- Was teilt er, ohne es zu wollen, über sich mit?

Nicht die Tatsache, dass der Erzähler ein Techniker ist, liefert die Erklärung für seine Denk-, Verhaltensweisen und Einstellungen, sondern die Situation, in der er sich befindet, als er seine Geschichte erzählt. Der Leser ist also aufgefordert zu einer fragenden, kritischen Haltung. „Seine Erzählung wird zu einem einzigen gewaltigen Verdrängungsprozess, genährt durch Fabers Angst vor der Wahrheit, aber auch durch sein Schuldgefühl, das nach außen drängt, die Fassade der Unschuld und Gelassenheit durchstoßen und ins Bewusstsein gelangen will. (Hurst 1996, S. 209) Allerdings sollte der Leser nicht in die Rolle des Richters schlüpfen; kritische Fragen schließen Empathie nicht grundsätzlich aus. Am Beginn der Lektüre kennt der Leser die Situation, aus der heraus Faber erzählt, noch nicht, sodass er die Funktion des Erzählten erst im Rückblick deutlicher beurteilen kann.

Die Geschichte weist auffällige Bezüge zu mythologischen Erzählungen und Motiven auf (z. B. Ödipus; Klytämnestra und Agamemnon): Wie passen sie zum Erzähler, der sich so abfällig über ‚Bildungsgüter' äußert? Ist seine angebliche Unbildung nur eine Pose? Muss man die Anspielungen (die natürlich Max Frisch der Figur zuordnet) so verstehen, dass Archetypisches wirkt, sozusagen hinter ihrem Rücken? Oder sollte man darin eine Form von Ironie sehen: Faber, der nur Zufälle gelten lassen will, ist in schicksalhafte Zusammenhänge verstrickt, die er nicht bemerkt? Handelt es sich um Ironiesignale für die Leser, die sie aber nicht unbedingt wahrnehmen müssen? Auf jeden Fall sollte man die Figur nicht zu eindimensional sehen, sondern in ihr auch Ambivalenz wahrnehmen. Es sind die Abweichungen vom Planen, vom Zweckrationalen, also die spontanen Entschlüsse, die erkennen lassen, dass sich nicht nur Zufälle häufen, sondern dass Kontingenz in Fabers Leben ‚einbricht' und dadurch Möglichkeiten aufscheinen, das starre Selbstkonzept aufzugeben, zu reflektieren, das Leben zu ändern, was er schließlich auch tut.

Max Frisch spricht in seinen 1981 in New York gehaltenen Vorlesungen (2008 unter dem Titel „Schwarzes Quadrat" veröffentlicht) vom „Schreiben als Therapie für das schreibende Subjekt" (S. 23), das könnte auch auf Walter Faber zutreffen. – Man kann die Erzählsituation im Verlauf der Besprechung des Romans durch eine Grafik verdeutlichen:

Erzählsituation

Die erzählten Episoden:

Leserfrage: Funktion des Erzählten im Hinblick auf die Situation Fabers

- Flug und Notlandung
- Dschungelreise
- Faber und Ivy
- Erinnerung an Vorgeschichte: Hanna
- Schiffsreise und Reise mit Sabeth
- Begegnung mit Hanna, Sabeths Tod

← **1. Station:**

- **Krankheit in Caracas; ‚Nichtfunktionieren' im Beruf**
- **Zeit: nach Sabeths Tod**
- **Ziel: Rechtfertigung**

Die erzählten Episoden:

Leserfrage: Funktion des Erzählten im Hinblick auf die Situation Fabers

- Aufenthalt in New York
- Besuch der Plantage
- Cuba
- Gedanken und Gespräche mit Hanna

← **2. Station:**

- **Ort: Hospital in Athen**
- **bevorstehende Operation mit ungewissem Ausgang**
- **Ziel: Versuch der Neuorientierung**

Die zahlreichen didaktischen und literaturwissenschaftlichen Arbeiten zum „Homo faber" enthalten vielfältige Einsichten und Anregungen, wenn auch manches veraltet erscheint. Hier wird deshalb nur der eine Aspekt, der Zusammenhang von Identitätskonzept, Erzählweise und Leserrolle, vorgestellt, der häufig zu wenig beachtet wird. Liest man den ganzen Roman im Unterricht, ist es sinnvoll und empfehlenswert, den Schülerinnen und Schülern eine Lesehilfe in Form einer chronologischen Übersicht der Ereignisfolge an die Hand zu geben, wie man sie im „Unterrichtsmodell EinFach Deutsch" zum „Homo faber" findet.

Walter Fabers Erzählstrategie (Arbeitsblatt 30, S. 171 f.)

Anhand der beiden Textauszüge lässt sich die Strategie des Ich-Erzählers erarbeiten; dabei wird deutlich, wie ihm Aussagen und Formulierungen gleichsam unterlaufen, die seine explizite Aussage in Frage stellen. Er entlarvt sich durch seine Sprache. Im ersten Auszug geht es um die Vorgeschichte, warum es nicht zur Heirat kam; im zweiten Text geht es um den Gegensatz zwischen Faber und Hanna, dabei vor allem darum, wie er sich ihrem Denken gegenüber verhält.

- *Stellen Sie zusammen, warum es – laut Faber – nicht zur Heirat gekommen ist, und legen Sie dar, wie Sie die Frage aufgrund von Fabers Ausführungen beantworten würden.*
- *Schreiben Sie eine Charakteristik Fabers anhand seiner Erzählung: Welches Bild vermittelt er von sich? Wie sieht er Hanna?*
- *Faber referiert Hannas Aussagen (im 2. Textauszug) und kommentiert in den Parenthesen. Versuchen Sie, Hannas Aussagen in Ihrer Sprache wiederzugeben, und diskutieren Sie über diese Gedanken: Halten Sie sie für zutreffend oder würden Sie widersprechen?*

Welche Gründe führt Faber an?

- sie verstanden sich, ohne an Heirat zu denken
- sie waren zu jung
- seine Eltern waren um seine Karriere besorgt, Hanna war ‚Halbjüdin'
- er fühlte sich verpflichtet, sie zu heiraten
- sie liebten sich wirklich
- Hanna wollte nicht heiraten
- er war bereit, entschlossen
- er weiß nicht, warum es nicht zur Heirat kam (2 x)
- sie waren trotz mancher Unterschiede sehr glücklich zusammen
- Hannas Schwangerschaft
- seine Aussage: wenn du dein Kind willst, müssen wir heiraten
- auf seine Entscheidungsfrage schüttelt sie den Kopf

Fabers widersprüchliche, wenig überzeugende Darstellung

Er legt es darauf an, Hanna für das Nichtzustandekommen der Heirat verantwortlich zu machen, doch enthält seine Darstellung sehr widersprüchliche Aussagen, die ihn als nicht überzeugend erscheinen lassen. Faber hält sich an vermeintlich praktisch-pragmatische

Gründe, die nachvollziehbar sein könnten, wenn dahinter nicht anderes sichtbar würde, was eindeutig gegen ihn spricht. Das beginnt bei seiner Sprache: So verwendet er völlig unreflektiert das Nazivokabular (Halbjüdin, Schutzhaft, Greuelmärchen, Rassengesetze), als handle es sich um die objektive Beschreibung von Sachverhalten. Ein weiterer Punkt ist die Charakterisierung Hannas durch die Adjektivfolge ‚kommunistisch – mystisch – hysterisch'; er wertet, diffamiert, ohne den geringsten Versuch zu machen, sie zu verstehen; es fehlt ihm die Fähigkeit, sich in den anderen hineinzuversetzen, den Standpunkt zu wechseln, stattdessen urteilt er und stempelt ab. Noch offensichtlicher wird sein unangemessenes Verhalten, als Hanna ihm gesagt hat, sie sei schwanger. Seine Unfähigkeit, sich in ihre Situation zu versetzen, kommt in der brutalen Direktheit der Entscheidungsfrage zum Ausdruck, auf die nur eine negative Reaktion möglich ist.
Statt den Text analysieren zu lassen, könnte man auch das Gespräch, das Faber referiert, in einen Dialog umformen lassen. Alternativ könnte man Hanna die Geschichte erzählen lassen. Fabers Intention ist natürlich nicht die Selbstentlarvung (das könnte man als Intention des Autors ansehen, der seine Figur sich entlarven lässt), sondern er will ein bestimmtes Bild von sich vermitteln; das Fehlen von Empathie nimmt er gar nicht wahr.

Wer ist Faber?

Was Faber über sich mitteilt/zum Ausdruck bringen will:	Was Faber indirekt/unwissentlich zu verstehen gibt:
Ich bin: direkt, offen, stehe mit beiden Füßen auf der Erde, pragmatisch, rational, sachlich, nüchtern, vernünftig, entscheidungsstark, karrierebewusst, mutig, verhalte mich als Beschützer	Er ist: unsensibel; unreflektiert; unfähig zur Selbstkritik, zur Empathie, zu differenziertem, sprachbewusstem Ausdruck; befangen in Vorurteilen, Klischees; nicht wirklich liebesfähig

Seine Beteuerung, dass sie sich wirklich liebten, steht im Gegensatz zu seinem Verhalten, Hanna zu klassifizieren, abzuwerten und im Gegensatz zu seinem Verhalten, nachdem er von der Schwangerschaft weiß. Alles, was er sagt, spricht gegen ihn. Auch aus zwanzigjährigem Abstand ist er zu einer selbstkritischen Betrachtungsweise nicht fähig. Auch hier ist zu bedenken, dass seine Erzählung der Selbstrechtfertigung dienen soll, deshalb betont er die scheinbare Rationalität seines Verhaltens. Max Frisch hat über Faber gesagt: „Die Sprache ist hier also der eigentliche Tatort. [...] Wir sehen, wie er sich interpretiert. Wir sehen im Vergleich zu seinen Handlungen, dass er sich falsch interpretiert." (Zit. nach: Müller-Salget 2008, S. 140)
Die Wiedergabe der Diskussion mit Hanna ist zunächst einmal dadurch charakterisiert, dass Faber ihre Gedanken referiert und sie nicht sogleich bewertet, wie er das früher getan hat. Er bekundet nur sein Nichtverstehen, was sicher auch ein Urteil impliziert; indirekt macht er ihr den Vorwurf, ihre Gedanken nicht verständlich darlegen zu können. Weiter ist festzuhalten, dass Hanna ihn definiert und damit zum Ausdruck bringt, dass sie ihn, seine Identität genau erfasst hat, was im Prinzip übereinstimmt mit Fabers Vorgehensweise. Dennoch könnte man sagen, dass sich die Beziehung insofern verändert hat, als sie einander gelten lassen. Sie haben unterschiedliche Weltbilder und Lebensauffassungen, die sie jetzt zu respektieren scheinen, aber sie finden keine gemeinsame Sprache. Hannas Gedanken sind zum Teil der Gestaltpsychologie angenähert, sie betont die Rolle des ganzheitlichen Erlebens für die Erfassung der Welt: Die Gestalt von Phänomenen ist nicht hinreichend durch die Addition der Teile erfassbar, sondern sie wird im Erlebnis erzeugt, das ist eine Maxime der Gestaltpsychologie. Ihr dichotomisches Denken kann folgendermaßen an der Tafel zusammengefasst werden:

Hannas ‚Wertesystem'

positiv	negativ
• Welt erleben	• Schöpfung nutzbar machen
• Schöpfung als Partner	• durch Tempo verdünnen
• Welt als Widerstand	• Weltlosigkeit des Technikers
• Leben als Gestalt in der Zeit	• ohne den Tod leben
	• Leben als Addition
ganzheitlich, partnerschaftlich, achtsam	**Welt als Objekt, zweckrational**

Hannas Aussagen treffen – zumindest teilweise – zu, doch sollten sie nicht als die ‚Wahrheit' über Faber verstanden werden; sie spricht letztlich doch ein Urteil, sie versucht nicht, sich mit ihm zunächst einmal zu verständigen. Die Differenz als solche ist nichts Negatives. Beide bleiben aber auf der Stufe des Behauptens und Urteilens, im Grunde ist Selbstbehauptung das Ziel von beiden. Außerdem ist aus dem Weltbild nicht zwangsläufig ein bestimmtes Kommunikations- und Beziehungsverhalten abzuleiten. Auch im Umgang Walters mit Sabeth blieb die Differenz bestehen (deutlich im Vergleichsspiel auf Akrokorinth), aber sie wurde dadurch aufgefangen, dass sie sich wechselseitig respektierten, anerkannten.

4.4 Martin Walser: Ein fliehendes Pferd. Novelle

Thema

In einem Gespräch hat sich M. Walser über die Bedeutung der Gattungsbezeichnung ‚Novelle' geäußert, indem er sie vom Roman dadurch unterschieden hat, dass dieser „Wirklichkeitsbeziehungen" aufweist, die realistisch genannt werden können, während es sich beim „Fliehenden Pferd" um ein ‚Schachbrett' handle: „Auf diesem Schachbrett werden zwei Existenzarten gegeneinander gehetzt in einer bewussten Konfrontation" (zit. bei Bohn 1981, S. 151). Das bedeutet: Es werden keine vollständigen Biografien erzählt, ein Verstehen der Figuren aus ihrer Herkunft wird nur durch kurze Andeutungen annäherungsweise möglich, die momentane Lebenssituation bleibt ebenfalls andeutungshaft. Zwei Existenzarten werden vorgestellt, sie werden nicht wirklich ‚erklärt'; die Handlung ist auf vier Tage verteilt; einzelne Episoden werden in der dritten Person erzählt, aber aus der Perspektive einer der Figuren, des Gymnasiallehrers Helmut Halm aus Stuttgart. Der Erzähler ist also als Akteur an der erzählten Geschichte beteiligt und interessiert, er ist kein neutraler Beobachter. In der Gegenüberstellung zweier Lebenskonzepte vermeidet er die Schwarz-Weiß-Zeichnung, die Gegenposition, die durch Klaus Buch repräsentiert wird, weist aber deutlich karikaturhafte Züge auf („eine Karikatur der von den Medien propagierten juvenilen Klischees", Freund 1996, S. 214). Die Erzählperspektive Helmut Halms ist wie auch sein Verhalten von Ironie bestimmt: „Er [Helmut Halm] ist ein Ironiker in dem einfachen Sinn, dass er, wie übrigens auch seine Frau, die ironische, also die nicht ganz ernst und zugleich überaus ernst gemeinte Redeweise beherrscht." (Walser 2002, S. 133) Dadurch steht Helmut Halm indirekt doch als der Überlegene da, weil er über Ironie und Selbstdistanz verfügt. Vordergründig erscheint er als altmodischer Langweiler, der seit elf Jahren die Sommerferien immer in derselben Ferienwohnung am Bodensee verbringt, während der Kontrahent als Journalist sehr viel jugendlicher, flotter lebt und sich auch entsprechend inszeniert, den herrschenden Trends (Öko)

folgt, sich modern gibt, dabei sich jedoch bald in seiner Fassadenhaftigkeit gleichsam selbst entlarvt. In diesem „Konkurrenzkampf zweier Lebensstile" (Struck 1988, S. 7) gibt es am Ende keinen Sieger, wohl aber gelingt es Halm eher, sich mit seinem Identitäts- und Lebenskonzept zu behaupten, was am Schluss der Novelle dadurch unterstrichen wird, dass er seiner Frau die Geschichte der vier Tage am Bodensee erzählt und damit der letzte Satz zum ersten Satz zurückführt. – Es wird den Autor sicher auch gereizt haben, Elemente der Gattung Novelle (Falke; Novelle als ‚Schwester des Dramas'; ‚eine sich ereignete unerhörte Begebenheit') zu verwenden, ohne damit zu einer vergangenen Erzähltradition zurückzukehren.
Es geht in dieser Novelle nicht vorrangig um Zeitkritik, sondern um die Selbstbehauptung eines Identitätskonzepts, das von Helmut Halm vertreten wird, der sich der Angriffe von Klaus Buch erwehrt, der – von außen kommend – in das Leben der Halms ‚einbricht', nicht als ein Fremder, sondern als ein von früher Vertrauter, Bekannter; er reagiert nicht auf die Abwehrversuche Helmuts, hält sich schließlich sogar für denjenigen, der Helmut Halm aus seinem Trott befreien muss. „Er hatte Angst, er könne seine Gewohnheiten gegen dieses Paar nicht verteidigen" (Walser 1978, S. 61). „Die griffen ihn ununterbrochen an" (ebd.). In diesem ‚Duell' sind „die Frauen als komplementäre Figuren auf die Männer bezogen" (Struck 1988, S. 47), sie unterscheiden sich jedoch deutlich, Sabine Halm kann sich mehr Eigenständigkeit bewahren, während Helene Buch so sehr von ihrem Mann vereinnahmt wird, dass sie nur noch sein Objekt ist. Wirklich entfaltet werden in der Novelle nur Angriff und Verteidigung, die Lebens-, Existenzkonzepte sind nur skizzenhaft dargestellt. Ein wesentlicher Unterschied zwischen den beiden konkurrierenden Konzepten besteht darin, dass Klaus Buch den Kontrahenten von seinem Lebenskonzept überzeugen, ihn für sich gewinnen und damit vereinnahmen will, während Helmut sich auf gar keinen Fall durch den anderen definieren lassen will: Er will sozusagen seine wahre, innere Identität bewahren, nach außen akzeptiert er es, als der fortschrittliche Lehrer zu erscheinen. Es geht nicht darum, das eine als das attraktivere Konzept herauszustellen, für jugendliche Leserinnen und Leser ist sicher keines attraktiv, dennoch ist die Situation des Kampfes interessant und sie ist auch übertragbar, wenn man sich vor Augen führt, wie sehr es in der Gesellschaft darum geht, für bestimmte, vorwiegend konsumistische Lebensstile zu werben. Midlife-Crisis klingt als modisches Thema an, sie ist aber nicht der Dreh- und Angelpunkt. Historisch gesehen kann man sagen, dass es um die Verteidigung von Individualität geht, um das ‚wahre' Ich und damit um ein sehr zentrales Thema der Literatur seit dem Sturm und Drang; Helmut Halms Rückzug in die Innerlichkeit, in die Privatheit, in die Welt Kierkegaards, ist mit romantischen Konzepten verwandt, auch durch die Ironie, aber Halm wählt eine Doppelexistenz, bei der er immer bestrebt ist, die Spannung zwischen gesellschaftlicher Rolle und privatem Dasein möglichst gering zu halten: „Nur wenn er ein anderer schien und ein anderer war, lebte er. Erst wenn er doppelt lebte, lebte er. Alles Unmittelbare ob bei sich oder bei anderen, kam ihm unhygienisch vor." (S. 80)

Handlung

Der an einem renommierten Stuttgarter Gymnasium unterrichtende Oberstudienrat Helmut Halm (46 J.) verbringt seit elf Jahren zusammen mit seiner Frau Sabine und dem Hund Otto einen Teil der Sommerferien im selben Ferienhaus am Bodensee. Helmut sucht dort Ruhe und Zeit für Lektüre, seine Frau folgt ihm hierin weitgehend. Kurze Zeit nach der Ankunft werden sie, als sie in einem Café an der Seepromenade sitzen, von einem jungen Paar angesprochen, Klaus Buch mit seiner (zweiten) Frau Helene. Helmut und Klaus haben gemeinsam die Schule besucht und in Tübingen studiert, Helmut behauptet jedoch, den anderen nicht wiederzuerkennen. Die folgenden drei Tage verbringen sie – Helmut nur widerwillig – mit gemeinsamen Unternehmungen, bis es zu einer Segelpartie der beiden Männer kommt, die durch einen Sturm zu einem gefährlichen Ende gebracht wird. Danach trennen sich die Wege der beiden Paare wieder. Halms entschließen sich, nach Montpellier zu reisen,

während der Bahnfahrt erzählt Helmut seiner Frau die Geschichte der letzten vier Tage, er beginnt so, wie auch die Novelle anfängt. Im Mittelpunkt stehen die beiden Männer.
Walsers Novelle war gleich nach ihrem Erscheinen (vorabgedruckt in der FAZ) ein sehr großer Erfolg.
Bei dem folgenden Arbeitsblatt geht es um die in diesem Baustein behandelte Identitätsthematik.

Martin Walser: Ein fliehendes Pferd – Zwei Lebenskonzepte (Arbeitsblatt 31, S. 173 f.)

- *Warum möchte Helmut unerkannt bleiben? Ziehen Sie die Ausführungen des amerikanischen Soziologen und Anthropologen Erving Goffman (1922–1982) heran.*
- *Beschreiben Sie den „Herrschaftsbereich des Scheins" – im Textauszug und in der Realität.*
- *Helmut äußert sich nicht zu den Vorschlägen und Gedanken von Klaus. Verfassen Sie einen Kommentar als inneren Monolog, wie Helmut ihn geben könnte. Berücksichtigen Sie dabei seine Sprache, sein Kommunikationsverhalten und sein Identitätskonzept.*

Was heißt es für Helmut Halm, unerkannt zu bleiben? Leben in der Gesellschaft bedeutet immer, dass man sich von den Menschen, mit denen man umgeht, eine Vorstellung, ein Bild macht, folglich ergeht es auch einem selbst so, dass sich die anderen ein Bild von einem machen. Der Textauszug aus Erving Goffmans bekanntem Buch „Wir alle spielen Theater" (zuerst 1959, deutsch 1969 erschienen), in dem der Begriff der Sozialen Rolle erläutert wird, gibt einen Hinweis auf die Bedeutung des hier angesprochenen Themas. Helmut möchte es vermeiden, erkannt zu werden, er möchte inkognito bleiben, denn erkannt werden heißt für ihn, durchschaut, bezeichnet zu werden, was in ihm den Wunsch zu fliehen auslöst. Er geht so weit zu sagen, dass erkannt, bezeichnet, zu werden eine Art der Unterwerfung, der Dressur ist, wodurch der eigene Möglichkeitsspielraum unzulässig eingeschränkt wird, denn man wird festgelegt, man wird definiert, wie man heute dazu eher sagt (indem man sich an die englische Sprache anlehnt). Die Gegenbewegung ist die „Flucht", die das Ziel hat, die „wirkliche Person" in Sicherheit zu bringen. Helmut Halm verwendet dafür anschauliche Metaphern: die Felsenburg, Überneuschwanstein, den tiefen Wald. Tatsächlich deutet nichts darauf, dass er sich ein Eremitendasein wirklich erträumt. Man muss seine Vorstellungen vielmehr immer in Beziehung zum ‚normalen' Leben im Beruf, in der Gesellschaft sehen; um dieses Leben führen zu können, bedarf es der Rückzugsmöglichkeiten.
Der zweite Textauszug enthält einen deutlichen Hinweis auf ein Motiv Halms, „seine wirkliche Person in Sicherheit zu bringen vor den Augen der Welt". Das, was die Öffentlichkeit, die öffentliche oder veröffentlichte Meinung fordert, stellt eine Art Norm dar – man soll sich auf eine bestimmte Weise verhalten, Halm bezieht das vor allem auf das sexuelle Verhalten. Die Medien geben die Normen für die soziale Kontrolle vor. Es erscheint ihm sinnvoll, sich dem zumindest in seiner öffentlichen, beruflichen Existenz anzupassen oder zu unterwerfen, auch wenn es nur die Welt des Scheins ist oder gerade deshalb; so gilt er als fortschrittlicher Lehrer. Keinesfalls jedoch möchte er, was in der Welt des Scheins gilt, auf sein privates Leben übertragen, dort soll nur die Individualität gelten, dort will er „sich gehen lassen". Eigentlich beschreibt er damit eine verbreitete, wenn nicht die übliche Praxis, öffentliche und private Existenz zu unterscheiden. Im Hintergrund steht eine rigorose Authentizitätsforderung, die sich als Exhibitionismus äußern kann, wie es bei seinem Kontrahenten Klaus Buch der Fall ist. Vermittlungs- und Übergangsmedium zwischen dem Öffentlichen und dem Privaten ist die Ironie, sie erleichtert es, ein Doppelleben zu führen. Was dieses private, geschützte Ich aus-

macht, wird durch die Lektüre Kierkegaards symbolisiert und durch das Beziehungsverhalten ausgedrückt. Damit seine Frau ‚mitspielt', zollt er ihr Anerkennung, indem er sie „einziger Mensch" nennt, was mit ironischem Unterton vorzustellen ist, den beide verstehen.
Der „Herrschaftsbereich des Scheins" umfasst das Dasein in der Gesellschaft, die Medien, die Werbung, Bilder, denen man ständig ausgesetzt ist und die sich auf die Lebens- und Glücksvorstellungen auswirken.
Klaus Buch ist für Helmut Halm aus mehreren Gründen unerträglich, aber er widerspricht ihm nicht offen: Buch beansprucht die Definitionsmacht über Vergangenes und Gegenwärtiges, er will über alles und alle bestimmen in einem manchmal infantil erscheinenden Allmachtswahn. Wenn er am Ende durch seine Frau demontiert wird, weiß der Leser schon längst, was es mit ihm auf sich hat; die Demontage dient der Entlastung Helenes, die nun die Zuwendung der Halms braucht, die sie sonst – wenn auch auf vereinnahmende und unterdrückende Art – von Klaus bekommt.
Klaus Buch ist unerträglich durch seine Sprache, durch seinen egozentrischen Kommunikationsstil und durch seine Anmaßung (so muss ihn Helmut wahrnehmen), ihn genau zu kennen und ihm Ratschläge für sein Leben geben zu können.
Am wichtigsten ist die Untersuchung der Sprache:

Klaus Buchs Erscheinungsbild

Umgangssprache	Selbstdarstellung
Verstärkung: *wirklich* fasziniert; das kannst du mir glauben; verstehst du; ehrlich; stell dir vor; Mensch, Helmut modischer Slang: ich schaffe sie nicht mehr; das war Erscheinung; Problemschraube; Spitze sein; bumsen; den tollen body spielen; wir sollten noch einmal vom Stapel laufen; du bist echt ein challenge für mich; dann flutscht's; alles klar; ein totales Angebot	Übertreibung: Regentropfen – schreien vor Begeisterung; aufschreien vor Liebe zum Chlorophyll; glänzend, großartig, durchdringend fein sein wie unzerreißbare Seide Selbstaussagen: Ich habe Angst; ich bin in Gefahr; ich möchte brillant *bleiben*; Anbeter meiner selbst; ich mache ihr was vor, ... ich verführe sie; ich alte Küchenschabe

Klaus redet auf Helmut ein, ohne sich um dessen Reaktion zu kümmern; er erteilt nicht erbetene Ratschläge; er tut so, als wisse er besser über den anderen Bescheid als dieser selbst; er stellt seine eigene, vermeintliche Großartigkeit zur Schau und damit seine Überlegenheit; gleichzeitig teilt er dem anderen mit, wie hilfsbedürftig dieser sei: Er definiert den anderen ständig – eine Todsünde in Helmut Halms Augen. Klaus Buch geht es in allem, was er redet und tut, darum, sich zu inszenieren, seine Überlegenheit zu behaupten. In zwei Situationen wird das besonders deutlich: einmal bei der verunglückten, von Helmut ‚geplanten' Wanderung, auf der Klaus seinen großen Auftritt als Pferdebändiger hat; ferner beim Sturm auf dem Bodensee, der dann für Buch kläglich endet.

4.5 Peter Handke: Der kurze Brief zum langen Abschied

Als Anfang und Ursprung moderner Identitätsgeschichten gilt der Bildungs- und Entwicklungsroman, der sich deshalb auch besonders gut als Folie eignet, wenn ein anderes Identitätskonzept als das dem „Wilhelm Meister" zugrunde liegende vermittelt werden soll.

Handkes Ich-Erzähler in „Der kurze Brief zum langen Abschied" (1972) liest während seiner Reise durch die USA nicht den „Wilhelm Meister", sondern Gottfried Kellers „Der Grüne Heinrich", was den Blick des Lesers auf den Entwicklungsroman als Folie lenkt. In einem Gespräch mit Hellmuth Karasek ließ Handke lediglich die Bezeichnung „Fiktion eines Entwicklungsromans" gelten (Karasek 1972, S. 88), was sich allein aus einem bloß äußeren Grund als zutreffend erweist, denn die Handlung des Romans erstreckt sich über einen Zeitraum von etwa drei Wochen, während die Entwicklungsromane der Tradition mehrere Jahre umfassen. Der Roman enthält aber noch gewichtigere Argumente, die es verbieten, von einem Entwicklungsroman im Sinne der deutschen Erzähltradition zu sprechen, denn die Idee von Entwicklung des Menschen auf ein Ziel hin ist obsolet geworden. – Ergänzend sollte man auf Handkes Rolle in der Literaturdebatte der 68er-Jahre Bezug nehmen (Baustein 1).

Handlung

Der Ich-Erzähler, ein österreichischer Schriftsteller, der im Verlauf der Geschichte 30 Jahre alt wird, reist mit verschiedenen Verkehrsmitteln durch die USA von der Ost- zur Westküste; er will sich endgültig von seiner Frau Judith trennen, die ihm folgt bzw. der er folgt. Er wird von ihr durch Drohbriefe, einen ihr zugeschriebenen Säureanschlag sowie einen durch sie veranlassten, von mexikanischen Jugendlichen verübten Raubüberfall unter Druck gesetzt. Schließlich treffen sie in Kalifornien zusammen, wo Judith einen Revolver auf den Erzähler richtet, aber nicht schießt – es handelt sich um Motive, die man von Filmen kennt. Am Ende fahren sie mit dem Bus zum Regisseur John Ford zu dessen Anwesen in Bel Air und trennen sich, nach einem Gespräch mit Ford, endgültig und friedlich. Filme, Literatur (außer G. Keller der Roman „Der große Gatsby" von Scott F. Fitzgerald), amerikanische Songs, Bilder aus der amerikanischen Geschichte bilden ein Bezugs- und Verweisungssystem für den Ich-Erzähler; dazu gehört auch das Genre des Road-Movie. Er ist außerordentlich reflektiert, von starken Gefühlsschwankungen geprägt, belastet von Erinnerungen an seine Vergangenheit, besonders auch durch Ängste aus seiner Kindheit, und er hat den Wunsch, in Amerika ein anderer zu werden.

Die Reise des Erzählers hat ein Ziel, sie bildet auch das Handlungsgerüst, aber bezogen auf die Persönlichkeit des Ich-Erzählers gibt es kein Telos im Sinne des Entwicklungsromans, sondern nur ein Auf und Ab von Stimmungen, manchmal gibt es die Einsicht eines definitiven Entwicklungsschritts, doch der nächste Augenblick enthält bereits ein Dementi. Theo Elm hat in seiner Interpretation des Romans die „Lösung aus Entfremdung durch Aufgabe des subjektbezogenen Besitzdenkens, durch voraussetzungslose Annahme der empirischen Wirklichkeit" als Ziel beschrieben (Elm 1993, S. 288). Aber: „Handkes Helden durchlaufen in der Regel keine Entwicklung im Sinne eines evolutionären Fortschreitens, sondern leben in Zyklen." (Meurer 1992, S. 69)

Anhand einiger Textauszüge lässt sich das Identitätskonzept des Romans erschließen.

P. Handke: Der kurze Brief zum langen Abschied (Arbeitsblatt 32, S. 175)

- *Untersuchen Sie, welches Identitätskonzept der Ich-Erzähler hat.*
- *„Heutzutage scheint alles sich gegen ferne Ziele, lebenslange Entwürfe, dauerhafte Bindungen, ewige Bündnisse, unwandelbare Identitäten zu verschwören." (Zygmunt Bauman) – Diskutieren Sie diese Aussage.*

Im Gespräch des Erzählers mit Claire, einer amerikanischen Freundin, in deren Auto er bis nach St. Louis mitfährt, wird der Entwicklungsgedanke angesprochen und als Element eines Identitätskonzepts verworfen. Auch wenn zur Zeit des Erscheinens des Romans noch nicht von postmoderner Identität gesprochen wurde, weisen doch viele Gedanken in diese Rich-

tung, vorwiegend in der Form der Negation einer traditionellen Identitätsvorstellung, wofür der Entwicklungsroman steht. Das zeigt sich an den Gedanken des Ich-Erzählers beim Anblick des amerikanischen Studenten: Er verwahrt sich dagegen, ihn als Repräsentanten für ... anzusehen (vielleicht: *des* Amerikaners), damit weist er ideologische Beschreibungen der Wirklichkeit zurück. Jemanden charakterisieren heißt, ihm die Würde nehmen, die seine Individualität ausmacht/besitzt; sie verträgt sich nicht damit, ihn auf einen Begriff zu bringen, das heißt Wesensaussagen über ihn zu machen, denn damit wird er festgelegt, festgestellt, was einer essenzialistischen Auffassung von Wirklichkeit entspricht, die von der Postmoderne kritisiert wird. Normativität lehnt der Ich-Erzähler noch in einer anderen Hinsicht ab: Er will sich nicht von anderen Lebensformen erpressen lassen, also keine bestimmte, gesellschaftlich vordefinierte Rolle spielen; das ist eine im Vergleich mit der von Helmut Halm in Walsers „Ein fliehendes Pferd" radikalisierte Position.
Der Ich-Erzähler betont die Offenheit, Freiheit, Möglichkeit (Optionen haben), sieht dabei nicht die ‚riskante Freiheit', wie sie in Bezug auf die postmoderne Identität in der flexiblen, modernen, globalisierten Gesellschaft gesehen und diskutiert wird (Ulrich Beck, Richard Sennett): „Reflexivität, als das konstitutive Moment spätmoderner Identität, kann als Überwindung vorgegebener persönlicher Entwicklungsschablonen begriffen und als Potenzial der Emanzipation gefeiert werden. Sie kann aber auch als der Verlust verlässlicher und unstrittiger Basissicherheiten der individuellen Lebensführung beklagt werden." (Keupp 1994, S. 347) In Handkes Roman wird der soziologische Aspekt der Identität nicht beachtet, es geht dem Ich-Erzähler um eine Art der individuellen Selbstbehauptung, die nach möglichen gesellschaftlichen Bedingungen und Bedingtheiten nicht fragt, was man an Handke auch kritisiert hat, indem man ihm vorwarf, kein realistisches Amerikabild zu zeichnen. Für den Erzähler geht es um die Innenseite des Identitätskonzepts (was wohl für die meisten Erzähltexte gilt); Handke geht es um „die Emanzipation des Ich-Erzählers von seinen die Wirklichkeitserfahrung zwanghaft bestimmenden Empfindungskonstanten" (Mixner 1977, S. 147) oder um die „Zerstörung von Begriffs-Evidenzen und eine Rekonstruktion aus Bild-Evidenzen" (Bartmann 1985, S. 122).
Im Tafelbild lassen sich die Ergebnisse der Textarbeit zusammenfassen:

Elemente des Identitätskonzepts des Ich-Erzählers

negativ

- Verbot, etwas Allgemeines über ein Individuum zu sagen
- Zurückweisung von Typisierungen
- Verbot zu deuten, zu entziffern, ein Ich zu beschreiben
- sich nicht von anderen Lebensformen erpressen lassen
- Ablehnung der Idee einer Entwicklung als Vervollkommnung
- jemanden charakterisieren ist entwürdigend, denn man bringt ihn für immer auf einen Begriff

positiv

- nur Geschichten von einzelnen Leuten lesen
- die Welt unbefangen erleben
- Lebenslust
- mit allem einverstanden sein/Einverständnis mit der Welt
- Offenheit/Weltoffenheit

4.6 Doris Dörrie: Los Angeles; Marieluise Fleißer: Briefe aus dem gewöhnlichen Leben; Irmgard Keun: Das kunstseidene Mädchen

Im Folgenden geht es nicht um die Frage, ob Frauen „anders" schreiben, und schon gar nicht um die Behauptung, dass dies der Fall sei, weil sie weibliche Wesen sind. „Die Behauptung, dass es eine Literatur von Frauen gebe, die über alle Geschlechtszuschreibungen hinaus auf ein wesentlich Weibliches verweise, ist ein problematisches Postulat feministischer Poetik und Stein nicht feministischen Anstoßes geworden. [Aber weibliches Schreiben nimmt Bezug auf] Denkmuster und Bilder, die realitätsmächtig geworden sein könnten" (Osinski 1998, S. 76). Es geht hier um das Thema der Identität, und diese ist nichts Naturgegebenes, auch nichts Vorgegebenes, sie muss immer wieder neu konstituiert werden, sie ist das wechselnde, oft fragile Resultat von „Identitätsarbeit", die auch die Reflexion über die immer noch wirksamen, oft unbewusst übernommenen Rollenerwartungen einschließt. Bedenkt man, dass es zwei Frauenbewegungen gab (vom Vormärz bis 1918 und in den Siebzigerjahren des 20. Jahrhunderts), aber keine Männerbewegung, dass das Bild der Frau sich wesentlich dramatischer verändert hat als das der Männer, bedenkt man, dass diese Veränderung erkämpft werden musste und dass es mit der praktischen Gleichstellung noch hapert, so liegt es nahe, die Literatur von Autorinnen in einem eigenen Rahmen zu präsentieren. Heute wird klarer erkannt, dass besonders in der zweiten Frauenbewegung zwei divergierende Konzepte eine Rolle spielten: das Egalitäts- und das Differenzmodell. Beide haben ihre Fallen, wenn sie auf die Praxis angewendet werden. Das politisch orientierte Gleichheitspostulat kann auch die Anpassung der Frauen an männliche Verhaltensnormen befördern und die bei Frauen stärker entwickelten Fähigkeiten – kommunikative Kompetenz, Empathie, andere Schwerpunkte im politischen und privaten Leben – zum Verschwinden bringen, während das Differenzpostulat zu Ergänzungstheoremen führt, die der Unterwerfung der Frauen dienen. Die Identitätsfragen von Frauen bewegen sich zwischen diesen zwei Polen.

Wenn hier mit Marieluise Fleißer und Irmgard Keun zwei Autorinnen der Weimarer Republik vorgestellt werden, so hat das seinen Grund. Durch die Machtübernahme der Nazis wurden sie ihrer Chancen auf dem Buchmarkt und ihrer Wirkung beraubt, aber sie erlebten in den Siebzigerjahren ein großes Comeback: Marieluise Fleißer wurde wieder entdeckt, gefördert und aufgeführt durch Martin Sperr, Rainer Werner Fassbinder und Franz-Xaver Kroetz, die sich zu ihren geistigen Söhnen erklärten; Irmgard Keuns Roman „Das kunstseidene Mädchen" wurde 1959 verfilmt und wird bis heute in immer neuen Inszenierungen auf den großen Bühnen gespielt. Auch in der Literaturwissenschaft gibt es im Zuge eines lebhaften Interesses an der Weimarer Republik, speziell an der Neuen Sachlichkeit, eine wachsende Zahl von Publikationen über die lange Zeit als U-Literatur abqualifizierten Texte von Autorinnen dieser Zeit, an der Spitze Fleißer und Keun. Indem jüngere Gegenwartsautorinnen vor dem Hintergrund von Autorinnen der Weimarer Republik gelesen werden, ergeben sich neue Facetten einer schärferen Profilierung.

Doris Dörrie: Los Angeles (Arbeitsblatt 33, S. 176)

Diese Erzählung eignet sich bestens als Zugang zu den beiden älteren Texten. Mit Marieluise Fleißers Erzählung „Briefe aus dem gewöhnlichen Leben" teilt sie die Kritik an der erlernten weiblichen Hilflosigkeit und an der Macht der alten Verhaltensmuster, mit dem Roman „Das kunstseidene Mädchen" das Interesse an den Wirkungen der Bildmedien, speziell des Kinofilms und der Werbung auf die Wünsche, das Verhalten und das Lebenskonzept von jungen Frauen. Alle drei Autorinnen vertreten ein aufklärerisches Gleichheitskonzept. „Los Angeles" eignet sich als produktiver Einstieg in die Thematik. Der Anfang der Geschichte fordert zum Weitererzählen heraus.

- *Setzen Sie die Geschichte fort. Versuchen Sie, der Logik des hier Dargestellten möglichst nahe zu bleiben. (Wenn es zu lang wird, reicht es, den Schluss zu skizzieren.)*
- *Alternativ: Marie fährt zu Dave. Schildern Sie, was sich abspielt.*

Die Auswertung erfolgt nach der Methode der Textlupe in Dreier- oder Vierergruppen. Die Gruppe sucht einen besonders gelungenen (oder extravaganten) Text zum Vorlesen und Diskutieren aus. Ein Kriterium für die Besprechung ist die „Erzähllogik", die sich aus folgenden Textelementen ergibt:

- Maries Traum, dass Dave sie abholt, obwohl er nicht weiß, dass sie kommt
- ihr Minderwertigkeitsgefühl beim vergleichenden Blick auf andere Frauen
- die naive Verwechslung der Redensarten mit authentischen Aussagen
- das durch „unzählige Fernsehserien" vermittelte Stereotyp des Amerikaners
- Wunschdenken, Los Angeles als Metapher für Hollywood

Zu erwarten ist eine Desillusionierungsgeschichte. Eine Erfolgsgeschichte dürfte nicht nach einem trivialen Hollywoodfilm-Muster zu einem Happy End führen oder sollte ein solches zumindest ironisch brechen oder unterlaufen.
Der weitere Verlauf der Geschichte: Marie verbringt die vier Tage in einem Altenheim, da sie sich ein Hotel nicht leisten kann. Am ersten Tag unternimmt sie einen Spaziergang, wird aber von einem Polizeiwagen gestoppt, Fußgänger sind in der Autofahrerstadt L. A. verdächtig. So verbringt sie die folgenden Tage in dem Heim. Die Stimmung dort ist bedrückend. Sie spielt mit dem Gedanken, Dave schon früher anzurufen, aber sie wagt es nicht. Am vierten Tag greift sie mit schweißnassen Fingern zum Telefon in der Eingangshalle des Heims und wählt unter den neugierigen Blicken der Anwesenden Daves Nummer. Dieser redet sich heraus, sagt, seine Mutter, eine sehr komplizierte und anspruchsvolle Frau, sei überraschend gekommen und „er müsse sich um sie kümmern wie um ein Kind. Keine Minute wolle sie allein sein, ob er Marie nicht leid tue mit so einer Mutter? Zum Schluß sagte er: ‚Have fun.' Und Marie sagte leise: ‚Yes.'"

Marieluise Fleißer, Irmgard Keun und das Phänomen der „Neuen Frau"

In der Weimarer Republik traten zahlreiche Autorinnen auf den Plan; bekannt sind noch heute Vicki Baum, Gabriele Tergit und die in den letzten Jahren wieder entdeckte Lyrikerin Mascha Kaléko, deren „Lyrisches Stenogrammheft", in den Zeitungen veröffentlichte Alltagsgedichte, in den Zwanzigerjahren sehr populär waren. Um die politische Frauenbewegung war es nach der Zuerkennung des Frauenwahlrechts (1918) still geworden, dafür gab es ein Phänomen, das größte Medienaufmerksamkeit auf sich zog: die „Neue Frau". Neu war das gesamte Erscheinungsbild: kniekurze Kleider in lockerem Schnitt ohne Korsett und die Bubikopf-Frisur, neu war auch das Verhalten der jungen Frauen: Sie gaben sich selbstbewusst, sie fuhren Rad, trieben Sport, rauchten in der Öffentlichkeit, gingen ohne männliche Begleitung ins Café und genossen und inszenierten die neuen Freiheiten. Dies ist zum einen eine Folge der Frauenbewegung, die seit der Mitte des 19. Jahrhunderts vor allem für gleiche Bildungschancen für Frauen und politische Gleichstellung gekämpft hatte, zum anderen die Folge von strukturellen Veränderungen der Industriegesellschaft mit der sprunghaft angestiegenen Zahl der Angestellten. Neu war auch die nach dem Ersten Weltkrieg zur Normalität gewordene Berufstätigkeit der jungen Frauen. Der typische Frauenberuf war die Büroangestellte, die in sauberen Räumen und schickem Outfit ihrer Arbeit nachging, „ein Gemisch aus Dame und Arbeiterin" in einem „halbseidenen Beruf" (zeitgenössische Beschreibung, zitiert bei Schüller 2005, S. 28). Während die boomenden Medien der Weimarer Zeit (Kinofilm und Werbung) die Glitzeroberfläche von Freiheit und Aufstieg transportierten, zeichneten die Autorinnen ein kritisches und nüchternes Bild der „Neuen Frau" und zeigten ihre Abhängigkeit und die Monotonie ihrer schlecht bezahlten Arbeit. Auch Soziologen befassten sich mit der Problematik der Angestellten, die sich dem Bürgertum zugehörig fühlten, oft aber weniger verdienten als die Arbeiter und aufgrund fehlender gewerkschaftlicher Strukturen noch schutzloser dastanden (vgl. Hans Fallada: Kleiner Mann, was nun?, Baustein 3). Dieser Schritt zur „Neuen Frau" blieb in der Pionierphase stecken. 1933 wurde dieses Leitbild von den Nazis durch das Ideal der Gebärerin und Mutter ersetzt. Das Erscheinungsbild der „Neuen Frau", den androgynen Typus des „Girls" oder der „Garçonne", muss man beim Lesen der Texte von Keun und Fleißer im Auge haben.

Marieluise Fleißer: Briefe aus dem gewöhnlichen Leben (Arbeitsblatt 34, S. 177 f.)

Marieluise Fleißer hatte durch ihre beiden Theaterstücke „Fegefeuer in Ingolstadt" (1926) und „Pioniere in Ingolstadt" (1928) den Ruf einer Skandalautorin. In diesen beiden Stücken macht sie die Mechanismen von Unterdrückung und Abhängigkeit in den Beziehungen zwischen Männern und Frauen sichtbar und setzt sich kritisch mit dem Konservatismus ihrer Umgebung, mit patriarchalischen Familienstrukturen und repressivem Katholizismus auseinander. Das gilt auch für die frühen Erzählungen „Ein Pfund Orangen und neun andere Geschichten der Marieluise Fleißer aus Ingolstadt" (1928), denen der hier vorgestellte Text „Briefe aus dem gewöhnlichen Leben" entnommen ist. Die Autorin nahm diese Geschichte nicht in ihre Gesamtausgabe (1972) auf, entweder wegen des Publikationsorts, der rechtskonservativen Magdeburger Zeitung, oder weil sie sie als Zeitungsgeschichte geringer einschätzte. Die Gründe für die Auswahl hier sind die Kürze, die Eignung für produktive Hermeneutik und die Anschließbarkeit an die Texte von Doris Dörrie (Ähnlichkeit) und Irmgard Keun (Kontrast). Sie ist repräsentativ für den Erzählzyklus, in dem es durchgehend um schwache Mädchenfiguren geht, die dem Existenzkampf nicht gewachsen sind, die in der Liebe ausgenützt werden und sich von Männern unterdrücken lassen (Die Titelgeschichte, „Die arme Lovise", „Der Apfel", „Die Ziege", „Die Stunde der Magd"). Dabei arbeitet die Autorin mit einem verfremdenden Verfahren; ihre Figuren haben in ihrer Unterwürfigkeit fast groteske, kafkaeske Züge.

- *Klären Sie, was sich bei der ersten Begegnung von Anna und Max abgespielt hat.*
- *Welche Vorstellungen hat Anna vom Mann allgemein und von Max?*
- *Mit welchen Mitteln versucht sie, Max zurückzugewinnen?*
- *Verfassen Sie einen Antwortbrief von Max.*
- *Bevor Anna ihren Brief abschickt, gibt sie ihn einer Freundin und fragt sie um Rat: „[…] Du siehst, ich habe Angst, daß Max nichts mehr von mir wissen will. Und ich dachte, er wäre der Mann fürs Leben. Sag mir ganz ehrlich: Kann ich ihn mit diesem Brief zurückholen?" Verfassen Sie den Antwortbrief der Freundin.*

Zu dem Brief von Max:

- *Wie verhält sich Max, wie beurteilen Sie sein Verhalten?*
- *Diskutieren Sie den Schluss des Briefes.*

Es empfiehlt sich, zunächst nur den Brief der Anna vorzulegen. Abschließendes Tafelbild:

Annas Verhalten und seine Ursachen

Gesellschaftliche Realität: patriarchale Strukturen; Hausfrauenehe
Angewiesen auf Ehemann als Versorger ↔ Rollenmodell der „Neuen Frau"

↓

Annas Vorstellung von Wesen und Bedürfnissen des Mannes:
- er ist der Überlegene
- er braucht die Bestätigung der eigenen Überlegenheit
- diese bekommt er durch die spürbare Unterlegenheit der Frau
- erotische Erzählungen der Frau bereiten ihm seelische Lust
- er ist verantwortlich für die persönliche Entwicklung der Frau

↓

Sie verhält sich entsprechend, er lässt sie sitzen

↓

Versuche, ihn zurückzugewinnen: indem sie nachträglich ihre Erzählungen bei der ersten Begegnung korrigiert

Er sei seiner Erzieherrolle nicht gerecht geworden – „Warum hast du so wenig aus mir gemacht" (Schmeichelei, Delegation von Verantwortung)

Selbstdarstellung als armes Luder, vergewaltigt durch „Würger", also sei sie „in der Seele nicht berührt"

Wunsch, Appell: Liebesgeständnis und Heiratsangebot

Der Brief der Freundin müsste den Punkt ansprechen, dass Annas Verhalten nicht attraktiv ist. Anna ist nicht einfach ein Opfer männlicher Gewalt. „Nicht Verhängnisse oder Geschlechterschicksale, sondern konkrete Wahrnehmungssperren und selbstverschuldete, zudem ständig reproduzierte Unmündigkeit konstituieren jene Gewaltverhältnisse, die den Protagonisten unentrinnbar erscheinen" (Albert 2000). Provokant ist an Annas Brief die „zwanghafte Übererfüllung gesellschaftlicher Normerwartungen" (ebd., S. 131), die eigentümliche Verbindung von vorauseilender Unterwerfung mit berechnendem Verhalten. Am Brief von Max lassen sich typisch männliche Verhaltensweisen zeigen (gesellschaftlicher Ehrgeiz, aktives Werbeverhalten), unangenehm ist an ihm die aggressive Reaktion auf die Frau, das Doppelspiel mit Anna, die Schroffheit und Selbstgerechtigkeit des Briefs. Aber er spricht die „Botschaft" der Autorin aus: der Appell an ein selbstbewussteres Auftreten der Frau.

Irmgard Keun: Das kunstseidene Mädchen

Handlung

Dieser Roman ist eine Art ‚Plappermonolog' der 18-jährigen Doris. Er spielt vom Spätsommer 1931 bis zum Frühjahr 1932, in der von der Wirtschaftskrise überschatteten Endphase der Weimarer Republik. Doris stammt aus einfachsten Verhältnissen, sie ist ohne höhere Schulbildung und arbeitet als Bürohilfe bei einem Rechtsanwalt, bis ihr wegen mangelhafter Zeichensetzung gekündigt wird. Das macht ihr nicht allzu viel aus, denn sie hat ohnehin Höheres vor, sie will „ein Glanz" werden. Mit etwas Glück bekommt sie eine Anstellung als Statistin am Stadttheater der „mittleren Stadt" (Köln) und ergattert sich durch einen fiesen

Trick sogar eine minimale Sprechrolle, die aus einem Satz besteht. Aber da sie das Gerücht einer Liaison mit dem Intendanten in die Welt gesetzt hat, wird ihr der Boden zu heiß. Sie stiehlt an der Garderobe des Theaters einen Fehmantel (Eichhörnchenpelz) und flieht nach Berlin, wo sie sich nicht zu melden wagt. Hier beginnt der zweite Teil des Romans, ein Reigen der kleinen Erfolge und Desillusionierungen. Sie wohnt bei Freundinnen, die in trostlosen Verhältnissen leben, und sie lebt vom Männerfang, von wechselnden Liebhabern, die sie verwöhnen und aushalten. Als der spendabelste dieser Gönner wegen Betrugs verhaftet wird, geht es mit ihr bergab; der Tiefpunkt ist die Woche zwischen Weihnachten und Neujahr (das Ende des zweiten Teils) – sie hat nichts zu essen, schläft in einem Taxi oder auf Parkbänken. Mit dem dritten Teil des Romans bessert sich ihre Lage: Ein Mann namens Ernst nimmt sie bei sich auf, sie leben einige Wochen zusammen, sie führt seinen Haushalt und sie liebt ihn, aber er trauert um seine Frau, die ihn verlassen hat, und belässt es zu Doris' Bedauern bei einem platonischen Verhältnis. Aus Liebe bringt sie ihn wieder mit seiner Exfrau zusammen und verlässt ihn heimlich. Am Ende sitzt sie da, wo sie in Berlin angekommen ist, im Wartesaal des Bahnhofs Friedrichstraße, und überlegt, wie es weitergehen soll. Sie sieht nur zwei Möglichkeiten: zum arbeitslosen Hilfsarbeiter Karl in dessen Schrebergartenlaube zu ziehen und ihm beim Basteln der Sachen für seinen Bauchladen zu helfen oder doch noch ihr Glück als Straßenprostituierte zu versuchen. Ihr Optimismus hat sie noch nicht verlassen, sie spürt „Korke" in ihrem Bauch, die sie nicht untergehen lassen.

Deutungsansätze

In diesem Roman bündelt sich eine Vielzahl von Themen und Aspekten und entsprechend vielfältig ist seine Rezeption. Er wird gelesen als Zeitroman über die untergehende Weimarer Republik (Steinbach im KLG), als Roman der sozialen Verelendung (Marchlewitz), als Antibildungsroman (Bescansa Leiros), als pikarischer Roman, zu dem das Auf und Ab gehört (Barndt), oder als Roman über die medial produzierten Glücksversprechen und Aufstiegsträume (Fleig). Festgestellt wird der Widerspruch zwischen Sentiment und Sachlichkeit (Helduser), die Eigenart der zwischen Mündlichkeit und Schriftlichkeit fluktuierenden Sprache und die Widersprüchlichkeit der Sprecherin, die gleichermaßen naiv und politisch wach ist; von Interesse ist auch die Filmschnitt-Technik. Unentschieden ist, ob Doris am Ende etwas lernt oder nicht (Marchlewitz).

Das Motiv des Tagebuchs

Der Roman beginnt mit der Erinnerung der Protagonistin an die Entstehung der Idee, ein Tagebuch zu schreiben. Dieses bildet ein durchlaufendes Motiv – Doris gebraucht es als Mittel zum Männerfang, einmal spielt es auch eine Rolle in der Handlung, als sie es Ernst zu lesen gibt –, der Roman ist aber nicht identisch mit dem Text des Tagebuchs. Als Einstieg empfiehlt sich eine Reflexion über die Rolle des Tagebuchschreibens:

- *Warum werden Tagebücher geschrieben?*

Die Gründe sind vielfältig – der Wunsch, sich selber zu verstehen oder sich von Problemen zu befreien; festzuhalten, wie die Zeit verbracht wurde; in schwierigen Zeiten auch das Schreiben als Zeitzeuge. Es lassen sich zwei Grundtypen unterscheiden: das private, geheime Tagebuchschreiben und das Tagebuchschreiben im Hinblick auf eine mögliche Veröffentlichung; zu Letzterem gehören auch die Internet-Tagebücher. Anzunehmen sind unterschiedliche Grade der Selbstinszenierung oder zumindest der Modellierung der eigenen Person. Doris' Tagebuch ist eine eigenartige Mischform; sie schreibt für sich und sie sieht sich von außen, als Star auf einer Leinwand in einem kitschigen Film, der das Leben übertrifft. Ihr Tagebuch zeigt die Interdependenz von Film, Wunsch, Traum, Realität und Selbstbild.

Sehen – Schreiben – weiblicher Selbstentwurf (Arbeitsblatt 35, S. 179 f.)

■ *Wie entsteht in Doris der Plan, ein Tagebuch zu führen? (Text 1)*

Die Schritte der Entstehung des Plans:
- äußere Faktoren: betrunken, im Halbschlaf, Grammofonmusik von nebenan, Mondschein
- Vision: Hubert sieht sie mit dem Mondscheinglanz auf ihrem Haar
- euphorisches Gefühl: in mir geht etwas Großartiges vor
- also bin ich etwas Besonderes
- Beweise: dialektfreie Sprache, künstlerische Fähigkeiten (Erlkönig in der Schule)
- ich will alles beschreiben, nicht als Tagebuch, sondern „wie Film"
- mein Leben wird ein Film sein
- ich sehe aus wie Colleen Moore, nur noch hübscher
- wenn ich es später lese, läuft mein Leben noch einmal wie ein Film vor mir ab

■ *Wie sieht sie sich, wie ist sie „wirklich"? (Texte 1 – 5)*

Zusammenfassendes Tafelbild:

Wie Doris sich sieht	Wie Doris ist
• als Filmstar in einer Großaufnahme (Schwarz-Weiß-Film) • als Mensch mit besonders intensiver Erlebnisfähigkeit • schauspielerische Begabung • als besonderer Mensch, den anderen überlegen	• hübsch • Desinteresse an Büroarbeit • einfache Herkunft, mangelnde Schulbildung • prekäre Beschäftigung • psychisch labil (Alkohol, lässt sich einladen von einem Mann, für den sie sich nicht interessiert); Suche nach Vergnügen • konnte in der Schule Gedichte aufsagen

An den weiteren Texten lässt sich erkennen, dass das Tagebuchschreiben dieses euphorische Selbstbild und die entsprechende Selbstinszenierung unterstützt.

Text 2: das Tagebuch als Mittel zum Männerfang; kühl abschätzender Blick auf die Männer und deren finanzielle Situation, Blick für kleine Hochstapeleien; Konkurrenzverhalten gegenüber Frauen, Blick auf sich selbst von außen, männlicher Blick auf sich selbst
Text 3: der Versuch, sich neutral von außen zu sehen, misslingt; Fixierung auf das attraktive Äußere
Text 4: Höhepunkt ihres Lebensfilms; sie sieht sich als Star und verkennt oder verdrängt die Wirklichkeit: Sie ist nur eine Edelnutte
Text 5: aussichtslose Lage; Rest von Optimismus („Korke" im Bauch); Schwanken zwischen zwei Formen der Abhängigkeit: Ehefrau oder Prostituierte

■ *Vergleichen Sie Doris' Schreibintention mit dem Beginn der „Bekenntnisse" von Jean-Jacques Rousseau.*

Die Ähnlichkeit der beiden Anfänge sind frappierend; der Anstoß ist in beiden Fällen das Bewusstsein der eigenen Einzigartigkeit. Hierin steckt aber auch schon der Unterschied:

Tagebuchvergleich

Rousseau	Doris
Konfession: ehrlicher Umgang mit der eigenen Person	Geschichte einer nicht bemerkten Verblendung
Individualität: Bewusstsein der Unverwechselbarkeit	die Individualität: non-existent; Identifikation mit einem Film-Idol
Ich bin nicht besser als die anderen. mein Herz: wie das der anderen Menschen	Ich bin ein großartiger, ungewöhnlicher Mensch.
„pädagogisches" Schreibmotiv: Selbsterkenntnis des Leser	**narzisstisches Schreibmotiv der Figur; Intention des Romans: Der Leser soll diesen fragwürdigen Selbstentwurf durchschauen.**

Als Form stellt sie sich „Schreiben wie Film" vor. Durch das Kurzschließen von Tagebuch und Film gleich zu Beginn des Romans wird das Interesse auf die mediale Erzeugung und Steuerung der bewussten und unbewussten Sehnsüchte und Wunschbilder gelenkt. Das Arbeitsblatt beschränkt sich auf diesen zentralen Aspekt des Romans. – Zu erarbeiten wären weitere Aspekte: Doris' genauer Blick auf die Außenwelt – ein sachlich-abschätzender Blick auf die Männer, die sie für ihre Zwecke nutzen will; Cleverness, Wahrnehmung der alltäglichen Gewalt in der Ehe, scharfer Blick für die soziale Not (Anwachsen der Straßenprostitution, der Arbeit aller Art suchende Plakatträger), politisches Bewusstsein: wacher Blick für die drohenden Gefahren (Umtriebe der Nazis und das Eindringen völkischen Denkens).
Der innere Widerspruch der Figur der Doris liegt darin, dass ihr Streben nach Freiheit sie in die Abhängigkeit von Männern führt. In der Zuspitzung auf die drei möglichen Rollen, unterbezahlte Bürokraft, abhängige Hausfrau und Prostituierte, werden die geringen Chancen der Frau in der Weimarer Republik demonstriert und die „Neue Frau" als Oberflächenphänomen entlarvt. – Die Modernität des Romans liegt im kritischen Blick auf die von den Medien produzierten Modelle weiblichen Verhaltens. Ähnlich wie heute waren es zwei polare Bilder von Weiblichkeit. Die beiden damaligen Medienbilder – das freche, kesse Girl und das verkitschte Bild der vom Mann begehrten und verwöhnten Schönheit – haben moderne Entsprechungen: einerseits, in Überbietung des Gleichheitskonzepts, das Alphamädchen bzw. die Powerfrau, andererseits das dem kunstseidenen Mädchen vergleichbare, auf den Körper fixierte Topmodel.

4.7 Judith Hermann: Rote Korallen; Sommerhaus, später

Judith Hermann, geboren 1970, debütierte 1998 mit dem Erzählband „Sommerhaus, später" und wurde über Nacht zum Literaturstar. Von der professionellen Literaturkritik wurde er euphorisch als Sound der neuen Generation gefeiert. Das Buch brachte es innerhalb eines halben Jahres auf zehn Auflagen. Im Feuilleton wurde Judith Hermann zusammen mit weiteren erfolgreichen Jungautorinnen mit dem Etikett „Fräuleinwunder" belegt (vgl. auch Zusatzmaterial zum Literaturbetrieb sowie, zum Vergleich, die Positionen von Postmoderne und Pop-Literatur, Baustein 1). Die Autorinnen äußerten „emphatisch ihr Unbehagen ge-

genüber dem Begriff der ‚Frauenliteratur', weigern sich – wie Judith Hermann –, sich über ihn zu entsetzen bzw. überhaupt über ihn nachdenken zu wollen. ‚Vorgefasste Ideen über ‚weibliches' oder ‚männliches' Schreiben [so eine der Autorinnen] verschleiern den Blick und befördern jahrhundertealte Vorurteile'" (Bekes 2004, S. 240). Die beiden Erzählungen „Rote Korallen" und „Sommerhaus später" erhellen sich gegenseitig. „Rote Korallen" ist ein programmatischer, gleichwohl raffinierter Text über Identitätssuche, „Sommerhaus, später" eine Erzählung ohne explizite Elemente, die um dasselbe Thema kreist; hier geht es um das Ausweichen vor einer festlegenden Entscheidung; die von der Kritik beobachtete Ungreifbarkeit, das Schweben der Figuren, hat damit zu tun.
Bei Judith Hermann geht es um Probleme der Identitätssuche; die Protagonistinnen sind Frauen, aber die Geschlechterdebatte spielt nur noch im Hintergrund mit. Wenn man will, kann man ihre problematischen Liebes- und Beziehungsgeschichten postfeministisch nennen.

Judith Hermann: Rote Korallen (Arbeitsblatt 36, S. 181)

Diese Ich-Erzählung beginnt mit vier Sätzen, die das Ende, die Bewandtnis des Armbands, das Ergebnis und die immer noch offene Frage der Erzählerin enthalten. Daran schließt sich die Darstellung der Geschichte ihrer Urgroßmutter an, deren Korallenarmband sie nun trägt. Die Urgroßmutter ist von großer Bedeutung für die Ich-Erzählerin: Bis zum Besuch beim Therapeuten lebt sie in deren Geschichte (S. 22), sie ist untätig, treibt so fort (S. 22), und sie hat das Bedürfnis, die alten Petersburger Geschichten zu erzählen, um aus ihnen herausgehen zu können (S. 24), deshalb geht sie gegen den Willen ihres Geliebten zu dessen Therapeuten. Auch die Beziehung zu ihrem Geliebten verdankt sie der Familiengeschichte: Er ist ein weit entfernter Verwandter, den sie auf der Beerdigung ihres Großvaters kennengelernt hat. Dieser Geliebte ist ein Melancholiker, der nur herumliegt und kaum spricht. Er behauptet, er interessiere sich nicht für sich und ist (trotzdem oder deswegen?) in Dauertherapie. Bei ihr ist es anders: Sie interessiert sich ausschließlich für sich selber und leidet zunehmend daran, keine eigene Geschichte zu haben. Bei ihrem ersten Besuch beim Therapeuten befreit sie sich in einem Impuls von Wut von den in ihr sitzenden Geschichten der Urgroßmutter; aufgrund des Parabelcharakters dieser Erzählung könnte man auch sagen: von den in ihr nistenden Familiengeschichten und Gefühlserbschaften. – Die Urgroßmutter, eine schöne Frau, lebt wegen der beruflichen Tätigkeit ihres Ehemanns in St. Petersburg; beide stammen aus Deutschland. Die Jahre ziehen sich hin, der ohnehin nur an technischen Fragen interessierte Ehemann ist oft wochenlang abwesend und die junge Frau verdämmert ihr Leben in Einsamkeit und Langeweile, bis sie in Kontakt zu Künstlern und Intellektuellen kommt. Sie wird umschwärmt und hat Affären, die sie zunächst verheimlicht. Dann provoziert sie ihren Ehemann in einem Anfall von Wut, indem sie ihm das Korallenarmband, das Geschenk eines ihrer Liebhaber, zeigt. Das führt zu einem Duell, in dem ihr Mann stirbt. Sie wartet noch die Geburt ihrer Tochter ab und verlässt nach Ausbruch der Revolution von 1905 mit einem der letzten Züge St. Petersburg, begleitet von einem väterlichen Verehrer, der Sekundant im Duell war. Diese Geschichte beherrscht die Fantasie der Erzählerin, wohl auch aus dem Grund, weil sie nicht eindeutig zu bewerten ist. Einerseits zeigt die Urgroßmutter ein passives, unaufrichtiges Verhalten, andererseits beweist sie die Fähigkeit, sich aufzulehnen und dort zu leben, wo sie will; einerseits arbeitet sie mit weiblicher List, andererseits nimmt sie in einem Akt der Selbstbestimmung ihr Leben in die Hand.
Die Geschichte hat Parabelcharakter. Die roten Korallen (dreimal: „wutrot") sind Allegorien, die sich unschwer in die Idee übersetzen lassen: Sie verweisen auf Spontaneität und Lebendigkeit, die Schnur signalisiert Reglement und Unfreiheit, das Schwarzwerden der Korallen (Schluss der Geschichte) den Verlust von Leben; im Bild des Wassers verbinden sich Leblosigkeit, Schweigen, passives Sich-treiben-Lassen, Depressivität. Es ist die Geschichte einer Befreiung von oktroyierten Strukturen, die mit Tod assoziiert werden. Ob die Erzählerin nun ihre eigene Geschichte erzählen kann, darüber schweigt der Text.

- *Welche Erwartungen werden durch den Erzählanfang geweckt? Skizzieren Sie eine mögliche Handlung.*
- *Was spielt sich in der Therapiesitzung ab? Wie verhält sie sich zur Ankündigung des Anfangs?*

Erwartung und Ausgang der Geschichte (Tafelbild):

Erwartung: Verlustgeschichte

- Ratlosigkeit, sie kann ihr Problem nicht benennen
- unwillkürliche Handlung: sie zupft am Bändchen, die Korallen prasseln zu Boden
- mühsames Aufsammeln – symbolischer Bezug auf Erinnerung und Leben
- Wut (Aktivität): Sie wirft dem Therapeuten die Korallen ins Gesicht
- Wirkung: Die alten Geschichten sind wie weggespült

Schluss: Geschichte einer Selbstbefreiung

- von einem falschen Geliebten
- von der Hoffnung auf die Hilfe eines Therapeuten
- von einer nicht-eigenen Geschichte

Emanzipationsgeschichte

- *Warum könnte es ein Problem für die Erzählerin sein, keine eigene Geschichte zu haben?*

Eine eigene Geschichte zu haben verleiht dem eigenen Ich Farbe, Profil und Struktur und unterstützt das Gefühl der Unverwechselbarkeit. Dieses Bedürfnis wird sicher befördert durch Filme, Fernsehen und die Selbstdarstellung von Stars und Prominenten; hinzu kommen die sicheren und regulierten Kindheiten ohne Abenteuer. Eine eigene Geschichte ist Grundbestandteil der eigenen Identität. Jugendliche sind sich heute bewusst, dass man seine Biografie auch im Hinblick auf den Einstieg ins Berufsleben gestalten muss. Auffallend am Wort „Identität" ist seine inflationäre Verwendung, nicht nur in der gehobenen Umgangssprache, sondern auch in den Sozial-, Kultur- und Geisteswissenschaften. Dies hat gesellschaftliche Ursachen, die aus der Individualisierung, der Freisetzung des Einzelnen aus Zwängen, aus Sicherheiten und tradierten Strukturen resultieren: „Die Anteile der prinzipiellen entscheidungsverschlossenen Lebensmöglichkeiten nehmen ab, und die Anteile der entscheidungsoffenen, selbst herzustellenden Biografien nehmen zu. Individualisierung von Lebenslagen und Verläufen heißt also: Biografien werden *selbstreflexiv* [...]. In der individualisierten Gesellschaft muss der Einzelne entsprechend bei Strafe seiner permanenten Benachteiligung lernen, sich selbst als Handlungszentrum, als Planungsbüro in Bezug auf seinen eigenen Lebenslauf, seine Fähigkeiten, Orientierungen, Partnerschaften usw. zu begreifen." (Beck 1986, S. 216f.)

Biografien sind nicht naturwüchsig, sondern „reflexiv", es handelt sich um Definitionen, um Konstruktionen. Es gibt auch hinderliche Selbstbilder, z. B. das des Opfers oder Versagers. Die Befreiung von der Geschichte der Urgroßmutter ist die Bedingung der Möglichkeit, eine eigene Identität zu entwickeln.

Judith Hermanns **„Sommerhaus, später"** ist eine Erzählung, deren Thema sich erst im Licht der Parabelgeschichte „Rote Korallen" erschließt; ohne diesen Deutungshorizont erscheint sie eher als eine minimalistische Milieustudie aus der Berliner Subkulturszene von Kleinkünstlern – Malern oder Fotografen, Musikern, Literaten, Intellektuellen –, in der eine unentschiedene Liebesgeschichte angesiedelt ist. Zu dieser Gruppe kommt ein Außenseiter, der wohnungslose Taxifahrer Stein, der jeweils für einige Wochen bei verschiedenen Mitgliedern Unterschlupf findet. Eine etwas nähere Beziehung entwickelt sich zwischen ihm und der Ich-Erzählerin. Nach zwei Jahren Abwesenheit meldet er sich bei ihr mit der überraschenden Ankündigung, dass er „das Haus" gefunden und gekauft habe. Eher zögerlich fährt sie mit ihm hinaus. Das Haus ist schön, ein Gutshaus aus dem 18. Jahrhundert inmitten eines großen Parks an einem märkischen See, aber es ist eine Ruine und es liegt in einem trostlosen Nest weit außerhalb von Berlin. Die Erzählerin beobachtet mit befremdeter Aufmerksamkeit Steins Begeisterung. Er bietet ihr das Haus an als Möglichkeit, die sie genauso wahrnehmen oder bleiben lassen kann wie er selbst – eine angedeutete Werbung, auf die sie nicht reagiert. Die folgenden Monate stürzt sich Stein in die Renovierungsarbeiten; er will das Haus herrichten, auch als Treffpunkt für die Clique, zu der er bewundernd aufschaut. Täglich schreibt er ihr eine Postkarte über seine Arbeitsfortschritte, die immer mit dem Satz enden: „Wenn du kommst." Nach einer längeren Zeit des Schweigens bekommt sie einen in Stralsund abgestempelten Brief mit der Zeitungsmeldung, dass das alte Gutshaus bis auf die Grundmauern abgebrannt sei. Die Erzählerin steht zehn Minuten lang „stumpfsinnig vor dem Herd herum", dann legt sie den Brief in die Schublade zu den Postkarten und dem Schlüsselbund des Hauses und denkt: „Später."

Nahe liegt die Deutung von „Sommerhaus, später" als einer Geschichte über eine verpasste Gelegenheit (Mein 2005, S. 9), als Liebesgeschichte, die sich nicht erfüllt, weil die Erzählerin den entscheidenden „Augen-Blick, die rechte Gelegenheit nicht zu nutzen" weiß (Bekes 2004, S. 244). Dann wäre das lakonische „Später" ein leicht sarkastischer Ausdruck von Reue oder Trauer. Die unausgesprochene Voraussetzung dieser Deutung ist ein wohl eher konventionelles Glückskonzept, das den diffusen Glücksvorstellungen der Erzählerin nicht gerecht wird. Sie weiß nicht, was sie will, aber sie wehrt sich gegen Festlegungen, will alle Möglichkeiten noch offen und in der Schwebe lassen. Im lakonischen „Später" schwingt dann auch ein Moment der Erleichterung mit, dass sie vorerst einer Entscheidung enthoben ist. Sie weiß oder ahnt, dass es erfülltes Glück nicht gibt. Das leitmotivisch gesetzte Haus ist eine Metapher der Trennung zwischen zwei Lebensbereichen und zwei Lebenskonzepten. Steins Traum von einem Haus, einem festen Pol, auch sein planvolles Verfolgen dieses Ziels ist nicht kompatibel mit dem Lebensgefühl der Gruppe, in der die Erzählerin sich bewegt. In einem Interview spricht die Autorin von einem neuen Wort, das sie wirklich mag: *„urban tribes,* urbane Stämme, eine Bezeichnung für die Neigung junger Menschen in Großstädten, sich zu sippenhaften Großfamilien zusammenzutun und somit einen Haken zurück [...] zum archaischen Ursprung" zu schlagen (Kasaty 2007, S. 113). In der Erzählung wird diese Bohème ambivalenter gezeichnet, denkt man an die Eislaufszene oder an die Äußerung der Erzählerin über deren „spitzfindigen, neurasthenischen abgefuckten Blick", den Stein nicht hinbekommt.

- *Diskutieren Sie: Liebt die Erzählerin Stein?*

Es gibt zahlreiche winzige Zeichen einer nicht eingestandenen Zuneigung der Erzählerin zu Stein (S. 145, 147, 149, 150, 151, 153). Ihre kühle Zurückhaltung hängt zusammen mit ihrer Lebenssituation. Einmal wird im Text der dreißigste Geburtstag eines der Freunde erwähnt (S. 154), ein symbolisches Datum, eine Schwelle. Die Erzählerin befindet sich in dem psychosozialen Moratorium, dem Aufschub des Schritts in das endgültige Erwachsensein, in dem sie noch etwas verharren möchte. Sie weicht allen Entscheidungen aus und allen dazugehörenden Fragen. Darin ist die Ursache für die übereinstimmend wahrgenommene eigentümliche Wirkung dieser Prosa zu suchen. „Die Personen in diesen neun Erzählungen haben etwas Ungreifbares, stehen mitten im Leben und doch erscheinen sie irgendwie losgelöst von allem. [...] Die Gestalten gehen wie Schlafwandler durch ihre Welt" (Metzler

Literaturchronik). Die Ungreifbarkeit der Erzählfigur liegt in ihrem Schweigen über sich selbst. Sie vermeidet oder verweigert die Frage nach der eigenen Identität.

- *Was könnte die Erzählerin über sich selber aussagen? Verfassen Sie einen Text mit kurzen Sätzen, die alle mit „Ich" beginnen.*

Diese Liste wird erwartungsgemäß denkbar kurz ausfallen. Hier kämen die wesentlichen Identitätsfragen ins Spiel (Wer bin ich? Wo komme ich her, wo will ich hin? Was kann ich, wonach strebe ich, wie will ich leben, wie nicht?) – und die Erzählerin müsste auch hier passen. Dieses Schweben in der Unentschiedenheit ist gerade das, was die Autorin interessiert. Der Anfang einer Geschichte ist für sie ein Augenblick, der eine „Metapher [sein könnte] für etwas anderes, etwas Größeres, das ich nicht ausdrücken kann. Ein Augenblick *zwischen* Menschen. Oder ein Augenblick, in dem man allein zwischen Menschen ist" (Kasaty 2007, S. 117). Aus der „Differenz zwischen der unerfüllbaren Sehnsucht und der Realität [...] entsteht wahrscheinlich das, was man Literatur nennt" (a. a. O., S. 116). Auch das Unvermögen, sich zu definieren, entspricht der eigenen Erfahrung der Autorin: „Ich habe das Gefühl, dass ich etwas weiß über mich, und gleichzeitig wird dieses Bild an den Rändern wieder unscharf, es changiert und zittert und ändert sich erneut. Ich finde keine Adjektive mehr über mich – und mich befällt ein Unbehagen, würde ich es doch versuchen" (a. a. O., S. 129). Dies zeigt zumindest eins: dass die Literatur komplexer ist als die Theorien über Identität.

4.8 Tanja Dückers: Der längste Tag des Jahres

„An die Stelle der Väterliteratur [der 70er- und 80er-Jahre] sind mit zunehmendem zeitlichen Abstand vom Weltkrieg und Holocaust in den 1990er-Jahren die Generationen- und Familienromane getreten. [...] Gemeinsames Thema beider Gattungen ist die Fokussierung auf ein fiktives oder autobiografisches Ich, das sich seiner/ihrer Identität gegenüber der eigenen Familie und der deutschen Geschichte vergewissert. [...] Während die Väterliteratur im Zeichen der Individuierung und des *Bruches* stand – ihr thematisches Zentrum war die Konfrontation, die Auseinandersetzung, die Abrechnung mit dem Vater –, steht der Familienroman eher im Zeichen der *Kontinuität.* Hier geht es um die Integration des eigenen Ichs in einen größeren Familien- und Geschichtszusammenhang" (Assmann 2007, S. 73). Tanja Dückers Roman ist ein Väter- wie ein Familienroman, erzählt aus der Perspektive der Kinder; Konfrontation spielt eine Rolle, der deutschen Vergangenheit des 3. Reiches kommt dabei aber keine zentrale Bedeutung zu, denn der Vater ist erst 1941 geboren. Wenn man den Vätern der 68er-Generation ihr Schweigen über die Nazizeit vorgeworfen hat, sieht man in Dückers Roman, dass das Schweigen auch hier auffällig die Beziehung des Vaters zu den Kindern charakterisiert, ohne dass dafür das Motiv, etwas Bestimmtes verschweigen zu wollen, unterstellt werden kann. Der Roman erzählt, wie die Familie konstitutiv ist für die Identitätsbildung ihrer Mitglieder; die Generationsunterschiede können als Bruch und durch Kontinuität zur Geltung kommen, wirksam ist immer ein Geflecht von Interdependenzen, dessen sich die Familienmitglieder nicht unbedingt bewusst sind und auf das sich das Leserinteresse besonders durch die Erzählform richtet.

Handlung

Tanja Dückers Roman „Der längste Tag des Jahres" (2006) erzählt die Geschichte einer Familie nicht als Generationenbiografie, sondern aus der Erinnerungsperspektive der fünf erwachsenen Kinder, als sie von der Mutter die Nachricht vom plötzlichen Tod des Vaters (1941 – 2003) erhalten. In fünf unterschiedlich langen Kapiteln wird (in der 3. Person) jeweils aus der Perspektive einer Person erzählt, welche Wirkung die Todesnachricht auslöst; den jüngsten, in der kalifornischen Mojave-Wüste lebenden Sohn erreicht die Nachricht erst zwei Monate später. Der Leser lernt die Lebenssituation der Kinder kennen, im Zentrum steht dabei ihre Beziehung zum Vater. Er hatte eine Tierhandlung, in der er Wüstentiere verkaufte, und ein Unternehmen, das mit Wildbienen und Bienenzubehör handelte; kurze Zeit vor seinem Tod hatte er Bankrott gemacht. Das erste Kapitel wird aus der Sicht von Nana, der Freundin des in Berlin lebenden zweitjüngsten Sohnes Benjamin erzählt; man erhält einen Einblick in die in Fürstenfeldbruck ansässige Familie. Benjamin ist eigentlich Journalist, doch nachdem er seine Stelle bei einer großen Zeitung verloren hat, schlägt er sich als Galerist und mit einigen Jobs durch. Das zweite Kapitel zeigt die älteste Tochter Sylvia. Sie lebt im Wohnort der Eltern, hat zwei Kinder, ist Fremdsprachenkorrespondentin und verheiratet mit einem Immobilienhändler. In ihrer Ehe herrscht eine sehr traditionelle Rollenverteilung, gegen die sie sich nur innerlich auflehnt; sie bringt es aus Rücksichtnahme nicht fertig, ihrer Familie sogleich zu sagen, dass ihr Vater gestorben ist. Die zweite Tochter Anna (3. Kapitel) lebt ebenfalls in Fürstenfeldbruck und hat zusammen mit ihrem Mann eine psychoanalytische Praxis. Sie erziehen die beiden noch kleinen Kinder sehr bewusst, die Widersprüche zwischen Theorie und gelebtem Leben kommen auf eine gelegentlich ironisch erscheinende Weise zum Ausdruck. David, der älteste Sohn, ist Schauspieler mit wechselnden Engagements auf kleinen Bühnen (4. Kapitel); seine Freundin ist auf Reisen, er hat ein distanziertes Verhältnis zur Familie. Nachdem er erfahren hat, dass sein Vater gestorben ist, joggt er, um sich zu entspannen, dabei trifft er eine Hospitantin vom Theater, die sich ihm aufdrängt – so empfindet er es. Er hat große Selbstwertprobleme. Im längsten 5. Kapitel erfährt man Thomas' Geschichte: Er ist der begabte, vom Vater besonders geliebte Nachkömmling, der bald nach dem Abitur mit einer jungen Frau, Chantal, die er zufällig kennengelernt hat, eine Weltreise gemacht hat; in den USA hat er seinen Bachelor als Ingenieur gemacht, eine Weile gearbeitet, dann sein Geld einer Sekte vermacht und lebt nun in einem Wohnwagen in Kalifornien in der Wüste zusammen mit seinem siebenjährigen Sohn. Seine Frau hat ihn verlassen und lebt in der Nähe mit einer Art Guru.

Hinweise zum Unterricht

Die folgenden Fragestellungen sollen hier erläutert werden:
- Wie sehen und verstehen die fünf Kinder ihren Vater?
- Wie leben sie? In welchem Verhältnis steht ihr Lebenskonzept zu dem des Vaters?
- Wie verstehen sie sich selbst?

Die verschiedenen ‚Blicke' der Kinder auf den Vater sind auch verschiedene Versuche, ihn zu verstehen (zu deuten, zu interpretieren), aber selbstverständlich sind es immer auch Selbstaussagen; es sind subjektive Sichtweisen. Wer der Vater ist bzw. war, lässt sich nur perspektivisch, von außen beantworten. Es gibt unterschiedliche Wahrnehmungen und Erinnerungen, manchmal übereinstimmend, manchmal einander widersprechend, sodass es kein eindeutiges, kohärentes Bild gibt und vor allem auch die Innensicht des Vaters fehlt. Ein wesentlicher Aspekt ist das Verhältnis des Vaters zu den Wüstentieren.

Fragen zur Figur des Vaters:
Wie kann man seinen ‚Blick' auf die Tiere deuten? Handelt es sich um sein Interesse an der Natur? Ist es seine Sehnsucht nach exotischer Ferne? Geht es vor allem um das Interesse am Geschäft als Existenzgrundlage für die Familie? Was bedeutet für ihn die Überlebensfähigkeit der Tiere unter extremen Bedingungen? Spiegelt sich im Interesse gerade an diesen Tieren etwas von der Psyche des Vaters? Besteht ein Zusammenhang mit seiner Biografie, dem Tod des Vaters im ‚Afrika-Feldzug' unter Rommel? Die intensive Hinwendung zu den Tieren ist zugleich eine Abkehr von der Familie – wie ist das zu verstehen?

Auf diese Fragen gibt es häufig keine eindeutigen Antworten. Das Leben der fünf Kinder ist durch Erwartungen des Vaters und durch eigene Vorstellungen bestimmt, die sich mit denjenigen des Vaters explizit und implizit auseinandersetzen. Eine besondere Rolle kommt dabei dem jüngsten Sohn Thomas zu: Er hat sich am weitesten von der Familie entfernt und den ‚Unort' Wüste als Lebensraum gewählt, damit steht er in einer besonderen Beziehung zu den Interessen des Vaters, steht diesem also auf paradoxe Weise besonders nahe. Thomas, dem der Vater mit Zärtlichkeit zugetan war, die er gegenüber den anderen Kindern nicht äußerte, hat regelrecht die Flucht ergriffen, dann aber das realisiert, wovon der Vater nur geträumt hat: Er hat in der Wüste eine gläserne Pyramide gebaut, der Vater träumte von einem „verrückten Glas-Rundbau mitten im ‚Nowhereland'" (Dückers 2006, S. 68). Thomas verwendet in Bezug auf den Vater die Metapher ‚Kraftfeld'. Eigentlich betreibt er in der Wüste Sinnsuche, indem er sich der Sekte der Sun People anschließt und die Ästhetik der Land-Art zu seinem Thema macht. Eine symbolische, zeichenhafte Ebene eröffnet den Zugang zu unausgesprochenen Bedeutungen. Die polyperspektivische Erzählweise sollte bestimmend sein für den Umgang mit diesem Roman im Unterricht. Denkbar wäre ein arbeitsteiliges Vorgehen angesichts der fünf Kapitel: Vier Gruppen befassen sich jeweils mit einem Kapitel unter den gleichen Fragestellungen; die Ergebnisse können zu einem Gesamttableau zusammengefügt werden. Das fünfte Kapitel erfordert eine andere Vorgehensweise. Die Gruppen könnten auch die Homepage der Autorin (www.tanjadueckers.de) hinzuziehen sowie Informationen über den Literaturbetrieb (Zusatzmaterial 4).

Die möglichen Ergebnisse werden im Folgenden im Überblick dargestellt:

Romanaufbau

	Sylvia	Anna
Lebens-situation	Fremdsprachenkorrespondentin; verheiratet mit Immobilienmakler; zwei Kinder; lebt im Wohnort der Eltern; Heirat mit 19; traditionelles Rollenverständnis	Studium, Psychotherapeutin mit eigener Praxis; verheiratet mit einem Psychotherapeuten, zwei kleine Kinder, lebt in Fürstenfeldbruck; ‚moderne' Grundsätze der Erziehung, der Kommunikation; reflektiert, theoriegeleitet; Sehnsucht nach Ferne (Amerika, wo sie als Schülerin und Studentin war), Ausbruch aus einengenden Verhältnissen; Religion und Esoterik
Verhältnis zum Vater	Vater – der wichtigste Mensch in ihrem Leben; besondere Nähe, weil er sie als elfjähriges Kind umsorgt hat; möchte die Eltern schonen und beschützen; verteidigt den Vater („keiner, der der Mode hinterherlief", S. 52), auch sein polit. Desinteresse; half dem Vater im Geschäft, was er ihr nicht unbedingt dankte; Verständnis, Mitgefühl, Bewunderung	positive Erinnerungen: Telefonate mit dem Vater, als sie als Schülerin ein Jahr in USA war; kritisch über seine Unbeweglichkeit, ‚german Weltflucht' (David); aber sie versucht auch, ihn zu verstehen und zu verteidigen aufgrund seiner schweren Kindheit (S. 89)
Beziehung zu Geschwistern	kritisch über ihre Schwester, die über alles diskutieren will; fühlt sich nicht geliebt	kritischer Blick auf Benjamins Freundin (Vorurteil?); Ausdruck der Sorge – ohne Taten

Romanaufbau

	Benjamin	David
Lebens-situation	nach Verlust des Arbeitsplatzes als Journalist Galerist mit Nebenjobs; lebt in Berlin	lebt in der Nähe der Eltern; Schauspieler; braucht den Auftritt, das Publikum; gefühlsunsicher, sprunghaft, narzisstisch; kann grob, ruppig im Umgang sein, wenig empathisch
Verhältnis zum Vater	Vater hat negative Meinung über B.s Verhältnis zur Arbeit – kein zielgerichtetes Arbeiten (S. 25); „monumentales Denken" des Vaters; kritisch gegenüber der apolit. Haltung des Vaters; zu Haus passiv, kommt nicht zur Geltung	glaubt, sich wegen seines Berufs rechtfertigen zu müssen; Leidenschaft des Vaters für seine Tiere imponiert ihm, auch sein ‚Suchtcharakter' in Bezug auf Arbeit; große menschliche Distanz; wenig Verständnis für den Vater; aber auch: Anerkennungsbedürfnis; Wut auf ‚Großfamiliengehabe'; ambivalente Haltung, auch gegenüber dem Großvater
Beziehung zu Geschwistern	versteht sich mit Sylvia; bewundert Thomas	mag Sylvia nicht, weil sie ihn einmal verpetzt hat; mag Anna gern

Tanja Dückers: Der längste Tag – Vaterbilder (Arbeitsblatt 37, S. 182)

- *Welches Bild vom Vater wird vermittelt?*
- *Skizzieren Sie seine Biografie.*

Das Arbeitsblatt eignet sich auch als Einstieg *vor* der Romanlektüre: Die Schülerinnen und Schüler entwickeln aufgrund der Zitate ein Vorverständnis, das sie anschließend – jeweils bezogen auf ihr Kapitel – überprüfen, vervollständigen, korrigieren können.
Die Textzitate enthalten (in chronologischer Folge) Aussagen über sein Aussehen und Wohnen; über sein unzeitgemäßes, untypisches Verhalten als junger Mann und seine Widersprüchlichkeit; seine Kindheit und, in anderer Bewertung, sein untypisches Verhalten; sein widersprüchliches Verhalten (Selbstinszenierung); seine Fantasien; sein Verharren in Gewohnheiten, seine Unbeweglichkeit; seine schwere Kindheit als Kriegskind; seine Ausdauer, seine Energie; seine Ich-Bezogenheit; seinen Konservativismus; sein Verhältnis zu seinem Vater. Beim Versuch, die Biografie zu skizzieren, werden die Schülerinnen und Schüler dazu tendieren, ein möglichst kohärentes Bild zu zeichnen, bei dem die Kindheit ausschlaggebend sein wird. Bei genauerem Hinschauen, nach der Lektüre, wird es Korrekturen geben müssen, Ambivalenzen werden sichtbar werden und Widersprüche, die sich nicht einfach auf die Kindheit zurückführen lassen.

Der längste Tag des Jahres – Thomas' Lebenskonzept (Arbeitsblatt 38, S. 183)

- *Welche Lebens- und Glücksvorstellung hat Thomas?*
- *Welche Rolle spielt sein Vater für ihn?*
- *Wie lässt sich die Wende verstehen?*

Der Kernbegriff für Thomas' Vorstellung vom guten, richtigen Leben ist die „Leichtigkeit". Unmöglich ist sie, wenn man „klar definierte" Ziele hat, wie er es im Rückblick auf sein früheres Leben selbstkritisch anmerkt: Erfolg in der Schule und in Bezug auf die eine Frau und das Kind; Anerkennung (Sekte, Rivale). Die Voraussetzung für die Erreichung der Ziele sind Leistung, Energie, Siegermentalität, Zielstrebigkeit, Erfolgsstreben, Selbsteinsatz; dabei geht es letztlich immer um ihn selbst, es ist eine Form des Narzissmus. Er hat die Vorstellung, dass seine Triebfeder die Ablehnung des Elternhauses ist, die Ablehnung des Vaters, der ihm mickrig, zu kreatürlich, abstoßend erschien, weil er ihn für wichtigtuerisch hielt. Aus dem Romantext ist zu ergänzen, wie er sich über die Zärtlichkeit des Vaters äußert (S. 159f.). Thomas revoltiert gegen das Elternhaus, das ist die Voraussetzung für die Ablösung und für die Suche nach der eigenen Identität. Seine Glücksvorstellung: Gefühl, am rechten Ort zu sein, nichts mehr zu wollen, jetzt da zu sein – das ‚nunc stans' der Mystik, buddhistische Vorstellungen; er beschreibt es auch als den Weg vom Müll über das Nichts zur Schönheit. Andererseits findet er in der Wüste auch die Gegenwelt zur Ordnung des Vaters, die statisch ist, während er hier erlebt, wie alles veränderbar ist, was ihn in einen Zustand der Melancholie versetzt, die er von der Traurigkeit des Vaters unterscheiden möchte.
Warum erscheint ihm dieses Leben auf einmal sinnlos? Durch den Tod des Vaters fehlen ein Zentrum, ein Kraftfeld, ein Zentralgestirn – von ihm verwendete hochpathetische Begriffe, die den bezeichnen, dem er unbedingt fast mit einem Ekelgefühl entfliehen musste; hinter der schönen Melancholie sieht er nun die Depression und entwertet damit, was für ihn das Wichtigste war. Das Gefühl, „hundeseelenallein" zu sein, ist die andere Seite der Melancholie. Er sieht, dass der Vater für sein Leben eine größere Rolle gespielt hat, als er bisher meinte; dass er nicht nur eine Existenzform verkörperte, von der er sich entschieden abgrenzen wollte; dass die Negation *eine* seiner Triebfedern war, daneben aber auch ein unbewusstes Streben, das zu realisieren, wovon der Vater geträumt hat. Aber es ist nicht nur der Tod des Vaters, der auf einmal alles fragwürdig gemacht hat, es gibt noch andere Gründe: Dass Chantal ihn verlassen hat, ist für ihn schwer erträglich; dass er der vertrauten Kultur so fern ist, ist ein weiteres Motiv; dass er an die Zukunft seines Sohnes denken muss, spricht er noch nicht deutlich aus, ist aber nicht zu übersehen; außerdem stand er der Sekte immer kritisch gegenüber. Die Faszination durch die Land-Art ist ein weiterer Gesichtspunkt, mit dem man sich auseinandersetzen könnte: Das ist ein Thema für ein Referat, zu dem man im Internet Material finden kann (www.clui.org). Für Thomas ist sie ein Objekt der Arbeit geworden, die ihn nicht ausfüllen kann. Für die „Leichtigkeit" muss er andere Lösungen finden.

Notizen

Goethe: Wilhelm Meisters Lehrjahre; Ronald Hitzler/Anne Honer: Bastelexistenz; Donald E. Polkinghorne: Narrative Glättung

Goethes Roman „Wilhelm Meisters Lehrjahre" (1795/96) schildert den Entwicklungsgang Wilhelm Meisters, der sich aus der von ihm als Enge erlebten bürgerlichen Herkunft befreien möchte, indem er zum Theater geht. In einem Brief an seinen Schwager und Freund Werner beschreibt er, der „mit sich selbst einig zu werden strebte" (V, 1), sein Selbstbild.

Dass ich Dir's mit *einem* Wort sage: mich selbst, ganz wie ich da bin, auszubilden, das war dunkel von Jugend auf mein Wunsch und meine Absicht. [...] Wäre ich ein Edelmann, so wäre unser Streit bald abgetan; da ich aber nur ein Bürger bin, so muss ich einen eigenen Weg nehmen, und ich wünsche, dass Du mich verstehen mögest. Ich weiß nicht, wie es in fremden Ländern ist, aber in Deutschland ist nur dem Edelmann eine gewisse allgemeine, wenn ich sagen darf, personelle Ausbildung möglich. Ein Bürger kann sich Verdienst erwerben und zur höchsten Not seinen Geist ausbilden; seine Persönlichkeit geht aber verloren, er mag sich stellen, wie er will. [...] Eine gewisse feierliche Grazie bei gewöhnlichen Dingen, eine Art von leichtsinniger Zierlichkeit bei ernsthaften und wichtigen kleidet ihn [= den Edelmann] wohl, weil er sehen lässt, dass er überall im Gleichgewicht steht. Er ist eine öffentliche Person, und je ausgebildeter seine Bewegungen, je sonorer seine Stimme, je gehaltner und gemessener sein ganzes Wesen ist, desto vollkommener ist er. Wenn er gegen Hohe und Niedre, gegen Freunde und Verwandte immer ebenderselbe bleibt, so ist nichts an ihm auszusetzen, man darf ihn nicht anders wünschen. [...] Wenn der Edelmann im gemeinen Leben gar keine Grenzen kennt, wenn man aus ihm Könige oder königähnliche Figuren erschaffen kann, so darf er überall mit einem stillen Bewusstsein vor seinesgleichen treten; er darf überall vorwärtsdringen, anstatt dass dem Bürger nichts besser ansteht, als das reine, stille Gefühl der Grenzlinie, die ihm gezogen ist. Er darf nicht fragen: ‚Was bist du?', sondern nur ‚Was hast du? Welche Einsicht, welche Kenntnis, welche Fähigkeit; wie viel Vermögen?' Wenn der Edelmann durch die Darstellung seiner Person alles gibt, so gibt der Bürger durch seine Persönlichkeit nichts und soll nichts geben. Jener darf und soll scheinen; dieser soll nur sein, und was er scheinen will, ist lächerlich oder abgeschmackt. Jener soll tun und wirken, dieser soll leisten und schaffen; er soll einzelne Fähigkeiten ausbilden, um brauchbar zu werden, und es wird schon vorausgesetzt, dass in seinem Wesen keine Harmonie sei noch sein dürfe, weil er, um sich auf *eine* Weise brauchbar zu machen, alles Übrige vernachlässigen muss. An diesem Unterschiede ist nicht etwa die Anmaßung der Edelleute und die Nachgiebigkeit der Bürger, sondern die Verfassung der Gesellschaft selbst schuld. [...] Ich habe nun einmal gerade zu jener harmonischen Ausbildung meiner Natur, die mir meine Geburt versagt, eine unwiderstehliche Neigung.

Aus: Goethes Werke. Band VII, Hamburg 1962, S. 290f.

Die heute weitverbreitete Vorstellung von Identität wird oft mit dem Begriff ‚Bastelexistenz' beschrieben; die Individualisierung ist ihre Voraussetzung:

Ein individualisiertes Leben zu leben bedeutet, existentiell verunsichert zu sein. Existentiell verunsichert zu sein, bedeutet nicht notwendigerweise, unter dieser Existenzweise zu leiden. Es bedeutet ebenso wenig, dieses Leben zwangsläufig zu genießen. Ein individualisiertes Leben ist ein ‚zur Freiheit verurteiltes' Leben – nicht mehr nur im nachmetaphysischen Sinne des Existentialismus, sondern im Sinne *massenhafter* banaler Alltagserfahrungen: Der individualisierte Mensch ist nicht nur selber ständig in Wahl- und Entscheidungssituationen gestellt, sondern auch mit immer neuen Plänen, Entwürfen und Entscheidungen anderer Menschen konfrontiert, welche seine Biographie mehr oder weniger nachhaltig tangieren.
Diese biographischen Freisetzungen zeigen sowohl einen *Gewinn* an – den Gewinn an Entscheidungschancen, an individuell wählbaren (Stilisierungs-)Optionen – als auch einen *Verlust* – den Verlust eines schützenden, das Dasein überwölbenden, kollektiv und individuell verbindlichen Sinn-Daches. Begonnen hat der Prozeß der ‚Abdeckung' dieses Sinn-Daches [...] bereits damit, daß im Europa des hohen Mittelalters die christliche Weltordnung fragwürdig zu werden begann und schließlich in einem über Jahrhunderte (vom Ende des 11. bis ins 17. Jahrhundert hinein) sich hinziehenden Prozeß zerfallen ist. [...] Der daraus resultierende Prozeß der Ausgliederung privater Freiheitszonen aus institutionell festgelegten Lebenszusammenhängen hat in den folgenden Jahrhunderten immer weitere Kreise der Gesellschaft erfaßt und zur Gegenwart hin ein historisch einma-

liges Ausmaß erreicht. Es entsteht ein Sinn-Markt, eine Art kultureller ‚Supermarkt' für Weltdeutungsangebote aller Art (und auch sozusagen mehr oder weniger jeglicher Preislage). [...] Die ‚zersprungene Einheit der Welt' bewirkt darüber hinaus, daß der moderne Mensch in eine Vielzahl von disparaten Beziehungen, Orientierungen und Einstellungen verstrickt, daß er mit ungemein heterogenen Situationen, Begegnungen, Gruppierungen, Milieus und Teilkulturen konfrontiert ist und daß er folglich (sozusagen ständig) mit mannigfaltigen, nicht aufeinander abgestimmten Deutungsmustern und Handlungsschemata umgehen muß.

Anders ausgedrückt: Die alltägliche Lebenswelt des Menschen ist zersplittert in eine Vielzahl von Entscheidungssituationen, für die es (nicht trotz, sondern wegen der breiten Angebotspalette) keine verläßlichen ‚Rezepte' mehr gibt. Für jeden einzelnen besteht mithin ein Anspruch und ein Zwang zugleich zu einem (mehr oder weniger) ‚eigenen' Leben. ‚Die Existenzform des Alleinstehenden' stellt hierfür die sozusagen proto-typische (nicht notwendig etwa die am häufigsten auftretende) biographische Variante dar. Dieser neo-existentialistische Typus ist kaum noch irgendwo ‚eingeboren', ist kaum noch Mitglied. Er ist sozusagen ‚ausgebettet'. Um sich wieder ‚einzubetten', muß er sich für irgendwelche (biographisch mehr oder minder rasch wechselnden) Mitgliedschaften *entscheiden*. Das heißt, er *wird* (freiwillig oder unfreiwillig) Mitglied, sucht Anschluß, nimmt Kontakt auf, tritt bei, geht Beziehungen ein, schließt Freundschaften, findet sich zurecht, gewöhnt sich – und zwar mehr oder weniger an alles. [...]

Typisch für den individualisierten Menschen ist jedenfalls, daß er im Alltag ständig von Gruppenorientierung zu Gruppenorientierung wechselt, daß er bei den meisten Umorientierungen in neue soziale Rollen schlüpft, daß er in jeder dieser Rollen nur einen *Teil* seiner persönlichen Identität aktualisiert und thematisiert und daß dieses Sinnbasteln ästhetisch überformt werde, daß es Stil-Kategorien folgen kann.

Aus: Ronald Hitzler/Anne Hohner, Bastelexistenz. Über subjektive Konsequenzen der Individualisierung, in: Riskante Freiheiten, Individualisierung in modernen Gesellschaften, hrsg. von Ulrich Beck u. Elisabeth Beck-Gernsheim © Suhrkamp Verlag Frankfurt am Main 1994. Aus lizenzrechtlichen Gründen nicht in reformierter Schreibung.

Die moderne Erzählforschung, die Geschichtswissenschaft sowie die Psychologie beschäftigen sich unter anderem damit, was geschieht, wenn Menschen über sich, über ihr Leben Geschichten erzählen:

Das gelebte Leben ist viel wechselvoller und zusammenhangsloser als die Geschichten, die wir darüber erzählen. Unser tägliches Leben besteht aus Essen und Schlafen, aus dem Weg zur Arbeit und nach Haus und den laufenden Besorgungen. Erzählungen sind nicht einfach eine fortlaufende Beschreibung oder eine Videoaufzeichnung, die jeden Moment jener Zeit, die durch eine erzählte Episode abgedeckt ist, beschreiben. Die narrative Strukturierung hebt diejenigen Geschehnisse, Gedanken und Handlungen hervor, die benötigt werden, um den Weg, auf welchem die erzählte Episode entfaltet wird, nachvollziehen zu können. Sie grenzt sie von der Flut der sonstigen tagtäglichen Verrichtungen ab. Im Leben sind wir in vielerlei Projekte auf einmal verwickelt, von denen nicht alle ineinandergreifen und zu bedeutsamen Episoden werden. Ein Ereignis mag nicht zu einer bestimmten Episode gehören und irrelevant für diese sein, für das Verständnis einer anderen jedoch wichtig. Ein narratives Gebilde dreht sich, im Gegensatz zum gelebten Leben, üblicherweise um einen einzigen ‚Hauptplot'; dabei werden lediglich jene Subplots und Ereignisse aufgenommen, die zu diesem beitragen, und alle hierfür irrelevanten Geschehnisse werden ausgesondert. Im Zuge der narrativen Gestaltung einer ‚Lebensepisode' lassen Erzählungen häufig Details aus und verdichten Teile (Kondensierung, flattening), andere elaborieren und übertreiben sie (Überhöhung, Detaillierung, sharpening), wieder andere Teile machen sie kompakter und konsistenter (Rationalisierung), um eine kohärente und verständliche Erklärung zu liefern. Die Erzählung hebt, ganz wie die visuelle Gestaltwahrnehmung, von einem Hintergrund jene Elemente ab, welche das Muster oder den Plot bilden, auf den sich die Aufmerksamkeit richtet.

Aus: Donald E. Polkinghorne: Narrative Psychologie und Geschichtsbewusstsein. In: A. Mentzer/U. Sonnenschein (Hg.): Die Welt der Geschichten. Frankfurt am Main: Fischer 2007, S. 230f.

- *Bürger und Edelmann – vergleichen Sie, wie Wilhelm die beiden beschreibt.*
- *Was bezeichnet man als ‚Bastelexistenz'?*
- *Inwiefern unterscheiden sich Erzählung und gelebtes Leben?*

Uwe Johnson: Mutmassungen über Jakob (1959) – Wer ist Jakob?

Wer ist Jakob?

Über die Titelfigur Jakob gibt es von anderen Personen verschiedene Aussagen, aus denen man sich ein Bild machen kann. Eine ausführliche Schilderung gibt es aus der Sicht von Jonas Blach, der ihn im Zug beobachtet; Blach ist ein Freund Gesine Cresspahls, mit der zusammen Jakob, nachdem er mit seiner Mutter im Flüchtlingstreck nach Jerichow gekommen war, aufgewachsen ist.

Als der Kellner wegging, blieb ich an Jakob hängen (ich kannte ihn da gar nicht, einmal hatte ich seinen Namen gehört, ich sah ihn zum ersten Mal), augenblicklich faßte es mich an und hob mich auf und setzte mich wieder hin. Ich fand mich vollständig von Aufmerksamkeit ergriffen wie nur einmal noch früher in meinem Leben. Wenn ich mich recht erinnere, begann ich sogleich nach Worten zu suchen. Das nächste war daß ich ein Wort nach dem anderen wegwarf, sie meinten sämtlich Eigenschaften, dieser schien keine zu haben. Es war so daß sein Aussehen sofort in mir unverwischbar sich abspiegelte, und wenn ich heute sage denke „er war groß und breit und kräftig, damals sah er ein bißchen schwermütig (nicht betrübt) aus für den Betrachter", so ist er verwechselbar mit jedem der ihm nur ähnlich wäre. „Er saß am Fenster und draußen trieb das Land dahin im Nebel […] Er sah in leichter beiläufiger Kopfschräge hinaus, so schien er mir dem zugehörig, das war es auch noch nicht (da nahm ich längst nur noch das Fenster und die harte singende Eile des Zuges wahr), sondern eine Eigentümlichkeit seiner Bewegungen. Er dachte bedachte ja etwas […] dabei bewegte er sein Gesicht. Er spannte die Haut über den Backenknochen oder die Backenknochen wölbten sich hervor, und das wußte er aber nicht. Das bewegte sich ohne Absicht, außer dem Zusammenhang von Denken und selbstbewußter Aufsicht, vielleicht lag darunter ein anderer Zusammenhang, hier muß ich sagen „sichere Unachtsamkeit" ... als hätte er sein Leben lang im Wald gelebt. Das war auch in der leichten überraschten Neigung, in der sein Blick abgekehrt wurde und auf seine Hände gerichtet: alles was wir als Regel und Vorschrift auswendig wissen und hersagen wenn wir uns bewegen hatte er in sich war in ihm aufgesogen jenseits der Worte, und weil ich einen Namen gesucht hatte, nannte ich ihn „wie eine Katze so unbedenklich" wissend daß es falsch war, und „hochmütig mißtrauisch zärtlich" treffen ja nur mit einem ganz entlegenen Teil von Bedeutung zu. Ich hatte eher sagen wollen: ich habe einen gesehen dem man das Leben ansehen kann. (S. 74 f.)

[Jonas, er ist Anglistikdozent, beobachtet Jakob bei der Arbeit:]

Jonas bekam eine unbändige Lust auf solche Arbeit. Hier handelte es sich um feste dauerhafte Dinge, Wagen, Zugmaschinen, Apparate; die Bewegung aller war sich ergänzend sich entsprechend zusammengeflochten und gebündelt in einer einzigen überhöhten Übersicht; aber was in Jakobs Kopf vorfiel und geschah, das hatte eine wirkliche Entsprechung, da fiel in der Tat etwas vor, mußte einer sich hier nicht vorkommen als versorge er allein die Zeit eines halben Tages und das Gelände eines kleineren Fürstentums mit Weltereignissen? „Sie haben drei Knöpfe da" sagte Jakob vorgebeugt schreibend, und Jonas wandte sich um zu ihm, „Wechselsprechverfahren, du weißt. Einer für Empfang, einer für Sendung, einer um mich abzuschalten ohne daß ich es merke". Er sah sich um, lächelte Jonas? Ja. „Aber eines Tages" sagte Jakob zurückgekippt in den Stuhl und feierlich das Mädchen neben dem Tisch anstarrend, sie hob den Kopf in den Nacken zu eben solche Haltung von festlicher Ankündigung, was für lustige Augen sie hat, und er sagte: „werden wir diese verdammten hundertunddreizehn Kilometer automatisiert haben, dann werde ich die Gleise als erleuchtete Glasstäbe vor mir haben in vielen Farben […]. (S. 244)

[Eine Melderin, die bei Jakob in Ausbildung ist, beschreibt ihn ihrer Freundin:]

„Was ich dir gesagt habe, und was du so siehst von seinem Umgang, das ist alles sehr nett und ruhig. Ruhig: wenn wir Arbeitsbesprechung gehabt haben beim Amtsdispatcher, manche regen sich da fürchterlich auf und schimpfen auf Gott und die Welt, es geht nicht, was die sich da so ausrechnen; er macht es einfach. Und wenn es eben nicht gegangen ist, sieht er mich an, was ich wohl sage, das ist so eine Art stilles Lachen in einem einzigen Blick, und wir fangen an zu reden ohne uns aufzuregen daß jeder zu seinem Recht kommt. Kannst viel bei lernen. […] Und er hatte ja bald raus, daß mir nicht ganz wohl war wegen der Prüfung, da hat er den ganzen Stoff mit mir durchgenommen, und wie. Ohne daß ich das merk. Nebenbei. (S. 235 f.)

- *Untersuchen Sie Jonas' Aussagen über Jakob: Welches Bild macht er sich?*
- *Wie sieht die Melderin Jakob, ihren Vorgesetzten?*

Uwe Johnson: Mutmassungen über Jakob (1959) – Gesine und Jakob, eine unglückliche Liebe?

Die Handlung spielt 1956 in der damaligen DDR; die Titelfigur arbeitet bei der Reichsbahn. Auslöser des Geschehens ist der Versuch des Stasi-Hauptmanns Rohlfs, über Jakob Abs an die mit diesem befreundete, aus der DDR in den Westen gegangene Gesine Cresspahl heranzukommen, um sie als Agentin anzuwerben. Gesine reist illegal in die DDR ein, um ihren Vater in Jerichow zu sehen.

[Jonas, ein Freund Gesines, der sie liebt, ist ebenfalls nach Jerichow in das Haus ihres Vaters gekommen, um dort einen regimekritischen Artikel zu schreiben; er beobachtet die aufwachende Gesine:]

[...] *dann Jakob neben mir bewegte sich und beugte sich vor und hob mit seinen Händen an der abgekehrten Schulter und unter ihrem Nacken sie behutsam in die Höhe, so daß sie beim Augenöffnen nichts weiter erkannte als ihn und sich festhielt an seinem Hals und mit ihrer selbstvergessenen Stimme das Erstaunen sagte „Jakob was bist du breit geworden" aus dem Traum, und Jakob lächelte aus den Augenwinkeln und sah sich um ob wir ihn ernsthaft verspotten wollten. Sie ließ sich zurückfallen und sah mich an und Cresspahl und lächelte und kehrte zurück mit ihrem Blick zu Jakob und betrachtete ihn ernsthaft. „Komm" sagte er.*

Und wie sie nachmittags in ihrem Zimmer saß vor mir mit der Maschine auf den Knien und das letzte Blatt herauszog und mir hinreichte, mit den Händen auf den Tasten versunken vor sich hinsah unter dem gebrochenen Sonnenlicht, das zwischen den Stäben der Jalousie hereindrang, sie setzte die Maschine von sich und packte den abgeschriebenen Essay säuberlich zusammen in den einzelnen Lagen und ging einmal bis zum Spiegel und kehrte um und blieb vor mir stehen. Ich hörte aus ihrer Stimme daß sie wie vergnügt nachsann und mich heiter betrachtete, als sie sagte: „Jonas ich will dir was sagen. Es ist meine Seele, die liebet Jakob." Sie saß vor mir auf der Tischkante unerreichbar entfernt in Heiterkeit, ihre Augen waren ganz schmal vor Sichbesinnen Spott Neugier. [...] Jakob ging durch das Zimmer und blieb nicht stehen vor unserem Schweigen, umfaßte uns mit einem einzigen Blick wie zusammengehörig erfreut von unserem Anblick schweigend nebeneinander in dem sonnenwarmen arbeitsamen Zimmer, er sagte im Vorübergehen „Ihr könnte jetzt an den Strand gehen, es ist gleich dunkel, und seid zurück zu Abend" und verschwand hinter Cresspahls Tür. *(S. 213 f.)*

[Einige Zeit später sagt Jonas zu Jakob zu dessen Überraschung über Gesine: „Ihre Seele ist in fremde Gärten gegangen" (S. 253); Jakob hatte angenommen, zwischen Gesine und Jonas bestehe eine engere Beziehung. Er hat verstanden: „Meine kleine Schwester" sagte Jakob erstaunt überrascht lächelnd. Er entschließt sich, Gesine im Westen zu besuchen. Er übernachtet dort zunächst im Hotel, dann in ihrer Wohnung.]

Als er aufgestanden war und am offenen Fenster stand in der nassen aschigen Luft, hörte er sie sich rühren. „Jakob!" sagte ihre Stimme aus dem Schlaf. Er wandte sich hastig um. Als er bei ihr war, schien sie schon wach. „Was war es" fragte er. Sie rückte zur Seite und zog die Decke an sich, so daß er sich neben sie setzen sollte. „Ich habe geträumt ich finde den Ausgang nicht" sagte sie. „In Cresspahls Haus, die Tür nicht?" fragte Jakob. Sie schüttelte den Kopf, das war als könne sie sich nicht rühren. „Hier" sagte sie. Jakob griff um ihre Schultern und richtete sie auf und sagte: „Das Graue, links, weißt du was links ist? Das ist die Tür, dann kommt der Flur, und im Treppenhaus leuchtet es rot unter dem Lichtschalter, damit du ihn findest." Inzwischen hatte sie sich aufgesetzt; sie hielt seine Hand fest, die er zur Lampe ausstrecken wollte. Sie legte sich zurück. Ihre Augen waren offen. „Wo bist du gewesen" fragte sie. So hatten sie sich früher nach ihren Gedanken gefragt. „Meine Liebe" sagte Jakob: „auf den Rehbergen, Drachen steigen lassen, und du warst auch mit." Es war aber die Wahrheit, und nun erinnerten ihre offenen Augen in dem undeutlichen Licht ihn an das Drachensteigen auf den Rehbergen. Sie war vierzehn, eine Woche lang hatte sie in Cresspahls Werkstatt gearbeitet an dem Drachen, den sie nun tanzen ließ an dem riesigen zerschrundeten Himmel über ihnen. Er war sehr hoch, ein schräges Blauviereck mit einem gelben Schwanz.

Wenn Sonne aufkam, leuchtete der ganze Himmel wegen des Drachens, und ihre Augen wurden unruhig: die Wolkengebirge erschienen dann ganz weiß, kunstreich waren die Grate gebaut mit ihren Rändern, sie waren räumlich, betretbar.

„Bleib hier“ sagte sie.

„Komm mit“ sagte er. Er war in ihren Ton geraten und hatte sie wiederholt; indessen hatte er sie nicht verspotten wollen. (S. 295 f.)

- *Lesen Sie den ersten Textauszug laut.*
- *Untersuchen und beschreiben Sie die Art der Kommunikation: Welchen Eindruck bekommt man von der Beziehung zwischen Gesine, Jakob und Jonas?*
- *Beschreiben Sie, was den beiden Aufforderungen („Bleib hier“/„Komm mit“) an äußerer und innerer Handlung vorausgeht (Text 2).*
- *Was sagt die Art des Umgangs über Gesine und Jakob aus?*

Max Frisch: Homo faber (1957)

Walter Fabers Erzählstrategie

In der „1. Station" erzählt Faber vom Besuch der Tabaksplantage seines alten Freundes Joachim Henke; im Verlauf dieses Berichtes erinnert er sich an Hanna, die er während des Studiums in Zürich kennengelernt hat und heiraten wollte.

Hanna hatte Deutschland verlassen müssen und studierte damals Kunstgeschichte bei Professor Wölfflin, eine Sache, die mir ferne lag, aber sonst verstanden wir uns sofort, ohne an Heiraten zu denken. Auch Hanna dachte nicht an Heiraten. Wir waren beide viel zu jung, wie schon gesagt, ganz abgesehen von meinen Eltern, die Hanna sehr sympathisch fanden, aber um meine Karriere besorgt waren, wenn ich eine Halbjüdin heiraten würde, eine Sorge, die mich ärgerte und geradezu wütend machte. Ich war bereit, Hanna zu heiraten, ich fühlte mich verpflichtet gerade in Anbetracht der Zeit. Ihr Vater, Professor in München, kam damals in Schutzhaft, es war die Zeit der sogenannten Greuelmärchen, und es kam für mich nicht in Frage, Hanna im Stich zu lassen. Ich war kein Feigling, ganz abgesehen davon, daß wir uns wirklich liebten. Ich erinnere mich genau an jene Zeit, Parteitag in Nürnberg, wir saßen vor dem Radio, Verkündung der deutschen Rassengesetze. Im Grunde war es Hanna, die damals nicht heiraten wollte; ich war bereit dazu. [...] Kurz darauf starb ihr alter Vater in Schutzhaft. Ich war entschlossen [zu heiraten], wie gesagt, aber es kam nicht dazu. Ich weiß eigentlich nicht warum. Hanna war immer sehr empfindlich und sprunghaft, ein unberechenbares Temperament; wie Joachim sagte: manisch-depressiv. [...] Ich nannte sie eine Schwärmerin und Kunstfee. Dafür nannte sie mich: Homo Faber. Manchmal hatten wir einen regelrechten Krach, wenn wir beispielsweise aus dem Schauspielhaus kamen, wohin sie mich immer wieder nötigte; Hanna hatte einerseits einen Hang zum Kommunistischen, was ich nicht vertrug, und andererseits zum Mystischen, um nicht zu sagen: zum Hysterischen. Ich bin nun einmal der Typ, der mit beiden Füßen auf der Erde steht. Nichtsdestoweniger waren wir sehr glücklich zusammen, scheint mir, und eigentlich weiß ich wirklich nicht, warum es damals nicht zur Heirat kam. [...] In jener Zeit kam das Angebot von Escher-Wyss, eine Chance sondergleichen für einen jungen Ingenieur, und was mir dabei Sorge machte, war nicht das Klima von Bagdad, sondern Hanna in Zürich. Sie erwartete damals ein Kind. Ihre Offenbarung hörte ich ausgerechnet an dem Tag, als ich von meiner ersten Besprechung mit Escher-Wyss kam, meinerseits entschlossen, die Stelle in Bagdad anzutreten sobald als möglich. Ihre Behauptung, ich sei zu Tode erschrocken, bestreite ich noch heute; ich fragte bloß: Bist du sicher? Immerhin eine sachliche und vernünftige Frage. Ich fühlte mich übertölpelt nur durch die Bestimmtheit ihrer Meldung; ich fragte: Bist du bei einem Arzt gewesen? Ebenfalls eine sachliche und erlaubte Frage. Sie war nicht beim Arzt gewesen. Sie wisse es! Ich sagte: Warten wir noch vierzehn Tage. Sie lachte, weil vollkommen sicher, und ich mußte annehmen, daß Hanna es schon lange gewußt, aber nicht gesagt hatte; nur insofern fühlte ich mich übertölpelt. Ich legte meine Hand auf ihre Hand, im Augenblick fiel mir nicht viel dazu ein, das ist wahr; ich trank Kaffee und rauchte. Ihre Enttäuschung! Ich tanzte nicht vor Vaterfreude, das ist wahr, dazu war die politische Situation zu ernst. Ich fragte: Hast du denn einen Arzt, wo du hingehen kannst? Natürlich meinte ich bloß: um sich einmal untersuchen zu lassen. Hanna nickte. Das sei keine Sache, sagte sie, das lasse sich schon machen! Ich fragte: Was meinst du? Später behauptete Hanna, ich sei erleichtert gewesen, daß sie das Kind nicht haben wollte, und geradezu entzückt, darum hatte ich meinen Arm um ihre Schultern gelegt, als sie weinte. Sie selber war es, die nicht mehr davon sprechen wollte, und dann berichtete ich von Escher-Wyss, von der Stelle in Bagdad, von den beruflichen Möglichkeiten eines Ingenieurs überhaupt. Das war keineswegs gegen ihr Kind gerichtet. Ich sagte sogar, was ich in Bagdad verdienen würde. Und wörtlich: Wenn du dein Kind haben willst, dann müssen wir natürlich heiraten. Später ihr Vorwurf, daß ich von Müssen gesprochen habe! Ich fragte offen heraus: Willst du heiraten, ja oder nein? Sie schüttelte den Kopf, und ich wußte nicht, woran ich bin. [...] (S. 45 ff.)

Hanna hatte Joachim geheiratet, wovon Faber nichts wusste; sie hatte das Kind bekommen und Elisabeth (Faber: Sabeth) genannt. Faber hat sich nie nach ihrem Schicksal erkundigt. In der „2. Station", der Erzähler liegt im Krankenhaus und wartet auf seine Operation, handeln viel Tagebucheinträge von dem Verhältnis zu Hanna.

Diskussion mit Hanna! – über Technik (laut Hanna) als Kniff, die Welt so einzurichten, daß wir sie nicht erleben müssen. Manie des Technikers, die Schöpfung nutzbar zu machen, weil er sie als Partner nicht aushält, nichts mit ihr anfangen kann; Technik als Kniff, die Welt als Widerstand aus der Welt zu schaffen, beispielsweise durch Tempo zu verdünnen, damit wir sie nicht erleben müssen. (Was Hanna damit meint, weiß ich nicht.) Die Weltlosigkeit des Technikers. (Was Hanna damit meint, weiß ich nicht.) Hanna macht keine Vorwürfe, Hanna findet es nicht unbegreiflich, daß ich mich gegenüber Sabeth so verhalten habe; ich habe (meint Hanna) eine Art von Beziehung erlebt, die ich nicht kannte, und sie mißdeutet, indem ich mir einredete, verliebt zu sein. Es ist kein zufälliger Irrtum gewesen, sondern ein Irrtum, der zu mir gehört (?) wie mein Beruf, wie mein ganzes Leben sonst. Mein Irrtum: daß wir Techniker versuchen, ohne den Tod zu leben. Wörtlich: Du behandelst das Leben nicht als Gestalt, sondern als bloße Addition, daher kein Verhältnis zur Zeit, weil kein Verhältnis zum Tod. Leben sei Gestalt in der Zeit. Hanna gibt zu, daß sie nicht erklären kann, was sie meint. […] *(S. 169f.)*

- *Stellen Sie zusammen, warum es – laut Faber – nicht zur Heirat gekommen ist, und legen Sie dar, wie Sie die Frage aufgrund von Fabers Ausführungen beantworten würden.*
- *Schreiben Sie eine Charakteristik Fabers anhand seiner Erzählung: Welches Bild vermittelt er von sich? Wie sieht er Hanna?*
- *Faber referiert Hannas Aussagen (im 2. Textauszug) und kommentiert in den Parenthesen. Versuchen Sie, Hannas Aussagen in Ihrer Sprache wiederzugeben, und diskutieren Sie über diese Gedanken: Halten Sie sie für zutreffend oder würden Sie widersprechen?*

Martin Walser: Ein fliehendes Pferd (1978) – Zwei Lebenskonzepte

In der Novelle „Ein fliehendes Pferd", die in der 3. Person, aber aus der Sicht von Helmut Halm erzählt wird, begegnen sich zwei Paare, der Oberstudienrat Helmut Halm mit seiner Frau Sabine und der Journalist Klaus Buch mit seiner zweiten Frau Helene. Die beiden Männer kennen sich aus der Schul- und Studienzeit, sie treffen sich zufällig im Urlaub am Bodensee.

Helmut mochte es nicht, wenn die Umwelt sich über Sabine und ihn Gedanken machen konnte, die zutrafen. Egal, was die Umwelt über ihn und Sabine dachte, es sollte falsch sein. Sobald es ihm gelang, Fehlschlüsse zu befördern, fühlte er sich wohl. *Inkognito* war seine Lieblingsvorstellung. In Stuttgart mußte er erleben, wie in der Nachbarschaft und in der Schule – und zwar bei Kollegen und bei Schülern – die Kenntnis über ihn zunahm. An ihm war der Spitzname *Bodenspecht* hängengeblieben. Das zeigte ihm, daß er mit einer geradezu höheren Art von Genauigkeit erfaßt, durchschaut und bezeichnet war. Jedesmal, wenn ihm das Erkannt- und Durchschautsein in Schule oder Nachbarschaft demonstriert wurde, die Vertrautheit mit Eigenschaften, die er nie zugegeben hatte, dann wollte er fliehen. Einfach weg, weg, weg. Die benützten Kenntnisse über ihn, deren Richtigkeit er nicht bestätigt hatte. Sie benützten sie zu seiner Behandlung. Zu seiner Unterwerfung. Zu seiner Dressur. Die wußten ihn zu nehmen. Und je mehr die ihn zu nehmen wußten, desto größer wurde seine Sehnsucht, wieder unerkannt zu sein. Wenn jemand von ihm noch nichts wußte, war noch alles möglich. [...] Im Urlaub probierte er Gesichter und Benehmensweisen aus, die ihm geeignet zu sein schienen, seine wirkliche Person in Sicherheit zu bringen vor den Augen der Welt. Unerreichbar zu sein, das wurde sein Traum. Und er hatte Mühe, die schlanke, spitze, nach allen Seiten vollkommen steil abfallende Felsenburg nicht zu einem andauernden Bewußtseinsbild werden zu lassen. Ein Überneuschwanstein[1] wollte sich einbrennen in seine Vorstellungen. Und Wälder. Immer sah er Wälder. Sah sich durch Wälder traben. Ohne sich zu bewegen, trabte er und kam immer tiefer hinein in Wälder, die, zum Glück, kein Ende hatten. Wälder, die kein Ende haben, das ist überhaupt das Vollkommene. (S. 12f.)

Das öffentliche Gebot der Luststeigerung gab er in der Schule lauthals weiter. Galt er nicht als fortschrittlich? Das war ein Feld, wo er sein Inkognito noch gerettet hatte. Er galt als sehr fortschrittlich. Vor sich selbst berief er sich auf das Recht auf Meinungsfreiheit. Er mußte ja wohl nicht den Schein, den er in der Schule produzierte, in seinem häuslichen und innersten Leben praktizieren. Sollte das Gebot der Luststeigerung während der Freizeit nicht bewirken, die Lustleistungen eines jeden zu seiner Sache zu machen? Wie die Schule die Noten einem jeden als seine Noten verpaßte. Er glaubte berechtigt zu sein, in der Schule die Ächtung der Unlust zu betreiben, wie es die Gesellschaft wollte, zu Hause aber die Ächtung der Lust zu versuchen, wie er es wollte. Nichts gegen FAZ, BILD, Parlament und Schule. Wie sollten denn die Leute das Leben aushalten, ohne Schein! Er merkte doch, wie schwierig es war, sich nur für Augenblicke und nur um eine Winzigkeit und nur versuchsweise aus dem Herrschaftsbereich des Scheins zu entfernen. Sofort fühlst du dich am Pranger. Aber rasch zurück an die Lustfront, Freizeitfront, Scheinproduktionsfront. Aber immer wieder diese Versuchung, sich zu entfernen. Außer Sabine durfte es niemand bemerken. Sie mußte sogar mitmachen, sonst kam er nicht weg. In der Schule würde er weiterhin den verlangten Schein produzieren. Zu Haus aber wurde er sich gehen lassen. (S. 68ff.)

[An einem Nachmittag hat der passionierte Segler Klaus Buch den eher widerstrebenden Helmut Halm zu einer Segelpartie mit einer Jolle überredet; Klaus wirbt dabei für sein Lebenskonzept.]

Ich bin wirklich fasziniert vom Leben, Helmut, das kannst du mir glauben. Wenn mir ein Regentropfen auf der Haut zerplatzt, könnte ich schreien vor Begeisterung. Wenn ich einen Baum schaue, könnte ich aufschreien vor Liebe zum Chlorophyll. Aber ich habe Angst, dumm zu werden, Helmut. Ich bin in Gefahr, ich weiß das. Ich möchte brillant bleiben, verstehst du. Glänzend. Großartig. Und fein. Durchdringend fein. Unzerreißbare Seide möchte ich sein. Wildseide, versteht sich. Ich bin ein Anbeter meiner selbst. Hel betet mich in gewisser Weise auch an. Weil sie mich für intelligenter hält, als ich bin, verstehst du. Ich mache ihr was vor. Ich halte sie kleiner, als sie ist. Ich verführe sie zu Tätigkeiten, denen sie nicht gewachsen ist. Für den Fall, daß ich sie nicht mehr schaffe, verstehst du. Was ich bräuchte, ist ein Mensch wie du, Helmut. Ehrlich. Als ich dich da sitzen sah an der Promenade, ecco, das war Erscheinung. Mein alter Ha-

[1] Überneuschwanstein: Neuschwanstein heißt das vom bayrischen König Ludwig II. erbaute burgartige Schloss bei Füssen im Allgäu.

Ha, die große Problemschraube, *Zarathustra*[1] in der Badehose gelesen, Helmut, wenn du mitkommst auf die Bahamas, sind wir beide gerettet. Da kannst du alles in der Badehose erledigen. Was gibst du auf hier? An welcher Schule bist du eigentlich?
Am Ebe-Lu[2], sagte Helmut so unstolz wie möglich.
Oh, sagte Klaus Buch, gratuliere, naja, du warst eben immer Spitze, klar. Trotzdem wage ich es, stell dir vor, ich, die alte Küchenschabe, nichts gewesen, nichts geworden, ich wage es, dir, dem Doktor Oberstudienrat am hochehrwürdigen Ebe-Lu, weitgehende Vorschläge zu machen. Ich behaupte, es sei nötig. Du mußt gerettet werden. Du brauchst mich, Helmut, das spür' ich. Deshalb meine Frage, wie oft bumst du Sabine. Ich will dich doch nicht beschämen, Mensch. Ich will nicht den tollen body spielen. Mensch, Helmut, meine erste Frau habe ich am Schluß noch einmal pro Woche gebumst. Sowas von herunter war ich. Waren wir. Also bitte. Mit mir kannst du reden. Wenn du willst. Ich finde einfach, wir sollten, bevor wir fünfzig sind, noch einmal vom Stapel laufen. Und ohne dich bin ich in Gefahr zu verblöden. Das ist mir klar. Du bist echt ein challenge für mich. Du und Hel, dann flutscht's. Alles klar.
Helmut nickte, so gut er konnte. Klaus Buch mußte den Eindruck haben, Helmut überlege sich diese Vorschläge ernsthaft. Das spornte ihn zu immer neuen Angeboten an. Er könne, da Helmut sich bis jetzt noch nicht gesprächsbereit gezeigt habe, nur immer weiter versuchen, durch Selbstentblößung Helmut so zu provozieren, daß er seine ihn selbst bedrohende Zurückhaltung aufgebe, damit sie endlich ihre gemeinsame Rettung gemeinsam betreiben könnten. Helmut sei sich, das fühle er, Klaus Buch, deutlich, der Gefahr der Stagnation schärfstens bewußt. Vielleicht habe Helmut sogar schon resigniert. Er, Klaus Buch, glaube das nicht. Er glaube eher, Helmut spiele sich die Resignation zur Zeit vor, werde aber, sobald er sehe, daß es ernst werde, schreiend vor der Resignation zu fliehen versuchen. Dann sei es wirklich zu spät. Oder es gelinge nur noch eine Kurzschlußhandlung. Jetzt aber könne man den zweiten Stapellauf noch gemeinsam planen. Und zwar so, daß er gelinge. Ohne Wunden. (S. 108 ff.)

Aus: Martin Walser: Ein fliehendes Pferd, aus: Werke in zwölf Bänden, Band V

---

1 Zarathustra: die philosophische Dichtung „Also sprach Zarathustra" von Friedrich Nietzsche
2 Ebe-Lu: das angesehene Eberhard-Ludwig-Gymnasium in Stuttgart

- *Warum möchte Helmut unerkannt bleiben? Ziehen Sie die Ausführungen des amerikanischen Soziologen und Anthropologen Erving Goffman (1922–1982) heran.*
- *Beschreiben Sie den „Herrschaftsbereich des Scheins" – im Textauszug und in der Realität.*
- *Helmut äußert sich nicht zu den Vorschlägen und Gedanken von Klaus. Verfassen Sie einen Kommentar als inneren Monolog, wie Helmut ihn geben könnte. Berücksichtigen Sie dabei seine Sprache, sein Kommunikationsverhalten und sein Identitätskonzept.*

„Wie schon gesagt, beeinflussen die Handlungen des Einzelnen, wenn er anderen gegenübertritt, deren Deutung der Situation. Manchmal wird sich nun der Einzelne rein berechnend verhalten, das heißt, sich nur darum in einer bestimmten Weise ausdrücken, um bei den anderen gerade den Eindruck hervorzurufen, der eine bestimmte, in seinem Interesse liegende Reaktion bewirken kann. Manchmal wird er sich auch berechnend verhalten, ohne sich dessen vollständig bewusst zu sein. Er kann sich auch absichtlich und bewusst in einer bestimmten Weise darstellen. […] Berücksichtigen wir, dass die Partner einer Interaktion die Definitionsansprüche der anderen zu akzeptieren geneigt sind, so können wir die entscheidende Bedeutung verstehen, die gerade jenen Informationen zukommt, die der Einzelne *anfangs* über seine Partner erwirbt oder besitzt, denn auf der Grundlage dieser Anfangsinformationen beginnt er die Situation zu definieren und die Richtung seiner Reaktionshandlungen auszubauen. Seine anfängliche Projektion verpflichtet den Einzelnen auf das, was er zu sein behauptet, und zwingt ihn, jeden Anspruch fallen zu lassen, etwas anderes zu sein. Im Verlauf der Interaktion wird der ursprüngliche Informationsbestand natürlich ergänzt und modifiziert, aber es ist dann wesentlich, dass die späteren Entwicklungen widerspruchslos mit den ursprünglichen Positionen der einzelnen Partner verknüpft und sogar auf sie aufgebaut werden. Es scheint, als sei es für den Einzelnen leichter, zu Beginn einer Begegnung auszuwählen, wie er von den anderen behandelt werden will, als später die Art der Behandlung zu verändern, wenn die Interaktion einmal begonnen hat."

Aus: Erving Goffman: Wir alle spielen Theater. Die Selbstdarstellung im Alltag. München 1983, S. 9f.; S. 13f.

Peter Handke: Der kurze Brief zum langen Abschied (1972)

Der Ich-Erzähler, ein österreichischer Schriftsteller, hat sich von seiner Frau Judith getrennt; er reist durch die USA sie folgt ihm, bedroht ihn einige Male durch Ankündigungen. Am Ende treffen sie sich in Kalifornien und fahren zu dem bekannten Filmregisseur John Ford. Die Textauszüge beziehen sich auf Gedanken des Erzählers.

[Der Ich-Erzähler reist eine Strecke im Auto mit Claire, einer amerikanischen Freundin; er liest ihr aus dem Roman „Der grüne Heinrich" von Gottfried Keller vor.]

„Aber wenn du von dem Grünen Heinrich redest, glaubst du vielleicht doch, daß du seine Abenteuer nachholen kannst", sagte Claire. „Du glaubst, mit einer Figur aus einer anderen Zeit diese Zeit wiederholen zu können, so gemütlich wie er nach und nach erleben und von Erlebnis zu Erlebnis immer nur klüger werden und am Schluß deiner Geschichte fertig und vollkommen sein zu können." „Ich weiß, daß man nicht mehr so nach und nach leben kann wie der Grüne Heinrich", antwortete ich. „Wenn ich von ihm lese, dann ergeht es mir gerade so wie ihm selber, als er einmal, ‚unter stillen Waldsäumen liegend, innig das schäferliche Vergnügen eines vergangenen Jahrhunderts' empfand; so empfinde auch ich bei seiner Geschichte das Vergnügen an den Vorstellungen einer anderen Zeit, in der man noch glaubte, daß aus einem nach und nach ein andrer werden müsse und daß jedem einzelnen die Welt offenstehe. Im übrigen kommt es mir seit ein paar Tagen vor, daß mir die Welt wirklich offensteht und daß ich mit jedem Blick etwas Neues erlebe." (S. 142)

„Auch der Grüne Heinrich wollte nichts deuten", sagte Claire plötzlich. „[...] Er ließ die Erlebnisse vor sich aufspielen, ohne selbst einzugreifen, und so tanzten auch die Menschen, die er erlebte, nur an ihm vorbei. [...] Er wollte nichts entziffern; es würde sich schon eins aus dem andern ergeben. Auch du kommst mir vor, als ob du die Umwelt nur an dir vorbeitanzen läßt. Du läßt dir Erfahrungen vorführen, statt dich hineinzuverwickeln. [...]."

[Nach dem Ende des Gesprächs denkt der Ich-Erzähler:]

So ging es mir oft, wenn ich jemandem zuhörte, der mich beschrieb; es traf mich, und doch war es unverschämt. Wenn ich einmal einen andern beschrieb, log ich zwar nicht, aber ich kam mir doch wie ein Aufschneider vor. (S. 98 f.)

Ein Student mit kurzen Haaren, pausbäckig, in Bermudahosen, mit dicken Schenkeln, in Turnschuhen, kam mir draußen entgegen, und ich blickte ihn entsetzt an, fassungslos bei dem Gedanken, daß jemals jemand es trotzdem wagen konnte, etwas Allgemeines über diese einzelne Figur zu sagen, daß jemand ihn typisieren und zu einem Vertreter von etwas anderem machen würde. (S. 22)

In diesen Tagen spürte ich auch zum ersten Mal eine länger andauernde, nicht nur fiebrige Lebenslust. Ich saß da, wir aßen und tranken, und ich war mit mir einverstanden. Ich wurde nun aber nicht lebhaft, sondern eher faul, bewegte mich kaum, achtete nicht mehr auf mich selber, konzentrierte mich auch nicht wie früher auf die andern, alle Beobachtungen *geschahen* nur, ohne Anspannung, als Folge eines allgemeinen Lebensgefühls. Wenn die anderen tanzten, schaute ich nur zu, ganz bei ihnen, ohne daß ich mich aufgefordert fühlte, mitzutanzen. Ich konnte nicht einmal mehr verstehen, wie ich mich einmal von anderen Lebensformen hatte erpressen lassen. (S. 122 f.)

„Es fällt mir schwer, Rollen zu schreiben", antwortete ich. „Wenn ich jemanden charakterisiere, kommt es mir vor, als ob ich ihn damit entwürdige. Aus allem Besonderen einer Figur wird dann ein Tick. Ich spüre, daß ich anderen nicht so gerecht werden kann wie mir selber. Wenn ich Leute auf der Bühne reden lasse, schnappen sie mir schon nach den ersten Sätzen zu und sind für immer auf einen Begriff gebracht. Deswegen werde ich vielleicht lieber Geschichten schreiben." (S. 150)

- *Untersuchen Sie, welches Identitätskonzept der Ich-Erzähler hat.*
- *„Heutzutage scheint alles sich gegen ferne Ziele, lebenslange Entwürfe, dauerhafte Bindungen, ewige Bündnisse, unwandelbare Identitäten zu verschwören." (Zygmunt Bauman) – Diskutieren Sie diese Aussage.*

Doris Dörrie: Los Angeles (1989)

„The white zone is for loading and unloading only." Mit geschlossenen Augen würde sie an diesem Satz, der ständig über Lautsprecher wiederholt wurde, erkennen können, wo sie war. LAX, der Flughafen von Los Angeles. […] Sie hatte nicht angenommen, dass Dave sie abholen würde, und dennoch hatte sie sich schnell ein bisschen Lippenstift und Rouge aufgelegt, bevor sie durch den Zoll ging.

Die Luft war warm wie aus einem Fön. In Frankfurt hatte es geschneit. […] Sie stand direkt unter dem Lautsprecher. Einige Passagiere, die jetzt ihre Koffer in den Autos ihrer Abholer verstauten, erkannte sie wieder. Die Frau, die neben ihr gesessen hatte und nach zwölf Stunden Flugzeit genauso makellos aussah – frisch, perfekt frisiert und in Stöckelschuhen – wie in Frankfurt, umarmte flüchtig einen großen Blonden und stieg in einen schwarzen Mercedes.

Marie schob sich ein Pfefferminzbonbon in den Mund. Falls Dave doch noch auftauchen sollte. Sie fühlte sich klebrig und müde.

Am Telefon vor drei Tagen hatte er gesagt, er freue sich darauf, sie zu sehen. „I'm looking forward to seeing you." Das hieß doch: ich freue mich darauf […]

„Call me if you happen to be in Los Angeles." Sie war ganz zufällig in Los Angeles. So zufällig, wie eine zweiundzwanzigjährige technische Zeichnerin aus Hamburg eben in Los Angeles sein konnte. Sie hatte unbezahlten Urlaub genommen, ihr Konto geplündert, sich zwei neue Sommerkleider gekauft, einen Crash-Kurs in Englisch belegt, um ganz zufällig hier zu sein. […]

Sie überlegte, ob sie ihn anrufen sollte. „Ich bin zufällig am Flughafen …" Und dann würde er sie abholen. [Sie fährt mit einem Bus in seinen Stadtteil.] Unter den Fahrgästen war kein einziger Amerikaner oder zumindest keiner, der nach Maries Vorstellung aussah wie einer. Keiner war groß und blond und braungebrannt wie Dave, keiner hatte sein amerikanisches Gebiss, dieses breite Lächeln mit gesunden weißen Zähnen, das für Marie das erste Kennzeichen aller Amerikaner war. […] Marie wurde leicht und fröhlich. Sie erkannte alles wieder aus unzähligen Fernsehserien, […] wenn sie es sich nach der Arbeit mit Spaghetti und Wein gemütlich gemacht hatte. In der letzten Zeit mit Hüttenkäse und Tomaten, weil Dave von ihrer „europäischen Figur" gesprochen hatte und sie annahm, dass er damit füllig gemeint hatte.

Er hatte sie am Jungfernstieg nach dem Weg gefragt, und nach zwei Bier war er mit zu ihr gekommen. Siebenmal hatte er in ihrem Bett gelegen. Und dann hatte er gesagt: „Call me."

Viermal hatte sie ihn heimlich nach Büroschluss vom Telefon ihres Chefs in Los Angeles angerufen. Jedesmal sagte er, er vermisse sie. Und sie sagte: „I miss you, too."

Sie wachte auf, weil der Busfahrer sie anstieß. Als sie ausstieg, sah sie das Meer. Davor eine Reihe schütterer Palmen. Zwischen Marie und dem Pazifik lag die Autobahn. Der Highway One. Sie ging zum nächsten Telefon. […]

„Hello", sagte eine Männerstimme. Unter Marie gab der Asphalt nach. „It's me, Marie."

Seine Stimme klang so nah, als fehle der rauschende Atlantik zwischen ihnen. Er erkundigte sich nach ihrem Befinden, sie sagte immer „fine, fine", er erzählte, er habe sie anrufen wollen, aber er sei ziemlich „busy" gewesen, und dann sagte er: „Schläfst du noch nicht?" Etwas müde sei sie schon, erwiderte sie, und er meinte lachend, das sei wohl jeder morgens um drei. Da erst begriff sie. „Ich bin hier. Hier in Los Angeles."

„Oh", sagte er. Es entstand eine Pause: Die Palmen schwankten. […] Von fern rauschte der Pazifik. Dave schlug ein Treffen in vier Tagen vor. „Call me at six." Marie sagte: „Fine."

Sie legte auf und es fing an zu regnen. Es goss in Strömen, ein kalter Wind fegte plötzlich über sie her, sie lief die Straße auf und ab und suchte eine Kneipe, einen Laden, irgendeinen Zufluchtsort. Es gab nichts. Lange Palmwedel fielen vor ihr auf die Straße. In ihren Schuhen stand das Wasser. […] (1989)

- *Setzen Sie die Geschichte fort. Versuchen Sie, der Logik des hier Dargestellten möglichst nahe zu bleiben. (Wenn es zu lang wird, reicht es, den Schluss zu skizzieren.)*
- *Alternativ: Marie fährt zu Dave. Schildern Sie, was sich abspielt.*

Marieluise Fleißer: Briefe aus dem gewöhnlichen Leben (1974)

Geliebter Max!
Ich muß es Dir doch einmal sagen. Ich habe Dir absichtlich nichts verheimlicht, als wir uns kennenlernten. Du wußtest, daß ich öfter mit Herren zusammen war und daß das mir nicht so viel ausmacht, Max, ich meine heute, ich hätte Dir das nicht in dieser Weise hinsagen müssen. Du wärest dann vielleicht ganz anders zu mir gewesen. Ich habe ja auch übertrieben, weil ich, wie ich in dem Lokal neben Dir saß, so traurig war, daß ich mir gar nicht genug antun konnte. Und Du hast mich noch hineingesteigert. Ihr Männer habt das gern, wenn Ihr eine Frau dazu bringen könnt, daß sie wegwerfend von sich spricht. Dann könnt Ihr stechen mit Euren Augen. Das hast Du fleißig bei mir gemacht. Ich weiß, daß Ihr hinter einer Frau stets noch Schlechteres vermutet, als sie selber zugibt. Ich habe mich doch so schlecht gemacht, Max, wie das gar nie bei mir war. Aber das wolltest Du von mir hören, unter der Voraussetzung hast Du mich ja bloß angesprochen. Ich habe das wohl gespürt und darauf reagiert: das war an dem Abend Deine seelische Lust. Mein Gott, das war mir furchtbar. Aber bei Dir mochte ich mich nicht wehren. Du warst der Leichtfertige von uns beiden, Max; so wie Du bin ich niemals an einen Menschen herangetreten.
Wie ich dann mit Dir war, sagte ich Dir, Du bist der erste Mann, mit dem ich das gern mache. Aber ich sah Dir an, daß Du mir nicht glaubst. Du hast gewiß gemeint, es gehört dazu und ich verabreiche das jedesmal. Das hat mich so traurig gemacht. Denn wenn alle anderen bloß dazu da sind, daß man sie anlügt und mit ihnen kämpft wegen der Gemeinheit, die sie mit einem im Sinn haben, Dich würde ich niemals anlügen, Max. Was Du für mich gewesen bist, kann ich keinem Menschen sagen. Du warst für mich das Wunder. Um mich ein wenig zu verstehn, mußt Du daran denken, daß ich einmal ein armes vergewaltigtes Mädchen war. Das war meine erste Erfahrung. Ich dachte, Liebe ist nicht für eine wie mich. Der Mann war für mich ein Würger, der an sich reißt, was er braucht. Was hat denn ein alleinstehendes Mädchen für ein Leben? Ich dachte immer, was sind wir für arme Luder; ich habe mich so danach gesehnt, daß es doch anders und menschlicher sein möchte. Die Sicherheit in mir selbst war mir ja genommen.
Bei Dir hat es sich gelöst. Ich habe gleich gespürt, daß ich Dir nahe sein konnte. In der Nacht habe ich mich mit dir verheiratet, Max, und Du hast es nicht gemerkt. Ich lief noch drei Stunden in den Straßen herum, eine solche Gewalt war in mir, und der Mond war so schön, ich hätte den Mond aufessen mögen. Manchmal ist mir, als ob Du nicht wüßtest, wie es mit mir steht. Ist denn die Seele des Nächsten stumpf und sieht nicht, was man ihr nicht zeigt? Ist, was ich um Dich leide, nichts, da Du es nicht weißt? Mein Junge, ist es denn wirklich so, hätte ich mehr Wesen daraus machen müssen? Gott ist mein Zeuge, wie ich zu Dir kam, war ich in der Seele noch nie berührt. Du konntest alles aus mir machen. Warum hast du so wenig aus mir gemacht? Ich weiß, Du hast Deine Arbeit und kannst oft nicht, wie Du willst. Ich werde die Zähne aufeinanderbeißen. Aber sage mir, daß Dir meine Hingabe was hilft, daß sie Dich reicher macht. Gib mir Ruhe in diesem Gedanken. Ich will es meinetwegen bei einem Menschen schwierig haben, wenn ein Aufschwung, eine Leistung von ihm ausgeht. Laß mir dies: daß ich von den andern mich abgrenzen und für Dich mich hinaufsteigern darf.
Deine Anna

Aus: Marieluise Fleißer: Ein Pfund Orangen. In: Gesammelte Werke in drei Bänden, Band III, Gesammelte Erzählungen © Suhrkamp Verlag, Frankfurt am Main, 1972. Aus lizenzrechtlichen Gründen nicht in reformierter Schreibung.

- *Klären Sie, was sich bei der ersten Begegnung von Anna und Max abgespielt hat.*
- *Welche Vorstellungen hat Anna vom Mann allgemein und von Max?*
- *Mit welchen Mitteln versucht sie, Max zurückzugewinnen?*
- *Verfassen Sie einen Antwortbrief von Max.*
- *Bevor Anna ihren Brief abschickt, gibt sie ihn einer Freundin und fragt sie um Rat. „[…] Du siehst, ich habe Angst, daß Max nichts mehr von mir wissen will. Und ich dachte, er wäre der Mann fürs Leben. Sag mir ganz ehrlich: Kann ich ihn mit diesem Brief zurückholen?" Verfassen Sie den Antwortbrief der Freundin.*

Max' Antwortbrief

Liebes Kind!
Dein Brief ist mir ein neuer Beweis, daß zwei Menschen sich unter einer Sache etwas ganz Verschiedenes vorstellen können. Es tut mir leid, was Du mir da sagst, daß Du mit keinem andern Mann so weit kommen kannst, wie mit mir. Ich gebe Dir zu, daß es für Dich höchste Zeit ist, wenn Du nicht vor die Hunde gehen willst. Aber warum hast Du Dir gerade mich ausgesucht? Warum klammerst Du Dich nicht an einen anderen? Ich bin dafür sehr ungeeignet. Du mußt entschuldigen, wenn ich ein wenig deutlich werde. Ich will Dir was erzählen. Anfang März, wir beide kannten uns seit einigen Wochen, sah ich auf der Straße eine Frau und sagte zu einem Bekannten: Die gefällt mir. Er lachte mich aus, weil er wußte, daß die Frau durch ihre Position für mich unerreichbar war. Das ging mir nicht aus dem Kopf. Nach zwei Monaten brachte ich es fertig, daß sich die Frau von mir ansprechen ließ. Später kam ich in die Familie hinein. Ich konnte sie jetzt fast jeden Tag sehn. Ich war einfach verrückt vor Freude. Wir dachten uns unser ganzes Leben zusammen. Für die Frau habe ich einen Tempel aufgerichtet in mir. Ich weiß eigentlich nicht, was denn so Verheerendes an ihr dran war. Vielleicht nur, weil es so schwer war, an sie heranzukommen. Die Eitelkeit spielt ja bei uns eine große Rolle.
Ich bin jetzt nicht mehr mit der Frau zusammen. Sie hat mir abgesagt. Sie entdeckte auf einmal, daß sie mich nicht mit der großen Liebe liebt. Seitdem bin ich mit der Frau fertig, wenn ich sie auch nicht vergessen kann. Sie könnte hier auf dem Boden liegen und krepieren, ich würde nicht einmal nach ihr hinsehen. Sie hat mich zu tief verletzt. Was ich ihr gab, hat ein Mann nur einmal im Leben zu bieten. Ich weiß, daß es ihr heute schlecht geht. Jetzt tut es ihr wahrscheinlich leid. Aber ich rühre keinen Finger, ihr zu helfen. Ich will sie noch in der Gosse sehn. Warum ich Dich da hineinsehn lasse? In der ganzen Zeit, wo Du zu mir kamst, habe ich eine Frau wahnsinnig geliebt. Ich bin ihr aber nie zu nahe getreten. Der bloße Gedanke daran war Sünde. Verstehst Du nun, warum ich Dich brauchte? Du warst gut zu mir. Der Gedanke war mir widerwärtig, in dieser Zeit diesen Leib zu einem platten Freudenmädchen zu tragen. Liebes Kind, was weiß ein Mensch davon, was hinter einem andern Menschen an Anhang steht? Die Kreuzungspunkte mit anderen Schicksalen sind zahlreich. Man kommt nicht immer unverletzt durch.
Ich weiß, daß Du kein Mensch bist, über den man wegsieht. Aber das Leben ist sinnlos und ungerecht. So wie es jetzt steht, bekommt mich überhaupt keine Frau mehr. Ich will mir nicht mehr hineinreden lassen.
Aber laß Dir einen guten Rat geben für Deinen nächsten Versuch: Du hättest von Anfang an mehr zu sagen gehabt, wenn Du Dich nicht so grenzenlos auf mich eingestellt hättest.
Max (1929)

- *Wie verhält sich Max, wie beurteilen Sie sein Verhalten?*
- *Diskutieren Sie den Schluss des Briefes.*

Irmgard Keun: Das kunstseidene Mädchen (1932): Sehen – Schreiben – weiblicher Selbstentwurf

Text 1

Das war gestern abend so um zwölf, da fühlte ich, dass etwas Großartiges in mir vorging. Ich lag im Bett – eigentlich hatte ich mir noch die Füße waschen wollen, aber ich war zu müde wegen dem Abend vorher, und ich hatte doch gleich zu Therese gesagt: „Es kommt nichts bei raus, sich auf der Straße ansprechen zu lassen, und man muss immerhin auf sich halten."
Außerdem kannte ich das Programm im Kaiserhof schon. Und dann immer weiter getrunken – und ich hatte große Not, heil nach Hause zu kommen, weil es mir doch ohnehin immer schwerfällt, Nein zu sagen. Ich hab gesagt: „Bis übermorgen." Aber ich denke natürlich nicht daran. So knubbelige Finger und immer nur Wein bestellt, der oben auf der Karte steht und Zigaretten zu fünf – wenn einer schon so anfängt, wie will er da aufhören?
Im Büro war mir dann so übel, und der Alte hat's auch nicht mehr so dick und kann einen jeden Tag entlassen. [...] Und dann lag ich so und schlief schon am ganzen Körper, nur meine Augen waren noch auf – der Mond schien mir ganz weiß auf den Kopf – und ich dachte noch, das müsste sich gut machen auf meinem schwarzen Haar, und schade, dass Hubert mich nicht sehen kann, der doch schließlich und endlich der Einzige ist, den ich wirklich geliebt habe. Da fühlt ich wie eine Vision Hubert um mich, und der Mond schien, und von nebenan drang ein Grammofon zu mir, und da ging etwas Großartiges in mir vor – wie auch früher manchmal – aber da doch nie so sehr. [...] Aber ich erkannte, dass etwas Besonderes in mir ist, was auch Hubert fand und Fräulein Vogelsang von der Mittelschule, der ich einen Erlkönig hinlegte, dass alles starr war. Und ich bin ganz verschieden von Therese und den anderen Mädchen auf dem Büro und so, in denen nie Großartiges vorgeht. Und dann spreche ich fast ohne Dialekt, was viel ausmacht und mir eine Note gibt, besonders da mein Vater und meine Mutter ein Dialekt sprechen, das mir geradezu beschämend ist.
Und ich denke, dass es gut ist, wenn ich alles beschreibe, weil ich ein ungewöhnlicher Mensch bin. Ich denke nicht an Tagebuch – das ist lächerlich für ein Mädchen von achtzehn und auch sonst auf der Höhe. Aber ich will schreiben wie Film, denn so ist mein Leben und wird noch mehr so sein. Und ich sehe aus wie Colleen Moore[1], wenn sie Dauerwellen hätte und die Nase mehr schick ein bisschen nach oben. Und wenn ich später lese, ist alles wie Kino – ich sehe mich in Bildern. Und jetzt sitze ich in meinem Zimmer im Nachthemd, das mir über meine anerkannte Schulter gerutscht ist, und alles ist erstklassig an mir – nur mein linkes Bein ist dicker als mein rechtes. Es ist sehr kalt, aber im Nachthemd ist schöner, sonst würde ich den Mantel anziehn [...]
Und ich habe mir ein schwarzes, dickes Heft gekauft und ausgeschnittne weiße Tauben draufgeklebt und möchte einen Anfang schreiben: Ich heiße somit Doris und bin getauft und christlich und geboren. Wir leben im Jahre 1931. Morgen schreibe ich mehr.

(S. 3 f./S. 5; Anfang des Romans)

Text 2

Und nu sitz ich hier in einem Kaffee [...] Neben mir ein Mann mit einem Mädchen. Er ist was Feineres – aber nicht sehr – und sie hat ein Gesicht wie eine Schildkröte [...] Und der Kerl drückt der Schildkröte unterm Tisch die Hand, und mich guckt er an mit Stielaugen – so sind die Männer. Und sie haben gar keine Ahnung, wie man sie mehr durchschaut als sie sich selber. [...] eben erzählt er von seinem wunderbaren Motorboot auf dem Rhein mit soundso viel PS – ich schätze ihn höchstens auf besseres Faltboot. Aber ich merke genau, wie er laut redet, damit ich's höre – Kunststück! – ich mit meinem schicken, neuen Hut und dem Mantel mit Fuchs – und dass ich jetzt anfange, in mein Taubenbuch zu schreiben, macht ohne Zweifel einen sehr interessanten Eindruck. Aber eben hat mir das Alligator einen freundlichen Blick zugeworfen [...] Und ich bin viel zu anständig und auf Frauenbewegung eingestellt, um dir deinen zweifelhaften Faltbootinhaber mit Glatze abspenstig zu machen.

(S. 5/S. 7 f.)

[1] „In diesem Zusammenhang verweist der Name Colleen Moore gerade auf jene Melodramen, die die Aschenputtelgeschichte vom armen Dienst- oder Büromädchen erzählen, das vom Filmregisseur oder Generaldirektor glücklich gemacht wird wie etwa in *Ella Cinders (1926)* oder *Erfahrene Frau gesucht (1929)*" (Anne Fleig in: Stefanie Arend/Ariane Martin (Hgg): Irmgard Keun 1905/2005. Bielefeld 2005, S. 57).

Text 3

[In Berlin lernt sie einen Kriegsblinden kennen, dem sie manchmal Gesellschaft leistet; einmal fragt er sie, wie sie aussieht.] Das war mir ganz komisch, ich wollte mich selber sehen von außen und nicht wie ein Mann sonst mich beschreibt zu mir, was ja immer nur halb stimmt.
Und denke mir: Doris ist jetzt ein enormer Mann mit einer Klugheit und sieht auf Doris und sagt so wie ein medizinischer Arzt: „Also liebes Kind, Sie haben eine sehr schöne Figur, aber ein bisschen spillrig, das ist gerade modern und haben Augen von einem braunen Schwarz so wie die ganz alten Seidenpompoms an meiner Mutter ihr Pompadour. [...] Und mein Mund ist von Natur ganz blass und wenig. Und geschminkt sinnlich. Ich habe aber sehr lange Wimpern. Und eine ganz glatte Haut ohne Sommersprossen und Falten und Staub. Und das Übrige ist wohl sehr schön." (S. 57 f.)

Text 4

[Sie wohnt bei einem reichen und spendablen Liebhaber.] Und dann tue ich etwas ganz Großes. In meinem Negligé, das meine Füße seidig umwallt und meine Knie streichelt, bewege ich mich vor und hebe ganz langsam meine beiden Arme, die von Spitzen überstürzt werden – und an meinen Füßen rosa seidene Pantoffeln mit Pelz dran – und dann hebe ich meine Arme wie eine Bühne und schiebe die große Schiebetür auseinander und bin eine Bühne. Ich glaube, dass eine Schiebetür das Äußerste an Vornehmheit ist. Und schiebe sie wieder zusammen und gehe zurück und tue es noch mal – und bin eine Bühne mindestens zehnmal jeden Vormittag.
So ein Leben, so ein Leben.
Eine Tasche aus echt Krokodil gesehn – schon gekauft. (S. 74 f.)

Text 5

[Der Schluss des Romans] Ich bin etwas betrunken. [...] Und werde jetzt doch erst losfahren, den Karl suchen, er wollte mich ja immer – und werde ihm sagen: Karl, wollen wir zusammen arbeiten, ich will deine Ziege melken, und Augen in deine kleinen Puppen nähen, ich will mich gewöhnen an dich [...] Wo soll ich hin? [...] Ich will nicht arbeiten, aber ich habe Korke in meinem Bauch, die lassen mich doch nicht untergehen? [...] Wenn er mich nicht will – arbeiten tu ich nicht, dann geh ich lieber auf die Tauentzien und werde ein Glanz.
Aber ich kann ja dann auch eine Hulla werden [Prostituierte] – und wenn ich ein Glanz werde, dann bin ich vielleicht noch schlechter als eine Hulla, die ja gut war. Auf den Glanz kommt es nämlich vielleicht gar nicht so furchtbar an. (S. 129 f.)

Aus: Irmgard Keun: Das kunstseidene Mädchen. Erstveröffentlichung 1932 © 2005 Claassen Verlag in der Ullstein Buchverlage GmbH, Berlin

- *Wie entsteht in Doris der Plan, ein Tagebuch zu führen? (Text 1)*
- *Wie sieht sie sich, wie ist sie „wirklich"? (Texte 1–5)*
- *Vergleichen Sie Doris' Schreibintention mit dem Beginn der „Bekenntnisse" von Jean-Jacques Rousseau.*

Jean-Jacques Rousseau (1712–1778): Die Bekenntnisse

Ich beginne ein Unternehmen, das ohne Beispiel ist und das niemand nachahmen kann. Ich will meinesgleichen als einen Menschen in der ganzen Naturwahrheit zeigen, und dieser Mensch werde ich sein. Ich allein. Ich lese in meinem Herzen und kenne die Menschen. Ich bin nicht wie einer von denen geschaffen, die ich gesehen habe; ich wage nicht einmal zu glauben, dass ich nicht wie einer der Lebenden gebildet bin. Wenn ich nicht besser bin, so bin ich wenigstens anders. (ersch. 1782)

Aus: Jean-Jacques Rousseau: Die Bekenntnisse (deutsch von Alfred Semeran), München 1978, S. 9

Judith Hermann: Rote Korallen (1998)

[Anfang der Erzählung] Mein erster und einziger Besuch bei einem Therapeuten kostete mich das rote Korallenarmband und meinen Geliebten. Das rote Korallenarmband kam aus Russland. Es kam, genauer gesagt, aus Petersburg, es war über hundert Jahre alt, meine Urgroßmutter hatte es ums linke Handgelenk getragen, meinen Urgroßvater hatte es ums Leben gebracht. Ist das die Geschichte, die ich erzählen will? Ich bin nicht sicher. Nicht wirklich sicher. (S. 11)

[Ende der Erzählung] Der Therapeut seufzte. Ich hob den Kopf, er tippte mit der nadelspitzen Mine seines Bleistiftes auf die glänzende Schreibtischplatte, ich lächelte verlegen, er sagte: „Worum geht es Ihnen denn?“

Ich atmete ein, ich hob die Hände und ließ sie wieder sinken, ich wollte sagen, ich interessiere mich nicht für mich selbst, ich dachte, das ist eine Lüge, ich interessiere mich ausschließlich für mich selbst, und ist es das? Dass da nämlich gar nichts ist? nur die Müdigkeit und die leeren, stillen Tage, ein Leben wie das der Fische unter Wasser und ein Lachen ohne Grund? Ich wollte sagen, ich habe zu viele Geschichten in mir, die machen mir das Leben schwer, ich dachte, da hätte ich ja auch bei meinem Geliebten bleiben können, ich atmete ein, und der Therapeut riss Mund und Augen auf, und ich zog am Seidenfaden des roten Korallenarmbandes und der Seidenfaden riss und die sechshundertfünfundsiebzig wutroten kleinen Korallen platzten in einer funkelnden Pracht von meinem dünnen mageren Handgelenk.

Ich starrte mein Handgelenk an, fassungslos, das Handgelenk war weiß und nackt. Ich starrte den Therapeuten an, der Therapeut hatte sich in seinem Stuhl zurückgelehnt, der Bleistift lag jetzt parallel zur Schreibtischkante vor ihm, er hatte die Hände im Schoß gefaltet. Ich schlug die Hände vor mein Gesicht. Ich rutschte vom Stuhl hinunter auf den meerblauen, tiefblauen Teppich, die sechshundertfünfundsiebzig Korallen lagen über das ganze Zimmer versprengt. Sie leuchteten so wutrot wie nie, ich kroch auf dem Boden umher und sammelte sie auf, sie lagen unter dem Schreibtisch, unter der Fußspitze des Therapeuten, er zog den Fuß ein winzigbisschen zurück, als ich ihn berührte, unter dem Schreibtisch war es dunkel, aber die roten Korallen leuchteten. [...] Ich kniete auf dem meerblauen, tiefblauen Teppich, ich sah den Therapeuten an, der Therapeut sah mich an, von seinem Stuhl aus, mit den gefalteten Händen. Meine linke Hand war voller Korallen, aber noch immer leuchteten und blinkten sie um mich herum, ich dachte, ich bräuchte mein ganzes Leben, um all diese Korallen aufzuheben, ich dachte, es würde mir doch niemals gelingen, mein Leben lang nicht. Ich stand auf. Der Therapeut beugte sich vor, nahm den Bleistift vom Schreibtisch und sagte: „Die Sitzung ist für heute beendet.“

Ich schüttete die Korallen von der linken in die rechte Hand, sie machten ein schönes, zärtliches Geräusch, fast wie ein kleines Gelächter. Ich hob die rechte Hand und schleuderte die roten Korallen auf den Therapeuten. Der Therapeut duckte sich. Die roten Korallen prasselten auf seinen Schreibtisch, und mit ihnen prasselte ganz Petersburg, die große und die kleine Newa, die Urgroßmutter, Isaak Baruw und Nikolaij Sergejewitsch, die Großmutter im Weidenkorb und der Geliebte der Fisch, die Wolga, die Luga, die Narowa, das Schwarze Meer und das Kaspische Meer und die Ägäis, der Golf, der Atlantische Ozean. Das Wasser der Weltmeere wogte in einer großen, grünen Welle über den Schreibtisch des Therapeuten und riss ihn vom Stuhl, es stieg schnell höher und trug den Schreibtisch empor, aus seinen Wellenkämmen stieg noch einmal das Therapeutengesicht auf, dann verschwand es, das Wasser rauschte, brandete, sang und stieg und schwemmte die Geschichten mit sich fort, die Stille und die Korallen, schwemmte sie zurück in die Tangwälder, in die Muschelbänke, an den Meeresgrund. Ich holte Luft. [...] (S. 26 ff.)

Aus: Judith Hermann: Sommerhaus, später. Erzählungen. © S. Fischer Verlag GmbH, Frankfurt am Main 1998

- *Welche Erwartungen werden durch den Erzählanfang geweckt? Skizzieren Sie eine mögliche Handlung.*
- *Was spielt sich in der Therapiesitzung ab? Wie verhält sie sich zur Ankündigung des Anfangs?*

Tanja Dückers: Der längste Tag des Jahres (2006) – Vaterbilder

Der Roman erzählt in fünf Kapiteln, wie die fünf erwachsenen Kinder auf die Nachricht vom plötzlichen Tod ihres Vaters Paul Kaldereit (1941–2003), der eine Tierhandlung für Wüstentiere hatte, reagieren; es wird in der dritten Person, aber aus der Perspektive der Personen erzählt. Die Textauszüge vermitteln ein Bild des Vaters.

„Warum er Mitte der Sechzigerjahre, als andere Wohngemeinschaften gründeten, Sartre und Bloch lasen oder gegen Vietnam demonstrierten, einem Heimatlieder singenden Wanderverein beitrat. Vielleicht war's nur wegen seiner Freiluft-Macke, ich weiß es nicht. Und warum er immer so einen auf Familie gemacht hat, aber sich eigentlich nur für sein Geschäft und die Viecher interessierte." (S. 31)

Sie [...] schaute sich ihren Vater als Säugling, als jüngstes von sechs Kindern und als blassen Schuljungen in der Nachkriegszeit an. Da stand Vati vor dem alten Haus mit dem noch zerstörten Dachstuhl, inmitten der Ruinen seiner Heimatstadt Nürnberg, mit einem merkwürdig entrückten Gesichtsausdruck, als würde ihn dies alles nicht tangieren. [...] Nein, ihr Vater war keiner, der der Mode hinterherlief. Während andere erst zur Tanzstunde und später demonstrieren gingen, hatte sich ihr Vater für die heil durch den Krieg gebrachte Chamäleon- und Wüstenechsensammlung seines fast erblindeten Nachbarn, Herrn Dr. Krug, interessiert. (S. 52)

Den letzten Tag in der Tierhandlung hatte Vati pompös inszeniert, obwohl er sonst eher einen nüchternen Geschmack besaß. Er trug Schwarz wie zu einer Beerdigung und eine Sonnenbrille, die ihn geradezu mafiosohaft aussehen ließ. Er, der sonst nie betete [...], wollte plötzlich [...] ein Vaterunser sprechen. (S. 55)

Schon als sie Kinder waren, hatte er zu ihr und David gesagt, dass es als junger Mann sein Traum gewesen wäre – hätte er Zeit und Geld, hätte er kein Geschäft und keine Firma gehabt –, nach Amerika auszuwandern. Sich dort einen verrückten Glas-Rundbau mitten im ‚Nowhereland' zu bauen. (S. 68)

Daddys Exotik-Tick bei seiner gleichzeitigen Abneigung, irgendwo hinzufahren, wo es nicht um drei Uhr seine Lieblingstiersendung im Fernsehen und um vier den Dinkelkuchen mit seinem selbst hergestellten Honig gab! (S. 88)

Daddys Familie war im Krieg ausgebombt worden und hatte alles bis auf den letzten Besteckkasten und das letzte Paar Schuhe verloren. Daddys Vater war in Nordafrika gefallen, und an Reisen war damals nicht zu denken gewesen. Außer an Reisen im Kopf. (S. 89)

Paul konnte stundenlang vor den Terrarien hocken und merkte nicht einmal, wie ihm das Knie oder ein Fuß eingeschlafen war. [...] Wie viel Energie sein Vater für die abwegigsten Dinge aufbringen konnte! Er lebte auf, wenn er sich für den Vertrieb von Nagelscheren für Echsenarten aus Turkmenistan einsetzen konnte. (S. 102 f.)

Ihr [der Mutter] ging es nur gut, wenn es anderen gut ging. Eigene Interessen hatte sie kaum. Während sein Vater sehr stark in einer Welt lebte, aus dere jeden anderen ausschloss, schien seine Mutter wenig für sich zu fordern. (S. 104)

Paul erschien nur zu einer Premiere, wenn David in der Nähe von Fürstenfeldbruck spielte. [...] Viele gingen in Jeans und T-Shirt ins Theater, sein Vater wäre in seinen Karohemden und Cordhosen nicht einmal besonders aufgefallen, aber zu diesem Anlass zog er seinen schwarzen Anzug an. (S. 106)

Sein Großvater, dessen Foto über Vaters Büroschreibtisch neben dem der Avicenna-Viper hing. Gustav Kaldereit, der Mann mit dem Tropenhelm und diesem Blick, der zunächst auf sein Gegenüber gerichtet, bei näherem Hinsehen sich jedoch irgendwo in der Ferne zu verlieren schien. (S. 188)

Dieser in die Ferne gerichtete, irgendwie unbarmherzige Blick seines Großvaters, den die unscharfen Kontraste der Schwarz-Weiß-Aufnahme nicht mildern konnten. Dieser junge Soldat, der den härtesten Bedingungen nicht hatte trotzen können. Und den sein Vater innerlich auf einen Thron der Mystik und Exotik gesetzt hatte, um ihm fernbleiben, um ihn anhimmeln zu können, um nicht einen ganz normalen, wahrscheinlich hitler- oder rommelbegeisterten Deutschen vor sich zu sehen [...]. (S. 200)

- *Welches Bild vom Vater wird vermittelt?*
- *Skizzieren Sie seine Biografie.*

Tanja Dückers: Der längste Tag des Jahres (2006) – Thomas' Lebenskonzept

Thomas, der jüngste Sohn der Familie, hat sein Elternhaus verlassen und in den USA sein Studium als Verfahrenstechniker abgeschlossen. Er lebt mit seinem siebenjährigen Sohn in der Wüste, hat sich einer Sekte, den Sun People, angeschlossen; Chantal hat ihn wegen eines Gurus, Angus, verlassen. Thomas' Vater handelte mit Wüstentieren.

Manchmal hatte Thomas sich schon dabei ertappt zu denken: Papa, wenn du wüsstest, dass ich hier nicht einen Gecko, dafür aber bestimmt zehn verseuchte Seen, zwanzig Gefängnisse, fünfzig Müllkippen [...] gesehen habe. [...] Hier ist nichts heilig, schon gar nicht die vorhandene „Ordnung", hier wird alles angetastet – so lange, wie die Welt in deinen Terrarien schon unverändert ist, hat hier nichts Bestand. [...] Eine andere Melancholie war das als die, die zu Hause im Schein der Tropenlampe auf Vaters andächtig geschlossenen Lidern erfahrbar war, wenn er vor seinen Terrarien kauerte, als würde er meditieren oder gerade eine höhere Weihe empfangen. Er sah hingebungsvoll, aber auch alt und traurig dabei aus. (S. 156 f.)
Sein Elternhaus hatte wie ein Antimagnet auf ihn gewirkt, von ihm ging ein geradezu physisch spürbarer Impuls aus, der Thomas zu Abiturszeiten noch nachts auf die Straße trieb und ihn später mit Chantal, deren rüdes Verhalten er, der Musterschüler, bewunderte, das Land verlassen ließ. Er hatte seinen Vater nicht mehr ertragen können, nicht, wie er sprach, aß, seine Dinkelbrötchen auf den Schoß krümelte, gähnte, mit offenem Mund vor dem Waran-Terrarium einschlief, mit gewichtiger Miene in einem Geo-Heft etwas fett anstrich, den Finger anleckte, um die Seiten einer Zeitschrift umzublättern, die Art, wie er mit dem Spazierstock ausholte, wenn er über Bienen dozierte. (S. 160 f.)
Das Glück, das Thomas beim Anblick dieser so seltsamen, strengen und schlichten Installation empfunden hatte, war etwas Neues für ihn, etwas gefühlsmäßig Neues. Ein Gefühl, am rechten Ort zu sein und nichts mehr zu wollen, nicht mehr woanders hinzumüssen, sondern einfach nur *jetzt* da zu sein. Ein umfassendes Gefühl von Glück, das er dort, wo er es am wenigsten erwartete, gefunden hatte: Erst kommt der Müll und dann das Nichts und dann noch einmal das Nichts und dann die Schönheit. [...] Er hatte keinen Ehrgeiz mehr, seitdem er in die Wüste gekommen war. Vaters ewiges Aufbauen-Wollen und Mutters ewiges Horten war ihm hier vollends fremd geworden. [...] Seit Thomas hier war und niemand mehr etwas von ihm wollte, seit er nichts weiter tun musste, außer mit seinem wunderbaren Sohn an der Hand die absurdesten und traurigsten Orte Amerikas zu kartografieren, war in seinem Leben zum ersten Mal so etwas wie Leichtigkeit. (S. 164 f.)
Warum musste er bloß immer so festgelegt sein? Damals, als Teenager, hatte er *diesen Wettbewerb* gewinnen wollen und hatte gewonnen. Dann hatte er ein *Einser-Abi* gewollt – und geschafft. Dann hatte er nachts auf der Straße Chantal getroffen und wollte nur noch *diese Frau*. Und dann die Idee, der Wunsch, mit ihr *zusammen im Ausland zu leben*. Und dann zusammen *ein Kind* zu haben. Dann wollte er von den Sun People respektiert werden. [...] Er hatte immer so klar definierte Ziele gehabt. (S. 183)
Plötzlich schien es ihm vollkommen sinnlos, hier zu sein. Das Hässliche war ihm heilig gewesen, das Leere war nicht wirklich leer, sondern einfach ein Raum für ihn selber. Ausgefüllt mit seinen Gedanken und Träumen. Nie war die Wüste leer gewesen. Chantal war fort, sein Vater lebte nicht mehr, das stille Zentrum, die Gravitationsfläche, von der er sich abgestoßen hatte, in deren Kraftfeld er sich aber noch, wenngleich an dessen äußerstem Ende, befunden hatte, schien auf einmal zu kollabieren. War er bislang ein ferner Satellit gewesen, eine Art Außenposten eines größeren Gefüges, hatte er jetzt das Gefühl, als sei dieses Zentralgestirn auf einmal verschwunden. [...] Zum ersten Mal fühlte er sich in der Wüste nicht angenehm-traurig, sondern hundeseelenallein. Plötzlich wurde Thomas klar, dass er sich eigentlich gewünscht hatte, sein Vater würde einmal hierherkommen. Er hätte ihm gerne seine Pyramide, den Flugzeugfriedhof, die Joshua Trees, die knorrigen Sukkulenten hinter seinem Wagen und den weiten Blick, den er von seinem kleinen Fenster über seinem Bett auf die roten Berge hatte, gezeigt [...] (S. 197 ff.)

- *Welche Lebens- und Glücksvorstellung hat Thomas?*
- *Welche Rolle spielt sein Vater für ihn?*
- *Wie lässt sich die Wende verstehen?*

Literatur seit 1945 – Zeittafel

Literatur		Politik/Gesellschaft
Max Frisch: Nun singen sie wieder	1945	8. Mai: Bedingungslose Kapitulation der deutschen Wehrmacht; Aufteilung Deutschlands in vier Besatzungszonen
Carl Zuckmayer: Des Teufels General	1946	Zwangsvereinigung von KPD und SPD zur SED in der sowjetischen Besatzungszone
Wolfgang Borchert: Draußen vor der Tür Thomas Mann: Doktor Faustus	1947	Hans-Werner Richter und Alfred Andersch laden zu einem Autorentreffen ein: Geburt der Gruppe 47
Paul Celan: Todesfuge Gottfried Benn: Statische Gedichte	1948	„Marshallplan" (1948–52); Blockade Westberlins durch die UdSSR
Bertolt Brecht: Mutter Courage und ihre Kinder (Uraufführung in Berlin)	1949	Verkündung des Grundgesetzes; Bonn wird Hauptstadt der BRD, Adenauer ist der erste Bundeskanzler
Friedrich Dürrenmatt: Der Richter und sein Henker Heinrich Böll: Wanderer, kommst du nach Spa...	1950	Provisorische Volkskammer, Otto Grotewohl erster Ministerpräsident der DDR
Paul Celan: Mohn und Gedächtnis	1952	
Wolfgang Koeppen: Das Treibhaus Heinrich Böll: Und sagte kein einziges Wort	1953	Aufstand vom 17. Juni in der DDR
Max Frisch: Stiller Arno Schmidt: Das steinerne Herz	1954	
Günter Eich: Botschaften des Regens	1955	Kassel: I. Documenta; Souveränität der BRD durch die Pariser Verträge
Friedrich Dürrenmatt: Der Besuch der alten Dame	1956	Einführung der allgemeinen Wehrpflicht
Hans Magnus Enzensberger: Verteidigung der Wölfe Max Frisch: Homo faber Alfred Andersch: Sansibar oder der letzte Grund	1957	
Gerd Gaiser: Schlussball Max Frisch: Biedermann und die Brandstifter Ingeborg Bachmann: Der gute Gott von Manhattan	1958	Gründung der Ludwigsburger Zentralstelle zur Verfolgung nationalsozialistischer Gewaltverbrechen
Günter Grass: Die Blechtrommel Heinrich Böll: Billard um halbzehn Uwe Johnson: Mutmassungen über Jakob	1959	1. Bitterfelder Konferenz
Ingeborg Bachmann: Das dreißigste Jahr Günter Grass: Katz und Maus Max Frisch: Andorra	1961	Prozess gegen Adolf Eichmann in Jerusalem; Bau der Mauer in Berlin/DDR
Christa Wolf: Der geteilte Himmel Franz Fühmann: Das Judenauto Friedrich Dürrenmatt: Die Physiker	1962	
Erwin Strittmatter: Ole Bienkopp Heinrich Böll: Ansichten eines Clowns Rolf Hochhuth: Der Stellvertreter Marlen Haushofer: Die Wand	1963	Vertrag über die deutsch-französische Zusammenarbeit; Auschwitz-Prozess in Frankfurt (bis 1965)
Hermann Kant: Die Aula Peter Weiss: Die Verfolgung und Ermordung Jean Paul Marats Heinar Kipphardt: In der Sache J. Robert Oppenheimer	1964	von den Kritikern des Bildungssystems in der BRD wird der ‚Bildungsnotstand' ausgerufen

Literatur		Politik/Gesellschaft
Peter Weiss: Die Ermittlung Heiner Müller: Philoktet Wolfgang Hildesheimer: Tynset	1965	
Peter Handke: Publikumsbeschimpfung	1966	Große Koalition aus CDU/CSU und SPD; studentische Demonstrationen gegen den Vietnamkrieg
	1967	Benno Ohnesorg wird bei einer Demonstration in Berlin von einem Polizisten erschossen; APO (‚Außerparlamentarische Opposition') entsteht
Wolf Biermann: Mit Marx- und Engelszungen Siegfried Lenz: Deutschstunde Christa Wolf: Nachdenken über Christa T. Rolf Dieter Brinkmann: Keiner weiß mehr Hubert Fichte: Die Palette	1968	Attentat auf den Studenten Rudi Dutschke; der Bundestag beschließt die Notstandsgesetze
Jurek Becker: Jakob der Lügner	1969	Bildung der sozialliberalen Koalition unter Willy Brandt
Uwe Johnson: Jahrestage (1. Teil) Arno Schmidt: Zettels Traum	1970	Treffen der Regierungschefs der beiden deutschen Staaten in Erfurt
Heinrich Böll: Gruppenbild mit Dame Ingeborg Bachmann: Malina Heiner Müller: Germania Tod in Berlin (1956/71) Walter Kempowski: Tadellöser & Wolff	1971	Protestbewegung gegen den § 218 StGB
Ulrich Plenzdorf: Die neuen Leiden des jungen W. Peter Handke: Der kurze Brief zum langen Abschied	1972	‚Radikalenerlass'; Grundlagenvertrag zwischen der BRD und der DDR
Peter Schneider: Lenz	1973	
Heinrich Böll: Die verlorene Ehre der Katharina Blum	1974	Rücktritt Willy Brandts als Bundeskanzler
Volker Braun: Unvollendete Geschichte Rolf Dieter Brinkmann: Westwärts 1 & 2	1975	
Christa Wolf: Kindheitsmuster Reiner Kunze: Die wunderbaren Jahre Nicolas Born: Die erdabgewandte Seite der Geschichte	1976	Ausbürgerung des Liedermachers Wolf Biermann aus der DDR
Hans Joachim Schädlich: Versuchte Nähe Günter Wallraff: Der Aufmacher	1977	der Terror der RAF erreicht seinen Höhepunkt (‚Deutscher Herbst')
Ingeborg Drewitz: Gestern war heute Martin Walser: Ein fliehendes Pferd	1978	
Thomas Bernhard: Vor dem Ruhestand	1979	Ausstrahlung der vierteiligen amerikanischen Fernsehserie „Holocaust", 15 Mio. Zuschauer
Botho Strauß: Paare, Passanten	1981	
Christoph Hein: Der fremde Freund (in der BRD: Drachenblut)	1982	Demonstration gegen Atomkraftwerke und gegen den Nato-Doppelbeschluss
Christa Wolf: Kassandra Sten Nadolny: Die Entdeckung der Langsamkeit Elfriede Jelinek: Die Klavierspielerin	1983	Helmut Kohl wird Bundeskanzler nach konstruktivem Misstrauensvotum
Markus Werner: Zündels Abgang	1984	Start des Privatfernsehens
Thomas Bernhard: Alte Meister Patrick Süskind: Das Parfum	1985	
Jurek Becker: Bronsteins Kinder	1986	
Christoph Ransmayr: Die letzte Welt	1988	

Literatur		Politik/Gesellschaft
Christa Wolf: Sommerstück	1989	9. November: Fall der Berliner Mauer
	1990	3. Oktober: Wiedervereinigung
Monika Maron: Stille Zeile Sechs	1991	
Wolfgang Hilbig: „Ich" Uwe Timm: Die Entdeckung der Currywurst	1993	
Peter Handke: Mein Jahr in der Niemandsbucht Ralf Rothmann: Wäldernacht Herta Müller: Herztier Arnold Stadler: Mein Hund, meine Sau, mein Leben	1994	
Günter Grass: Ein weites Feld Bernhard Schlink: Der Vorleser Marcel Beyer: Flughunde Thomas Brussig: Helden wie wir F. C. Delius: Der Spaziergang von Rostock nach Syrakus	1995	
Günter de Bruyn: Vierzig Jahre Christa Wolf: Medea – Stimmen Urs Widmer: Top Dogs Marlene Streeruwitz: Verführungen	1996	
Martin Walser: Ein springender Brunnen Hans-Ulrich Treichel: Der Verlorene Ingo Schulze: Simple Storys Judith Hermann: Sommerhaus, später Peter Stamm: Agnes	1998	Ende der CDU/CSU-FDP-Regierung unter Helmut Kohl; Gerhard Schröder wird Bundeskanzler
Thomas Lehr: Nabokovs Katze	1999	
Ralf Rothmann: Milch und Kohle Brigitte Kronauer: Teufelsbrück	2000	
Ulla Hahn: Das verborgene Wort Winfried G. Sebald: Austerlitz Wilhelm Genazino: Ein Regenschirm für diesen Tag	2001	11. September: Terroranschlag in New York
Uwe Timm: Am Beispiel meines Bruders	2003	
Markus Werner: Am Hang Juli Zeh: Spieltrieb	2004	
Daniel Kehlmann: Die Vermessung der Welt Ruth Schweikert: Ohio Arno Geiger: Es geht uns gut Karl-Heinz Ott: Endlich Stille	2005	Schwarz-rote Koalition, Angela Merkel wird Bundeskanzlerin
Peter Stamm: An einem Tag wie diesem Katharina Hacker: Die Habenichtse	2006	
Ingo Schulze: Handy Julia Franck: Die Mittagsfrau	2007	
Uwe Tellkamp: Der Turm	2008	

Die Gruppe 47

Entstehung

Alfred Andersch und Hans-Werner Richter hatten die Zeitung der deutschen Kriegsgefangenen in den USA „Der Ruf" in Deutschland (München) unter der Ägide der amerikanischen Besatzungsmacht neu gegründet: „Der Ruf. Unabhängige Blätter der jungen Generation". Weil den Amerikanern die linke und besatzungskritische Tendenz missfiel, wurden Andersch und Richter 1947 entlassen. Die beiden wollten daraufhin eine neue Zeitschrift mit dem Namen „Der Skorpion" herausgeben und luden dazu Autoren zur Mitarbeit ein, mit denen sie sich am 6. und 7. September 1947 am Bannwaldsee im Allgäu trafen, um über die Manuskripte zu diskutieren. Die Zeitschrift ist nie erschienen, aber die Gruppe 47 war damit gegründet, Hans Werner Richter war ihr „Chef", man vereinbarte weitere Treffen.

Teilnehmer, Tagungen, Rituale

Es gab keine Mitglieder im eigentlichen Sinn, die Gruppe 47 war kein Verein. Zu ihr gehörte, wer von Hans-Werner Richter zu einer der zweimal jährlich stattfindenden Zusammenkünfte eingeladen wurde; bis zu ihrer Auflösung waren es insgesamt 29 Tagungen. Es gab einen Stamm von Autorinnen und Autoren, die regelmäßig eingeladen wurden, und solche, die nur einmal dabei waren. Zur zunehmenden Publizität trugen die Medien (Radio, Zeitungen, Fernsehen) erheblich bei.

Die eingeladenen Autorinnen und Autoren lasen bisher unveröffentlichte Texte vor, mit denen sie sich der Kritik der anderen stellten, ohne dass sie selber Stellung nehmen durften. Eine maßgebliche Rolle spielten die Kritiker Walter Höllerer, Walter Jens, Joachim Kaiser, Hans Mayer und Marcel Reich-Ranicki. Es galt strikt das von H. W. Richter erlassene Gebot, nur über den gelesenen Text zu diskutieren, nicht aber über grundsätzliche ästhetische oder außerästhetisch-politische Fragen. „Die Fragwürdigkeit der auf den Konferenzen geübten Kritik [lag] auf der Hand, denn was spielte da nicht alles schon an puren Äußerlichkeiten eine Rolle: das Auftreten, die Auswahl, die Rezitation, die Lesung eines mittelmäßigen Stücks nach einer Serie von schlechten, oder aber nach einem guten. Gravierende Hörfehler konnten große Missverständnisse bewirken, denn man kritisierte allein aufgrund des Gehörten, und einen voluminösen Roman nach zwanzig Minuten ebenso in Bausch und Bogen wie eine Kurzgeschichte" (Karlheinz Deschner). So reagierte die Gruppe auf Paul Celan, der 1952 eingeladen war und einige Gedichte vortrug, darunter die „Todesfuge", mit Unverständnis. Bei dieser Tagung zeichnete sich auch ab, dass die ‚realistischen' und ‚postrealistischen' Autoren unvereinbare Literaturkonzepte vertraten. Ende der 50er-Jahre wurden die Tagungen zu literarischen Großveranstaltungen mit bis zu 200 Teilnehmern, was viele der Autorinnen und Autoren der ‚ersten Stunde' von einer Teilnahme abhielt. Da auch immer mehr Verleger kamen, war die Lesung für noch unbekannte Autoren Chance, aber auch Risiko, denn man konnte auch ‚durchfallen'. Seit 1950 gab es den Preis der Gruppe 47; zu den Preisträgern gehörten u.a. Günter Eich (1950), Heinrich Böll (1951), Ilse Aichinger (1952), Martin Walser (1955), Günter Grass (1958), Johannes Bobrowski (1962), Peter Bichsel (1965), Jürgen Becker (1967).

Peter Handkes spektakulärer Auftritt 1966 auf der Tagung in Princeton (USA), wo er gegen die „Beschreibungsimpotenz" polemisierte, signalisierte einen Generationswechsel; 1967 fand in der Pulvermühle in Oberfranken die letzte echte Tagung statt, auf der die Gruppe sich auflöste.

Bedeutung der Gruppe 47

„Keine Institution des bundesdeutschen Literaturbetriebs hat die Entwicklung der deutschen Literatur nach außen so einflussreich und öffentlichkeitswirksam repräsentiert wie die Gruppe 47. Und keine andere Institution wurde eben deshalb so sehr befehdet und beargwöhnt, freilich auch stilisiert und überschätzt." (Ralf Schnell)

„Die Gruppe 47 war vor allem ein Kind der Nachkriegszeit: noch belastet mit anderen Fragen als diesen, auf die es damals schon deshalb keine Antworten gab, weil nicht einmal die Fragen dafür gefunden, geschweige denn formuliert waren. Auch die Schriftsteller, die sich anfangs in der Gruppe 47 versammelten, waren versehrt von einer Gesellschaft, die schuldig geworden war; sie wollten bewusst zu ihr gehören und sich ihrer Verantwortung nicht entziehen. Sie waren aber auch beseelt vom Wunsch, die Zukunft zu gestalten." (Heinz-Ludwig Arnold)

„Während in der DDR der Sozialistische Realismus herrschte, schufen Andersch und Richter eine westliche Alternative, die modernistisch und dennoch pluralistisch und undogmatisch war. [...] Sie brachte erfolgreich die Gegensätze zwischen den in Deutschland Gebliebenen, den Emigranten, die später in den Westen zurückgekehrt waren, und denen, die in der Gruppe 47 erst ihre schriftstellerische Laufbahn begannen, zum Verschwinden." (Rhys W. Williams)

Schreiben lernen – Creative Writing

„Unter Creative Writing versteht man das von Praktikern angeleitete und kritisch reflektierend begleitete Erlernen von Formen und Techniken literarischen Schreibens, zunehmend auch von Gebrauchstexten. Im Gegensatz zur Genie-Ästhetik (‚Dichter kann man nicht bilden') geht Creative Writing davon aus, dass Schreiben (bei entsprechender Begabung) ein erlernbares Handwerk ist. Kurse in Creative Writing gab es zuerst in den USA. [...] In Europa erhielten die in den USA längst etablierten und in einer umfangreichen Literatur dokumentierten Lehrprogramme erst Anfang der 1970er-Jahre ein Pendant in den britischen Universitäten. In Deutschland, wo sich die Vorstellungen der Genie-Ästhetik besonders lange gehalten und Reflexionen über die handwerklichen Grundlagen des Schreibens oftmals in den Hintergrund gedrängt hatten, begann das Interesse für Creative Writing gegen Ende der 1970er-Jahre. [...] Abgesehen von einzelnen Zusatzangeboten, so an der Universität Essen [...], dauerte es bis 1995, ehe Creative Writing in der Bundesrepublik Deutschland systematisch studiert werden konnte, nämlich am Deutschen Literaturinstitut in Leipzig. 1955 war dort das Institut für Literatur (seit 1958 mit dem Zusatz „Johannes R. Becher") eingerichtet worden, an dem bis zum Ende der DDR über 900 Autoren, darunter viele sehr namhafte, ausgebildet worden sind. Mit der Neugründung als Deutsches Literaturinstitut und der Einrichtung des Studiengangs Kreatives Schreiben und Kulturjournalismus an der Universität Hildesheim (1999) zeichnet sich dann auch in der Bundesrepublik Deutschland die Hinwendung zu einer professionellen Autorenausbildung ab [...]."

Hanns-Josef Ortheil in: Erhart Schütz u. a. (Hg.): „Das BuchMarktBuch. Der Literaturbetrieb in Grundbegriffen." Copyright © 2005 by Rowohlt Verlag GmbH, Reinbek bei Hamburg

Drei Kreativitätstypen

Der Schriftsteller Hanns-Josef Ortheil, der in Hildesheim unterrichtet, hat aufgrund einer Untersuchung „vorläufig drei unterschiedliche Kreativitätstypen des Schreibens" gefunden:

„Der erste Typus war der episch-fabulierende. Er fand den Einstieg in eine Geschichte sehr leicht, schrieb handlungsbezogen und verfügte über ein großes, durch intensives Lesen meist seit frühster Kindheit entwickeltes Fantasiepotenzial. Schreibaufgaben beantwortete er häufig mit langen, nicht selten weitschweifigen, stilistisch oft nicht sonderlich kontrollierten Texten, dafür lernte er schnell durch Kritik, machte sich mutig an große Erzählprojekte und sprach oft davon, dass er „erzählen" wolle, nichts als „erzählen". Ausholen, das epische Meer austrinken – so ließ sich das Ideal dieses Typus beschreiben, als seinen Ahnherrn empfand ich Thomas Mann.

Der zweite Typus war der bildlich-anschauliche. Er konnte und wollte nicht erzählen, er verweigerte den Einstieg in enge Handlungskorsetts, ihre Fortführung war ihm geradezu zuwider. Statt vor allem in Zeitbezügen (wie der episch-fabulierende Typus) zu denken, nahm er raumbezogen wahr, seine bildliche Beobachtungsgabe war hochpräzise, verband sich aber nur selten mit einem ‚roten Faden'. So wirkte sein Schreiben oft gehemmt, fragmentarisch, in den besten Fällen war es von großer visueller Prägnanz, wie bei diesem Typus überhaupt eine enge Bindung zur Kunst festzustellen war. Peter Handke schien mir der Ahnherr dieses zweiten Typus zu sein.

Der dritte Typus war der phonetisch-klangliche. Auch er verweigerte sich langen Erzählungen, hatte dafür aber ein besonderes Gespür für die akustischen Valenzen der Sprache. Meist war er extrem sprachspielerisch, konnte gut parodieren, hörte sehr genau hin und schrieb daher auch sehr pointiert dialogisch. Das musikalische Moment dominierte in seinen Texten, einen Schriftsteller wie Ernst Jandl konnte man sich als Ahnherrn dieses Typus denken."

Aus: H. Reinbek bei Hamburg: Rowohlt, S. 60f. Hanns-Josef Ortheil: Schreiben unterrichten. In: Kursbuch 153, Literatur. Betrieb und Passion.

Schriftstellerei ist kein Brotberuf

Der Autor Bodo Kirchhoff schreibt über die wirtschaftliche Situation von Schriftstellern:

„Schriftstellerei ist kein Brotberuf, obwohl es immer wieder Autoren gibt, die überraschend viele Bücher verkaufen; tatsächlich sind es aber verschwindend wenige. Auch deren hohe Bekanntheit täuscht über den wahren Sachverhalt: wenige von Tausenden, die schreiben, und Hunderten, die veröffentlichen. Im Grunde sind sie Lotteriegewinner. Und wer dennoch in Zeiten des Fernsehens und einer immer mehr Schule machenden Wilderei auf dem Feld des Bücherschreibens Jahre seines Lebens darauf verwendet, an einem Roman zu arbeiten – der durch andere Arbeiten vorfinanziert werden muss, und dem am Ende keiner entgegenfiebert, weder Verlage noch die Kritik und schon gar nicht unser Buchhandel und dessen ratlose Kundschaft –, der ist entweder ein Narr oder ein Fanatiker, der sich im Scherbenhaufen der Literatur blutige Füße zu holen bereit ist."

Aus: Bodo Kirchhoff: Wie es um uns steht. In: Literaturen. Heft 1/2, 2008, S. 20f.

Das Buch und sein Markt

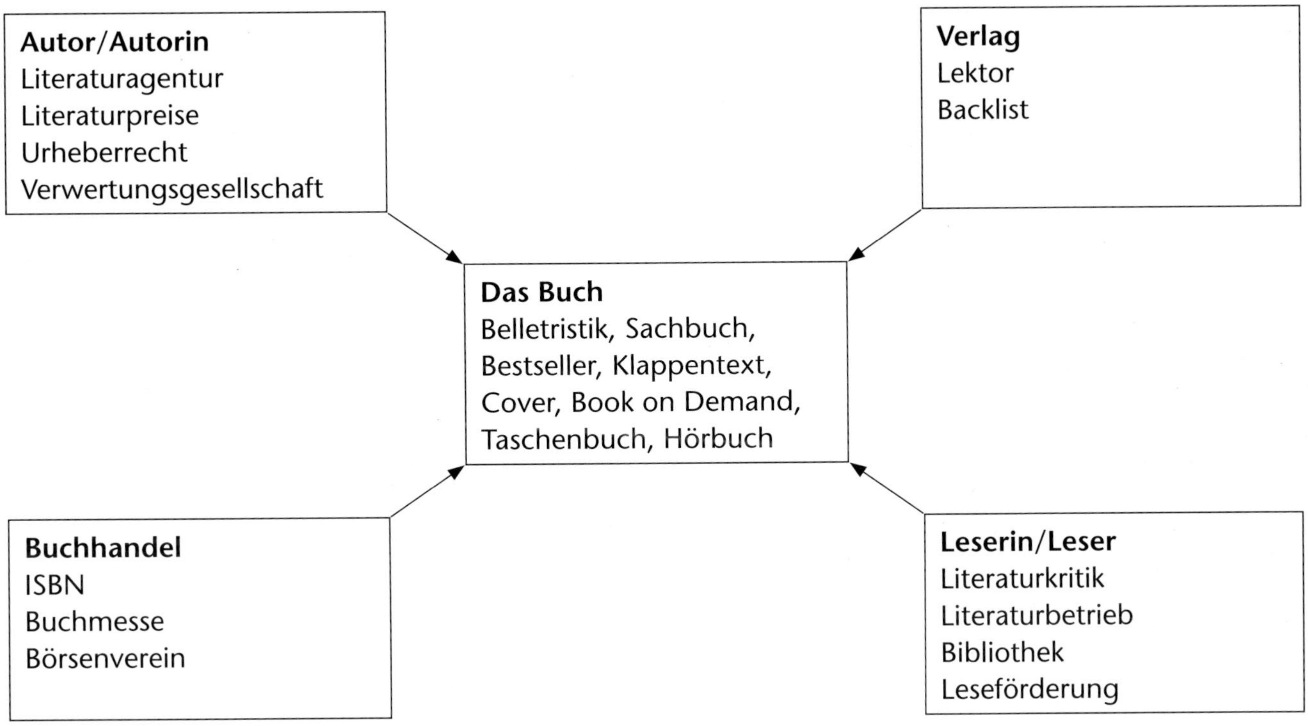

Glossar

Backlist: darunter versteht man die lieferbaren Titel eines Verlags, die nicht zu den Neuerscheinungen gehören

Belletristik: im Buchhandel gehören dazu die Bereiche Romane, Krimis, Science-Fiction/Fantasy, Märchen/Sagen/Legenden/Fabeln, Lyrik/Dramatik/Essays, Briefe/Tagebücher/Biografien, fremdsprachige Literatur, Humor/Cartoon/Comics/Satire;
Umsatzanteil im Bereich Hardcover etwa 16 %, Taschenbuch 65 %

Bestseller: ein Buch, das in einem bestimmten Gebiet während eines bestimmten Zeitraums besser verkauft wurde als andere; erscheint ein Buch auf einer Bestseller-Liste, ist das verkaufsfördernd; die Listen basieren auf ‚repräsentativen' Umfragen bei einer größeren Anzahl von Buchhandlungen; Bestseller sind nicht wirklich planbar; alternativ gibt es Bestenlisten, auf denen die Bücher stehen, denen Kritiker viele Leser wünschen

Book on Demand: kurzfristige, bedarfsorientierte Herstellung von Büchern durch Digitaldruck

ISBN: Abkürzung für „International Standard Book Number', die zur eindeutigen Identifizierung von Büchern dient

Klappentext: er informiert über Inhalt und Autor eines Buchs, bei gebundenen Büchern auf den Klappen der Umschlaginnenseiten, bei Taschenbüchern auf der hinteren Umschlagseite oder auf der ersten Rückseite des Buchblocks; soll zum Kauf reizen

Lektor: Lektoren entwickeln in Buchverlagen das Programm, bearbeiten die Manuskripte und betreuen die Autoren

Literaturagentur: sie vermittelt Manuskripte/Druckwerke an Verlage und andere Verwerter und arbeitet im Auftrag eines Autors; im deutschsprachigen Raum intensiver tätig erst seit den 90er-Jahren des 20. Jahrhunderts

Sachbuch: „Publikation, die neue Fakten und Erkenntnisse auf wissenschaftlichem, politischem, sozialem oder kulturhistorischem Gebiet in meist populärer und leicht verständlicher Form darbietet" (Brockhaus); der Buchhandel zählt Schul- und Fachbücher nicht zu dieser Kategorie

Verwertungsgesellschaft: im Verlagsbereich die VG Wort und die VG Bild/Kunst; sie nehmen die Rechte wahr, die von Autoren und Verlagen nicht individuell wahrgenommen werden können; dazu gehören beispielsweise der Einzug von Tantiemen für die Bibliotheksnutzung und für Fotokopien

Internetadressen: www.stiftunglesen.de; www.boersenverein.de

Die Angaben basieren auf: Erhard Schütz u.a. (Hg.): Das BuchMarktBuch. Der Literaturbetrieb in Grundbegriffen. Reinbek bei Hamburg: Rowohlt 2005

Leserinnen und Leser

Lese-Typen

Über das Leseverhalten in Deutschland werden von der Stiftung Lesen regelmäßig Studien durchgeführt; „Lesen in Deutschland 2008" ergab: Jeder Vierte liest keine Bücher. Der ‚harte Kern' der Vielleser von mehr als 50 Büchern pro Jahr bleibt seit Jahren gleich. Anteile der Lese-Typen in Deutschland:

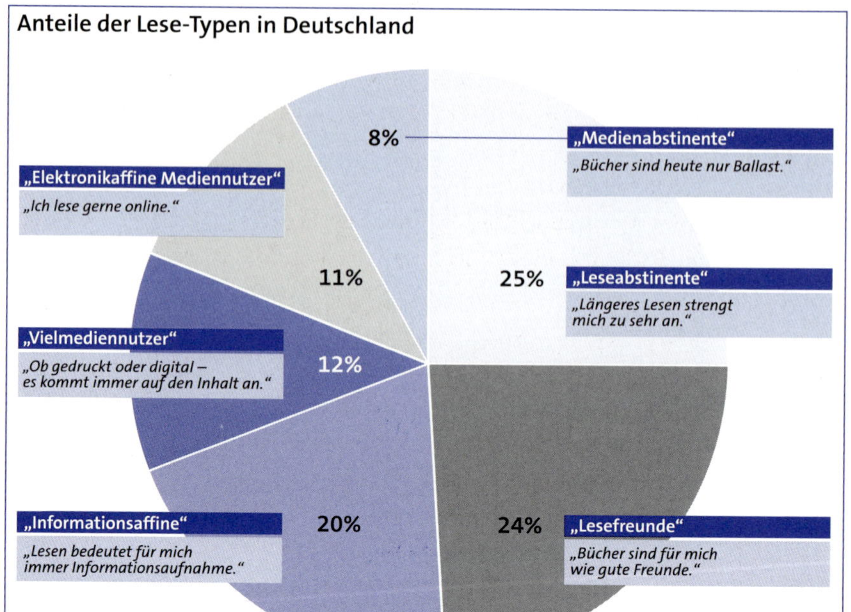

Quelle: Stiftung Lesen. „Lesen in Deutschland 2008".

Eine vollständige Dokumentation findet man unter www.StiftungLesen.de.

Lektüreanregungen

„Was veranlasst nun die Leserin und den Leser, zu einem bestimmten Buch zu greifen? [...] Den Ausschlag bei der Lektürewahl geben meist mehrere Impulse, die unterschiedlich gewichtet werden. Priorität hat das persönliche Interesse an einem Thema, ob im Sachbuch oder im Roman ist unwesentlich; für etwas mehr als 60 Prozent der Leser ist dies das wichtigste Kriterium, wie aus der Bertelsmann-Studie von 1987 hervorgeht. Dennoch ist die Wahl des Lektürestoffs keine rein individuelle Angelegenheit, denn fast gleichrangig mit den individuellen Interessengebieten wird als Lektüreanregung die Buchempfehlung durch Freunde und Bekannte angeführt. In der Umfrage des Allensbacher Meinungsforschungsinstituts vom April 1994 dominiert die letztere sogar alle anderen Motivationen. [...] Interessant erscheint auch die Tatsache, dass unter den deutschen Buchlesern eine relativ starke Autorenbindung besteht [...]. Über die Hälfte der Leser wählt ihre Lektüre nach Autorennamen. Aber nicht einmal ein Viertel der regelmäßigen Leser ließ sich 1994 durch Bestsellerlisten zur Lektüre verführen."

Ute Schneider: Im Durchschnitt jährlich fünf. In: Kursbuch 133: Das Buch. Reinbek bei Hamburg: Rowohlt 1998

Wo kann man sich über Bücher und ihre Autorinnen und Autoren informieren?

Über den Buchhandel/Internetbuchhandel sowie in Bibliotheken erhält man viele Informationen. Buchbesprechungen findet man vor allem in den großen Tages- und Wochenzeitungen; das Internetportal www.perlentaucher.de liefert täglich Zusammenfassungen des Feuilletons und der dort erschienenen Rezensionen. Buchbesprechungen findet man auch auf der monatlich erscheinenden Website www.literaturkritik.de; außer Belletristik werden Titel aus den Kultur- und Medienwissenschaften besprochen. Ein weiteres Literaturportal ist www.bluetenleser.de. Primärtexte kann man über www.gutenberg.spiegel.de bekommen. Ausführliche Artikel über Gegenwartsautorinnen und -autoren enthält das laufend aktualisierte Kritische Lexikon der Gegenwartsliteratur (KLG); einzelne Artikel sowie Rezensionen kann man online beziehen (kostenpflichtig).
Viele Autorinnen und Autoren haben eigene Homepages. Außerdem gibt es regionale Adressen: www.literaturport.de (Berlin-Brandenburg); www.nrw-literatur-im-Netz.de (Nordrhein-Westfalen); www.literaturbuero-freiburg.de u.a.

Literaturverzeichnis

Abels, Heinz: Identität. Wiesbaden 2006

Acid. Neue amerikanische Szene. Hg. R. D. Brinkmann & R. R. Rygulla. Frankfurt/Darmstadt 1969

Albert, Claudia: Grenzverläufe im Kampf der Geschlechter: Marieluise Fleißers frühe Prosa. In: Maria E. Müller/Ulrike Vedder (Hg.): Reflexive Naivität. Zum Werk Marieluise Fleißers. Berlin 2000

Albertz, Anuschka: Exemplarisches Heldentum. Die Rezeptionsgeschichte der Schlacht an den Thermopylen von der Antike bis zur Gegenwart. München 2006

Assmann, Aleida: Der lange Schatten der Vergangenheit. Erinnerungskultur und Geschichtspolitik. München 2006

Assmann, Aleida: Geschichte im Gedächtnis. München 2007

Barndt, Kerstin: Sentiment und Sachlichkeit. Der Roman der Neuen Frau in der Weimarer Republik. Köln, Weimar, Wien 2003

Barner, Wilfried (Hg.): Geschichte der deutschen Literatur von 1945 bis zur Gegenwart. München 1994

Bartmann, Christoph: „Der Zusammenhang ist möglich". In: Raimund Fellinger (Hg.): Peter Handke. Frankfurt 1985

Barwinski Fäh, Rosmarie: Wenn Macher nichts mehr machen können. In: Top Dogs: Entstehung, Hintergründe, Materialien. Zürich 1997

Baßler, Moritz: Der deutsche Pop-Roman. Die neuen Archivisten. München 2002

Bauer, Elisabeth: Die Geschichtsthematik im Werk Friedrich Dürrenmatts. München 1990

Beck, Ulrich: Risikogesellschaft. Auf dem Weg in eine andere Moderne. Frankfurt 1986

Beck, Ulrich: Jenseits von Stand und Klasse? In: U. Beck/E. Beck-Gernsheim (Hg.): Riskante Freiheiten. Frankfurt 1994

Becker, Jurek: Bronsteins Kinder. Frankfurt 1988

Becker, Sabina: Neue Sachlichkeit. Bd. 1: Die Ästhetik der neusachlichen Literatur. Köln, Weimar, Wien 2000

Bekes, Peter: Erzählungen von Gegenwartsautorinnen in der Schule. In: Clemens Kammler/Torsten Pflugmacher (Hg.): Deutschsprachige Gegenwartsliteratur seit 1989. Zwischenbilanzen, Analysen, Vermittlungsperspektiven. Heidelberg 2004

Benjamin, Walter: Angelus Novus. Frankfurt 1988

Bescansa-Leirós, Carmen: Gender- und Machttransgression im Romanwerk Irmgard Keuns. Eine Untersuchung aus der Perspektive der Gender Studies. St. Ingbert 2007

Bogdal, Klaus-Michael: Deutschland sucht den Super-Autor. In: Clemens Kammler/Torsten Pflugmacher (Hg.): Deutschsprachige Gegenwartsliteratur seit 1989. Heidelberg 2004

Bohleber, Werner: Trauma, Trauer und Geschichte. In: Bernhard Liebsch/Jörn Rüsen (Hg.): Trauer und Geschichte. Köln, Weimar, Wien 2001

Bohn, Volker: Deutsche Literatur seit 1945. Frankfurt 1995

Bohn, Volker: Ein genau geschlagener Zirkel. Über ‚Ein fliehendes Pferd'. In: Klaus Siblewski (Hg.): Martin Walser. Frankfurt 1981

Böll, Heinrich: Erzählungen, Hörspiele, Aufsätze. Köln, Berlin 1961

Böll, Heinrich: Wanderer, kommst du nach Spa ... In: Erzählte Zeit. Stuttgart 1980

Borchert, Wolfgang: Das ist unser Manifest. In: Klaus Wagenbach (Hg.): Deutsche Literatur zwischen 1945 und 1959. Berlin 1980

Bothe, Katrin: Die imaginierte Natur des Sozialismus. Eine Biografie des Schreibens und der Texte Volker Brauns (1959–1974). Würzburg 1997

Bottroper Protokolle. Aufgezeichnet von Erika Runge. Frankfurt 1968

Braun, Michael: Die Leerstellen der Geschichte. In: Friedhelm Marx (Hg.): Erinnern, Vergessen, Erzählen. Beiträge zum Werk Uwe Timms. Göttingen 2007

Braun, Volker: Die unvollendete Geschichte und ihr Ende. Frankfurt 1998

Braun, Volker: Unvollendete Geschichte. Frankfurt 1989

Büchner, Georg: Werke und Briefe. München 1980

Dörrie, Doris: „Was wollen Sie von mir?" und fünfzehn andere Geschichten. Zürich 1989

Dürrenmatt, Friedrich: Der Besuch der alten Dame. Neufassung 1980. Zürich 1985

Dürrenmatt, Friedrich: Theater-Schriften und Reden. Zürich 1966

Eberlein, Undine: Einzigartigkeit. Das romantische Individualitätskonzept der Moderne. Frankfurt, New York 2000

Elm, Theo: Peter Handke: Der kurze Brief zum langen Abschied. In: Romane des 20. Jahrhunderts. Bd. 2. Stuttgart 1993

Emmerich, Wolfgang: Kleine Literaturgeschichte der DDR. Erw. Neuausgabe Leipzig 1996

Eshel, Amir: Die Grausamkeit des Verlusts. In: Sander L. Gilman/Hartmut Steinecke (Hg.): Deutsch-jüdische Literatur der 90er-Jahre. Berlin 2002

Fallada, Hans: Kleiner Mann – was nun? Berlin 2004

Fleig, Anne: Das Tagebuch als Glanz. Sehen und Schreiben in Irmgard Keuns Roman *Das kunstseidene Mädchen.* In: Stefanie Arend/Ariane Martin (Hg.): Irmgard Keun 1905/2005. Bielefeld 2005

Fleißer, Marieluise: Ein Pfund Orangen und neue andere Geschichten. Frankfurt 1974

Förster, Jürgen: Die postmoderne Literatur. In: Andreas Erb (Hg.): Baustelle Gegenwartsliteratur. Die Neunzigerjahre. Opladen/Wiesbaden 1998

Freund, Wieland/Freund Winfried (Hg.): Der deutsche Roman der Gegenwart. München 2001

Frevert, Ute: Kunstseidener Glanz. Weibliche Angestellte. In: *Neue Frauen. Die zwanziger Jahre.* Hg. K. Soden u. M. Schmidt. Berlin 1988

Frisch, Max: Homo faber. Frankfurt 1978

Frisch, Max: Homo faber. Mit einem Kommentar von Walter Schmitz. Frankfurt 1998

Frisch, Max: Schwarzes Quadrat. Frankfurt 2008

Fritsch, Patricia: Der Roman „Kleiner Mann – was nun?" im Spiegel der deutschen Presse im Jahr seiner Erscheinung. In: Müller-Waldeck, Ulrich (Hg.): Hans Fallada. Beiträge zu Leben und Werk. Rostock 1995

Frizen, Werner: F. Dürrenmatt. Der Besuch der alten Dame. München 1987

Gansel, Carsten/Liersch Werner (Hg.): Zeit vergessen, Zeit erinnern. Hans Fallada und das kulturelle Gedächtnis. Göttingen 2008

Gehrke, Hans-Joachim: Die Thermopylenrede Hermann Görings zur Kapitulation Stalingrads. In: Bernd Martin (Hg.): Der Zweite Weltkrieg und seine Folgen. Freiburg 2006

Genazino, Wilhelm: Der gedehnte Blick. München 2007

Genazino, Wilhelm: Ein Regenschirm für diesen Tag. München 2001

Goffman, Erving: Wir alle spielen Theater. Die Selbstdarstellung im Alltag. München 1983

Grabes, Herbert: Einführung in die Literatur und Kunst der Moderne und Postmoderne. Tübingen/Basel 2004

Graf, Günter: Jurek Becker: „Bronsteins Kinder". 26 Arbeitsblätter mit didaktisch-methodischen Kommentaren. Stuttgart, Dresden ^{2}1994

Graf, Karin/Konietzny, Ulrich: Jurek Becker. Werkheft Literatur. München 1991

Grass, Günter: Beim Häuten der Zwiebel. Göttingen 2006

Grass, Günter: Katz und Maus. München 2007

Grass, Günter: Schreiben nach Auschwitz. Frankfurter Poetik-Vorlesung. Frankfurt 1990

Grisko, Michael: H. Fallada: Kleiner Mann – was nun? Erläuterungen und Dokumente. Stuttgart 2002

Hage, Volker (Hg.): Lyrik für Leser. Stuttgart 1980

Handke, Peter: Der kurze Brief zum langen Abschied. Frankfurt 1974

Handke, Peter: Ich bin ein Bewohner des Elfenbeinturms. Frankfurt 1972

Heidelberger-Leonhard, Irene: Auschwitz denken. Auschwitz schreiben. In: I. Heidelberger-Leonhard (Hg.): Jurek Becker. Frankfurt 1992

Hermann, Judith: Sommerhaus, später. Frankfurt 1998

Hofmann, Michael: Uwe Johnson. Stuttgart 2001

Hörisch, Jochen: Verdienst und Vergehen der Gegenwartsliteratur. In: Ch. Döring (Hg.): Gegenwartsliteratur. Wider ihre Verächter. Frankfurt 1995

Hurst, Matthias: Erzählsituationen in Literatur und Film. Tübingen 1996

Johnson, Uwe: Mutmassungen über Jakob. Frankfurt 1974

Jörder, Gerhard: ‚Die Revolution frisst ihre Kinder'. Preisrede auf Top Dogs beim Berliner Theatertreffen. In: Theater heute. Jahrbuch 1997

Jost, Dominik: Vom Gelde: Der Besuch der alten Dame. In: Armin Arnold (Hg.): Interpretationen zu F. Dürrenmatt. Stuttgart 1982

Kaiser, Gerhard: Max Frischs ‚Homo faber'. In: W. Schmitz (Hg.): Über Max Frisch II. Frankfurt 1976

Kammler, Clemens: Ein Königsdrama der Wirtschaft. Urs Widmers Top Dogs. In: Praxis Deutsch, H. 181, September 2003

Karasek, Hellmuth: Gespräch mit Peter Handke. In: Michael Scharang (Hg.): Über Peter Handke. Frankfurt 1972

Kasaty, Olga Olivia: Entgrenzungen. Vierzehn Autorengespräche (darin: Gespräch mit Judith Hermann). München 2007

Kästner, Erich: Fabian. Frankfurt, Berlin, Wien 1981

Keun, Irmgard: Das kunstseidene Mädchen. Leipzig, Stuttgart, Düsseldorf 2007

Keupp, Heiner: Ambivalenzen postmoderner Identität. In: U. Beck/E. Beck-Gernsheim (Hg.): Riskante Freiheiten. Frankfurt 1994

Kinder, Hermann: Von gleicher Hand. Eggingen 1995

Kindlers Neues Literatur Lexikon auf CD-ROM. München 2003

Knopf, Jan: F. Dürrenmatt. Der Besuch der alten Dame. Die Fünfzigerjahre und ihre Auswüchse. In: Dramen des 20. Jahrhunderts, Bd. 2. Stuttgart 1996

Koerner, Charlotte W.: Volker Brauns „Unvollendete Geschichte". Erinnerungen an Büchners „Lenz". In: Reinhold Grimm/Jost Hermand (Hg.): Basis. Jahrbuch für deutsche Gegenwartsliteratur. Frankfurt 1979

Koopmann, Helmut: Erfolgreich gescheitert. Zu U. Johnsons ‚Mutmaßungen über Jakob'. In: H. Kaiser/G. Köpf (Hg.): Erzählen. Erinnern. Frankfurt 1992

Kracauer, Siegfried: Die Angestellten. Frankfurt 1971

Krause, M./Speicher, S. (Hg.): Absichten und Einsichten. Stuttgart 1990

Krumme, Detlef: Der suspekte Erzähler und sein suspekter Held. Überlegungen zur Novelle ‚Katz und Maus'. In: Manfred Durzak (Hg.): Interpretationen zu G. Grass. Geschichte auf dem Prüfstand. Stuttgart 1985

Latzkow, Bettina: „Wir werden doch nicht weinen müssen am Ende" – Leserbriefe zu „Kleiner Mann – was nun?" In: Gunnar Müller-Waldeck/Roland Ulrich (Hg.): Hans Fallada. Beiträge zu Leben und Werk. Rostock 1995

Lucke, Albrecht von: 68 oder neues Biedermeier. Berlin 2008

Marchlewitz, Ingrid: Irmgard Keun. Leben und Werk. Würzburg 1999

Mein, Georg: Erzählungen der Gegenwart: Von Judith Hermann bis Bernhard Schlink. München 2005

Meurer, Reinhard: P. Handke: Der kurze Brief zum langen Abschied. München 1992

Mixner, Manfred: Peter Handke. Kronberg 1977

Müller-Salget, Klaus: M. Frisch. Homo faber. Erläuterungen und Dokumente. Stuttgart 2008

Nave-Herz, Rosemarie: Die Geschichte der Frauenbewegung in Deutschland. Hannover 1997

Neuhaus, Volker: Günter Grass. Stuttgart 1979

Neumann, Bernd: Uwe Johnson. Hamburg 1994

Ortheil, Hanns-Josef: Postmoderne in der deutschen Literatur. In: U. Wittstock (Hrg.): Roman oder Leben. Leipzig 1994

Osinski, Jutta: Einführung in die feministische Literaturwissenschaft. Berlin 1998

Polkinghorne, Donald E.: Narrative Psychologie und Geschichtsbewusstsein. In: A. Mentzer/ U. Sonnenschein (Hg.): Die Welt der Geschichten. Frankfurt 2007

Popp, Hansjürgen: Uwe Johnson: Mutmassungen über Jakob. Klett Lektürehilfen. Stuttgart 1988

Renn, Joachim/Straub, Jürgen: Transitorische Identität. Der Prozesscharakter moderner personaler Selbstverhältnisse. In: J. Straub/J. Renn (Hg.): Transitorische Identität. Frankfurt 2002

Rorty, Richard: Kultur ohne Zentrum. Stuttgart 1993

Rühl, Christiane: Der Mensch ist doch kein Flussbett ... Jurek Becker als Roman- und Drehbuchautor. Frankfurt 2005

Sander, Gabriele: Heinrich Böll, Romane und Erzählungen. Interpretationen. Stuttgart 2000

Schilling, Klaus von: Schuldmotoren. Artistisches Erzählen in Günter Grass' ‚Danziger Trilogie'. Bielefeld 2002

Schneider, Ronald: Zwischen linker Melancholie und heiligem Zorn. In: Ch. Hamann/S. Kopitzki (Hg.): Hermann Kinder. Eggingen 2008

Schnell, Ralf: Die Literatur der Bundesrepublik. Stuttgart, Weimar ^{1}1986, ^{2}1996

Schüller, Liane: Vom Ernst der Zerstreuung. Schreibende Frauen am Ende der Weimarer Republik: Marieluise Fleißer, Irmgard Keun und Gabriele Tergit. Bielefeld 2005

Schulze, Gerhard: Die Erlebnisgesellschaft. Frankfurt 1992

Schwarz, Egon: Erich Kästner. Fabian. In: Romane des 20. Jahrhunderts. Bd. 1. Stuttgart 1993

Sowinski, Bernhard: Heinrich Böll. Kurzgeschichten. München 1988

Spreckelsen, Tilman: Manche möchten lieber nicht. Gesellschaftliche Teilhabe und Initiation in den Romanen W. Genazinos. Text und Kritik 162. München 2004

Struck, Hans Erich: Martin Walser. Ein fliehendes Pferd. Interpretation. München 1988

Thöming, Jürgen C.: Hans Fallada. Seismograph gesellschaftlicher Krisen. In: Hans Wagener (Hg.): Zeitkritische Romane des 20. Jahrhunderts. Stuttgart 1975

Thommen, Lukas: Wanderer, kommst du nach Sparta ... Rückblick auf einen Mythos. Neue Züricher Zeitung 1.2.2004 (NZZ online)

Timm, Uwe: Am Beispiel meines Bruders. Köln 2003

Toepfer, Nina: Gegenwart und Gegenwelten. In: Top Dogs: Entstehung, Hintergründe, Materialien. Zürich 1997

Treichel, Hans-Ulrich: Anatolin. Frankfurt 2008

Treichel, Hans-Ulrich: Der Verlorene. Text und Kommentar. Frankfurt 2005

Vormweg, Heinrich: Günter Grass. Reinbek bei Hamburg 1986

Walser, Martin: Ein fliehendes Pferd. Frankfurt 1978

Walser, Martin: Ein fliehendes Pferd. Mit einem Kommentar von Helmuth Kiesel. Frankfurt 2002

Wander, Maxie: „Guten Morgen, du Schöne". Frauen in der DDR. Protokolle. Mit einem Vorwort von Christa Wolf. Darmstadt/Neuwied 1978

Wehdeking, Volker: Die deutsche Einheit und die Schriftsteller. Literarische Verarbeitung der Wende seit 1989. Stuttgart, Berlin, Köln 1995

Wellershoff, Dieter: Der verstörte Eros. Köln 2001

Wellershoff, Dieter: Literatur und Veränderung. München 1971

Welzer, Harald; Moller, Sabine; Tschuggnall, Karoline: „Opa war kein Nazi". Frankfurt 2002

Widmer, Urs: Das Geld, die Arbeit, die Angst, das Glück. Zürich 2004

Widmer, Urs: Feldforschung im Lande des Managements. In: Top Dogs: Entstehung, Hintergründe, Materialien. Zürich 1997 (Lizenzausgabe C. Bange Verlag)

Widmer, Urs: Top Dogs. Frankfurt 2002

Winkels, Hubert: Leselust und Bildermacht. Literatur, Fernsehen und Neue Medien. Frankfurt 1999

Wittstock, Uwe (Hg.): Roman oder Leben. Postmoderne in der deutschen Literatur. Leipzig 1994

Wrobel, Dieter: Urs Widmer: Top Dogs. München 2006

Zachau, Reinhard K.: Hans Fallada als politischer Schriftsteller. New York, Bern, Frankfurt, Paris 1990